HEY! LISTEN TO THIS

朗读手册 Ⅱ

［美］吉姆·崔利斯 著　梅莉 译

新星出版社 NEW STAR PRESS

新经典文化股份有限公司
www.readinglife.com
出 品

阅读之花悄然绽放

王林（儿童阅读研究者）

您翻开的这本《朗读手册Ⅱ》，是《朗读手册》的续集，作者为美国的儿童阅读专家吉姆·崔利斯。

或许应该先聊聊我和《朗读手册》的关系。我在二〇〇二年读到了《朗读手册》的繁体中文版，它来自台湾。那时我正在读儿童文学博士，这本书昭示了我一生想要从事的志业——儿童阅读的研究和推广。我也算读过不少教育类图书，可没有哪本书像《朗读手册》一样，肯定地说"朗读是唯一且最重要的活动"。在这个众声喧哗的时代，下结论和做判断都变得越来越困难，可是我信服它的观点，因为作者提供了翔实的数据和资料，而且以问答形式把观点简明地表达了出来。九年过去了，这本书仍是我案头的重要参考书。

我是《朗读手册》的忠实拥趸。不论是公开的演讲还是私下的交流，我都建议老师们、家长们认真读读这本书。我和一些推动儿童阅读的朋友，私下里把《朗读手册》叫做儿童阅读的"圣经"。它曾对中国的儿童阅读运动起到了重要作用，这种作用还将在未来进一步显现。

我在推广"为孩子大声朗读"的理念时，最常被问到的问题是：我要给孩子朗读到什么时候为止？一直给孩子朗读会不会影响他独立阅读？我要选什么作品给孩子朗读？朗读有哪些方法？这些问题在《朗读手册》中都有答案。例如，在读什么的问题上，吉姆·崔利斯曾在书后提供了一份英文书单，阿甲先生和我也曾推荐过一个中文书单。可是，读者还是觉得有些"虚"。

　　吉姆·崔利斯的《朗读手册Ⅱ》就是为解决上述普遍问题而编写的，它提供了更直接、更具体、更柔性的解答。

　　这本书的主体是崔利斯为幼儿园和小学低年级孩子精心挑选的四十八个适合朗读的故事。我猜想，中国的家长马上的反应是：这些故事对年幼的儿童会不会太长太难了啊？的确，崔利斯选的文章有单篇故事《小绿帽》《皇帝的新装》，有节选的长篇作品《夏洛的网》《纳尼亚传奇：狮子、女巫和魔衣柜》，少则五六千字，多则上万字，而且像《夏洛的网》一般都会推荐在小学五六年级让学生读。我想，这个篇幅和难度是中国读者接受这本书的障碍，特别对那些习惯把绘本当成早期阅读全部内容的大人——我们何曾有过花一个月给孩子读完一部长篇童话的经历？可是，崔利斯有他的理论前提：在八年级①之前，孩子的听读能力要高于文字阅读能力，而孩子的思维水平发展到了能理解比较复杂文本的阶段，所以需要提前朗读一些经典作品给孩子。拿到书稿后，我先选了《皇帝的新装》做实验，读给五岁的女儿听，她表现专注，听懂了故事，至于是否理解了故事的内涵，我不确定。可是，谁能确定自己真正理解了"欲穷千里目，更上一层楼"这句诗呢？《朗读手册Ⅱ》本意是要提供朗读材料的方便，却可能会让我们的家长产生畏难情绪，在畏难情绪之下又会产生各种"疑问"。在我看来，解决"疑问"的办法非常简单：拿出《朗读手册Ⅱ》读给孩子听，如果他不爱听，就换个时间读或者换篇文章读——"疑问"，常常是大人们不愿意践行的借口。

　　崔利斯在选编这些故事时，并没有煞有介事地介绍朗读的方法。或许，在他看来，大声朗读本身就是方法，不用太多花招。相反，

---

① 美国学校从小学到高中的年级是连续排列的，通常小学为一至五年级，补中为六至八年级，高中为九至十二年级。

他花了很大的篇幅来介绍作者的故事、故事背后的故事、故事延伸的故事。崔利斯解释说,编排这些文字的目的是不愿"让年幼的读者误认为书是机器写的"。作为儿童阅读研究者,我很喜欢这些作者的逸闻趣事,当读到纽伯瑞奖得主贝芙莉·克莱瑞居然小时候患有阅读障碍时,当读到达尔居然是功勋飞行员时,我不禁莞尔。想想我们自己吧,喜欢某位名人,常常是因为他有很多趣事吸引我们。同样,对孩子而言,他也会因为喜欢某位作者的趣事而喜欢他的作品吧。所以,这些资料不是可有可无,它提供了让孩子喜欢阅读的另一种途径。

如果说《朗读手册》重点是讨论"为什么要朗读",续集《朗读手册Ⅱ》重点是讨论"朗读什么"。父母们在朗读这些故事给孩子时,最重要的是"爱"和"信任"。有对孩子和阅读的爱,你才不会把共读当成负担;有对孩子的信任,你才不会总担心孩子听不懂。我们应该用农夫的心情对待朗读,耐心地读,坚持地读,朗朗书声和朗朗乾坤交相辉映,可能在你不经意间,阅读之花已悄然绽放!

目　录

序言 /1

给我讲个故事
《古尼狼》（*The Gunniwolf*）/6
《小绿帽》（*Little Green Riding Hood*）/11
选自《狼的故事》（*Wolf Story*）/13

很久以前的故事
《诺亚的朋友》（*Noah's Friends*）/20
《龟兔赛跑》（*The Tortoise and the Hare*）/25

校园生活
选自《歪歪路小学》（*Sideways Stories from Wayside School*）/32
《小淘气雷梦拉》（*Ramona the Pest*）/39
选自《静夜的孩子》（*Child of the Silent Night*）/49
选自《家庭的秘密》（*Family Secrets*）/55

食物的故事

《巴维斯的盛宴》(*Bavsi's Feast*) /62

选自《巧克力狂热》(*Chocolate Fever*) /69

选自《荷马·普里斯》(*Homer Price*) /76

家庭的故事

《亚历山大》(*Alexander*) /92

选自《波普先生的企鹅》(*Mr. Popper's Penguins*) /99

选自《朱利安讲的故事》(*The Stories Julian Tells*) /105

《鱼天使》(*The Fish Angel*) /112

《任性的娜迪亚》(*Nadia the Willful*) /118

《格雷林》(*Greyling*) /125

民间故事和神话故事

《乌娜娜娜和大象》(*Unanana and the Elephant*) /134

选自《叔父的故事》(*The Tales of Uncle Remus*) /140

《印第安灰姑娘的故事》(*The Indian Cinderella*) /149

选自《海神的故事》(*Shen of the Sea*) /154

《皇帝的新装》(*The Emperor's New Clothes*) /163

《寻找神湖》(*The Search for the Magic Lake*) /172

《神线的故事》(*The Magic Thread*) /181

动物的故事

《彼得兔的故事》(*The Tale of Peter Rabbit*) /190

选自《夏洛的网》(*Charlotte's Web*) /198

选自《小鹿斑比》(*Bambi*) /205

选自《黑骏马》(*Black Beauty*) /217

选自《灵犬莱西》(*Lassie Come-Home*) /225

选自《红色羊齿草的故乡》(*Where the Red Fern Grows*) /235

选自《温和的本》(*Gentle Ben*) /246

庞然大物的故事

《巨人克布诺斯》(*The Story of Giant Kippernose*) /258

选自《懒龙的故事》(*The Reluctant Dragon*) /266

《月亮的报复》(*The Moon's Revenge*) /276

奇幻世界

选自《绿野仙踪系列：奥兹玛公主》(*Ozma of Oz*) /292

选自《纳尼亚传奇：狮子、女巫和魔衣柜》
(*The Lion, the Witch and the Wardrobe*) /301

选自《詹姆斯与大仙桃》(*James and the Giant Peach*) /309

勇敢孩子的故事

《挡住海水的男孩》(*The Boy Who Stopped the Sea*) /320

选自《莎拉·诺贝尔的勇气》(*The courage of Sarah Noble*) /325

选自《海狸的记号》(*The Sign of the Beaver*) /331

选自《我有一个梦想：马丁·路德·金的故事》
(*I Have a Dream: The Story of Martin Luther King, Jr.*) /335

暴风雨中的孤儿

选自《萨拉·克鲁》(*Sara Crewe*) /346

选自《霍莉和艾薇的故事》(*The Story of Holly and Ivy*) /355

选自《理解贝茜》(*Understood Betsy*) /365

经典故事

《点金术》(*The Golden Touch*) /380

《花衣魔笛手》(*The Pied Piper*) /396

《阿拉丁和神灯》(*Aladdin and the Wonderful Lamp*) /410

序 言

大概十年前，那时我的侄女珍妮才十几岁，她有一次来和我们一起过周末。现在回想起来，珍妮那次来好像没什么特别的——只不过她给我带来了一个写作灵感。

珍妮回家以后，对她妈妈说："真不可思议，吉姆叔叔简直跟爸爸一模一样！你知道吗？我刚到那儿不到十分钟，吉姆叔叔就拿着几本书说，'嗨，听听这个！'然后，他就开始朗读起来，和爸爸一模一样。"

在我嫂子告诉我这件事之前，我从来没有注意到这一点，但我的确有这个习惯。我记得小时候，我的父亲和哥哥们常常从报纸、杂志或者书后面探出头来，对周围的人叫道："嗨，听听这个。"然后就大声地朗读起他们觉得极其精彩、必须要跟大家分享的东西。

自从意识到了这一点，我就发现，在爱读书的人中间，大声朗读是一个不约而同的做法。喜欢阅读的父母和教师，往往也是喜欢传播精彩故事的传道者。朗读提升了阅读的乐趣，而教育研究显示，阅读乐趣正是培养小读者的最重要动力。

多年来，我一直在给我的儿子、女儿和学生朗读。我发现，有很多故事是朗读者和听众都喜欢的，它们经久不衰。本书就选了很多这样的故事，这些故事备受欢迎，尤其深受从幼儿园到小学四年级的孩子喜欢。（当然这并不是说，大一点的孩子就不喜欢这些故事，他们也会喜欢。事实上，相当多的大孩子并没有听过或读过多少幼儿故事,他们被剥夺了接触这些故事的文化内核的机会。我计划再写一本书,专门收集适合给小学五年级到高中生大声朗读的故事。)

我承认,在挑选故事的时候,我更感兴趣的是那些能够让孩子快乐的故事,而不是那些要教给孩子什么道理的故事。教育的一个深远目标是让孩子爱上阅读。孩子们一旦喜欢上阅读,就会自然而然地主动学习。

如果你的听众已有一定的阅读经验,那么这本书就像是"惠特曼巧克力样品盒",你可以从中随意挑选你需要的故事。有趣的是,你可能不知道将会尝到什么味道。你将发现本书中有适合每个孩子口味的"巧克力":神话传说、民间故事、宗教故事、幽默故事、奇幻故事、历史故事和人物传记。正因为书中的故事多种多样,我们才能品尝到令人陶醉的味道。

对于那些志在挖宝的读者,我将这些故事按照一定的顺序进行了编排。故事主题在本书目录中一目了然:如校园故事、动物故事和家庭故事。

另外,有些父母和老师可能希望利用这本书来逐渐扩大孩子的阅读范围,提高孩子的阅读兴趣。因此,我将篇幅较短的、不太复杂的故事都放在了前边,而篇幅较长的、复杂一点的故事则放在了后边。

我选择的大部分故事是情节独立的故事,另一些是非常适合朗诵的小说的前几章,我希望借此吊起读者和听众对小说全文的胃口。父母和老师经常会犯一个错误,即认为孩子的听力水平和阅读水平相当。事实上,在八年级之前,孩子的听力与阅读的水平相差很远。幼儿的听力水平很高,所以他们喜欢听比他们的阅读水平高好多的故事。我经常收到幼儿园老师和父母们的来信,说他们兴奋地发现,五岁的孩子居然喜欢像《夏洛的网》(*Charlotte's Web*)这样的小说。

我在选入的每篇故事之前都加了一个简短介绍,在故事之后又加了简短注释,提供了一些你可能希望延伸阅读的相关图书。这也给我提供了弥补出版商错误的机会,出版商往往花了很大的精力出版作者的作品,却仅在书封上的一点点地方介绍作者。有些书甚至根本不介绍。这样做可能会让年幼的读者误认为书是机器写的。

因此,只要有可能,我都尽力提供有关故事和作者的背景资料。编这本书最让我兴奋的是,我在作家的背景资料中发现了很多令人吃惊的事情。比如,历史上那些畅销童书作家里头,有人受到父母的过分保护,在童年时(甚至成年后)曾经被像囚犯一样看管着,于是,写了一个淘气兔子的历险故事,以此获得心灵的自由;也有人在开始写作时经历了艰难的起步,为了能买下写第一个故事的纸,在田纳西州摘葡萄挣钱;还有,美国经典狗故事之一的作者当初曾想烧掉手稿,因为他对自己的拼写错误和语法错误感到难堪。

写这本书的过程中,我挖掘和使用了多种资源,包括对很多作家进行私人专访,以及阅读他们的自传。另外,我还要感谢一套百科全书式的作品,这在大部分图书馆里都可以找到,尽管还不被家长和教师所熟知。这套书名叫《有关作者的一些事》(Something About the Author),现在已经扩展到七十卷,满满地记载着关于那些童书作家的令人着迷又鲜为人知的重要信息。

儿童文学作家领军人物卡罗琳·菲勒·鲍尔(Caroline Feller Bauer),曾描述了"应急书"的用途:比如,当你意外地被困在医生的候诊室或者遇上堵车时(或困在洪水中),你只要在车上或行李箱里放上这么一本书,就随时可以从中抽出一段来给孩子朗读。(本书中所列出的书都可以作为应急书。)

在家中和在汽车中,音响设备几乎无处不在。越来越多的家庭发现了故事录音的好处。(这种录音永远不能代替父母日常的朗读,不过如果要做繁重的家务或者在长长的旅途中，录音故事有时候可以成为很好的选择。）本书选的许多故事都已经有了录音版，但可能有些在当地还找不到。

给我讲个故事

三个有关大灰狼的故事——实际上,这些故事里的大灰狼既不大,也不坏。

《古尼狼》(The Gunniwolf)
(美) 威廉敏娜·哈珀　改写

故事的开始

古时候，还没有电视和广播，甚至也没有书，人们就用讲故事的方式来自娱自乐和传授知识。每天太阳落山的时候，人们围坐在一起，就会有人开始讲故事，听故事的人一边听，一边在想象中勾勒出故事的画面。有的故事短，有的故事长；有的故事快乐，有的故事悲伤。一个人的故事讲完了，另一个人开始接着讲。于是，那些大家都喜欢的故事，会讲上一遍又一遍。

有的时候，故事里会特别警告孩子：不许离开村庄，到处乱跑；没有大人陪伴不许到森林里去。大人让孩子们坐下，然后讲一个可怕怪物的故事，这个怪物正在外面等着要吃他们。孩子们睁大眼睛，嘴里发干。之后几天，没有一个孩子敢离开村庄到处乱跑。

在世界上不同的地方，人们创作故事的方式也不同。近代以后，人们开始收集自己国家的故事，这当中有两个德国人，他们是兄弟俩，叫格林兄弟 (Wilhelm and Jacob Grimm)。但是，在收集别国的故事、学习别国的语言时，人们发现，格林兄弟收集的许多故事并不只在德国流传，而是在世界各地流传。在中国、南美洲和北美洲，人们都在讲着《格林童话》中的许多故事，只是换个方式、换个名字。其中，《灰姑娘》(Cinderella) 的版本最多。你能猜到有多少个版本吗？（在第149页，你可以看到其中的一个版本，以及这个问题的答案。）

《格林童话》中还有一个著名故事，是关于一个小女孩的——《小红帽》(Little Red Riding Hood)。小红帽的妈妈警告她："在去外婆家的路上,不要和陌生人说话。"这正是最原始的"不许离开村庄的故事"的翻版。《小红帽》的故事后来演变出好多版本,传遍了全世界。故事背景有的是德国,也有的是北美。十九世纪,加利福尼亚一位名叫威廉敏娜·哈珀(Wilhelmina Harper)的图书管理员听了一个故事版本,她把这个故事称为《古尼狼》。需要指出的是,它和《小红帽》有许多共同点,也有许多不同点。

从前,有一个小女孩,她和妈妈一起住在茂密的丛林边。每天,妈妈都提醒小女孩要小心,不要到丛林里去。因为一旦进了丛林,古尼狼就会吃掉她。小女孩总是保证,说她绝对、绝对不会靠近丛林一步。

一天,妈妈要出门,临走前她又提醒小女孩,不管做什么都行,就是别靠近丛林!小女孩保证说,她不会靠近丛林的。

然而,妈妈刚刚离开,小女孩就看到丛林边正盛开着非常漂亮的白色花儿。"啊,"她想,"我能不能去采一些花儿呢?只采几朵就好。"

就这样,小女孩忘了妈妈的警告,去采白花儿了,还高兴地唱起歌来:

"嘀嗒嗒,嗒嘀嗒。
啦啦啦,啦啦啦。"

突然,她看到不远处的丛林中,长着一些非常漂亮的粉色花儿。"啊!"她想,"我也应该采一些粉色花儿!"

她轻快地走到丛林里,开始摘粉色花儿,一边高兴地唱着:

"嘀嗒嗒，嗒嘀嗒。
啦啦啦，啦啦啦。"

摘了满满一大捧白色和粉色的花儿后，她又偷瞟了一下前面不远处的地方。在丛林中，她看到一些橘黄色花儿。"啊，"她想，"我再采一点黄色花儿，就能有一个漂亮的花束了。我要拿给妈妈看！"

这样，她又开始采橘黄色花儿，一边高兴地唱着：

"嘀嗒嗒，嗒嘀嗒。
啦啦啦，啦啦啦。"

就在这时，古尼狼来了！他说："小姑娘，你为什么要跑？"
"我没有要跑。"小女孩颤抖地回答道。
古尼狼说："那你再唱唱那首甜甜的歌吧！"
小女孩唱道：

"嘀嗒嗒，嗒嘀嗒。
啦啦啦，啦啦啦。"

老古尼狼一边听一边点头，很快就睡着了。
小女孩撒腿就跑：

啪嗒，啪嗒，啪嗒，啪嗒，啪嗒，啪嗒。

古尼狼被惊醒了！他也跟着跑起来：

嗖嗖嗖，嗖嗖嗖，嗖嗖嗖——

眼看就要抓住小女孩了，他喊道："小姑娘，你为什么要跑？"
"我没有要跑。"小女孩回答道。
古尼狼说："那你再唱唱那首甜甜的歌吧！"
小女孩害怕极了，只好唱道：

"嘀嗒嗒，嗒嘀嗒。
啦啦啦，啦啦啦。"

老古尼狼点着头，点着头，好像又睡着了。
小女孩撒腿就跑：

啪嗒，啪嗒，啪嗒，啪嗒，啪嗒，啪嗒——

古尼狼又被惊醒了！他也跟着跑起来：

嗖嗖嗖，嗖嗖嗖，嗖嗖嗖——
啪嗒，啪嗒，啪嗒——啪嗒，啪嗒，啪嗒——

古尼狼追上来了！他喊道："小姑娘，你为什么要跑？"
"我没有要跑。"小女孩回答道。
古尼狼说："那你再唱唱那首甜甜的歌吧！"
小女孩又唱起来：

"嘀嗒嗒,嗒嘀嗒。

啦啦啦,啦啦啦。"

老古尼狼又点着头,点着头,然后睡着了。

小女孩又开始跑起来:

啪嗒,啪嗒,啪嗒,啪嗒,啪嗒,啪嗒——

一直跑到丛林边!

啪嗒,啪嗒,啪嗒,啪嗒,啪嗒,啪嗒——

一直跑出了丛林!

啪嗒,啪嗒,啪嗒,啪嗒,啪嗒,啪嗒——

一直跑到了家门口。

从那以后,小女孩再也不到丛林去了。

这个故事还有另一个版本:A. 德莱尼(A. Delaney)的《古尼狼》(*The Gunnywolf*)。至于《小红帽》的故事,有数十位作家和画家以此为原型进行过创作,例如:比阿特丽斯·申克·迪·雷尼尔斯(Beatrice Schenk de Regniers)改写的《红帽》(*Red Riding Hood*),特瑞娜·沙特·海曼(Trina Schart Hyman)改写的《小红帽》,杨志成(Ed Young)改写的中国版本《狼婆婆》(*Lon Po Po*),以及另一非裔美国人帕特里夏·麦基萨克(Patricia Mckissack)的版本《弗洛西和狐狸》(*Flossie and the Fox*)。兔耳朵图书还出版了一个有声书版本,由梅格·瑞恩(Meg Ryan)朗读。

《小绿帽》（Little Green Riding Hood）
（意）贾尼·罗大里 著

讲故事者的游戏

大多数孩子一旦喜欢上一个好故事，就会要求一遍又一遍地重复听，好多孩子都这样。问题是大多数成年人不像孩子那样喜欢重复讲同一个故事。有时候，为了不让孩子烦自己，或者为了逗孩子，父母或者祖父母在讲故事的时候会进行一点改编。

我的孩子小的时候，也总是要我讲同一个故事，这时候我就会和他们做个小游戏。我先进入故事，然后假装把细节弄混了。而孩子们看我那么笨，就会很生气。他们不知道，我故意加油添醋是因为，这样他们就会更加留心自己是在听"真"故事，还是"假"故事。

有一次，我在一本杂志上读到了一个来自意大利的故事——故事中，一个祖父在给小孙女讲故事的时候做了和我一样的事情。

祖父："很久很久以前，有一个小女孩，叫小绿帽。"

孩子："不对，是小红帽。"

祖父："噢，对，应该是小红帽。有一天，她的妈妈把她叫过来，对她说：'小绿帽……'"

孩子："小红帽！"

祖父："对不起！小红帽。'我的孩子，现在你把这些马铃薯送到梅婶婶家去吧。'"

孩子："不对，不是这样的！是'带上这些蛋糕，送给外婆'。"

祖父:"好,好!就这样小女孩出门了,当她走到森林里时,遇到了一只长颈鹿。"

孩子:"你又讲错了!是遇到了狼!"

祖父:"后来,狼问:'六乘以八等于多少?'"

孩子:"不对,不对!狼问她要到哪里去。"

祖父:"是的,他是这么问的。小黑帽回答说……"

孩子:"小红帽,小红帽,小红帽!"

祖父:"她回答道,'我到市场去买西红柿。'"

孩子:"不对。她说,'我去看我外婆,我外婆病了,但是我迷路了。'"

祖父:"没错!然后,马说……"

孩子:"什么马?是狼!"

祖父:"噢,是狼,狼是这么说的,'乘坐七十五路公交车,在中心大街下车,朝右拐,在第一个门口,有三个台阶,别去管台阶,只要拿起放在台阶上的硬币,然后去买一包口香糖……'"

孩子:"爷爷,你太不会讲故事了。你全讲错了。但是,不管怎么样,有口香糖吃我还是很高兴的。"

祖父:"好吧。这里有一块钱。"然后,老人转过身接着读他的报纸去了。

选自《狼的故事》(Wolf Story)

(美)威廉·麦考克里瑞 著

拯救《狼的故事》

不知怎的,我总是情不自禁替狼抱屈。想想看,几乎在所有故事中,狼都被描述成坏蛋,例如《三只小猪》(The Three Little Pigs)、《小红帽》、《狼和七个孩子》(The Wolf and the Seven Kids)、《彼得和狼》(Peter and the Wolf)和《狼来了》(The Boy Who Cried Wolf)。

为什么坏蛋总是狼?为什么不是鹰,或者鼬鼠?纽约一位名叫乔恩·谢斯卡(Jon Scieszka)的老师曾经写过一本书为故事中的狼——就像《三只小猪》中的——辩护,书名是《三只小猪的真实故事》(The True Story of the Three Little Pigs)。书中,他站在狼的立场上讲故事。其实,无论是狼、鼬鼠,还是女巫,大部分故事中都需要有一个坏蛋。即使在亚当和夏娃的创世故事中,也需要有蛇来当坏蛋。

下面这段故事选自威廉·麦考克里瑞(William McCleery)著的《狼的故事》。这是大约五十年前,麦考克里瑞先生为千里之外的五岁儿子写的一系列书信中所编的故事。麦考克里瑞先生喜欢写剧本,而且写得很好。他创作的两个剧本曾在百老汇上演,百老汇在戏剧界的地位相当于美国橄榄球大赛的"超级碗"或美国棒球大赛的"世界大赛"。他曾做过多年的记者和剧作家,之后在美国顶尖学府之一普林斯顿大学教剧本写作。

《狼的故事》是他写的唯一一个儿童故事,而且差一点就失传了。在出版界,如果一本书销量好,出版商就会努力保持较高的印量。只要一直有足够的读者,书就会一直"重印"。然而,出版了大约二十年后,《狼的故事》却"绝版"了。

但对一位叫蒂亚塔·托波(Diantha Thorpe)的女人来说,《狼的故事》并没有真正地"绝版"。一九八七年,她成了康涅狄格州一家小出版公司(Linnet Books)的编辑,工作内容之一就是挑选好的老书并再版。她想到的第一本书就是她小时候最喜欢的《狼的故事》。现在,新一代的孩子正在认识那只最聪明的狼。

下面是该书的第一章。正如你将要读到的,威廉·麦考克里瑞知道哄孩子睡觉的方法,这个例子也会让你明白,当听故事的人和讲故事的人往故事里添作料时,故事会如何演变。

从前,一个男人在哄五岁的儿子迈克上床睡觉,男孩央求他讲个故事。

"好吧,"男人说,"嗯,让我想想。噢,好,很久很久以前,有一个小姑娘,她长着一头长长的金发,大家都叫她'金发姑娘'。"

"不要,不要!"男孩说,"我要听新故事。"

"新故事?"男人说,"什么样的新故事?"

"讲一个母鸡的故事。"男孩说。

"好。"男人说,"我还以为你又想听狼的故事呢。好吧,很久很久以前,有一只母鸡。"男人停顿了一下。

"接着讲,"男孩说,"你还等什么呢?"

"给母鸡起个什么好听的名字呢?"

迈克认真地想了想。"给母鸡起名字——嗯,叫彩虹!"他说。

"为什么叫彩虹？"父亲问道。

"因为，"男孩说，"母鸡先生的羽毛五颜六色。"

"母鸡先生？"男人说。

"母鸡太太。"男孩说。

"好吧，"男人说，"但是你要知道，世界上没有五颜六色的母鸡。"男人不愿意告诉儿子不真实的事情。

"我知道，我知道，"男孩说，"接着讲。"

男人接着讲："从前有一只母鸡。她的名字叫彩虹，因为她的羽毛有好多好多颜色：红色、粉色、紫色、淡紫色、深紫色……"男孩打了个哈欠。"还有紫罗兰色、黄色和橙色……"

"颜色已经够了。"男孩说道。

"还有绿色、深绿色和浅绿色……"

"爸爸！打住！"男孩叫道，"别再说那么多颜色了。你都把我说睡着了！"

"那不是正好吗？"男人说，"现在就是睡觉时间。"

"但是我要听故事！"男孩说，"不想只听到各种颜色！"

"好吧，好吧，"男人说，"嗯，彩虹和许多母鸡住在黑幽幽森林边的一个农庄里。在黑幽幽森林里还住着一只……你猜是什么？"

"一只狼。"男孩说着，从床上坐了起来。

"不是狼，先生！"男人叫道。

"让狼住在黑幽幽的森林里。"男孩说。

"拜托，"男人说，"什么都可以，但不能是狼，可以是鼬鼠、白鼬、狮子、大象……"

"就要狼。"男孩说。

"好吧，好吧。"男人叹了口气说，"但是你别再坐起来。把头放在枕头上，闭上眼睛。"

"好的!"男孩说。他把枕头翻了过来,贴在脸上凉丝丝的。

"嗯……"男人说,"森林里住着一只蠢笨的老狼,他很老很老,已经不能伤害任何人了。"

"不对!"男孩喊道,又从床上坐起来,"狼是凶残的,非常非常凶残。"

"我们讲过的说狼凶残的故事还不够多吗?"男人叫道。

"不够!"

"好吧,"男人说,"一只非常非常凶残的狼,红红的眼睛,尖尖的牙齿——就像屠夫的刀一样锋利。"

"嗯,嗯……"男孩说着,把脸贴在枕头上,闭上了眼睛。

"我想你会对屠夫的刀感兴趣。"男人说。

"我很喜欢,"男孩说,"接着讲。"

"后来,一天夜里,天非常黑,狼逃出了森林。顺便问一句,狼叫什么名字?"

"瓦尔多。"男孩说。

"不行,不能叫瓦尔多。"男人说。

"就叫瓦尔多,就叫瓦尔多。"男孩说。

"但是,我们上一个故事里的狼就叫瓦尔多!自从过完圣诞节,我们讲的每个故事里的狼都叫瓦尔多。能不能给狼起个新名字?"

男孩摇摇头。"不能,因为瓦尔多是世界上最凶残的狼!"

"躺回枕头上。"男人说。

男孩又躺下了。"接着讲吧!"他说。

"好吧,这只叫瓦尔多的狼悄悄地溜出森林。"男人低声地说,"悄悄地,没有一点声音,没有一个人能听见。"

"声音大点。"男孩说,"我都听不见了。"

"迈克,"男人说,"如果你再说话,我就下楼去,不给你讲故事了。"

"好吧,"男孩说,"可是,狼悄悄地逃出森林干什么呢?"

"就只是溜出森林!"男人说。

"让他慢慢地爬出森林。"男孩说,"嗯,你接着讲吧!"

"迈克!"男人说,"如果你再张嘴说话……"

"我只是想帮忙。"男孩说。

"不许再说话了。好吧,一天夜里,月光亮亮的,瓦尔多爬出森林,蹑手蹑脚地爬到了母鸡的家。狼用他那红红的大眼睛盯着母鸡彩虹,一直盯了很久。他想吃掉母鸡,然后用漂亮的鸡毛做印第安人那样的头饰。"男孩微笑着,因为他知道这是在开玩笑,因为狼绝不会想做印第安头饰。他本来想大笑的,但是他太困了。"多漂亮的羽毛,"男人说,"红色、粉色、淡紫色……"

"呵……"男孩打着哈欠。

"紫红色……紫罗兰色……黄色……"

男人悄悄地从男孩的床边站起身来。打开窗户,然后掖掖男孩身上的毯子,悄悄地——就像瓦尔多狼一样悄悄地——溜出了男孩的房间。男孩睡着了。

在接下来的章节中,狡猾的瓦尔多狼和聪明的母鸡彩虹互相斗智,就像迈克和他的爸爸一样。

大多数童话故事的作者都非常严肃,威廉·麦考克里瑞却不同,他喜欢戏弄他笔下的角色。詹尼特·艾尔伯格与阿兰·艾尔伯格(Janet and Allan Ahlberg)也喜欢调侃角色,他们的三个绘本《可笑的邮差》(*The Jolly Postman*)、《黑森林里的耶利米》(*Jeremiah in the Dark Woods*)以及《十个宝宝一张床》(*Ten in a Bed*)就分别戏仿了《三只熊》

(*Three Bears*)、《邪恶的女巫》(*The Wicked Witch*)和《杰克与魔豆》(*Jack and Beanstalk*)这三个经典故事。简·约伦(Jane Yolen)也非常幽默,她写了一个和这个差不多的故事叫《快乐巢,或者在老狼家的一天》(*Happy Dens or A Day in the Old Wolves' Home*),收入她的故事集《仙子旗》(*The Faery Flag*)中。在故事中,她拜访了老狼之家,从一个独特的角度讲了一个狼故事,与传统狼故事(如《彼得和狼》、《三只小猪》以及《小红帽》)完全不同。

一个世界顶尖水平的研究狼的专家为了肯定狼应有的价值,曾写过一本非虚构的图文并茂的杰作,厘清了人们对于狼的诸多误解,这本书就是R. D. 劳伦斯(R. D. Lawrence)的《群狼》(*Wolves*)。

很久以前的故事

这是两个古老的故事,一个来自古希伯来,另一个来自古希腊。

《诺亚的朋友》(Noah's Friends)
（美）马克·杰尔门　著

关于故事的故事

故事就像万花筒，每个人会从中看到不同的东西。即使一件事情活生生地发生在我们面前，我们也会有不同的看法。

世界上最古老的故事是希伯来《圣经》中的故事，也就是天主教称的《旧约》。你可能非常熟悉其中一些故事，例如：亚当和夏娃的故事、该隐和亚伯的故事、诺亚和洪水的故事、巴别塔的故事、大卫和歌利亚的故事、摩西的故事、约瑟夫和法老的故事……

几千年来，有些听故事的人（包括讲故事的人）并不了解《圣经》故事的含义。当然，成年人总是忙着思考那些非常严肃的事情，而孩子们却会问一些看似幼稚的问题，如：

"上帝是怎么给动物起名字的？"

"当摩西分开红海的时候，鱼是怎么想的？"

有时候，他们也会提一些非常好玩的问题，如：

"你说上帝要不要洗澡？"

年复一年，人们从《圣经》中找到许多不同的寓意，以至于拉比①们要编出新故事来解释《圣经》里的故事。新编的单个故事被叫做"米德拉什"（*midrash*，或 *MID-rahsh*），这些故事合在一起，就

---

① 犹太教学者的统称。

叫做《米德拉什集》（*midrashim*，或 *mid-rah-SHEEM*）。它们是用古老的希伯来语编写的，很长时间里人们一直读着这些陈旧的《米德拉什集》，直到后来出现了一个叫马克·杰尔门（Marc Gellman）的人，他是纽约梅勒维尔·贝特·托拉寺庙的拉比。

"我们为什么不编一些新米德拉什呢？"他想。马克·杰尔门会想到这一点，其实并不奇怪，因为他从小就是苏斯博士（Dr. Seuss）及其故事的粉丝。苏斯博士用故事诠释了世界上最复杂的思想：尊严、雄心、贪婪、战争和希望。马克·杰尔门也决心用故事来解释《圣经》中的思想。

因此，他把自己孩子提出的问题和犹太教会堂以及学校的学生提出的问题放在一起，开始创作现代的《米德拉什集》。大部分故事收集在他写的《上帝有没有大脚趾——有关〈圣经〉故事的故事》(*Dose God Have a Big Toe? : Stories About Stories in the Bible*）一书里。从这样的书名中，你至少能看出马克·杰尔门有两个特点：第一，他懂得孩子的思维方式；第二，他很有幽默感。这两点是这个世界最需要的。

那么，下面就是一个他从教区学生即兴创作的剧本中选出来的米德拉什。学生们在故事中想象，在发洪水之前，诺亚会怎么跟他的朋友们说。

像大多数人一样，诺亚并不相信灾难真的会降临。比如，当上帝对诺亚说只有他们一家能逃过洪水时，他以为："上帝太忙了。其余乘客的名单可能正在邮寄中。既然上帝让我建造巨大的方舟，那么肯定够装下我所有的朋友。"

后来，上帝告诉诺亚，要把每种动物各带雄雌一对上方舟。在那一刻，诺亚才明白：方舟上没有朋友们的位置了。诺亚不忍心把真相坦率地告诉朋友，就委婉地提醒他们。他对他的朋友亚巴尔说："亚巴尔，你知道吗？现在可能是你学游泳的最佳时间，你一直都说要学的。"

然后，对他的朋友约哈兹说："约哈兹老弟，听我一句话，搬到高高的山顶上去住吧。山顶风景更好，夏天也凉快得多。"但是，诺亚始终不敢直接说有关洪水的事情。

朋友们没有把诺亚的忠告当回事。不过，他们非常好奇诺亚家的前院里堆着又高又粗的木头，诺亚对他们说，那只是一个雕塑。即使后来这堆木头变得很像一艘船，诺亚也说，这是船形雕塑。

朋友们觉得诺亚疯了。但他们转念一想，诺亚在造方舟之前就是个疯子。

后来，动物们陆续来了。诺亚还是不能把真相说出来。他说，动物们到这里来，是为了把船推到海上去。但朋友们不相信他的话。

"金花鼠能把船推进海里？"一个朋友问。

"兔子也能？"另一个朋友问。他们都摇摇头。

在开始下雨的那天，动物们都跑进了方舟。水开始漫过地面。诺亚的朋友们也跑向方舟，他们使劲地敲着船身，叫着"诺亚、诺亚……"。诺亚这时正躲在船舷边。"喂，诺亚，你这个卑鄙小人，让我们上船！我们是你的朋友！你不能让我们在这里淹死，而自己逃走。救救我们，诺亚！救救我们！"

诺亚的眼里充满了泪水，他低头看着朋友们，说："不是我选中自己的，是上帝选中了我。我能怎么办？"

约哈兹和亚巴尔穿着斑马纹的衣服来到船边。他们要求上船。诺亚知道是他们。他们太矮太胖了，根本装不成斑马。"让我上船吧，我说，让我上去吧。"他们说，"你集合动物的时候漏掉了我们。我是约哈——不，我是斑马。"

诺亚看着朋友们，含着眼泪说："我亲爱的朋友，我不知道失去你们以后该怎么生活下去。上帝把世界交给我们的时候，一切并没有如此堕落。我不知道上帝为什么单单要救我。可能是，上帝需要有人把人类是怎么破坏世界的故事流传下去吧，也可能是，上帝想让人类在洁净的新世界里生活。坦白说，我不知道。我只知道，不是我选中自己的，是上帝选中了我。我会永远记住你们，我会讲给后人听：该如何按照正确的方式生活——按上帝和祖先教过我们而我们已经忘记的正确的生活方式。也许我们的后人将会从我讲的故事中得到启发，从而保护这个世界，让它不再受到破坏。那样的话，再也不会有人要和朋友永别了。我爱你们，我为你们感到难过，为动物们、为我、为上帝，感到难过。"

之后，倾盆大雨淹没了整个地球。

有人说，这只是普通的雨。也有人说，这是上帝的眼泪。

杰尔门拉比与托马斯·哈特曼主教（Monsignor Thomas Hartman）合写了《上帝住在哪儿》（*Where Does God Live?*）。书里收录了十七个故事，回答了孩子们对上帝的常见疑问。信奉基督教或犹太教的家长可以为孩子们朗读这本书。

在这本书的第62页，你会读到另一种类型的圣经故事，伟大的所罗门王与他的王国中的第一吝啬鬼的故事——《巴维斯的盛宴》（*Bavsi's Feast*），阿黛尔·格拉丝（Adèle Geras）著。

这里再介绍几本关于大洪水的书：彼得·斯皮尔（Peter Spier）的《诺亚方舟》（*Noah's Ark*）、艾萨克·B.辛格（Isaac B. Singer）的《诺亚为什么选鸽子》(Why Noah Chose the Dove)、沃里克·休敦(Warwick Hutton)的《诺亚与大洪水》(Noah and the Great Flood)和《约拿与大鱼》(Jonah and the Great Fish)、布赖恩·怀尔德史密斯(Brian Wildsmith)的《诺亚教授的宇宙飞船》(Professor Noah's Spaceship)。

其他以圣经故事为题材的绘本还有:《亚当和夏娃:圣经故事》(Adam and Eve: The Bible Story)和《摩西在灯芯草丛中》(Moses in the Bulrushes),作者均为沃里克·休敦;艾萨克·B.辛格的《奴隶以利亚》(Elijah the Slave);还有鲁比·迪(Ruby Dee)的《通天塔》(Tower to Heaven),这是巴别塔故事的西非版本。

犹太民间故事包括:由霍华德·施瓦茨(Howard Schwartz)和芭芭拉·拉什(Barbara Rush)改写的《宝石树》(The Diamond Tree),艾萨克·B.辛格的《有生命的泥人》(The Golem)、《光之力量:光明节的八个故事》(The Power of Light: Eight Stories for Hanukkah)和《山羊兹拉特及其他》(Zlateh the Goat and Other Stories),埃里卡·戈登(Erica Gordon)的《拉比的智慧》(The Rabbi's Wisdom)。另外,还有两本作者为埃里克·基默尔(Eric Kimmel)的绝妙绘本——《赫谢尔和光明节小妖精》(Hershel and the Hanukkah Goblins)和《光明节之树》(The Hanukkah Tree)。

《龟兔赛跑》(The Tortoise and the Hare)

根据《伊索寓言》 改写

有寓意的故事

在地中海这边的人写出《圣经》故事的时候，对岸的希腊人也写出了他们的故事。他们用几百个神和关于神的故事与戏剧，描绘出人和神可能有的行为和思想。这些故事成为著名的希腊神话，今天，它们已经家喻户晓。在本书的第380页，你还会读到一个由希腊神话米达斯国王的故事改编的故事。

希腊人还收集了另外一种故事——寓言，一些写日常生活却包含寓意的小故事。希腊文化不是唯一、却是最早产生寓言的文化。寓言的产生，是因为在人类历史的早期，人们就发现没有人喜欢挨批评。即使穴居时代的人也不喜欢邻居对他说："嘿，摩卡摩卡！你以为自己了不起，总是夸自己有多强。但是，你的好日子到头了，吹牛大王，等着瞧吧！"如果你像这样直截了当地跟摩卡摩卡说，很有可能，摩卡摩卡会用棍子打你的头。

因此，人们编个故事来隐喻，也就是用拐弯抹角的方法来说明。他们会说："嘿，摩卡摩卡，让我给你讲个两只恐龙的故事吧，是我听别人说的……"当然了，故事的确是针对摩卡摩卡的，不过他可能一开始意识不到，因为故事里讲的是恐龙，而不是人。用这种方式批评你的邻居就安全多了。

在许多相隔万里的不同文化中，会出现差不多一样的寓言，因此，这些寓言不会是由同一个作者编写的。希腊人是非常好奇的民族，很爱提问题。大概是有一天，有个男孩问："这些寓言都是从哪里来的？"没有人能回答，不过这又给了希腊人编另一个故事的机会。

他们虚构了一个人物,名字叫伊索。他们说,伊索生下来就是个奴隶,他很会讲故事,也很聪明,因此获得了自由,而周游世界用故事娱乐国王和贵族。伊索拐弯抹角地指责别人,这种方式一直很奏效,直到他来到了特尔斐——以建造太阳神的神殿而声名远扬的希腊古都。那儿的人们看出了伊索寓言里的讽刺含义,恼羞成怒,把伊索扔下了悬崖。这个故事不知是真是假,反正人们就是这么说的。

没有多少证据表明,真有伊索这个人,但是他的名字和那些故事永远地连在一起,这就是《伊索寓言》。每则寓言都在末尾点出一个寓意,这些箴言已成为我们日常用语的一部分。如:

骄者必败。
善有善报,恶有恶报。
才出狼窝,又入虎穴。
待人宽,人亦待己宽。
三思而后行。

下面是《伊索寓言》中最有名的故事之一,其他文化里也有类似的寓言。

在整个草场王国,走得最慢的动物是乌龟。腿那么短,又背着重重的壳,他要花很大的力气才能走到别的地方,而且速度非常非常慢。有一次,那时乌龟还小,他向妈妈抱怨:"为什么我们要花很长很长的时间才能到另一个地方呢?这个壳太重了!"

聪明的乌龟妈妈微笑着,耐心地说:"孩子,我们的生活方式就是慢的,是慢而稳的方式。至于我们背着壳,那是因为我们的皮肤比其他动物都要嫩,而且我们没有毛皮和羽毛来保护自己。"

"壳让我们行动缓慢,但也保护了我们不受敌人的侵犯,如果没有壳,我们早就成了敌人嘴里的食物了。壳还让我们节省了筑巢的时间。我们生来就带着家,如影相随,就像我们的亲戚蜗牛一样。"

草场那头生活着和乌龟完全不同的动物——兔子。他腿脚敏捷,疾步如飞,走起路来像光一样神速,如风一般优雅。不幸的是,兔子最喜欢炫耀自己的神速,每当这时他最开心不过了。

一天,兔子正在向同伴吹嘘,乌龟刚巧路过。兔子跳到乌龟跟前,大声叫道:"嘿,叫你呢,慢吞吞的家伙,你听到了吗?"

兔子经常取笑乌龟,所以乌龟忍住了,不去搭理他。但是,兔子可不能容忍被人冷落。"嘿,我们围着池塘来场赛跑,怎么样?这样吧,我让你先跑到那个院子,然后我再跑。就算是这样,我还能赢你。有胆子比吗,乌龟?"

乌龟慢慢地转过头,盯着面前的挑战者。几个钟头的挖苦和嘲笑终于让乌龟失去了耐心,他决心好好教训一下兔子。"来吧!围着池塘赛跑!但是,飞毛腿先生,我不想占你的便宜。"兔子听到这话,当然啦,笑得倒在草地上直打滚。

喧闹声吸引了不少观众。等比赛正式开始的时候,几里外的动物都赶来了,纷纷站在了起跑线边上。没有人觉得乌龟能赢,但每个人都钦佩乌龟不向兔子屈服的勇气和决心。牛蛙的嗓门最响亮,所以被指定当了发令员。"各就各位!"牛蛙喊道。

乌龟看着前方,想着妈妈的话:"慢而稳,慢而稳。"而相反,兔子根本就没有把这次比赛当回事,他和两只乌鸦说笑着,都没有站到起跑线前。

牛蛙继续发令:"预备——跑!"乌龟,以自己一贯的恒心,朝前迈开了短腿,而兔子假装被乌龟起跑时掀起的尘土呛着了,弯着腰咳嗽起来,还喘着气说:"哎呀,我的天呀!我怎么才能赢这个飞毛腿呢?"观众中爆发出一阵大笑,兔子更得意了。他一屁股坐在一旁的树桩上,看着乌龟爬。

"慢而稳。"乌龟默念着,一寸一寸地向前爬。

"以他这个速度,"兔子大声说,"我起跑之前都可以睡上一小觉了。"说着,他蜷缩在旁边的树洞里,开始睡觉了。起初只是假睡,过了一会儿就真的睡着了。太阳升得老高的时候,兔子突然醒了,他睁开眼睛,想看看对手跑到哪儿了。乌龟还没有跑到一半。兔子又睡着了。

等到兔子再次醒来的时候,太阳已经落山了,乌龟正转过池塘最后一个弯。"哎呀,"兔子倒吸了一口气,"我可能睡过头了。不过没关系,只要我发挥出一点点飞毛腿的威力。"说着,兔子开始跑向第一个转弯处。

在兔子睡觉的时候,动物们一直都很安静,这时却疯狂地欢呼起来。局势发生了转变,好多动物跑到前面给慢吞吞的乌龟加油。这时乌龟已经累坏了。"不要放弃!"他们喊道,"坚持住,小龟!只有二十米啦!""加油!"

听到大家的鼓励乌龟非常振奋,但是他耳边最大的那个声音还是:"慢而稳,慢而稳。"

这时,兔子转过第一下弯,一下子跳过三个树洞,一眨眼跨过地沟,现在他也跑到最后一个转弯处了,他寻找着池边的对手。他的眼里流进了汗水,视线有点模糊。"乌龟肯定在这里的什么地方。"兔子想着。突然,他的长耳朵听到了动物们的欢呼声。"他们一定是看到我了!"兔子想。

但是,他错了,欢呼声是给乌龟的,他刚刚缓慢地爬过了终点线。

寓意：沉着稳健者胜。

假如你喜欢这则寓言，你可以在下面这些优秀的故事集里找到更多同类的寓言：詹姆斯·里弗斯（James Reeves）改写的《来自伊索的寓言》(*Fables from Aesop*)、拉塞尔·艾许（Russel Ash）和伯纳德·希格顿（Bernard Higton）编辑的《伊索寓言》(*Aesop's Fables*)、内奥米·刘易斯（Naomi Lewis）的《狼来了及其他》(*Cry Wolf and Other Aesop Fables*)、阿诺德·洛贝尔（Arnold Lobel）的《寓言》(*Fables*)和李欧·李奥尼（Leo Lionni）的《田鼠阿佛寓言集》(*Frederick's Fables*)。在美洲，很多由非洲奴隶创造的"兄弟兔"故事都是寓言。在本书的第140页，你能读到《叔父的故事》(*The Tales of Uncle Remus*) 中的一个故事，由朱利叶斯·莱斯特（Julius Lester）改写。

校园生活

这里有四个关于校园生活的故事。第一个故事非常有趣,像这样有趣的时刻,在我们的学校里越多越好;第二个故事讲了幼儿园开学第一天发生的事情,充满了惊奇和失望;第三个故事讲了一个又瞎又聋的女孩学习认字和写字的事情;最后一个讲了一个小男孩考试作弊的事情。

选自《歪歪路小学》 (*Sideways Stories from Wayside School*)

（美）路易斯·萨奇尔　著

助理教师的故事

几乎所有的儿童文学作家都是在某种机缘巧合下，发现了自己的写作天赋。有些人，像安徒生（Hans Christian Andersen）、E.B.怀特（E.B. White）和莱曼·弗兰克·鲍姆（L. Frank Baum），他们很早就发现了自己的写作才能。而有些人却是大器晚成，像创作"彼得兔"的作家比阿特丽克斯·波特（Beatrix Potter），她是以给朋友的孩子写信的方式开始写作生涯的。著名的儿童文学作家罗尔德·达尔（Roald Dahl）是应一位著名作家的采访才开始写作的。那位作家本想在午饭时间采访达尔的战争体验，但是他发现不能同时做两件事，在午饭时间采访会破坏胃口！于是达尔答应将自己的战争经历写出来寄给那位作家，结果这成了达尔写作生涯的开始。但是，如果要评选写作生涯开始得最离奇的作家，我把票投给路易斯·萨奇尔（Louis Sachar）。

路易斯·萨奇尔曾在加州大学伯克利分校攻读经济学学位并学习俄语。有一天，他在校园中遇到了一个从当地小学来的女孩，她正在发招聘广告。原来这所小学正在招聘助理教师，每天大约两美元的报酬，而大学也乐意为这份工作提供担保。

随后，助理教师这份业余工作成了萨奇尔在大学期间最重要的课程。它唤醒了萨奇尔对孩子的浓厚兴趣：孩子是怎么想问题、怎行动和怎么感觉的。因此，在那段时间里，他开始写作他的第一本书——《歪歪路小学》。此前他刚刚看过著名作家达蒙·温涌（Damon Runyon）为成人写的有关一个小镇里的怪人怪事的书，因此，萨奇尔想，如果写写他在小学里遇到的那些孩子和老师，加上些许夸张，再把他们放到一所奇怪学校的背景中，可能会很有趣。我还要再加上一句：萨奇尔本人具有很发达的幽默感。

就这样，萨奇尔塑造了"歪歪路小学"，一所因意外而建成的学校。书上说，本来这所学校应该是三十个教室排成一排，只有一层，但是最后建成了三十层，每一层只有一个教室。一个教室一个故事，这本书就有了三十个故事，分为三十章，每章就是一个教室即歪歪路小学三十分之一层的故事。他甚至把自己也写进了故事里：他就是路易斯老师（午饭时间的操场管理员）。

在写作的时候，他没想过他的书会有机会出版，也从没想过靠写书养活自己。但有一点能肯定，他在写作时很愉快。与此同时，他也意识到该想想怎么养活自己了。因此，他考进了法律学院，正是这个时候，出版商同意出版《歪歪路小学》。然而，销售情况并不好。因此，萨奇尔只能继续学法律，同时又写了另外两本儿童读物：《詹尼在地下室》(Johnny's in the Basement) 和《安吉丽娜，总有一天》(Someday Angeline)。他一边学法律一边写作，写得越多，他就越来越怀疑，自己是不是更喜欢当一名作家？

通过律师资格考试（这可是一场非常难的考试，通过考试的律师才可获准从事法律工作）后，好事接踵而来。萨奇尔的书出版了平装本，销量开始有了起色。这本书名搞笑、内容有趣的书在孩子们当中口耳相传，很快，图书管理员、老师和家长都想知道，这本让孩子如此着迷的书究竟写了什么。因此，一个学校接着一个学校，一个州接着一个州，对《歪歪路小学》的狂热传遍了全国。

这最终帮萨奇尔下定了决心:当律师固然不错,但是当作家更好。他决定全职写作。他的小说一如既往地具有丰富的幽默感,他能非常敏感地察觉到孩子们最苦恼的时刻。这其中有部分得归功于他的妻子卡尔拉。卡尔拉是得克萨斯州一所学校的顾问,当萨奇尔作为童书作家到这所学校访问的时候,遇到了卡尔拉。后来,她也成了《女孩盥洗室有个男孩》(There's a Boy in the Girls' Bathroom)一书中顾问的原型。

以下选自《歪歪路小学》。

第三章　乔伊

乔伊有一头鬈发。但是他不知道有多少根。他还数不到那么大的数。事实上,他根本不会数数。

午休时,所有的孩子都出去玩儿了,朱尔斯老师让乔伊在教室里待着。"乔伊,"她说,"你有多少根头发?"

乔伊耸了耸肩膀。"很多根。"他回答。

"到底有多少根,乔伊?"朱尔斯老师问。

"多到足够盖住我的头了。"乔伊回答。

"乔伊,你要学会数数。"朱尔斯老师说。

"可是,朱尔斯老师,我已经会数数了。"乔伊说,"让我出去玩儿吧!"

"那么你先数到十看看。"朱尔斯老师说。

乔伊数到十:"六,八,十二,一,五,二,七,十一,三,十。"

"不对,乔伊,你数错了。"朱尔斯老师说。

"不对吗？"乔伊说，"我一直数到十了。"

"但是你数错了，"朱尔斯老师说，"我来数给你看。"她把五支铅笔放在课桌上。"这里有几支铅笔？乔伊。"

乔伊数着铅笔。"四，六，一，九，五。这里有五支铅笔，朱尔斯老师。"

"错了。"朱尔斯老师说。

"那么是几支铅笔呢？"乔伊问。

"五支。"朱尔斯老师说。

"我说的就是五支呀，"乔伊说，"我现在可以出去了吗？"

"不行，"朱尔斯老师说，"你的答案对了，但是你数数的方法错了。你只是碰巧答对了。"她又在乔伊的课桌上放了八个马铃薯。"乔伊，有多少个马铃薯？"

乔伊开始数马铃薯。"七，五，三，一，二，四，六，八。有八个马铃薯，朱尔斯老师。"

"不对，是八个。"朱尔斯老师说。

"我刚才说的就是八个呀！"乔伊说，"我现在可以出去了吗？"

"不行。你的答案对了，可是你又用错的方法数数了。"她把三本书放在乔伊的课桌上，"数数这些书，乔伊。"

乔伊开始数："一千，一百万，三。三本书，朱尔斯老师。"

"对。"朱尔斯老师说。

"现在我可以出去了吗？"乔伊问。

"不行。"朱尔斯老师说。

"我能拿一个马铃薯吗？"乔伊问。

"不能。听我说，一，二，三，四，五，六，七，八，九，十。"朱尔斯老师说，"你来重复一遍。"

"一，二，三，四，五，六，七，八，九，十。"乔伊说。

"很好！"朱尔斯老师说。她把六块橡皮放在乔伊的课桌上。"现在你数一下这些橡皮，乔伊，就用我刚才教你的方法数。"

乔伊数着橡皮。"一，二，三，四，五，六，七，八，九，十。有十块橡皮。朱尔斯老师。"

"不对。"朱尔斯老师说。

"我数的方法不对吗？"乔伊问道。

"你数的方法是对的，但是你的答案错了。"朱尔斯老师说。

"这没道理！"乔伊说，"我用错的方法数数，得到了对的答案；我用对的方法数数，得到了错的答案。"

朱尔斯老师把头朝着墙磕了五下。"我的头朝墙磕了几下？"她问道。

"一，二，三，四，五，六，七，八，九，十。你的头朝墙磕了十下。"乔伊说。

"不对。"朱尔斯老师说。

"四，六，一，九，五。你磕了五下。"乔伊说。

朱尔斯老师摇摇头，说："是的，这次对了。"

上课铃响了，所有的孩子都休息完回到了教室。外面的新鲜空气让他们非常兴奋，他们大声地笑着、叫着。

"真倒霉，"乔伊说，"我不能出去了。"

"嘿，乔伊，你刚才去哪儿了？"约翰问道，"你错过了一场好球！"

"我打了个本垒打。"托德说。

"你怎么啦？"乔尔问道。

"没事。"乔伊说，"朱尔斯老师刚才在教我数数。"

乔尔笑起来。"你是说你连数数都不会？"

"数数很容易。"莫莉西娅说。

"不能这么说。"朱尔斯老师说，"对你来说容易的东西，可能对乔伊就不容易；对乔伊容易的东西，对你可能就不容易。"

"对乔伊来说什么都不容易。"莫莉西娅说，"他很笨。"

"我要打你。"乔伊说。

"你试试看呀！"莫莉西娅说。

"好了,够了。"朱尔斯老师把莫莉西娅的名字写在黑板上,在"不守纪律"一词的下面。

乔伊把头贴在课桌上，在八个马铃薯和六块橡皮之间。

"别难过，乔伊。"朱尔斯老师说。

"我就是弄不懂，"乔伊说，"我永远学不会数数。"

"你肯定能学会的，"朱尔斯老师说，"有一天你自然而然就会数数了。一天早上你醒来，突然就会数数了。"

乔伊问："如果我只是睡觉，然后醒来就会数数了，那我还来上学干吗？"

"上学是为了加快速度。"朱尔斯老师说，"不上学的话，你可能要再花上七十年，才会发现一觉醒来会数数了。"

"到那时，我可能头顶上都没有头发可数了。"乔伊说。

"完全正确。"朱尔斯老师说，"所以要来上学啊。"

第二天乔伊醒来的时候，他会数数了。他的头上有五万五千零六根头发，而且根根都是小卷毛。

和这个故事一样，这本书里其他角色的故事也很有趣。例如：加尔文，他要把一张便条送给十九楼的一位老师，结果发现根本没有十九楼；保罗，他总是忍不住去揪女孩的辫子；达纳，做算术题的时候，蚊子咬了她几下，她就填几；萨米，孩子们半天才发现，原来他

是一只穿了一打雨衣的死耗子;约翰,读书的时候一定要把书倒过来拿。还有看谁都不顺眼的凯西,以及一个名叫南希的男孩。你觉得这些还不够奇怪吗?那就去看这本书的续集吧:《我们的学校要倒了》(*Wayside School Is Falling Down*)。

路易斯·萨奇尔的作品还有《丢脸的男孩》(*The Boy Who Lost His Face*)。

《小淘气雷梦拉》 (Ramona the Pest)

(美) 贝芙莉·克莱瑞 著

来自"黑鸟"阅读小组的作家

贝芙莉·克莱瑞(Beverly Cleary)是二十世纪最受欢迎的儿童文学作家之一,但是如果你曾看到她和一群男孩子背对黑板坐着,那么你根本想不到她会有这样的成就。她是俄勒冈州波特兰市一年级中阅读成绩最差的"黑鸟"阅读小组里唯一的女生。

为什么会这样?她家藏书丰富,她的妈妈当过老师,并在她很小的时候就给她朗读。在她们居住的小农庄里,第一家图书馆就是她的妈妈开办的。她的妈妈经常对女儿说上学有多么好,书和阅读是多么有趣。

但是,小贝芙莉·布尼(有一天会成为著名的贝芙莉·克莱瑞)可不这么想。每当她用手指着橄榄绿色的儿童读物,试图去理解字词的意思时,总是很快就恐慌起来。她非常想学会阅读,好让妈妈高兴,但她就是做不到。阅读让她害怕,阅读成了另一种教鞭,或者说,一拿起书,她就感觉像被关在散发出奇怪气味的空衣帽间里。

甚至在她理解了字词的意思后,也没觉得文字有意思。"看小猫,看妈妈。我有一只小猫。"怎么会有人觉得这很有趣呢?她不理解。更糟的是,由于六岁前一直在农庄生活,波特兰的城市生活令贝芙莉非常不适应。上一年级的时候,她经常生病,这让她的学业受到了很大的影响。

一年级结束的时候她升级了，但只是试读。这让她的妈妈震惊不已，但妈妈答应为她保守这个秘密。但后来有一天，她把试读二年级的生活写成了故事，想让所有小学生的阅读比她更快乐、更有趣。

二年级的老师和蔼、亲切。慢慢地，贝芙莉靠自己的努力离开了"黑鸟"小组。她学会了怎么阅读，只是依然觉得阅读没意思，所以她课余时间从来不读书。然而，如果课外不读的话，就很难变得擅长阅读。

接着她上了三年级，一个周日的下午，天正下着雨，因为没什么事做（那时候还没有电视呢），她随手拿起了一本书《荷兰双胞胎》(*The Dutch Twins*，这是一套丛书中的一本，现在已经绝版了)——开始只是想看看插画。谁知书的开头将她吸引住了，她读了下去。"天哪，这个故事里真的有什么发生了！"她想知道后面的情节，就这样她读了整整一下午，直到把这本书全部读完。然后，她开始读这套丛书的另外一本《瑞士双胞胎》(*The Swiss Twins*)，也一口气读完了。这是她生命中最激动人心的一天，也许也是她作为一个作家的诞生日。

在接下来的几年里，玫瑰城图书馆分馆成了她的另一个家。她一直在找与她自己的生活相关的书：讲述和她生活在相似环境中，有父母、朋友、宠物陪伴的孩子遇到的惊险有趣的故事的书，但是很少能找到。这时，老师和妈妈开始注意到她崭露出了天才的头角，就鼓励她。她七年级的老师，也是图书管理员，甚至当着全班同学的面说："贝芙莉长大了，一定会成为儿童文学作家。"贝芙莉的妈妈一直为因结婚而放弃教书生涯深感遗憾，她把贝芙莉当作了自己的私人学生。她跟女儿说："最好的写作是简单的写作。要尽量去写一些有趣的事情。人们喜欢读能让他们发笑的东西。"

大学毕业后，她的第一份工作是图书管理员。她给孩子们朗读故事,并帮助他们选书。你可能也想到了,她从孩子们的眼睛里看到了曾经的自己:一个来自"黑鸟"小组的小女孩,正在努力寻找不乏味并且不太厚的书。

一九五〇年,在丈夫的鼓励下,她写了一本关于一个男孩和他的狗以及朋友的书《亨利·胡吉斯》(*Henry Huggins*),他们都住在波特兰城的科里克塔大街。这条街真实存在,就离她小时候住的地方几个街区远。当然了,男孩和他的朋友也是真实的,他们代表了那些和她一起长大的孩子,也代表了那些在图书馆里坐在她面前听故事的孩子。

她牢记着妈妈的话:要写简单的故事,再加进去一些幽默。但是,贝芙莉永远不会忘记"黑鸟"小组里的那个小女孩和她身边的男孩们。在贝芙莉的书中,这个小女孩的名字叫雷梦拉·昆碧,到目前为止,雷梦拉是贝芙莉塑造的人物中最受欢迎的一个。

下面选自《小淘气雷梦拉》的第一章:雷梦拉第一天上幼儿园,这一天将是她一生中最棒的一天。

第一章　雷梦拉很棒的一天

老师是格兰伍德学校新来的,很年轻,很好看,她肯定刚成年。有传言说她以前没有当过老师。她说:"你好,雷梦拉。我是宾尼老师。"每个音节都咬得很清楚。她一边说着一边把雷梦拉的姓名牌别在她的衣服上。"欢迎你来幼儿园。"然后,她拉着雷梦拉的手,把她带到一张桌子和一把小椅子前,"现在[①]你坐在这里。"她微笑着说。

[①] 英语里的"现在"和"礼物"相同。雷梦拉听成了:"你坐在这里等我的礼物。"

有礼物！雷梦拉想，她一下子就知道她喜欢宾尼老师。

"再见，雷梦拉。"昆碧太太说，"做个乖孩子！"

看着妈妈走出门的时候，雷梦拉觉得幼儿园比她希望的还要好。之前没有人告诉她，上幼儿园的第一天会收到礼物。会是什么样的礼物呢？她很想知道。她努力回想着碧珠有没有得到过老师送的礼物。

宾尼老师把哈维领到桌子前的时候，雷梦拉仔细地听着老师跟他说话。但老师说的是："哈维，你就坐在这里吧。"雷梦拉想，其他人都没有礼物，所以宾尼老师肯定最喜欢我。别的男孩和女孩进来时雷梦拉留心看着听着，但是宾尼老师没有和任何人说，如果他坐在某一把椅子上，就会得到礼物。雷梦拉不知道她的礼物会不会像生日礼物那样，外面包着漂亮的包装纸，系着丝带。她希望是这样。

雷梦拉一边坐着等礼物，一边看着其他的孩子被妈妈领到宾尼老师面前。她发现这个班有两个孩子非常有趣。一个是叫戴维的男孩，他又矮又瘦，带着渴望的眼神。他是班里唯一穿短裤的男孩，雷梦拉一下子就喜欢上他了。她甚至想去亲亲他。

另一个有趣的孩子是叫苏珊的高个子女孩。苏珊的头发就像碧珠喜欢读的那种老式图画书里的女孩，棕色略带点红色的鬈发，像弹簧一样，垂到肩膀上。她一走动，头发就弹跳起来。雷梦拉从来没有见过这么鬈的头发。她认识的所有鬈发女孩都留短发。雷梦拉用手摸了摸自己直直的短发，平常的棕色，她很想去摸摸那颜色鲜亮、能弹跳的头发。她很想去拉直那些鬈发，然后看着它们再反弹回来。啵嘤，雷梦拉心里发出了动画片里弹簧发出的那种声音，她希望自己也有一头像苏珊那样厚厚的、发亮的、能发出啵嘤啵嘤声的弹簧般长发。

哈维打断了雷梦拉对苏珊头发的羡慕。"你说还有多久我们才能出去玩儿?"他问。

"可能要等到宾尼老师给我礼物之后吧。"雷梦拉回答,"她说过要给我一份礼物。"

"她怎么会给你礼物呢?"哈维想知道,"她可没说要给我礼物。"

"可能她最喜欢我。"雷梦拉说。

听到这个哈维有点不高兴。他转过头对旁边的男孩说:"她会收到一份礼物。"

雷梦拉不知道要在这里坐多久才能得到礼物。如果宾尼老师明白等待对她来说是那么漫长,那该多好!当最后一个孩子被送来,最后一个含着眼泪的妈妈离开后,宾尼老师简单地讲了一下幼儿园的规定,又说了厕所在哪里。然后,她给每个孩子分配了一个小柜子。雷梦拉的柜子门上贴着一只黄色的鸭子,哈维的柜子门上贴着绿色的青蛙。宾尼老师解释说,他们衣帽间的挂钩上也有相应的图案。然后,她要全班小朋友跟着她安静地走进衣帽间,找到自己的挂钩。

尽管雷梦拉等得很辛苦,但是她没有起身。宾尼老师刚才没说让她起身去衣帽间里拿礼物呀。宾尼老师是让她坐在这里等礼物,那么,她就要一直坐着,直到领到礼物。她要像被胶水粘住了一样,坐在椅子上一动不动。

哈维从衣帽间回来后,生气地看着雷梦拉,对另外一个男孩说:"老师要给她一个礼物。"

很自然,那个男孩想知道为什么。"我不知道。"雷梦拉说,"老师说,只要我坐在这儿,就能得到一份礼物。我猜她最喜欢我。"

宾尼老师从衣帽间回来的时候,有关雷梦拉要得到一份礼物的消息在全班传开了。

接着,宾尼老师开始教全班孩子唱一首歌词莫名其妙的歌,比如"拂晓闪出亮光",雷梦拉一点都不懂,因为她不知道拂晓是什么东西。"啊，你说，透过拂晓的亮光能看到……"宾尼老师唱道。雷梦拉想，拂晓也许是灯的另一种说法。

宾尼老师教了几遍后，让全班同学站起来和她一起唱。雷梦拉没有动。哈维和其他孩子也没有动，雷梦拉知道他们也想得到礼物。"跟屁虫。"她心想。

"像个乖孩子一样站直！"宾尼老师说得很坚决。哈维和其他孩子不情愿地站起来。

雷梦拉想，她宁愿做一个坐着的乖孩子。

"雷梦拉，"宾尼老师说，"你不愿意和大家一起站起来吗？"

雷梦拉的脑筋飞快地转着。这个问题也许就像神话故事中的那种考验——可能宾尼老师正在考验她会不会从椅子上站起来——如果没有经受住考验，她就得不到礼物了。

"我不能站起来。"雷梦拉说。

宾尼老师觉得很奇怪，但是她没有坚持让雷梦拉站起来，而是带领全班继续唱莫名其妙的歌。雷梦拉也和大家一起唱，盼望接下来能得到礼物。可是等歌都唱完了，宾尼老师还是没有提礼物的事，而是拿起了一本书。雷梦拉想，可能得上完了阅读课吧。

宾尼老师站在全班面前，开始大声地朗读《迈克·马力甘和他的蒸汽挖土机》(Mike Mulligan and His Steam Shovel)。这是雷梦拉最喜欢的一本书，因为这本书不像那些为她这个年龄孩子写的好多书，既不是安安静静、令人昏昏欲睡的小故事，又不是甜甜蜜蜜、漂漂亮亮的小故事。雷梦拉假装粘在了椅子上，很高兴和全班同学一起安静地再听一遍迈克·马力甘的老式蒸汽挖土机的故事：蒸汽挖土机为了证明自己的价值，要在一天之内——从黎明到太阳落山之前——为波波城的新市政厅挖好一个地下室。

雷梦拉听着，突然一个问题出现在脑海里，一个经常让她在听故事时迷惑不解的问题。不知为什么，书中经常漏掉每个人都想知道的最重要的事情。现在，雷梦拉上幼儿园了，幼儿园是学习的地方，也许宾尼老师能够回答她的问题。雷梦拉安静地一直等到老师读完了故事，然后举起了手。宾尼老师说过，在幼儿园说话要先举手。

乔埃没有记住要举手，大声地说："这本书真好玩！"

宾尼老师冲着雷梦拉微笑着说："我喜欢雷梦拉的做法，说话前要先举手。雷梦拉，你要说什么？"

雷梦拉的希望又升起来了。老师冲她微笑了。"宾尼老师，我想知道，在挖市政厅的地下室的时候，迈克·马力甘先生是怎么上厕所的呢？"

宾尼老师的微笑在脸上停留的时间似乎比通常都要长，雷梦拉不安地扫视了一眼周围的同学，看到他们也很有兴趣地想知道答案。每个人都想知道迈克·马力甘怎么上厕所的。

"嗯……"最后，宾尼老师说，"我真的不知道。雷梦拉，书上没有说。"

"我也一直想知道。"哈维说。他没有举手，其他人也小声地附和着。好像全班都想知道迈克·马力甘怎么去厕所。

"可能他停下挖土机，爬出他挖的洞，然后去服务区。"一个叫埃里克的孩子猜测道。

"不可能。书上说他一整天都要不停地挖。"哈维指出，"书里没说他停下来过。"

宾尼老师看着二十九个竖着耳朵的学生，所有人都想知道迈克·马力甘是怎么上厕所的。

"孩子们，"她用她那清楚明白的方式大声说，"书中没有提到迈克·马力甘怎么去厕所，是因为这在故事里是不重要的。故事是有关挖市政厅地下室的，这就是这本书要告诉我们的。"

宾尼老师以为这个解释就能解决问题了，但是孩子们好像没有被说服。雷梦拉知道，班上的同学也知道，怎么去厕所是很重要的。他们很吃惊宾尼老师怎么会不懂，而且她一开始就告诉大家厕所在哪里了。雷梦拉知道，有些东西不用幼儿园教就明白。她和全班同学一起，用责备的眼神看着宾尼老师。

宾尼老师看上去有点发窘，好像知道她让孩子们失望了。她很快恢复过来，合上书，对全班说，如果他们立刻到院子里去，她就会教他们玩一个叫"灰鸭子"的游戏。

雷梦拉没有动。她看着全班同学都跑了出去，还羡慕地看着苏珊肩膀上弹跳的"啵嘤"鬈发也离开了教室，但她还是没有离开座位一步。只有宾尼老师能够揭开粘住她的胶水。

"雷梦拉，你不想玩灰鸭子游戏吗？"宾尼老师问道。

雷梦拉点点头："我想玩，但是我不能。"

"为什么不能？"宾尼老师问道。

"我不能离开座位。"雷梦拉说。宾尼老师茫然地看着她。雷梦拉补充道："为了礼物。"

"什么礼物？"宾尼老师好像真的很困惑，这让雷梦拉感到不安。老师坐在雷梦拉旁边的小椅子上说："告诉我，为什么你不能玩灰鸭子游戏？"

雷梦拉在椅子上扭来扭去，她已经坐烦了；她还有一种不安的感觉：可能有些事情弄错了。"我想去玩灰鸭子，但是你……"她停下来，感觉到她要说的话可能是错的。

"但是我怎么了？"宾尼老师问。

"嗯……嗯……你说如果我坐在这儿，就能得到一个礼物。"雷梦拉终于说出来了，"可是你没有说我要坐在这里等多长时间。"

如果说之前宾尼老师看起来有点迷惑，那么现在她更加迷惑了。

"雷梦拉,我不明白。"她说。

"不,你明白。"雷梦拉点着头说,"你对我说坐在这儿,等礼物,我一来就坐在这儿,可你没有给我礼物。"

宾尼老师的脸红了,她看上去非常局促不安,把雷梦拉也完全搞糊涂了。老师们不应该这样。

宾尼老师温柔地说:"雷梦拉,我想你误会了。"

雷梦拉失望了:"你是说,我得不到礼物?"

"我想是的。"宾尼老师承认道,"'for present'的意思是'现在'。我的意思是现在你坐在这里,因为一会儿我要领别的孩子坐在其他的位子上。"

"噢……"雷梦拉太失望了,她无话可说。词语真是莫名其妙。也许只有袭击(attack)表示在人群中撒大头针(tack)时,现在(present)才表示礼物(present)。

雷梦拉会发现,无论是在幼儿园里还是在家中,到处充满了误会。在本章结束之前,她被罚坐了一小会儿,还在休息时间假装打呼噜,吵得全班人都睡不着。在下一章里,她在"展示课"上介绍了她的玩具娃娃雪弗莱,在操场上迷上了戴维,被介绍到了课堂练习小组,反对代课老师,还向交通警察求婚……

贝芙莉·克莱瑞所写关于雷梦拉的故事还有:《勇敢的雷梦拉》(*Ramona the Brave*)、《雷梦拉和爸爸》(*Ramona and Her Father*)、《雷梦拉和妈妈》(*Ramona and Her Mother*)、《雷梦拉八岁》(*Ramona Quimby, Age Eight*)和《永远的雷梦拉》(*Ramona Forever*)。她的幻想小说有《老鼠和摩托车》(*The Mouse and the Motorcycle*)、《逃

亡的拉尔夫》（*Runaway Ralph*）和《聪明老鼠拉尔夫》（*Ralph S. Mouse*）。她还著有一本绝妙的日记体小说——《亲爱的汉修先生》（*Dear Mr. Henshaw*），并凭借这本小说获得了纽伯瑞奖。另外，她还出版了这本书的续集——《小狗斯特莱德》（*Strider*）。

选自《静夜的孩子》(Child of the Silent Night)

（美）伊迪丝·费舍尔·亨特　著

特殊儿童教育

一八四二年，当格林兄弟和安徒生因创作童话故事而闻名于世的时候，一位英国著名作家来到了美国，为美国人朗读他写的一些故事。他的名字叫查尔斯·狄更斯（Charles Dickens），他的作品有《圣诞颂歌》（A Christmas Carol）、《雾都孤儿》（Oliver Twist）和《双城记》（A Tale of Two Cities）等。美国人为尽地主之谊，问他在访美期间有没有特别想见的人。他说"有"，在所有的美国名人中，有一个他最想见到的人，一个住在马萨诸塞州波士顿的十三岁女孩——一个极不寻常的女孩。

女孩的名字叫劳拉·布里奇曼，她又聋又瞎，而且不会说话。那个年代，像劳拉这样的人会被当成被世界抛弃的人，或者被当做智力低下的人。他们通常会被关进救济院。

然而，在劳拉刚刚七岁的时候，波士顿的一名医生把她收进了学校，并且教给她几乎不可能学会的事情：识字和写字。如果一个人不能用眼睛把图像传递给大脑，也不能用耳朵把声音传递给大脑，那他能学到什么呢？

狄更斯看到了劳拉取得的成就，并把这件事记在他的旅美日记中，还公开发表了这篇日记。四十年后，一位住在阿拉巴马州的妇女读到狄更斯的文章后，心潮澎湃。她有一个像劳拉一样的女儿。"但愿他们也能够教会我的女儿。"她祈祷着。

她给波士顿学校写了求助信,但这时学校已经改了名字,叫做盲人培金学院。他们给她的女儿派了一名叫安娜·苏里瓦的教师。今天,安娜·苏里瓦老师和她的学生海伦·凯勒的成功故事已经传遍了全世界,家喻户晓,这部分归功于名为《奇迹创造者》(The Miracle Worker)的获奖戏剧和电影。安娜老师第一次来看海伦的时候,给她带了一件由已经长大成人的劳拉·布里奇曼亲手制作的礼物,一个布娃娃。

后来,海伦不仅学会了识字和写字,还学会了说话。她的名声越来越大。但不幸的是,第一个创造这个奇迹的人——劳拉却被人遗忘了,只有少数人还记着她。在这很少的人中,有一个叫伊迪丝·费舍尔·亨特(Edith Fisher Hunter)的,她的妈妈曾在马萨诸塞州弗拉铭哈姆学院上学,教过劳拉的一位老师当时在这所学院里工作。妈妈把劳拉的故事讲给了伊迪丝听,而伊迪丝又把这个故事告诉了她的孩子,但当孩子们到图书馆寻找有关劳拉的书时,却一无所获。

因此,伊迪丝钻进了阁楼和图书馆的地下室,翻阅布满尘土的书册、报刊和日记,寻找着一个又瞎又聋又不会说话的孩子的故事,那个孩子曾改变了世界对待特殊儿童的方式。下面是《静夜的孩子》一书的开篇。

第一章 没有窗户和门的房间

一个小女孩坐在一块突出来的花岗岩上,岩石底下是湍急的溪水。她的腿在离水面很近的地方晃来晃去,她的手里握着一根长长的棍子。棍子那一头深深地插到水里。

她叫劳拉。在这个五月初温暖的日子里，融化的雪水让小溪的水流剧增，小溪几乎变成了一条河。溪水的旋涡好像要从劳拉的手中拽走小棍。她用力紧紧地抓住小棍。只要她没被溪水冲走，她就不会先松手。

劳拉旁边坐着阿沙·泰内叔叔，他紧紧地抓着劳拉的胳膊。他知道，劳拉虽然已经七岁了，但不像大多数七岁的孩子那么强壮。她肯定也比不上新汉普郡五月初涨了水的小溪那样有力量。阿沙叔叔可不愿看到劳拉跟她的小棍一起卷入水中。

和阿沙叔叔两个人坐在小溪边时，劳拉的心里充满了疑问。她还记得，上次他们走路来过这里。那天很寒冷，地面上还有积雪，他们穿着靴子和暖和的外套。最有趣的是，他们还可以在小溪上走！

劳拉不知道这是为什么：当天气寒冷的时候，人们能够在小溪上走；但是当天气暖和了，人们却要小心别掉进小溪里！她心里想，在寒冷的天气里，小溪是不是像家里的井一样，也有一个盖子？

她的爸爸妈妈从来不允许她靠近井，除非井上盖着盖子。但是井盖不像小溪的盖子那么滑。她记得和阿沙叔叔在小溪上滑行的快乐。她真愿意多想想这些。

劳拉终于把小棍拿出了小溪。她很满意，在和溪水的拔河中她赢了。她把小棍放在身边的岩石上。然后她四处摸索着，发现了一块小石头。她想把石头扔进水里。石头摸起来很光滑。她把石头放在脸颊上蹭了蹭。

"啊，"她想，"多可爱的石头呀，还是别扔了。"她把石头塞进衣兜里，想带回家里，和其他与阿沙叔叔散步时收集来的宝贝放在一起。

劳拉开始摸索四周，想找一块摸上去不太好的石头扔进小溪。

这次她找到了一块粗糙的花岗岩石头，朝着她心目中溪水的方向扔过去。她不知道是不是真的扔进去了。她又找到了一块大一点的石头，直接朝下面扔去。溅起的水花打到了她的腿上，她满意地笑了。她知道这次肯定扔进了水里！

这时，阿沙叔叔拉起劳拉的胳膊。她知道这意味着要回家了。她感觉到太阳不像午后那么温暖，可能快到晚饭时间了。阿沙叔叔扶着她，从已经被他们坐暖和了的岩石上站起来。

他们沿着牛群踩出的狭窄小道往回走。阿沙叔叔拨开路边黑莓丛长长的荆棘，小心地给劳拉领路。他必须给劳拉带路，因为劳拉看不见。她在两岁的时候就双目失明了，因为猩红热，那时她差点死了。

劳拉和阿沙叔叔一路上没有说话。即使阿沙叔叔开口说什么，劳拉也听不见，因为她是个聋子。高烧使她双目失明，双耳失聪。

劳拉也不能跟阿沙叔叔说话，因为她不会说话。不能说话的人叫哑巴。在劳拉那个年代，如果孩子在学会说话之前成了聋子，就一定会是哑巴。他们将永远学不会说话。

这个看不见、听不到、也不能说话的小女孩叫劳拉·布里奇曼。她是真实存在的，生活在大约一百五十年前新汉普郡汉诺威镇的米勒村。她出生于一八二九年十二月二十一日，尽管出生时她又瘦又小，不是很强壮，但她的眼睛还能看、耳朵还能听。两岁的时候，像大多数孩子一样，她会说一些简单的句子了。

后来，她患上了致命的疾病。退烧后有好几个月，她躺在漆黑的屋子里宽大的老式摇篮里。她的父母慢慢地发现，那场病让她看不见也听不到了。有好几个星期，她只吃得下流食，甚至无法坐起来。经过了整整一年的休养，她才能重新自己走路，到了五岁她的身体才差不多赶上同龄的孩子。

如果没有她的好朋友阿沙·泰内叔叔，她也许永远不会像一个健康的孩子。布里奇曼一家称他阿沙叔叔，实际上他并不是孩子们的亲叔叔。许多人觉得阿沙·泰内是个怪人。他看上去很老，实际上年纪并不大，只是因为穿着让他显得老。他从不关心自己的衣着打扮，他关心的是野外的东西，像小鸟、花儿、小溪，还有他在散步中遇到的那些无言的小动物。

现在，他也关心劳拉·布里奇曼。在某种程度上，她看上去很像森林里无助的小动物。她像小动物一样，无法跟别人说出自己的想法和愿望。但阿沙叔叔知道，她需要友善、关心和爱。

泰内先生没有结过婚。当他发现邻居布里奇曼家里的小姑娘时，他觉得终于找到了一个需要他的人。

劳拉的父母都非常善良，愿意为这个可怜的孩子做一切可以做的事情，但是他们能花在她身上的时间很少。布里奇曼先生是个忙碌的农夫，还是汉诺威镇的行政委员。布里奇曼太太除了要照顾劳拉和两个弟弟外，还要做那个时代所有农妇都要做的事情。她养了一群羊，羊毛要纺成线然后织成布料，布料和毛料要用来给全家做衣服；她还养了蜜蜂和小鸡，还要做肥皂、蜡烛和面包。当然了，她还要给全家人做饭，洗衣服和熨烫衣服的活计也是她的。

在大多数农庄家庭里，孩子多有一个好处，他们很早就能帮助家里干活。但是劳拉的两个姐姐在劳拉生病的时候，都死于猩红热，所以那时没有大孩子能够帮助忙碌的妈妈。

布里奇曼太太不光是没有时间去教这个又聋又瞎又哑的女儿，即使她有时间，又能怎么教呢？一个看不见、听不到、还不能说话的人，又能学会什么呢？

阿沙叔叔坚信劳拉能够学习。他相信，她每一分钟都在学习，她渴望学会更多的东西。他也知道他有的是时间去教她。

他这样对自己说:"劳拉就好像生活在一间没有窗户和门的房间里。我要给这个房间开一扇窗户和一扇门,我要帮她拿掉蒙在眼睛上的布,给她带来智慧之光。"

接下来的故事是:劳拉因为身体上的缺陷,心中的愤怒与失望一天天滋长起来,这时一位来访的大学生发现了劳拉,并让他的导师——一位教授注意到劳拉极大的好奇心和阿沙叔叔付出的努力,这最终促成塞缪尔·格里德利·豪(Samuel Gridley Howe)博士创立研究所,对劳拉进行教育。这里提一下史实:豪博士和他的妻子都很有名,豪博士因为对盲人教育的杰出贡献而声名远扬,而他的妻子——朱莉娅·沃德·豪(Julia Ward Howe)则以写作《共和国战歌》(*The Battle Hymn of the Republic*)一举成名。

这里再介绍几本关于视力或听力受损者的书:丽贝卡·考迪尔(Rebecca Caudill)的《可靠的小牧羊人》(*A Certain Small Shepherd*)、格罗里亚·惠兰(Gloria Whelan)的《汉娜》(*Hannah*)、凯瑟琳·威尔基(Katharine Wilkie)的《海伦·凯勒:从悲剧到凯旋》(*Helen Keller: From Tragedy to Triumph*)和玛格丽特·戴维森(Margaret Davidson)的《路易斯·布莱叶:发明盲文的男孩》(*Louis Braille: The Boy Who Invented Books for the Blind*)。

另外介绍两本关于残障人士的优秀绘本:伯纳德·沃尔夫(Bernard Wolf)的《别为保罗难过》(*Don't Feel Sorry for Paul*)、乔安娜·伯恩斯坦(Joanne Bernstein)和布莱娜·菲尔赛德(Bryna Fireside)合著的《特别的父母,特别的孩子》(*Special Parents, Special Children*)。

选自《家庭的秘密》(Family Secrets)

(美) 苏珊·施瑞伍 著

细菌孕育了作家

很早很早以前，在还没有盘尼西林这类神奇的药物时，孩子们的童年都要在床上躺上几个月，与德国麻疹、猩红热、脊髓灰质炎、百日咳和腮腺炎这样的疾病作斗争。因为这些疾病传染性很强，所以得病的孩子要被隔离，不能和其他的孩子接触。镇上的卫生部门还要在门上贴上隔离通知，将危险公示于众，生病的孩子在痊愈之前是不准出门的。

那个时代没有电视、没有电子游戏、没有电话，在隔离期间更没有小朋友可以一起玩儿，孩子们只好自己想办法打发时间。也正因如此，许多在隔离中的孩子发现了之前他们没有时间阅读的书，并被书中的故事吸引，从此爱上了阅读，例如写《点金术》(The Golden Touch，见本书第380页) 的纳撒尼尔·霍桑 (Nathaniel Hawthorne)，写《巧克力狂热》(Chocolate Fever) 的罗伯特·基梅尔·史密斯 (Robert Kimmel Smith) 和写《黑骏马》(Black Beauty) 的安娜·西韦尔 (Anna Sewell)。

苏珊·施瑞伍 (Susan Shreve) 也是以这种奇怪的方式开始写故事的。在患脊髓灰质炎和脊膜炎之后的恢复期间，她一直卧床休息，这时只能做两件事：阅读和听收音机 (别忘了，那时还没有电视)。那时候不像今天，她下午收听的节目不是音乐，而是广播连续剧。

在听广播剧和读书时,她意识到,生活非常复杂,而把复杂的事情放在一起就是故事。她那还在发烧的小脑袋开始构思小说的情节,于是,一个富有激情的作家开始了写作生涯。

很多年后,在给成人写小说时,她已经做了四个孩子的妈妈。在孩子们的笑声和哭声中,她听到了以前在广播剧中听到过的某些东西:密谋、纠纷、危机、成功和快乐……因此,她决定也给孩子写书,其中有一本就是《家庭的秘密》,收选了一个叫萨米的男孩童年时的五个故事。不幸的是,这本书现在已经绝版,尽管你们图书馆可能有,或通过馆际互借来获取。

在苏珊写的童书中,有的故事取材于她孩子的生活,有的故事取材于她自己的童年经历。下面这个故事是她自己的经历——小时候一次考试作弊和作弊以后的事情。她也回想起在做小学老师时,如果抓住作弊的学生,她的心里是多么难受。

第五章　作弊

今天早上,第二节布克先生的数学课是单元测验,我作弊了。考完试后,我一直在想这件事,难过得都吃不下午饭。

一放学,我就直奔回家,一头扎进自己的房间。我躺在地板上,想着是马上就离家出走好,还是晚饭后再走好。我真希望自己已经死掉了。

我这次作弊甚至不是临时起意的。

昨天,布克先生宣布将要进行单元测验,如果谁没有考及格,就得星期六来学校补考,尤其是我。因为我上次测验就没及格。像以往一样，他当着全班同学的面点了我的名。所以你可以想象，我有多么"喜欢"布克先生！

其实，我本来是打算好好复习的，因为我想证明给他看，我其实很聪明。实际上，我是挺聪明的——除了数学——但只要我能记住乘法口诀，就没有问题了。总之，我要先收拾好桌子，再好好复习功课，因为桌子上堆满了乱七八糟的东西。可就在我正准备学习的时候，尼克带着我们家新买的兔子走了进来，兔子跳到我的桌上，把识字卡弄得满地都是。

我大声叫妈妈过来帮我收拾，但夏洛特跟往常一样正在哭，于是妈妈说我已经是大孩子了，自己的事情能自己做了，她还说了一大堆妈妈们常说的话。我妈妈就是那种人，能把你的一个错说上三十年，好像你天天都在犯那个错。她老这样，真快把我逼疯了。

后来，我和尼克把兔子拎了出去，可是，菲利普又进来了，还带着隔壁的马丁。没多久，就开饭了。吃完晚饭，爸爸说如果我已经做完了作业，就可以看一个特别的电视节目。

我当然说我已经做完了作业。

这就是谎言的开头。对爸爸撒了谎，我感到难受，所以根本没有心情看电视。我猜他知道我在撒谎，但因为极度失望，他不愿意说穿而已。

我们家的家规并不严。马丁的妈妈要求他任何时候都要穿得整整齐齐，内森必须在学校表现得出类拔萃，安迪家的家规多如牛毛，光是记住那些家规就能让他发疯。我父母并不费心思去定一大堆家规，但在我们家有一条必须遵守：大家都必须说真话，即便是坏消息。当然，大多数时候，撒谎都是因为想隐瞒坏消息。你可以想象得到，我怎么能有心情看那个电视节目？

等我起身回到卧室的时候，已经九点了。现在再复习考试内容已经太晚了，于是我关了灯，躺在床上，想好了第二天在布克先生的数学课上，不会乘八和乘九的口诀该怎么办。

所以你看，说到底，我是计划好了要作弊的。

布克先生能让所有我认识的人感到害怕，甚至包括我爸爸，那天晚上想到这一点后，我便觉得作弊好像是明智之举了。即使想到我父母那套关于诚实的长篇大论，我也没觉得作弊有什么。

我像往常一样高高兴兴地去上学，装做一切正常。没有引起任何人，甚至布克先生的怀疑。我坐在斯坦利·布鲁姆旁边——他的数学成绩好得让人嫉妒——时不时地偷看他的考卷，抄下答案。那很容易。事实上，在以前的每一次考试中，我都得极力克制自己不去看他的答案，因为我俩的桌子实在是靠得太近了。

今天上午我这么做了。简单得很，一切都很顺利，只是我的胃难受得像翻江倒海。我想去死。

事实上，我真不敢相信自己能如此冷静地做出这一切。我开始对自己感到怀疑——真正的怀疑——不知道以后我会不会从商店偷东西，或者故意伤人，或者做出其他我现在无法想象的恶劣行径。我开始怀疑自己是不是已经坏到骨子里。

我从来不像尼克，他是人见人爱的类型。我脾气暴躁，倔强，喜欢跟人争论。偶尔，我会大发脾气，但大多数时候，我还算是个不错的孩子。通常，我学习努力，我会替朋友们打抱不平，我讲真话。总的来讲，我对自己还算满意——除了希望篮球能打得更好些。

现在，我突然间变成了罪犯。让人难以置信的是，我还只是个小男孩。这一切，都是因为一次愚蠢的数学测验。

躺在卧室的地板上，我开始想，也许我本来就很坏，这次数学测验只是根导火线。我可能永远都不会做个诚实的人了。

当妈妈来叫我下楼吃晚饭时，我跟她说我病了。她不太相信，但还是安顿我躺下。在初冬的黑暗中，我躺在那里，想着接下去我会干出什么样的傻事来。这时，爸爸走了进来，坐在我床边。

"怎么啦？"他问道。

"我胃疼。"我回答。好在天很黑，我看不清他脸上的表情。

"没什么事吗？"

"没有。"

"你妈妈说你从学校一回来就一直待在房间里。"

"我在学校时就觉得不舒服。"我说。

"她觉得你今天一定碰上了什么不对劲的事，你看上去很烦恼。"

这就是我妈妈最令人不可思议的地方。她总是知道我的脑子里在想些什么，就好像我脑子里的东西都能被她翻出来似的。

"好吧。"爸爸说。我看得出来他并不相信我。

"我的胃不太舒服。"我搪塞道。

"那好吧。"他说着，拍拍我的腿，站了起来。

正当他要关上房门的时候，我竟用自己都认不出来的声音叫住了他。我觉得自己快崩溃了。

"到底怎么了？"他大声问道，丝毫没有感到惊讶。

就这样，我告诉他我数学测验作弊了。说实话，连我自己也觉得惊讶，我根本没打算告诉他真相。

他一开始并没说什么，这更让我难受。如果他打我，我反倒会觉得好受些。什么都不说简直能让人发疯。

然后，他说："你必须打电话给布克先生。"

我可不想这么做。

"现在？"我惊讶地问道。

"现在。"说着，他打开灯，掀去了我的被子。

"我不打。"我说。

但我还是给布克先生打了电话,可能把他吵醒了。我把一切都告诉了他,甚至把考试前一天我就打算作弊也说了。他叫我星期六去参加补考,我觉得这样的结果还好。我十分感谢他能理解。他的口气并不和蔼,但绝对没有发脾气。

"今天,我以为自己变成了罪犯。"爸爸关灯时,我对他说。

我爸爸有时候道晚安时会亲我一下,有时候不会。我从来不知道他什么时候会亲我,什么时候不会,但今天晚上,他亲了我。

《家庭的秘密》中的故事并不轻松好玩,反而都严肃且重要。故事细致地描绘出了萨米和他生活的世界,其中有一段故事是:萨米打算出门去遛狗,却发现狗已经死了。如果是你,会如何向家人通报这种可怕的消息呢?还有一些故事讲到了渐渐老去的祖父母,讲到了邻家自杀的男孩,讲到了离婚的亲戚。这都是些并不开心圆满的事情,但没有一个故事是用阴郁的语气讲述的。苏珊·施瑞伍和她笔下的萨米勇敢地面对生活中的难题,用饱含希望的态度直面一切。

苏珊·施瑞伍的作品还有:《乔舒亚·贝茨的失败》(*The Flunking of Joshua Bates*)和《莉莉与逃走的宝宝》(*Lily and the Runaway Baby*)。

食物的故事

　　三个有关食物的美妙故事:第一个讲的是没有东西可吃的富人,第二个讲的是吃了太多巧克力的男孩,最后一个讲的是一种中间空空的美国著名食品的故事。

《巴维斯的盛宴》(Bavsi's Feast)
(美) 阿黛尔·格拉丝 著

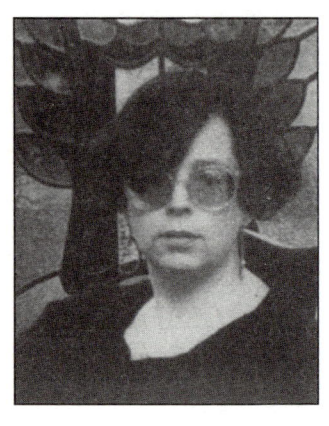

奶奶的故事

在童书中,有什么人比奶奶更亲切、更受爱戴呢?如果有的话,我不知道是谁。讲故事和写故事的人能毫不犹豫地把爸爸和妈妈(尤其是可怜的后妈)描写成坏人,但是都会把奶奶描写成好人。奶奶们为什么会有这么好的名声?

在孩子的眼里,奶奶既是最好的厨师、最耐心的倾听者,又是最慈爱的家长。奶奶的心态可能更放松,因为她没有爸爸妈妈的那些家庭琐事:给婴儿换洗尿布,工作累了一整天后还要给全家做晚饭,检查孩子的家庭作业,督促孩子去练球或者去看牙医……另外,由于奶奶们活得比我们都长,经历的事情比我们都多,她们一般会更聪明,是不是?

奶奶在许多作家的心里有着特殊的地位。比阿特丽克斯·波特的奶奶是她的所有亲人(包括她的父母)中最关心她的人,在她很小的时候,奶奶就对她关怀备至。《红色羊齿草的故乡》(Where the Red Fern Grows)的作者威尔逊·罗尔斯(Wilson Rawls)得到的第一本书是奶奶送给他的礼物;《萨拉·克鲁》(Sara Crewe)和《秘密花园》(The Secret Garden)的作者弗朗西丝·霍奇森·伯内特(Frances Hodgson Burnett)也是如此。《理解贝茜》(Understood Betsy)一书的作者多萝西·坎菲尔德·费希尔(Dorothy Canfield Fisher)小时候,每年夏天都要去一千三百英里之外的奶奶家陪伴她。而有着悲惨童年的安徒生,时时会回忆起奶奶每天来看他,从心里深爱着他。所以奶奶的形象在童书里散发着香气,就不令人吃惊了。

阿黛尔·格拉丝小的时候,爸爸在英国殖民地服务机构工作,全家人经常搬家,从耶路撒冷到东南亚,从西非到欧洲。如果经常新交了朋友就要离开,童年生活就不会那么快乐,但是阿黛尔并非如此,这多亏了她的奶奶。奶奶居住的公寓成了阿黛尔和她父母的固定住所。每隔一段时间,他们就会回来住上一阵子,奶奶的家就像是他们自己的家。

几乎所有的奶奶都喜欢讲故事,讲她们小时候的故事,讲家里人的故事,讲很久很久以前的故事。就是这种方法让我们留存了许多鲜活的家庭故事和宗教传统。在《我奶奶的故事——犹太民间故事集》(My Grandmother's Stories: A Collection of Jewish Folk Tales)中,阿黛尔和我们分享了很多她奶奶的故事和其他一些经久流传的故事。下面的故事也是我最喜欢的。

我先给你介绍一下我奶奶家的厨房吧。这个房间小小的,四四方方,一个大大的水槽靠着墙,靠另一面墙放着一张木餐桌。我奶奶住在一所公寓楼的三层,一面墙上的窗户实际上是一扇门,通向一个很小的凉台。夏天,凉台的桌子上,总是摆着一排高玻璃罐子,罐子中的淡盐水里泡着碧绿的黄瓜。在阳光的照射下,过不了多久它们就会变成美味的泡菜。如果你有机会来亲口尝一尝,就会知道我奶奶的手艺有多棒了:肉桂蛋糕、花式面包、甘美多汁的炖肉、金黄色的烤鱼、面团汤、芬芳的肉豆蔻,还有为安息日准备的库格尔——一种面条形状的布丁,用鸡蛋和土豆做成,上面撒上一点焦糖,有一股熏制的香味。我最开心的时候是帮忙把东西搅碎,料理机安在桌子的边上,我喜欢用胡萝卜去按压我们深深塞进机器银色口里的任何东西,我奶奶则喜欢一边剁肉一边跟我聊天。

有一天,我们正在做果馅酥饼。先切碎苹果,然后加一点坚果和葡萄干,混在一起搅拌。

"你想过没有,"奶奶对我说,"到底什么是饿?"

"我经常饿。"我回答道,"现在就饿了。我可以吃掉剩下的这点苹果吗?"

奶奶笑了起来。"这不是饿。这是嘴馋。我给你讲个故事,你就明白饥饿到底意味着什么了。从前有一个人叫巴维斯,是一个商人,非常富有的商人。他生活在很久很久以前,在以色列所罗门国王的时代。"

"他住在哪里?"

"住在耶路撒冷。巴维斯非常吝啬,一毛不拔。他甚至没有结婚,因为他不想花钱养老婆孩子。全城的人都知道他很小气,他就这样出了名。人们常说'像巴维斯一样吝啬',有时也说'像巴维斯一样邪恶'。有一年发生了大饥荒,地里颗粒无收,粮食严重紧缺,穷人常常忍饥挨饿。有些善良的富人打开自己的粮仓,把粮食分给饥饿的穷人。但是巴维斯不会这样做,绝对不会。你知道他干了什么吗?"

"干了什么?"

"他在粮仓的门上顶了一块大木头,不让人进来。他减少了仆人的食物,把粮食高价卖给那些投机倒把的人。这样,别人在忍饥挨饿,他却变得更富有了。人们纷纷谴责他的坏心眼儿,最后,这些事传到了所罗门国王的耳朵里。国王得知巴维斯的种种劣迹后,决定好好地教训他一下,让他永远忘不了。"

"国王是怎么教训他的?"

"国王派宫廷的内务大臣带着请帖去巴维斯家,告诉他第二天晚上国王要与他共进晚餐。你可以想象,巴维斯有多激动、多兴奋、多受宠若惊。他心想,'所罗门国王终于意识到我是一个多么伟大的人了。多么富有!多么强大!'他马上叫来仆人们,让他们去洗衣服,整理珠宝,为第二天的晚宴做好准备。

"第二天早上,巴维斯醒来之后,他决定一整天都不吃东西。所罗门国王的晚宴肯定丰盛到他做梦都想不到,如果不充分地享用,多少会有些遗憾。

"六点钟到了,巴维斯就要去所罗门国王的宫殿了。太阳刚刚落山,在夕阳的余晖下,王宫的墙壁染上了一层珍珠般的光泽。仆人们用轿子抬着巴维斯穿过大街,这样他的袍子边一点都不会沾上尘土。街道两边尽是破衣烂衫、饿得东倒西歪的穷人,孩子都饿得没有力气去玩耍,女人们眼窝深陷,眼睛哭得红红的。巴维斯对这一切视而不见。他的眼睛盯着王宫闪光的墙壁,心里想着正等着他的盛宴。其实,他也很饿了,因为他从前一天晚上起就什么都没吃。

"进了王宫,国王的仆人已经在等候了。仆人把巴维斯带到宫廷内务大臣那里。宫廷内务大臣坐在金碧辉煌的大殿里,这里到处都是从世界各地搜集来的珍宝。

"'啊,巴维斯,'宫廷内务大臣说,'欢迎你的到来!让我先给你介绍一下作为宫廷客人必须遵守的规矩。这一点我想你能理解,宫廷里有很多非常严格的礼仪和必须遵守的规矩。'

"'当然,当然。'巴维斯急切地点头,'我完全理解。'

"'那很好。'宫廷内务大臣接着说,'首先,任何时候你都绝对不许提任何要求——不能向国王,不能向他的侍卫,也不能向其他任何人提任何要求。同意吗?'

"'同意,'巴维斯说,'我能有什么要求可提?'巴维斯得意地暗自发笑。

"'第二条,'宫廷内务大臣接着说,'无论发生什么事情你都绝对不能提问或者抱怨。'

"'提问?'巴维斯说,'抱怨?我会抱怨?绝对不会,一万年也不会!'

"'最后一条,'宫廷内务大臣说,'当国王问你喜不喜欢晚餐时,你必须尽情赞美。明白吗?'

"'这是我的荣幸。'巴维斯微笑着说,'荣幸之至。'

"'谢谢你的配合。'宫廷大臣说,'我想不用我提醒你也知道,如果你不遵守规矩,国王发起怒来是非常可怕的。现在,请跟我来,晚宴还在准备中,一小时后才能好,你是这次盛宴唯一的客人。在国王准备好之前,就请在这里等着吧。'

"巴维斯被带到一个小房间里,从那里能看到庭院。这时,他觉得快饿晕了,而更糟糕的是,这个房间没有门可以走进院子,宫廷厨房就在院子的对面。从厨房里飘出了世界上最勾魂的香味,弥漫在傍晚的空气中,直直地飘到巴维斯那里。香味折磨着他,犹如来自另一个世界的恶魔一样撕扯着他的心。"

"什么样的香味?"我问奶奶。

"你能想到的最香的香味:面包烤到金黄时的香味,油煎洋葱味,肉桂味,烤肉的香味,石罐中捣碎的辣椒味,水中浸泡的玫瑰瓣的芳香,刚刚结晶的焦糖的甜香……那天晚上,空气中飘着厨房里所有可能的香味。我心里都有点为巴维斯遗憾了,但是那时巴维斯只是稍稍觉得遗憾。他安慰自己,再等一会儿,他就能独自和伟大的国王进餐了,并能和世界上最聪明的人交谈,一切等待都是值得的。

"终于,那个时刻到来了。巴维斯被带到所罗门国王招待他的房间,国王半躺在镶嵌着银丝的丝绸垫子上。

"'坐吧,巴维斯。'所罗门国王说,'我们开始用餐吧。'巴维斯坐了下来,一个仆人端来一只汤碗,里面盛着像金液一样的汤,放在所罗门国王面前。接着,另一个仆人也端来一碗汤,放在巴维斯面前。但是商人刚想拿起汤勺,又来了个仆人把汤端走了。可怜的巴维斯举着汤勺的手停在半空中,他刚要说什么,突然想起内务大臣嘱咐他的话。于是,他只好微笑地看着国王,这时那饥饿的魔鬼更加用力地在他的胃里翻腾,让他痛苦,恶心,头晕眼花。而且,所罗门国王每喝一口汤,他还得听着国王嘴里发出的声音。

"汤之后,是用葡萄叶包着的整条烤鱼,下面铺着一层米饭;然后是烤肉,再往后是抹着蜂蜜、嵌满干果的蛋糕,还有甘甜多汁的滑嫩水果。每道菜上来,情况都和前面一样:巴维斯连碰都没碰到,菜就被端走了。巴维斯彻底懵了。

"'你喜欢这些菜吗?'所罗门国王问。

"巴维斯记得自己的承诺,回答道:'这是我从来没有吃过的世界上最美味的佳肴!'同时,他想,'不用再等多久,折磨很快就会结束了。我要离开王宫,回家吃饭。虽说比不上国王的美味佳肴,但毕竟能填饱肚子。再坚持一会儿,一小会儿,我就能离开这里了。'

"但是,巴维斯没想到,吃完了饭,所罗门国王又说:'留下来听听音乐吧。'巴维斯只得留下来,统治者的话就是法律。结果等乐工们退下后,巴维斯站起身刚要走,所罗门国王又说:'天太晚了,你不方便回家了,留在这里过夜吧。仆人会带你去卧室。'

"这一夜,巴维斯根本睡不着。饥饿折磨着他,他的胃里就像有只大老鼠在来回乱窜。折磨他的还不仅仅是饥饿。

"'国王为什么要这样对我?'他想,'他故意拿走我面前的所有食物。这肯定是在惩罚我。他肯定要告诫我什么,想让我自己领悟。难道是让我体会饥饿的真正滋味?这大概是所罗门国王的意图吧。'

"第二天一早,巴维斯回到家后,马上打开了粮仓,把粮食分给了穷人。他再也不只为自己赚钱而囤积粮食了。好了,现在你可以吃这块苹果了。"

如果你喜欢阿黛尔·格拉丝的故事,就一定会喜欢马克·杰尔门的《上帝有没有大脚趾?》,还有本书第20页在《诺亚的朋友》的选文后列出的那些书。

在娜塔莉·巴比特(Natalie Babbitt)所著的《寻找美味》(*Search For Delicious*)中,整个王国都被卷到了一场战争中,战争的起因是:人们对什么才是世界上最美味的佳肴争论不休,结果人们在有过和巴维斯一样的经历后,才找到了答案。

选自《巧克力狂热》(Chocolate Fever)

(美)罗伯特·基梅尔·史密斯　著

大器晚成的作家

美国最有趣的儿童文学作家之一罗伯特·基梅尔·史密斯的写作是从哭开始的,他在读詹姆斯·奥提斯(James Otis)的《托比·泰莱,在马戏团的十个星期》(Toby Tyler or Ten Weeks with a Circus)的倒数第二章,看到可怜的小猴子被误杀的时候,哭得稀里哗啦。在读这个故事之前,八岁的史密斯已经识字,但是他不太注意书中的情节,也从没有为一本书哭过。但是通过《托比·泰莱》这本书,他发现了文字的魔力,尽管这个时间到他成为作家还要再等上三十年。

童年的史密斯有两个爱好:棒球和书。打棒球,他不擅长,可能是由于他童年时体弱多病;第二个爱好,读书,他非常擅长,可能也是由于他常常因为生病被困在家里。在没有电视的年代,读书几乎是消闲时唯一的选择。另外还有一个原因,就是他的母亲手里总是捧着书。很快,书中的英雄和棒球场上的英雄展开了竞争。

随着年龄的增长,小史密斯渐渐伤心地意识到,他永远不可能进入洛杉矶道奇队,于是他决心当一名作家。"绝对不行!"他的父亲曾大声反对。他父亲经历过大萧条时代,那时整个世界几乎在一夜之间陷入饥饿和贫穷。"你不能靠拿笔写写字养家糊口。你是个聪明的孩子,可以去当医生。"年复一年,家里人总是这样劝他,最后连他自己也开始相信他将来会去当医生了。

史密斯进入大学学医，还选修了许多数学和科学方面的课程。但他讨厌这些课程，而且学得不好。他只有作文得 A，其他的科目都是 D 和 F。不久他就离开了大学，此后再也没有重返校园学习自己喜欢的科目，比如英语。他屈服于家庭的压力，开始工作。他在一家地毯商店上班，每周工作六天，每天十二个小时。之后，他成了油布油毡推销员。后来，他应征入伍并被派到了德国，在服兵役期间，他从德国的图书馆借了两百本书来读。

返回美国之后，他和一个年轻女子结婚了，他的妻子比他更爱读书。他继续做推销员到处跑，在宾夕法尼亚州推销灯具。每走一里路，每做成一桩买卖，他的胃就会一阵绞痛，好像是在说，"这不是你该干的活！"五十年前，《绿野仙踪》的作者莱曼·弗兰克·鲍姆也经受过同样的折磨，那时他的工作是推销锅碗瓢盆，而不是他喜欢的写作（见本书第 292 页）。

做推销员的工作让他挣了很多钱，但这不足以平息他心中的渴望。因此，史密斯带着全家搬到了纽约。在纽约，他利用他的推销能力进了一家广告公司。虽然他没有大学文凭，却取代了从名校毕业的广告写手。他工作表现优秀，升了职，最后当上了公司的合伙人。但是，他内心渴望写作的声音仍旧很强烈，最终促使他进入了教成年人写作的业余学校。

没过几年，他和合伙人决定卖掉广告公司。史密斯知道，卖掉公司可以让他在三十九岁的时候就有足够多的钱，那么他就不必急于找另外一份工作。这时，他终于可以做从他阅读《托比·泰莱》时起就想做的事情。并且，他已经有了创作思路——一个他正在给女儿海迪讲的睡前故事。

史密斯坐在已经关张的广告公司的办公室里，一边接听着想买二手办公桌和档案柜的人打来的电话，一边开始写一个叫亨利·格林的小男孩的故事。和在布鲁克林长大的史密斯一样,小男孩亨利·格林也是那么喜欢吃巧克力。

书出版了,精装本的销售很一般。大部分书都被尘封在仓库里,最后绝版了。但是,当平装本发行时,销量大增。到目前为止,这本书已经销售了两百万册平装本,足以再出精装本了。

以下是《巧克力狂热》的前两章。

第一章 认识亨利·格林

有人说,亨利·格林不是生出来的,而是从巧克力豆中孵出来,然后长成人的。

你相信吗?

不管怎么说,我们要谈的这个亨利·格林,真是生出来的,不是孵出来的。还有,他有非常好的爸爸妈妈。他的爸爸又高又瘦,总是戴副眼镜,只有睡觉和洗澡时才会摘下来;他的妈妈叫爱妮,个子不高,很苗条,淡蓝色的眼睛,薄薄的嘴唇,好像总是面带微笑。

他们住在城中的公寓里,和他们生活在一起的还有亨利的哥哥和姐姐。哥哥叫马克,十岁,个子很高,对亨利很好——除了他们吵嘴的时候,而他们经常吵嘴——他不管手里正拿着什么就直接打上亨利的头,有时候特别疼。但是大多数时间,和马克在一起很有趣,不过当亨利叫他马可·波罗的时候,他会生气。马克不喜欢这个名字,谁也不能说他不对,是吧?

亨利的姐姐已经很大、很大了,快十四岁了。她从来不和亨利、马克吵嘴。实际上,她很少和他们说话,因为她大他们那么多,又那么聪明，几乎是个大人了。她的名字叫伊丽莎白。

有一天早上——那天是那个星期最后一天上学的日子，也就是星期五——亨利、马克和伊丽莎白在餐厅吃早饭。马克正在吃煎鸡蛋，伊丽莎白安静地吃她常吃的黄油吐司和牛奶。而亨利也算是在吃他常吃的早饭——巧克力蛋糕，一碗牛奶泡的可可味谷物（牛奶里还添加了巧克力汁，让牛奶带有巧克力味），这是一大杯巧克力牛奶和五六块巧克力饼干冲出来的。有时候，如果前一天晚上能剩下，亨利还能吃到巧克力布丁。一般只有在星期日早上，他才能吃到巧克力冰激凌。

因为亨利狂爱巧克力，而巧克力呢，好像也爱上了他。

巧克力没有让他发胖。（相反，他还有点偏瘦。）

巧克力没有让他蛀牙。（他生来就没有过蛀牙。）

巧克力没有影响他长高。（他的身高是同龄孩子的平均值，说不定还高一些。）

巧克力没有损害他的皮肤。（他的皮肤总是那么白皙光洁。）

最最重要的是，巧克力从来没有害他肚子痛。

因此，他的父母——也许他们的慈爱胜过他们的明智——允许亨利想吃多少巧克力就吃多少。

你能想象一个男孩把巧克力棒夹心面包当放学后的点心吃吗？亨利就是这样，而且几乎天天如此。他吃土豆泥的时候会倒上一点巧克力汁，好让土豆泥的味道更棒。把巧克力浇在无味的黄油面条上，也很好吃。更别提在桃罐头、梨罐头或者苹果酱上撒上一层薄薄的巧克力屑啦。

亨利家的橱柜里，总是有好多巧克力饼干、巧克力蛋糕、巧克力派和各种口味的巧克力糖。也有巧克力味冰激凌、巧克力干果、巧克力软糖、巧克力棉花糖、巧克力卷，还有吃起来脆脆的巧克力杏仁糖。这些都是给亨利准备的。

如果让人说出亨利的最大特点，那么肯定是爱吃巧克力。"世界上恐怕没有比他更喜欢巧克力的男孩了。"他的妈妈说。

"亨利有多喜欢巧克力？"格林爸爸有时候会开玩笑地问。

"你怎么会不知道！凡是巧克力，不论苦的、甜的、白的、黑的，他都喜欢，每天都吃。"

这是事实，直到这一天发生了这件事，我们马上就要说到。

第二章　奇怪的感觉

"孩子们，最好快一点，"格林妈妈在厨房里叫道，"已经快八点半了。"

"我们走吧，磨蹭鬼，"马克对亨利说，"我可不想迟到。"

"我再吃一块饼干。"亨利把巧克力饼干放在嘴里，一边嚼着，一边去自己的房间拿书包。路过厨房时，他又抓了一把巧克力甜饼放在口袋里。在学校的时候，他喜欢随时有东西可以放在嘴里嚼。但是今天早晨，不知怎的，他还是觉得有点饿。亨利剥去两块甜饼外面的锡纸，把它们塞进嘴里，然后飞快地吻了一下妈妈，在妈妈脸上留下了一点巧克力渣，然后和伊丽莎白、马克一起出门上学去了。

在街角，亨利和马克挥手跟姐姐道别，姐姐要坐公共汽车上学，而他们的学校就在不远的另一个街区。在下一个街角，维护交通秩序的玛辛托什太太在街对面朝他们挥着手。"对格林一家来说，路灯永远是绿的。①"她说。这是她编的小笑话，几乎每天早上她都说这个笑话。这天早上，马克表现得很有礼貌，微笑着，亨利却不想笑。实际上，他开始觉得有一点不对劲。

---

①格林在英语中的意思就是绿色。

到了校园里,两个男孩分别加入了自己同学的队伍。和往常一样,有许多孩子推推搡搡、一起玩耍。以往亨利总是爱敲敲男孩头上的帽子,或者冲女孩做鬼脸。但是今天他非常安静,连见到他最好的朋友迈克·布克的时候都没有打招呼。迈克走过来问:"喂,你今天怎么了?"迈克露出牙齿笑着。

"你这是什么意思,什么叫'你今天怎么了'?"亨利说,"我就不能站在这儿吗?难道我必须胡闹,像个呆瓜吗?"

"好吧,好吧,"迈克说,"你不用对我大发脾气,只是你和平时有点不一样。一点也不像你。"

这时,上课铃响了,孩子们开始往教学楼里走。"今天我觉得不对劲,"亨利对迈克说,"我感觉有什么事情要发生,但我不知道是什么。"

有什么事情要发生,这种感觉伴随了亨利一上午。在辅导课的教室里,他觉得不对劲;在体操课和基梅尔法尔贝老师的数学课上,他还是觉得不对劲。他总是感觉怪怪的。

亨利没法把精神集中在基梅尔法尔贝老师讲的课上。他呆呆地坐在那里,眼神直勾勾的。他总是有意无意地看自己的胳膊和手背。突然,他发现了点东西!他的皮肤上出现了一些棕色的斑点——这不能不说是令人吃惊的发现,这些小斑点在他今天早上醒来的时候还没有。

教室前面,基梅尔法尔贝老师讲到了分数计算。她说:"六又二分之一减去一又四分之一,还剩多少?"她的目光直接落在亨利的身上,而亨利的眼睛正盯着自己的胳膊。"亨利,"她问,"还剩多少?"

"全是棕色的斑点。"亨利回答。

  之后不久,亨利就被强行送到了校医院的护士那儿,接着又迅速地被转送到市医院。那里的医生诊断他为全世界第一例患巧克力狂热病的病人。在接下来的章节里,他穿着内衣从医院里逃了出来,被警察和医生猛追,骗过了霸占游乐场的一个团伙,搭上了一辆顺路的卡车,但很快卡车就遭到了劫持。你应该也发觉了,罗伯特·基梅尔·史密斯知道怎么让故事变得吸引人。他的作品还有:《波比垒球》(*Bobby Baseball*)、《吉利百利糖豆》(*Jelly Belly*)、《多半是迈克尔》(*Mostly Michael*)、《嘎嘎响的轮子》(*The Squeaky Wheel*)和《与爷爷的战争》(*The War with Grandpa*)。

  与你喜欢的巧克力相关的图书还有:罗尔德·达尔的《查理和巧克力工厂》;改编自"点金术"(参见第380页)故事的《巧克力点金术》(*The Chocolate Touch*),由帕特里克·卡特林(Patrick Catling)著;还有一本写巧克力发展史的纪实作品,理查德·阿蒙(Richard Ammon)写的《写给孩子的巧克力书》(*The Kid's Book of Chocolate*)。

选自《荷马·普里斯》(Homer Price)
（美）罗伯特·麦克洛斯基　著

陶醉于小鸭

我不知道上世纪二三十年代生活在俄亥俄州汉密尔顿镇的男孩们，在回忆童年时会不会感叹在基督教青年会的浴室里，他们曾有过和名人亲密接触的机会。他们在课余时间做肥皂雕刻的时候，高中生罗伯特·麦克洛斯基（Robert McCloskey）就在那里做课外兴趣辅导员。其余的时间，他还教他们做飞机模型、吹口琴。男孩们可能没有发觉这位辅导老师的才能，但是基督教青年会一定看到了麦克洛斯基的多才多艺，决定聘用他就说明了他们的眼光。以后有一天，他的名字会出现在著名儿童文学作家之列。

麦克洛斯基那时还是一个孩子。那么，是什么原因使他如此与众不同？原因有很多，其中有一点可以肯定的是，他从不满足于只是对某件事情感兴趣，而是要钻研进去。他着迷于音乐时，不只学习了吹口琴，还学了弹钢琴、打鼓和吹双簧管。当他对机械着迷时，就收集了所能找到的各种马达、导线和旧闹钟。几年后，他回忆道："我制作了能遥控的火车和起重机，我们家的圣诞树能一边旋转一边闪灯，还会嗡嗡作响。后来保险丝断了，火花四射。"

你不一定要生活在汉密尔顿才能认识他的绝世才华。民间的《学院》杂志将中学年度艺术大赛的一等奖颁发给了他，他用这个奖金在美国经济大萧条时期上了艺术学校。难道他们是伯乐，知道他非常有才能，将来能成为四次荣获儿童文学大奖——凯迪克大奖（两次金奖、两次银奖）的人？几年后他的非凡才能更为凸显，因为他遇到了著名的儿童文学编辑梅·玛斯，他向玛斯展示了一幅素描，画的是一个叫蓝蒂的男孩（实际上就是他本人）在空空的浴盆里吹着口琴。即使那时她没有看出此人的伟大，也至少看到了他有足够的才能，于是出版了他的书。这就是麦克洛斯基享誉全球半个多世纪的职业生涯的开端。

麦克洛斯基在童年时期就有浓厚的好奇心，随着年龄的增长，他的好奇心有增无减。他的第一本书出版后的第二年，有一天，他走在波士顿的街道上，正好看见一群鸭子穿过马路，中央公园附近的交通也因此中断。他调查了这件事，并且产生了创作鸭子马拉夫妇和他们的孩子的灵感，写出了《让路给小鸭子》(*Make Way for Ducklings*) 这本书。很多人可能读过这本书，但也许并不知道这些淡棕色鸭子背后的故事。

一如既往，麦克洛斯基不会只画画司空见惯的鸭子，这不是他的风格。他决定画野鸭，并且尽可能画得十全十美。于是他来到公园，开始画素描。这还不够，他又去了纽约自然历史博物馆，研究鸭子的身体结构和鸭巢。接下来，他咨询了康奈尔大学实验室的鸟类学家。最后，开始做正事：麦克洛斯基和他的室友——插画家马克·西蒙特 (Marc Simont) 到市场上买了六只鸭子，带它们回在格林威治村的公寓中。最后，参照他在公园里、博物馆里和实验室里画的几百幅素描，麦克洛斯基看着在房间里走来走去的鸭子，开始描绘鸭子的细节。

有时鸭子的动作太快，来不及作画，他会给鸭子喝点红酒，让它们的动作慢下来！然后，他花了整整一年的时间，反复修改，最终敲定了本书的寥寥千余字。

对细节无比用心，加上幽默、丰富的情感投入，《让路给小鸭子》

受到了男女老少的喜爱，成了世界级的儿童文学经典。这本书出版大约五十年后，波士顿中央公园立起了鸭子马拉一家的铜像。（莫斯科有这座雕像的复制品，美国前第一夫人芭芭拉·布什还出席了揭幕仪式。）

随后，麦克洛斯基的下一个写作计划是一个崭新的尝试。这次不是图画书，他虚构了一个位于美国中西部名叫中心镇的小镇，这儿住着一个喜欢冒险的小男孩荷马·普里斯，他写了一系列关于这个男孩的短篇故事集（荷马非常像少年时期的罗伯特·麦克洛斯基和那个叫蓝蒂的男孩，中心镇特别像汉密尔顿镇）。他选择荷马·普里斯这个名字，是因为他一直痴迷于希腊神话，而荷马是古希腊著名诗人和讲故事的人。的确，书中男孩荷马的大部分亲属的名字也来源于神话。书中的故事发生在美国人不堪回首的时代。之后不久，第二次世界大战改变了一切，技术的进步也彻底地改变了小镇主街。

在上个世纪二三十年代，美国的制造商开始生产"节省时间的家用电器"：自动烤面包机、洗碗机和煮咖啡机。那时候，人们对这些新发明的喜爱犹如今天我们喜爱传真机和手机。麦克洛斯基一直是个喜欢发明创造的人，不过他觉得，尽管机器很好，但美国人更应该记住：这是人的国家，不是机器的国家。因此，在《荷马·普里斯》以及它的续篇《中心镇的故事》（*Centerburg Tales*）中，在逗趣好玩之余也带着善意的讽刺和提醒。

最重要的是，《荷马·普里斯》（和麦克洛斯基的所有作品一样）中有一种纯粹的美国味。他之所以在这一章里选择写"多纳圈"这种美国人发明的食品，大概就是这个意图。当年，英国清教徒坐着"五月花"号来到美洲的时候，带来了一种油炸的甜面包圈。由于它的大小像胡桃，人们称它为面团坚果。新英格兰船长汉森·格雷戈里在他妈妈做的实心的面包团中间捅了一个洞，以便凉得更快，这就是多纳圈。后来，中间空空的多纳圈就成了美国的代表甜点。（参考查尔斯·帕纳蒂写的《外国日常生活典故趣谈》（*Extraordinary Origins of Everyday Things*）一书。）

多纳圈

十一月里一个星期五晚上，荷马无意中听到妈妈和住在中心镇的阿格尼丝婶婶打电话。"我半个小时后到你那里，我们可以一起去开会。"她说。那天晚上女士俱乐部要开会讨论募捐计划以及为红十字会编织和缝纫。

"我想和你一起去，你和阿格尼丝婶婶去开会的时候，我可以陪尤利西斯叔叔。"荷马说。

荷马梳了梳头发，妈妈检查了一下编织的工具和针线是否带全了，之后两个人动身进城。

荷马的叔叔尤利西斯和婶婶阿格尼丝在中心镇开了一家很不错的餐馆，就在镇广场的法院对面。尤利西斯叔叔是个思想超前的人，非常喜好各种省力的装置。他的餐馆配备了自动烤面包机、自动煮咖啡机、自动洗碗机，以及能自动做出多纳圈的多纳圈机。总之，所有最新的省力装置那儿都有。每当尤利西斯叔叔买了新机器，阿格尼丝婶婶都会摊开双手叹气。她对此很不屑，因为她觉得，尤利西斯叔叔空闲的时候只会在理发店跟镇治安官和男孩们聊天。如果时间都浪费在这些无聊的事情上面，买那些省力的机器又有什么用？

荷马和妈妈到了中心镇的餐馆前。阿格尼丝婶婶迎出来说："天哪，这孩子又长高了！"她总是这么说。然后她和荷马的妈妈上了一辆汽车,荷马走进了餐馆。"你好,尤利西斯叔叔。"

"噢,荷马,你好。你来得正是时候。"尤利西斯叔叔说,"我刚检修了这个多纳圈机,正在上油和做清理……这真是个好东西,是个省力的玩意儿!"

"是的。"荷马表示同意。他拿起一块布,开始帮着磨光金属的焊缝,尤利西斯叔叔则在修补里面的东西。

"哎哟,"尤利西斯叔叔感叹道,"看这儿,荷马,你比较有机械师的头脑,看看你能不能找到这两个零件应该固定的位置。我去街对面的理发店待一会儿,因为有点事情要跟镇治安官谈。这里没多少事儿,待会儿两场连映的电影才会结束。在那之前我就回来了。"

正要走出门时,尤利西斯叔叔又说:"嗯,荷马,你把零件固定好之后,能不能调一些多纳圈的面糊放进机器里?然后打开开关,做一点多纳圈,卖给看完电影的人……如果你愿意的话。"

"好的。"荷马说,"我会搞定一切的。"

几分钟后,一位顾客走了进来,说:"晚上好!小家伙。"

荷马正在装多纳圈机上的最后一个零件,他抬起头来说:"晚上好!先生,请问你要点什么?"

"嗯,年轻人,我想要一杯咖啡和几个多纳圈。"顾客说。

"对不起,先生。我们半个小时后才能有多纳圈呢,我要先和些面糊,再开动机器。不过我们这儿有非常好吃的糖霜面包卷。"

"嗯,小家伙,我不着急,我可以先喝咖啡,等着买些多纳圈。新鲜的多纳圈是值得等的,我一向这么认为。"

"好的。"荷马说着,从尤利西斯叔叔的超级自动煮咖啡机上倒出一杯咖啡。

"你这地方挺漂亮的。"顾客说。

"嗯,是的。"荷马回应道,"这是一家非常有前景的餐厅,配有最先进的设备。"

"嗯,"顾客说,"生意一定不错。我也是做生意的,户外活动的广告人。我叫卡比,是一个三明治人。"

"我叫荷马。很高兴认识您,卡比先生。这一定是很好的职业,户外活动,还有为三明治做广告。"

"噢,不是。"卡比先生说,"我不是为三明治做广告,我是穿着广告牌,胸前一块,背后一块,就像个三明治。你明白我的意思吗?"

"噢,我明白了。那也一定很好玩,你还能到处走走。"荷马边说着,边拿出面粉和烘焙粉。

"是的。工作时,我曾偷乘过货运列车,你明白我的意思吗?"

"明白。但是,那会不会很危险?"荷马问道。

"当然,有一定的危险。但是,眼下你乘坐什么样的交通工具都有危险。你明白我的意思吗?比如,坐飞机……"

就在这时,一辆闪亮的黑色加长轿车停在了餐馆门前,司机为一位夫人打开车门。他们走进餐馆,那位夫人朝荷马微笑着说:"我们停下来吃一点东西。多纳圈配咖啡肯定味道很好。"

荷马回答:"对不起,夫人,现在还没有多纳圈,我正在做面糊,待会儿我才能开动尤利西斯叔叔的多纳圈机,做出多纳圈来。"

"噢,你年纪这么小就会做多纳圈?真是个聪明的小伙子。"

"嗯,"荷马红着脸,"我以前是没做过,但我可以照着食谱做。"

"那么,小伙子,让我来帮你好啦!其实我已经好多年不做了,但是我知道怎么做出最好吃的多纳圈,非常好吃。今天,我们就来试试这个做法。"

"可是,夫人……"荷马说。

"你就等着吃美味的多纳圈吧!"夫人说,"你有围裙吗?"说着,她脱掉毛皮大衣,摘掉戒指和首饰,挽起了袖子。"查理,"她对司机说,

"把烘焙粉递给我,好,就这样。小伙子,我们需要一些肉豆蔻。"

就这样,荷马和司机站在一旁,递东西,打鸡蛋,夫人把面粉和鸡蛋混在一起,搅拌起来。卡比先生坐在凳子上喝着咖啡,饶有兴趣地看着这一切。

"好了!"当所有的配料都搅拌好后,夫人说,"你就等着吃美味的多纳圈吧!"

"看起来就是一堆烂面团。"荷马说。他站在椅子上,在司机的帮助下,把面团塞进机器里。"比尤利西斯叔叔做的多十倍。"

"等一会儿你尝到它的美味就不嫌多了!"夫人微笑着说,露出了期待的表情。

荷马跳下椅子,按了一下机器上的启动键。一个面团先掉进滚烫的油里,等它一面炸好之后,一个机器臂会把它翻过来,炸另一面,炸好后,另外一个机器臂轻轻地推一下,一个多纳圈就滚了下来,可以吃了。

"这机器简直太神奇了!"夫人说。她正等着第一个多纳圈滚出来。

"来,小伙子,你一定要吃第一个。是不是很好吃?是不是太美味啦?"

"是的,夫人,很好吃。"荷马回答。夫人又把多纳圈递给查理和卡比先生,问他们觉不觉得味道绝妙。

"这是我家的家传秘方!"夫人骄傲地说。

荷马给夫人、司机和卡比先生倒了咖啡,又给自己倒了杯牛奶。然后,大家都坐在餐馆的柜台边,享用着美味的多纳圈。

"很高兴你们喜欢我的多纳圈。"夫人说,"查理,现在我们该走了。荷马,帮我解开围裙,再往篮子里放两打多纳圈,我们要带走……查理,别忘了付钱。"她放下衣袖,戴上首饰,然后让查理帮她穿上大大的毛皮大衣。

"晚安，小伙子，我有很多年没像今天这么高兴了。真的没有！"夫人边说着边走出了门，坐进那辆大大的亮闪闪的汽车里。

"这多纳圈真的很好吃。"卡比先生说，目送着汽车离开。

"当然了！"荷马说。然后，他和卡比先生站在那儿，看着机器继续做着多纳圈。

做了几打之后，荷马说："这些卖给看完电影的顾客应该足够了。最好让机器停一会儿。"

荷马按了"停止"键，机器发出了一小声"咔"，但是什么反应都没有。面团还是照样掉到热油里，机器臂还在翻动着多纳圈，另一个机器臂还是会推一下多纳圈，做好的多纳圈还是会滚下来，等着人来吃。

"真奇怪，"荷马说，"我肯定没按错键！"他又按了一次，但是多纳圈机仍然不停地工作着。

"噢，我可能是把某个零件装反了。"荷马说。

"也许你按了'启动'键机器反而能停下来。"卡比先生说。

荷马按了"启动"键，但是，多纳圈还是一个接一个地滚出来，就像嘀嗒嘀嗒的钟表一样准确。

"没关系，我们可以多卖一些多纳圈。"荷马说，"可我最好还是给在理发店的尤利西斯叔叔打个电话。"荷马拨了号码，一边等着回话，一边数着多纳圈，现在已经有三十七个了。

终于有人接电话了。"喂，这里是发理店，我是说，这里是理发店。"

"噢，喂，治安官。我是荷马。我能找尤利西斯叔叔说话吗？"

"他正在玩扑克呢，"治安官说，"有什么话要我转告他吗？"

"有，我按了多纳圈机上的'停止'键，但是面团仍然掉到热油里，机器臂仍然翻动多纳圈，另外一个机器臂仍然轻轻地推着多纳圈，多纳圈仍然滚下来，机器根本没停！"

"好的，别机挂，我是说，别挂机，我去告诉他。"荷马抬头看看，又有二十一个做好的多纳圈滚了出来。这时，治安官说："他马上回去，现在挂电话吧。"

"好的，"荷马说，"再见，治安官。"

现在窗台上已经放满了多纳圈，荷马和卡比先生不得不挤过去，把多纳圈摆在盘子里，放在柜台上。

"多纳圈实在太多了！"荷马说。

"的确如此！"卡比先生说，"我数到一千两百零二个的时候就数不过来了，而且又过去好一会儿了。"

人们开始聚集在餐馆的窗户外面，有人说："这里的多纳圈几乎和中心镇的人数一样多了，不知道这个该死的尤利西斯是怎么想的，他能卖掉这么多的多纳圈吗？"

偶尔会有人进来，买一些多纳圈，但是，在有人买两个吃掉再买一打带走的时间内，机器已经又做出了三打来。

这时，尤利西斯叔叔和治安官来了，他们推开人群一看，餐馆的多纳圈已经泛滥成灾了！窗台上堆满了，架子上摆满了，盘子里摆满了，柜台也堆着一打打多纳圈，而新的多纳圈还在不停地从机器里滚下来，就像嘀嗒嘀嗒的钟表一样有规律。

"喂，治安官，尤利西斯叔叔，我们这里有麻烦了。"荷马说。

"哎哟，我都快被多纳圈淹死了！"尤利西斯叔叔说。

"等阿格尼丝回来，有你好瞧的。"治安官说，"就算这些多纳圈很好吃。但是这么多你该怎么办，尤利西斯？"

尤利西斯叔叔叹了口气，说："阿格尼丝又能怎么样？我们永远也卖不掉这么多的多纳圈！"

这时候，好长时间没有开口说话的卡比先生停止堆放多纳圈，说：

"你现在需要一个广告人。你明白我的意思吗？你有了这么多的多纳圈，现在你要开发市场，懂吗……要供需平衡……就这么回事。"

"对呀！"荷马说，"卡比先生说得对。我们需要扩大市场。他就是一个三明治广告人，如果聘用他，他就能够在电影院前面来回地走，吸引到一些客户。"

"卡比先生，你被雇用了。"尤利西斯叔叔说。

然后，大家开始去写广告，然后把两块广告牌分别放在卡比先生的胸前和背后，让他穿着广告牌走到广场上去。同时他们在窗户上也写上了几个大字"新鲜多纳圈热卖"。

就在此时，面团还是直直地掉到热油里，机器臂还在翻动着多纳圈，另外一个机器臂还是推一下多纳圈，多纳圈还是滚下来，就像嘀嗒嘀嗒的钟表一样有规律。

"但愿广告能奏效。"尤利西斯叔叔摇着脑袋说，"如果没用，我老婆肯定会大发脾气。"

治安官走出去维持秩序，因为现在已经围了一大群人，他们都在猜，这里的多纳圈是不是有几千个，而且，他们看到新的多纳圈还在往外滚，源源不断，就像嘀嗒嘀嗒的钟表一样有规律。荷马和尤利西斯叔叔不停地堆放。偶尔会有人来买上几个，但买的人不太多。

这时卡比先生回来了，他说："嘿，没有多少人看见我的广告。电影已经散场了，而且，几乎全镇的人都跑到这里来看这个不停做多纳圈的机器了。"

"见鬼！"尤利西斯叔叔说，"我们必须在我老婆回来之前处理掉这些多纳圈！"

"那你就得雇一辆大卡车把多纳圈拉走！"刚进门来的治安官说。就在这时，外面传来一阵喧闹，人们互相推搡着。只见那位夫人和司机从闪亮的黑色轿车上下来，推开人群，走了进来。

"噢，老天爷！"她气喘吁吁地说，根本没看那些堆积如山的多纳圈。"我的钻石手链不见了。我记得把它放在柜台上了。"说着，她用手指着摆满了多纳圈的柜台。

"噢，夫人，您可能是在帮我做面糊的时候弄丢了钻石手链。"荷马说。

他们移走了柜台上的多纳圈，寻找钻石手链，但是，什么也没有找到。此刻，多纳圈还在源源不断地滚出来，就像嘀嗒嘀嗒的钟表一样有规律。

他们把餐馆翻了个底朝天，可还是没有找到。治安官怀疑地瞥了一眼卡比先生，荷马立刻说："他是好人，治安官。他没有拿钻石手链，他是我的朋友。"

这时，夫人说："谁能找到我的钻石手链，就奖给他一百美元。我必须找回钻石手链，一定要找回来！"

"夫人，您不要担心，"治安官说，"我会找回您的钻石手链的。"

"见鬼！太可怕了！"尤利西斯叔叔说，"先是这些多纳圈，现在又丢了钻石手链……"

卡比先生安慰他说："任何事情都有积极的一面。也许再过一两个小时，面糊用完了，机器就会停下来。"

如果不是卡比先生逃得快，尤利西斯叔叔听了这话，肯定会把他打趴下。肯定。

夫人急得直搓手，说，"必须找到钻石手链，必须！"尤利西斯叔叔一个劲儿嘟囔着，不知道阿格尼丝婶婶会怎么说；治安官紧盯着卡比先生；荷马则坐在一边，使劲地思考着。

在又一打多纳圈滚出来之前，荷马大叫起来："嘿，我知道手链在哪儿了！手链本来放在柜台上，然后混进面糊里了！手链就在这些多纳圈里。"

"天哪,我觉得你说得很对。"夫人眼含泪花说,"这可怎么办?真的太让人抓狂了!"

"我的天呀!"治安官说。

"噢,噢!"尤利西斯叔叔叹息道,"现在我们不得不掰开所有的多纳圈了。想想有这么多的多纳圈!想想要搓碎那么多的多纳圈!想想我老婆会怎么说!"

"不用,"荷马说,"我们不用去掰开所有的多纳圈,我有个主意。"

荷马和广告人拿来一些纸板和墨水,在上面写了一些字。他们把纸板挂在窗外,再让三明治人穿上两块写着同样内容的广告牌,在拥挤的人群中来回走动。广告牌上是这样写的:

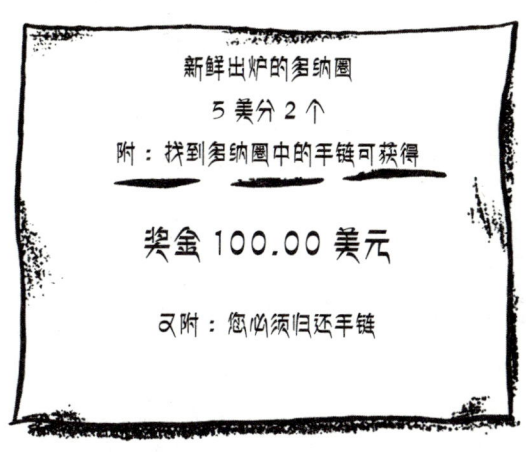

于是……多纳圈火了,大家都来买多纳圈,一买就是一打。

不仅如此,大家还买咖啡,把多纳圈泡在里面吃。不买咖啡的话,就买牛奶或者苏打水。这让荷马、夫人、司机、尤利西斯叔叔和治安官忙得不可开交。

当卖到最后几百个多纳圈的时候,鲁勃特·波拉克叫起来:"我吃到了!"是真的,他正在吃的那个多纳圈里有钻石手链!

鲁勃特带着一百美元回家了，中心镇的居民带着满满当当的多纳圈回家了，夫人和她的司机带着钻石手链开车回家了，荷马跟着和阿格尼丝婶婶一同回来的妈妈回家了。

荷马走出门的时候，听到卡比先生说："我从来没有见过这么完美的广告推销计划。"阿格尼丝婶婶一脸的不解。这时尤利西斯叔叔说："面团掉到热油里，机器臂翻动着多纳圈，另外一个机器臂推一下多纳圈，多纳圈滚下来，就像嘀嗒嘀嗒的钟表一样有规律。多纳圈就这样不停地滚下来，滚下来。"

在其他的章节里，作者幽默地嘲讽了超人（那时超人刚刚开始在漫画中露面），又对花衣魔笛手进行了恶搞，还写到荷马和他的秘密宠物对一伙亡命徒进行了公民逮捕①。顺便说一句，麦克洛斯基将应征入伍时，《荷马·普里斯》的写作已经接近完成，他的编辑却突然发现第一章里有一大块空白。这时，作者一反一贯的谨慎细致，迅速画了一幅插图补上去。匆忙之中，他犯下一个错误。于是在随后的五十年里，每天都有孩子给他写信指出这个错处。读读《荷马·普里斯》的第一章，看看你能不能把它找出来吧。

罗伯特·麦克洛斯基的书还有：《小塞尔采蓝莓》（Blueberries for Sal）、《伯特·道：住在深海里的人》（Burt Dow: Deep-Water Man）、《海边的早晨》（One Morning in Maine）和《美妙的时光》（Time of

---

①公民逮捕（也译作市民逮捕或公民扭捕）：任何居民遭遇任何违法事件，为保护自己财产、公共财产和人身安全等，都可以行使"公民逮捕"权利。其方式是：以非暴力方法将涉嫌犯罪的对方扣留，再报警等候警方处理。不过，扣住疑犯的方式，不能达到警察逮捕犯人使用的暴力程度。此项权利的使用并不仅仅限于本国公民，如在美国，行使公民逮捕权的人，并不限于美国公民。持绿卡者，甚至非法移民或观光客都可行使公民逮捕权。

Wonder)。市面上还有《荷马·普里斯》节本的录音带。

另一本关于食物的绝妙好书是南希·威拉德的《高高升起壮观的九柱戏斯凯特牌戏欢闹的天空饼天使食物蛋糕》(*The High Rise Glorious Skittle Skat Roarious Sky Pie Angel Food Cake*)。

如果你喜欢《荷马·普里斯》和《中心镇的故事》，一定也会喜欢这些书：悉德·弗莱施曼（Sid Fleischman）的《汉姆巴格山》(*Humbug Mountain*)、约翰·D.菲茨杰拉德（John D. Fitzgerald）的《超级大脑》(*The Great Brain*)、拉里·卡伦（Larry Callen）的《平奇的故事》(*Pinch*)和杰弗里·凯利（Jeffrey Kelly）的《不定期汽船和银弹》(*Tramp Steamer and the Silver Bullet*)。

家庭的故事

这里有六个关于家庭的故事。一个小姑娘想,她也许可以卖掉她的小弟弟。一个家庭收养了一只企鹅,另一个家庭收养了一头海豹,但结果完全出人意料。还有一个故事是关于一个讨厌在爸爸的鱼店帮忙的小姑娘。还有一个故事是写两个孩子在厨房给爸爸帮忙的事情。还有一个反抗自己的父亲,想让哥哥活在心中的阿拉伯女孩的故事。

《亚历山大》(Alexander)
(澳)琼·爱泼斯坦 著

注意你说的话

我们大多数人每天说的语言是童年时从我们的第一位老师——父母那里学来的。我们用耳听、用眼看来学会说话。如果成年人总是清楚地表达他们要说的意思，那一切就很理想。但不幸的是，他们并不是总这样做。

美国演员弗雷德·格温（Fred Gwynne）写过一系列书，包括《下雨的国王》(The King Who Rained)和《晚餐是巧克力甜点》(Chocolate Moose for Dinner)。他在书里用图画表现出，当一个三岁的孩子听到爸爸说"我的嗓子里像有只青蛙在蹦"时，他会有什么想法，当听到妈妈说"我玩桥牌的时候不想被人打搅"时，一个孩子会想象她正伸直身体躺在两个椅子之间，让猫从"桥下"穿过。

如果成年人说话很快，孩子们会更加困惑。我有一个朋友教主日学校的一年级学生，她告诉我，刚来她班上的孩子对主祷文有各种迷惑不解的想法。他们听父母和祖父母背诵主祷文很多年，但是从来没有听他们慢慢地说过。因此，孩子们会产生许许多多千奇百怪的想象。

让孩子困惑的事情还不止这些。想象一下，一个三岁的孩子，突然要面对一个新生的小弟弟！这就是琼·爱泼斯坦（June Epstein）的故事《亚历山大》的场景。琼·爱泼斯坦是澳大利亚作家，她为成年人和儿童写过十几本书，主要是写给三至八岁的残障儿童和喜欢音乐的儿童。她的两个孩子已经成年，她非常懂得疲劳的父母和焦虑的小女孩之间会产生怎样的"误会"。

亚历山大是个刚出生的小宝宝。他刚生下来的时候，所有的叔叔、婶婶和堂哥堂姐都来看他。妈妈解开了包着他的毯子，他们数着他的十个小脚趾和小手指说，他的手指和脚趾好小，粉粉的。每个人都说："他真漂亮！"

每个人都这么说，除了他的姐姐，莉斯。

莉斯一点都不觉得亚历山大漂亮。他哪里漂亮呢？没有牙齿，头上没几根头发。另外，他还老是尿床，尿布又臭又脏，肚子一饿就拼命地哭，整个屋子都能听到他的哭声。

莉斯已经不用尿布了，就是夜里也不用。她不许哇哇大叫，就算饿了也必须说"请"和"谢谢"。她也像亚历山大一样有十个脚趾、十根手指，但是叔叔、婶婶和堂哥堂姐从没因为这个夸奖她。他们都围在亚历山大的旁边，大呼小叫。

等他们一走，莉斯就跟妈妈说："我不喜欢亚历山大。你能让他回到你的肚子里去吗？"

"不能。"妈妈说，"孩子一出生，就不能再回去了。亚历山大是你的亲弟弟，不久之后，他就能和你一块玩儿了。"

"他那么小，一天到晚老在睡觉。"莉斯说，"我还不如和我的娃娃玩儿呢。"

"他会长大的，醒着的时候会越来越长。"妈妈说，"怎么不抱抱他呢？坐到沙发上来，我把他放到你的腿上。"

"不，不，我不想抱他。"莉斯说。

她把自己的大娃娃放在小推车上，给娃娃盖上奶奶缝的红毯子，推着小推车去了花园。

那天夜里，亚历山大又哭了，妈妈给他换了尿布，还给他喂了奶，但他还在哭。爸爸抱着他在屋里走来走去，但他还在哭。莉斯上床睡觉的时候他在哭，莉斯早上醒来的时候，他还在哭。他哭了整整一夜。

全家人刚坐下来吃早饭，他却哇哇大叫起来。

"我想最好把这个宝宝卖掉。"爸爸出门上班前说。

"好主意。"妈妈一边说，一边抱着亚历山大走着晃着，轻轻拍着他的后背。

突然，他打了一个嗝，然后两分钟不到，他睡着了。

妈妈给他裹上印着小兔子图案的小毯子，把他放到莉斯房间里的摇篮里。

"我快累死了！"她说，"莉斯，你安静地玩一会儿，让我休息一下。"

她躺在床上。两分钟不到，她也睡着了。

莉斯来到摇篮边，看着亚历山大。他被裹得紧紧的，只露出红扑扑的小圆脸和像按钮一样的小鼻子。

她想，如果把他卖掉，妈妈就不用熬夜了。

亚历山大和莉斯的娃娃差不多大，她把他从摇篮里抱了出来，一点没费力气。莉斯裹好亚历山大，放进小推车里，然后给他盖上红毯子，就推着车上了马路。

邮递员正好骑车路过。

"你好，"莉斯说，"你想买小宝宝吗？"

邮递员看看小推车上的红毯子，以为是莉斯的娃娃。

"不买,谢谢。我家里已经有两个了。对我来说,两个足够了。"

莉斯又往前走了一点,看见了史密斯太太。

"你好,史密斯太太,"她说,"你想买小宝宝吗?"

"今天不买。莉斯,"史密斯太太微笑着说,"你不会过马路的,对吗,亲爱的?"

如果不过马路,怎么到商店去卖小宝宝呢?莉斯想。

就在这时,她看见她的朋友奥斯卡骑着三轮童车过来。

"你好,奥斯卡,你想买小宝宝吗?"

"是男孩还是女孩?"奥斯卡问。

"是男孩。"

"嗯,那我要一个。"奥斯卡说。

"你有多少钱?"莉斯问。

"我没钱。"奥斯卡说,"但是我可以拿我的泰迪熊换。"

"行。"莉斯说。她推着小推车来到奥斯卡家,把亚历山大放在沙发上。亚历山大还睡着呢。

奥斯卡从他的床下面翻出泰迪熊,递给莉斯。莉斯仔仔细细地检查着泰迪熊,就像叔叔、婶婶和堂哥堂姐看亚历山大那么仔细。

"他的毛太脏了。"她说。

"因为他有一天晚上掉到了浴缸里。"

"有只耳朵都快掉了。"莉斯说。

"他的岁数和我差不多大了。"奥斯卡说,"你妈妈可以给他缝上耳朵。"

"他也不像亚历山大有十个脚趾和十根手指。"

"因为他是泰迪熊啊。"

"嗯,我更喜欢亚历山大,不喜欢你的泰迪熊。"莉斯说。

"可你不能再换回去。"奥斯卡说。

"我能。"

"你不能。"

"我当然能。"莉斯说完,把泰迪熊扔在地板上。她跑过去抱亚历山大,但是奥斯卡站在沙发前拦住她。

"让开!我要我弟弟,他是我的。"莉斯大声叫喊。

她的叫声很大,惊动了奥斯卡的妈妈,她跑过来看究竟发生了什么事情。

"莉斯,你妈妈知道你在这儿吗?"她看见了沙发上的包裹。掀开盖在亚历山大脸上的红毯子后,她低声叫了出来:"莉斯,你把小宝宝带这里来啦?"

"我爸爸妈妈想卖掉他。"莉斯说。

"简直是胡闹!马上和我一起回家。你妈妈肯定急疯了。"说着,她抱起亚历山大,急忙走上大街,莉斯推着小推车紧跟在后面,奥斯卡骑着三轮童车在她们身后追赶着。泰迪熊被扔在了地板上。

莉斯的妈妈刚刚睡醒,一看摇篮空了,就慌张地冲向大街。刚出门,就看到奥斯卡的妈妈抱着小宝宝,莉斯在她后面推着小推车,而奥斯卡拼命地蹬着三轮童车。

"你这个调皮的鬼丫头!"莉斯妈妈一边说一边把亚历山大抱过来,"你干吗要带走他啊?"

亚历山大还在睡觉。

"你说你想卖掉他。"莉斯说。

"我们当然不会卖掉他。"莉斯妈妈说,"那是开玩笑。"

莉斯的妈妈冷静下来后,非常感谢奥斯卡的妈妈把小宝宝送回来。然后,她和莉斯回到了家,把亚历山大放回摇篮。

"莉斯,别哭了。"她说,"听我说,你以后绝不能不说一声就把亚历山大抱走。他很小,很脆弱,你会不小心伤到他。"

莉斯用非常小非常小的声音说:"现在你有了亚历山大,是不是要卖掉我了?"

"永远不会,永远永远不会!"妈妈说,"你是我们最棒的女儿,世界上最好的女孩。"她拥抱了莉斯。

"我没有伤害到他吧?"莉斯问。

"没有,他很好,他一点不知道自己被绑架了。过来看看他。"妈妈说着,打开带兔子图案的红毯子。

这时,亚历山大刚好醒了。蓝色的连脚裤包住了他的脚趾,他挥舞着小拳头,莉斯看着他十根细细的粉红色手指。他打了一个大呵欠,莉斯看到了他没长牙齿的嘴巴。亚历山大睁开了眼睛,惊奇地看到莉斯正俯身看向他,连哈欠也不打了。

"他在笑!"妈妈说,"这是他第一次微笑,是冲你笑的,莉斯!"

莉斯把手指放进亚历山大的手里,他用细细的手指攥住,握得紧紧的。

"他真漂亮!"她说。

我看到这个故事曾被收进维京出版社的一本很棒的故事集——《维京睡前故事精选》(*The Viking Bedtime Treasury*)中,该选集由罗莎琳德·普赖斯(Rosalind Price)和沃尔特·麦克维蒂(Walter McVitty)编纂并校订。

琼·爱泼斯坦笔下的这个亚历山大,他的第一次冒险是在酣睡中经历的,但另一个宝宝就不一样了。在莫迪凯·葛斯坦(Mordicai Gerstein)的《鸭群里的阿诺德》(*Arnold of the Ducks*)中,阿诺德跟着一群鸭子从家里跑了出来。

当然，在所有的儿童图书中，最著名的亚历山大是朱迪思·维奥斯特（Judith Viorst）在《亚历山大和倒霉、烦人、一点都不好、糟糕透顶的一天》里（*Alexander and the Terrible, Horrible, No-Good, Very Bad Day*）塑造的。

选自《波普先生的企鹅》(*Mr. Popper's Penguins*)
（美）理查德和弗洛伦斯·阿特沃特　著

无言伴侣的畅销书

《波普先生的企鹅》一九三九年获得了纽伯瑞儿童文学银奖，是五十年来最畅销的童书，也是最不同寻常的故事之一。这是两个当时已无法沟通的人合作写成的书，下面说说故事的来龙去脉。

在上个世纪三十年代，美国和世界上大多数国家突然陷入贫穷，这就是我们今天所说的大萧条时代。十几年里，无数的家庭为了每天的伙食费和房租而拼命地工作，没有钱出去旅行，也很少有人想到度假。大多数人采取就近休闲的方式，即省出钱去看电影。

在那段艰苦的岁月中，海军少将、探险家兼飞行员理查德·伯德（Richard Byrd）对北极和南极进行了奇妙的探险。因为十五年后才有电视，所以这些探险之旅成了美国人当时最热衷的娱乐节目，放映探险电影的影剧院里挤满了观众。上个世纪三十年代初的某个晚上，芝加哥某报纸的幽默专栏撰稿人理查德·阿特沃特（Richard Atwater）和他的全家就在观众群中。

看了伯德的电影，又听到女儿抱怨说好多童书写的都是很久以前的事情，这让理查德·阿特沃特产生了写《波普先生的企鹅》的灵感。但是，他写完之后并不满意，就把书稿放进了抽屉。不幸的是，不久之后他就患了中风，失去了清晰的语言交流能力和书写能力。

看到丈夫不能再挣钱养家，弗洛伦斯·阿特沃特（Florence Atwater）一边当教师，一边寻找着其他的赚钱门路。她想到了丈夫废弃的手稿，就把它找出来寄给了两家出版社。但两家出版社都拒绝出版。因此，她决定进行修改。她删除了一些幻想的情节，添加了一些白描似的写实。这本书最终由小布朗（Little Brown）出版社于一九三八年出版。这是阿特沃特夫妇出版的唯一一本书。

在阅读《波普先生的企鹅》第四章之前，让我们先来了解一下故事的背景，看看作者是怎样利用极地探险作为故事开头的。波普先生是个老好人，住在斯蒂尔沃特镇。他是一个笨拙的房屋粉刷工，却喜欢做白日梦，总是梦想着能去远方，特别是到北极和南极旅行。因为这个兴趣，他看了所有有关伟大极地探险家的书和电影。

一个秋天的夜晚，波普夫妇正在收听伟大的海军少将德拉克从南极的一个探险基地发来的报道。让他们吃惊的是，德拉克将军在报道中说，感谢波普先生写给他的崇拜信，并许诺要送给波普先生一个惊喜。

第二天，德拉克将军通过快递寄给波普先生的活企鹅送到了。波普先生马上给企鹅起名叫库克船长。下面是这本书的第四章。

库克船长

"叫谁库克船长？"波普太太问。她悄悄地走进来，没人听到她的脚步声。

"还用问？企鹅呗。"波普先生说，"我刚刚起的。"波普太太惊讶得一下子坐到了地板上，好半天才醒过神来。波普先生接着说："我叫他库克船长。库克船长是英国著名的探险家，大约生活在美国独立战争时期。他乘船去过那些之前人类没有到过的地方。当然，他并没有真正到达南极，但是他对南极地区有许多重要的科学发现。他很勇敢，是位领袖型人物。所以我觉得这只企鹅叫库克船长再合适不过了。"

"拜托，千万不要！"波普太太说。

"呱呱！"库克船长突然叫了几声，活跃起来。他拍打着鳍肢，从浴缸跳到洗脸池，站在上面打量了一会儿地面，然后又跳了下来，走到波普太太跟前，开始啄她的脚踝。

"快叫他停下！孩子他爸！"波普太太尖叫着退到走廊里，库克船长追上去，波普先生和孩子们追着企鹅。到了客厅，波普太太才站住，库克船长也站住了，他好像很喜欢这里。

客厅里有只企鹅，这情景看上去怪怪的。但是对企鹅来说，客厅也是个怪怪的地方。库克船长瞪着圆圆的大眼睛，闪着兴奋而好奇的目光。他傲慢地拖着黑色的"燕尾服"，迈着淡桃色的小脚，大摇大摆地从这张椅子走到那张椅子，还用嘴啄了啄，好像是想看看椅子是用什么材料做的。看到这场景，连波普太太都忍不住笑了起来。随后，他突然转过身，朝厨房走去。

"他可能是饿了。"珍妮说。

库克船长径直朝冰箱走去。

"咕咕？"他歪过头看着波普太太，眼中流露出祈求的目光，好像在询问她什么。

"他还挺可爱的，"波普太太说，"我想我原谅他啄我的脚后跟了。他大概是因为好奇才这么做的。不管怎样，他看上去是只干净漂亮的鸟。"

"呱呱？"企鹅又叫了一声，用上翘的鸟喙啄着冰箱门的金属把手。

波普先生打开了冰箱门，库克船长挺直了背，圆圆的脑袋向后仰着，这样他能够看到里面的东西。现在是冬天，波普先生没有工作，冰箱里的东西不像往常那么丰富，但是企鹅可不在乎这些。

"猜猜他喜欢吃什么？"波普太太问。

"让我们看看，"波普先生说着，把冰箱里所有的东西都拿出来，摊在厨房的桌子上。"好了，库克船长，挑挑吧！"

企鹅先是跳到了椅子上，再从椅子上跳到桌边，啪嗒啪嗒地拍打着鳍肢来保持平衡。然后，他在桌子上盛着食物的碟子间严肃地走来走去，饶有兴趣地打量着每一种食物，却一样也没有动。最后，他直直地站住，抬头朝着天花板，大声地叫起来："咕咕咕……噢……咕咕咕……噢……"还带着颤音。

"这是企鹅表达高兴的方式。"波普先生说，他从有关南极的书上读到过。

显然，库克船长感到高兴是因为波普一家的善良友好，而不是因为喜欢这些食物。因为随后他就跳下桌子，朝餐厅走去。大家愣住了，大眼瞪小眼地互相看了看。

突然波普先生一拍脑袋："我明白了！我们应该给他准备一些海鲜，比如虾罐头之类的。可能他现在还不饿。书上说，企鹅可以一个月不吃东西。"

"妈妈，爸爸！"比尔叫道，"快来看看库克船长干了什么好事！"

库克船长的确干了件"好事"。他在餐厅的窗户边发现了金鱼缸。等波普太太赶到那儿轰他之前，他已经吞掉了最后一条金鱼。

"坏家伙，真是个坏家伙！"波普太太瞪着库克船长责骂道。

库克船长内疚地蹲在地上，把身体缩成一团。

"他知道自己做错了，"波普先生说，"他很聪明，对吧？"

"也许我们可以训练他。"波普太太说。"坏蛋，淘气的船长，"她又大声地对着企鹅说，"吃金鱼的坏家伙。"然后拍了一下他圆圆的脑袋。

波普太太刚想拍第二下，库克船长已经急忙蹒跚地逃到厨房去了。

冰箱的门还开着，波普一家看到，企鹅正想钻进冰箱。他拼命挤进冷却管下面的狭小空间，坐在那里。他圆圆的眼睛从昏暗的冰箱里盯着他们，眼睛周围有一圈白，看起来神秘兮兮的样子。

"我想，这里的温度对他正合适。"波普先生说，"晚上可以让他睡在这里。"

"那我把食物放在哪里呀？"波普太太问。

"噢，我们只好再买一个冰箱了。"波普先生说。

"看，他要睡觉了。"珍妮说。

波普先生把冰箱的温度调到最低，让库克船长睡得更舒服些。然后，他打开冰箱门留了一条缝，让库克船长能呼吸到新鲜的空气。

"明天我就给冰箱售后服务部打电话，让他们派人来给冰箱打些通气孔，再在里面安个把手，这样库克船长进出冰箱就很方便了。"

"老天！我从来没有想过会养一只企鹅做宠物！"波普太太说，"不过到目前为止，他的总体表现还不错，干净、漂亮，也许还可以给你和孩子们做个榜样。但是，我得声明，我们该去干活了。今天我们除了看这只鸟，什么正经事都没干。孩子他爸，你帮我把这些豆子摆到餐桌上，好吗？"

"等等，"波普先生答道，"我突然想到，企鹅待在冰箱里可能会觉得不舒服，因为他们的巢是用大大小小的鹅卵石筑成的。所以我得从冰盒里拿些冰块出来，铺在下面。这样他会觉得舒服些。"

  从那以后,波普先生家的生活变得越来越混乱。警察来了,因为库克船长袭击了冰箱修理工。后来波普先生带着企鹅去散步或理发,事情更是乱成了一锅粥。每只公企鹅都需要一只母企鹅,于是那个冬天一只母企鹅也来了,波普家打开了所有的窗户,就算待在屋子里也得穿上厚厚的大衣!

  从兰登书屋音像出版集团处可以买到这本书的录音带,另外还有由它改编的电影。

  《波普先生的企鹅》的粉丝也会喜欢贝蒂·莱斯利-梅尔维尔(Betty Leslie-Melville)的《黛西·罗特希尔德:与我一起生活的长颈鹿》(*Daisy Rothschild: The Giraffe That Lives with Me*)、法利·莫厄特(Farley Mowat)的《家里的猫头鹰》(*Owls in the Family*)和休·洛夫廷(Hugh Lofting)的《怪医杜利德的故事》(*The Story of Doctoe Dolittle*)。

选自《朱利安讲的故事》(The Stories Julian Tells)
(美)安·卡梅隆 著

厨房的趣事

我回想童年有一份最深刻的记忆：有一天下午，我和哥哥布莱恩一起偷吃妈妈准备做晚餐的黄油。当时，妈妈在隔壁房间里静静地看书，等爸爸下班回家。我和哥哥都喜欢吃黄油，我们不时地假装去厨房喝水，然后偷偷地切一片黄油吞下肚。

那是我们最后一次那么干。当时我们并不知道这种做法由来已久，大多数孩子都有过这样的经历：有的孩子偷吃冰激凌或曲奇饼干，有的孩子偷吃意大利面或花生，有的孩子甚至整夜不睡觉偷偷看书或看电视。这就是沉迷。其实我们每个人都曾经有所沉迷。

当作家安·卡梅隆（Ann Cameron）听她的南非朋友朱利安·迪威特讲述童年经历，特别是偷吃柠檬布丁的故事时，她意识到这是人人都有的童年经历，无论是黑人、白人，还是黄种人，无论来自南非、南达科他，还是南极。

安·卡梅隆用幽默、充满温情的口吻，写下了孩子们的寻常经历。然而，她自己的人生经历却从一开始就很不寻常。安出生时，医生诊断她和她的母亲都有生命危险，然而奇迹发生了，她们两人都活了下来。还有一次，她的祖父刚抱她下楼去玩儿，天花板就掉下来砸在她的婴儿床上。她在威斯康星州北部的荒野和鹿群中长大，夏天经常去徒步旅行或钓鱼，但搬到纽约后，在街上骑自行车就成了她的锻炼方式。

她当过大学老师，做过广告写手，在洪都拉斯一座英国人的考古发掘营地做过厨师，还曾经同时养了二十三只猫。几年前，她一时兴起搬到了危地马拉，仅凭着高中时学的一点西班牙语。现在，她住在被三座休眠火山环绕着的美丽湖边。我希望她能多写出一些像《朱利安讲的故事》一样的好故事来。

"海之夜"布丁

"我要给你妈妈做点特别的东西。"爸爸说。

妈妈去购物的时候，爸爸就在厨房里，看着那些锅碗瓢盆。

"打算做什么呢？"我问。

"布丁。"他说。

我爸爸个子很高，长着一头黑发。他一笑起来，整个屋子都像是洒满了阳光；遇到困难时，他总能想出好多办法；要是他生气，我和弟弟休伊会吓得全身发抖。

"做哪种布丁？"休伊问。

"最好吃的布丁。"爸爸说，"带着柠檬的清香，如同夜色下的大海。"

他拿来小刀，把五只柠檬对半切。他拿起半个开始挤汁，汁水一下子喷到了我的眼睛里。

"往后站！"说完，他继续挤汁，柠檬籽飞到了地板上。"把籽捡起来，休伊！"他说。

休伊拿着扫帚，扫起柠檬籽。

爸爸打了几个鸡蛋，把蛋黄放在平底锅里，把蛋清放在碗里。他挽起袖子，把头发捋到后面，打起蛋黄来。"糖，朱利安。"他说。我撒上糖。

他继续打，然后加了一些柠檬汁和奶油，再把平底锅放在炉子上。布丁开始起泡，他飞快地搅动起来，奶油溅到了炉子上。

"擦掉，休伊。"他说。

休伊擦掉了溅出来的奶油。

炉子越来越热，爸爸松开了领口，卷高了袖子。锅里的东西变得越来越稠，他搅动的幅度也越来越大。"就是这样！"他一边说，一边去闻布丁的味道。

他打散蛋清，然后把它们倒进布丁里面，布丁看上去比空气还要松软、轻盈。

"完成了。"他说。他洗干净所有的容器，溅得地板上都是水，又飞快地擦干净灶台，他的头发被带动着在头上直打转。

"太棒了。"他说，"现在我去小睡一会儿，有重要的事再叫我，没事就别打搅我。噢，布丁是给妈妈的，你们可不许动。"

他走进客厅，坐在椅子上，一眨眼就睡着了。

我和休伊盯着布丁。

"哦！真是一个漂亮的布丁。"休伊说。

"上面的波纹就像大海里的波浪。"我说。

"不知道味道怎么样。"休伊说。

"不能动它。"我说。

"我只要用手指在这里蘸一下，就知道味道怎么样了。"休伊说完，用手蘸了一下。

"你真尝啦！"我说，"味道怎么样？"

"柠檬的味道，"他说，"就像'海之夜'。"

"你把布丁戳了一个洞,"我说,"既然你尝了,我也要尝一尝。"感觉像柠檬,像在海上漂流。

"这么大一个布丁,再吃一小块没关系的。"休伊说。

"你吃了那么多,我也要再来点。"我说。

"你这块比我的大!"休伊说,"我要再弄点。"

"哎哟!"我叫道。

"你把整只手都伸进去了。"休伊喊道,"看你,把布丁都弄到地板上了!"

"一会儿我就弄干净。"说着,我从水池里拿出抹布。

"这儿没有擦干净。"休伊说。

"我已经尽量擦了。"我说。

"你看布丁!"休伊喊道。

布丁就像月球表面一样布满了坑。"我们得把这里弄平。"我说,"让它看上去跟没动过一样!得去拿勺子。"

我们用勺子把表面铲平,铲下来的就被我们吃掉了。我们一边铲,一边吃掉了更多的布丁。

"没剩多少了。"我说。

"我们最好还是别弄了。"休伊说。

"最好赶快离开这里!"我说。我们跑进卧室,钻到床底下。过了好久,我们才听见爸爸的声音。

"到厨房去,亲爱的,"他说,"我有东西给你看。"

"是什么呀?"妈妈说着,进了厨房。

我和休伊躲在床底下,已经贴到了墙角。

"看,"爸爸走进厨房说,"多棒的布丁。"

"布丁在哪里?"妈妈说。

"孩子们在哪里?"爸爸说,他的声音传到了房子的每一个角落。

我们感觉自己就像是暴风雨中的两片叶子。

"你们在哪里?我再说一遍!"爸爸咆哮着。

休伊低声对我说:"我怕!"

我们听见爸爸慢慢地穿过房间。

"休伊!"他喊道,"朱利安!"

我们看见了他的脚,他已经走进房间了!

他掀开床单,脸色黑沉沉的,目光如炬。他拽住我们的腿,把我们拉了出来。"站起来。"他说。

我们站着。

"你们有什么话要对我说吗?"他问。

"我们出去了一会儿,"休伊说,"我们回来时,布丁就不见了!"

"那你们为什么要躲在床底下?"我爸爸问。

我们答不上来,只是盯着地板。

"我要告诉你们一件事,"他说,"马上有人该挨打了,有人该挨鞭子抽了!"

窗帘都开始颤抖,休伊紧紧地握着我的手。

"去厨房!"爸爸说,"现在就去!"

我们跑进厨房。

"过来,休伊!"爸爸说。

休伊乖乖地走了过去,把手藏在身后。

"看见这些鸡蛋了么?"爸爸说。他打碎鸡蛋把蛋黄放进平底锅里,然后把平底锅放在灶台上。他搬了一把椅子放在灶台边。"站上去。"他对休伊说。

休伊站到灶台边的椅子上面。

"现在该你打了!"我爸爸说。

休伊哭了起来,眼泪都滴到蛋黄上了。

"拿着这个!"爸爸把打蛋器递给他。"打这些鸡蛋,"他说,"好好打!"

"噢。"休伊说,他不哭了,开始打蛋黄。

"现在该你了,朱利安,站到这儿!"爸爸说。

我站到桌子边的一把椅子上。

"我希望你准备好怎么打了!"

我一声不吭。我不敢说准备好还是没准备好。

"这儿!"说着,他把蛋清放在我的面前。"好好打!"

"好,爸爸。"我说,然后开始打起蛋清来。

爸爸看着我们。妈妈走进厨房,也看着我们。

过了一会儿,休伊说:"这活儿真累。"

"是很累,"爸爸说,"但你还没有打好!"然后他把糖、奶油和柠檬汁放进平底锅,又把平底锅放在炉子上,休伊又开始打起来。

"我的胳膊都酸了。"我说。

"是会酸,"爸爸说,"但你也没有打好。"

于是我不停地打着,休伊也不停地打着。

"休伊,打高些!"爸爸说。

休伊打高了。

"瞧!"爸爸说,"一个好布丁要打好了,现在已经够稠了,你已经打好了。"然后转向我,"我们来看看蛋清怎么样了,朱利安!"他说,蛋清已经蓬松了,"干得不错,朱利安!你也打好了。"

他把蛋清倒进布丁里,然后把布丁递给我妈妈。

"一个漂亮的布丁,"她说,"孩子们,你们要吃一点吗?"

"不,谢谢。"我们说。

她舀了一勺子。"哎呀!这是柠檬味的,"她说,"像海之夜。"

在接下来的章节里（是安·卡梅隆以自己和周围人的童年经历为基础写出来的），朱利安、休伊和邻居格洛里亚继续"闯祸"——比如，有一次是关于朱利安摇摇欲坠但总也不肯掉落的门牙，另一次，朱利安说服休伊去用商品目录订购了一只猫①。"朱利安系列"还有：《更多朱利安讲的故事》（*More Stories Julian Tells*）、《朱利安的快乐夏天》（*Julian's Glorious Summer*）和《秘密特工朱利安》（*Julian, Secret Agent*）。卡梅隆还写过一本小说叫《世界上最美丽的地方》（*The Most Beautiful Place in the World*），讲的是危地马拉一个七岁男孩的故事：他被父母遗弃，梦想着能去上学。

---

①这里作者玩了一个文字游戏。英语的"猫"是cat，"商品目录"是catalog——译者注。

《鱼天使》(The Fish Angel)
（美）迈伦·莱沃伊 著

闻到故事味的男孩

迈伦·莱沃伊（Myron Levoy）小时候经常和妈妈一起去买东西，让他印象最深刻的是鱼店。那时候他们家没什么钱，所以不能到高级商店采购。在迈伦心目中，鱼店似乎是世界上最可怕的地方。

那时候还没有现代卫生法规，没有空调，没有巨大的冷库。让迈伦震惊的第一件事是一走进鱼店时闻到的鱼腥味——铺天盖地的鱼腥味；第二件事是，他发现这里有几百条鱼，有的已经死了，放在容器里的冰上，有的还活着，在黑色的桶里游着，度过生命的最后几小时；最后一件事是撒在地上的锯屑，用来吸收滴在地上的血和水。迈伦对这种场景既厌恶又好奇，他想："这一定是世界上条件最差的工作场所。"直到成年后，他还是抱着这个想法。

除了经常带着两个儿子去购物，莱沃伊夫人还每周带他们去图书馆。不用花一分钱，兄弟俩想读多少书就能读多少书，这培养了迈伦对文字的终生热爱。他的家人对教育的态度是实用主义，要求他在学校里学好数理化课程，所以他大学毕业时取得的是化学工程学位。

尽管当上了工程师，但是他的内心仍不时有写作的冲动。本书中出现的许多作家，他们的第一本书都是写给自己的子女或者比较亲近的孩子，如比阿特丽克斯·波特、莱曼·弗兰克·鲍姆、罗尔德·达尔、多萝西·坎菲尔德·费希尔、罗伯特·基梅尔·史密斯、伊迪丝·费舍尔·亨特等，迈伦·莱沃伊也继承了这个传统。一天，他坐下来给两个孩子写了一个有关大胡子俄罗斯犹太裔的故事，这个人被生活在纽约东区的移民孩子误当成了圣诞老人。写完之后，他觉得很满意，心想也许能出版。

果然，出版商同意出版，并邀请他再多写一些好故事。他接着写了一个故事，叫《第四条街上的女巫和其他故事》（The Witch of Fourth Street and Other Stories）——上世纪初八个贫穷的爱尔兰、希腊、意大利、犹太移民和他们的孩子的故事。下面是其中一个灰姑娘题材的故事，故事发生在作家认为的世界上最令人厌恶的工作场所：鱼店。

诺琳·卡拉翰坚信，她爸爸在第二大街上所开的鱼店无疑是东区最肮脏的鱼店。地面上总是撒满黏糊糊的锯木屑，冰块上随意乱放着一堆堆鱼，墙上油漆剥落了，就连在窗台上睡懒觉的猫都特别丑。卡拉翰先生的围裙永远那么脏兮兮，他戴着一顶扁扁的旧帽子，形状比猫还难看——如果这两样东西可以比较的话。经常会有鱼头掉在地板上被顾客踩到，卡拉翰先生从不费心去打扫。因此，时间一长，许多顾客就去光顾其他鱼店了。

卡拉翰先生从来没想过会在鱼店里卖鱼。他的梦想是当演员，在舞台上做英雄般伟大而美妙的事情。他努力过，但是没有成功，最后只得回到他父亲的鱼店工作。现在鱼店是他的了，但是他一点都不为此自豪。在鱼店里，怎么可能做出英雄般伟大而美妙的事情呢？

　　一周中的大部分时间，是诺琳的妈妈在鱼店帮忙，但是周六得由诺琳接班，妈妈要在家打扫卫生。对诺琳来说，这是一周中最难熬的一天。在鱼店里被朋友和同学看到让她感到羞耻，鱼腥味让她感到羞耻，那些鱼头、鱼尾让她感到羞耻，肮脏的猫让她感到羞耻，爸爸的脏围裙也让她感到羞耻……对诺琳来说，鱼店就好像她脸上的一块疤，一块与生俱来的疤。

　　既然像一块疤，鱼店就像影子一样跟着诺琳，甚至跟到了学校。"卖鱼女！""卖鱼女！""脏兮兮的卖鱼女！"有些女孩会这样叫她。每当这时，诺琳恨不得跑进教室后面黑漆漆的更衣室里大哭一场。她的确哭过一两回。

　　但是也有让诺琳高兴的事情。快到圣诞节的几个星期前，诺琳被选为在教堂盛会里扮演天使的演员，一个在舞台上面、在所有人的头上高高飞翔的天使。最棒的是，她将穿上非常非常漂亮的天使长裙——她妈妈能做的最漂亮的长裙。

　　卡拉翰太太每天晚上都在缝制天使长裙。她在裙子上缝上银光闪闪的小亮片。灯光下，这些亮片流光溢彩。她还要做与长裙相配的闪闪发光的花冠和头饰——把布料蒙在纸板上，涂上金黄色的颜料，再镶上一些闪亮的玻璃珠。

　　在教堂盛会的那天，诺琳闪亮登场，几乎像一个真正的天使，她感到非常幸福和轻盈。她甚至觉得，只须稍微一用力，她就能像真正的天使那样飞起来。盛会结束以后，爸爸和妈妈又在家里的客厅为诺琳举办了一个小型的派对。卡拉翰先生借来一架照相机，给穿着天使长裙的诺琳拍照。"这至少能让我看上一年。"他说。

　　卡拉翰先生虽然讨厌鱼店，但非常爱诺琳。他经常对诺琳说，有些孩子在爸爸眼里是苹果，诺琳在他的眼里不仅仅是苹果，还是桃子、李子、梨和杏。

诺琳会问："那还有草莓呢？"

"是的，我的天！"这位爸爸会说，"你是我眼里的水果色拉，这就是你，水果色拉再加上一层厚厚的奶油。"

那天，他不停地给诺琳拍照，咔咔地按着快门，用大大的老式相机照了一张又一张。诺琳和她的朋友凯茜摆出各种美妙的姿势，凯茜也在教堂盛会中扮演天使。但是，天下没有不散的筵席，现在是该脱掉天使长裙和花冠，重新做回诺琳·卡拉翰的时候了。经过如此轻盈、闪亮的时刻之后，诺琳感到心情是那么的沉重。天堂般美好的天使长裙被整齐地叠好，放进了抽屉里。"也许明年，"妈妈对诺琳说，"我们会再拿出来穿。"

当天夜里，诺琳做了一个梦，梦到自己穿着银光闪闪的裙子，戴着金色的花冠，在盛大辉煌的舞会里跳舞。她在舞厅里转呀，转呀，银色的亮片像雪花一样飘舞着，就像到了闪闪发光的仙境。然后，她踮起脚尖，踏出优美的舞步。每个人都在看她，都在为她鼓掌。她急速地旋转着身体，裙子扬起，就像一朵盛开的大白花。突然，脚下一滑，她努力地停住了舞步，往下一看：银色亮片变成了鱼鳞，地面上堆满了鱼头、鱼尾和黏糊糊脏兮兮的锯木屑。每个人都在喊着："卖鱼女！卖鱼女！卖鱼女！卖鱼女！"

诺琳惊醒过来，一时间茫然得不知道自己身在何处，然后她翻了个身，把头埋在被子里哭了起来。她哭呀哭呀，不知什么时候又睡着了。

接下来的一周是雨夹雪的阴沉天气，道路变得更加泥泞。每天，当诺琳放学回到家，看着放在抽屉里的天使长裙时，天使长裙就好像在对她说："穿上我，穿上我。"但诺琳只是叹了口气，关上抽屉，一会儿又打开瞧瞧。

很快又到了周末，诺琳最害怕的日子——鱼店日到了。她多么希望自己能变成真正的天使，远远地飞走。

突然，诺琳想到了什么，一下子坐到了床上。她必须好好想想再作决定。天使长裙！为什么要等上一年才能再穿呢？她现在就要穿，马上！穿上天使长裙到爸爸的鱼店里去！那样，人们就会知道她与那脏兮兮的围裙和黏糊糊的地板毫无关系。那些孩子也不会再叫她"卖鱼女"了。她要成为"鱼天使"！

诺琳刚要出门，卡拉翰太太看见了女儿外套里面的长裙。她很少责骂诺琳，但是这次太过分了！这太蠢了！长裙会被糟蹋掉的。她爸爸也会生气。大家都会嘲笑她,说她疯了！但是卡拉翰太太知道，任何人、任何事情都无法阻止诺琳。因此，她最终让步了，但她还是警告诺琳：明年她得自己做天使长裙。穿着天使长裙去鱼店，这简直是罪过！

诺琳到了鱼店，脱掉外套。卡拉翰先生正忙着切比目鱼。看到诺琳的时候，他的呼吸一下子急促起来，一不小心割破了自己的手。

"哎哟！"他大声叫起来。这声大叫，包含着对长裙的惊讶，对诺琳的愤怒和割伤后的疼痛。他包扎好手指，当着顾客的面，不知道对诺琳说些什么好。

"多漂亮的长裙啊！"一个女顾客说道。

"怎么回事？"另一个问，"是要参加什么特别的场合吗？"

"那是他女儿，"第三个顾客低声地说，"这女孩是不是很耀眼？"

卡拉翰先生一点儿也气不起来了。听到顾客们称赞他有一个如此漂亮的女儿，他感到了一种久违的东西，一种自豪感。也许美妙的事情、甚至伟大的事情也有可能在鱼店里发生。

卡拉翰先生看着诺琳，她小心翼翼地称鱼、包鱼，不让一个污点溅在天使长裙上。无论她走到哪里，卡拉翰先生的目光都会跟过去，就像在黑暗的通道里追随着烛光。

那天快收摊的时候,卡拉翰先生脱掉了脏兮兮的围裙,摘下了破旧的帽子。他走进店铺后面的小屋,换上了干净的白围裙。

圣诞节来了又去,新年也来了又去,每个周六诺琳都穿着天使长裙,戴着金色花冠到鱼店里去。越来越多的顾客来鱼店,看这个穿着天使长裙的女孩。卡拉翰先生每天两次清扫地板上的锯屑,擦洗玻璃,把鱼整整齐齐地摆成一排。他甚至还给猫洗了澡。一月的某天夜里,他用白石灰粉刷了墙壁。渐渐地,店里的生意好了起来。

那些叫诺琳"卖鱼女"的孩子也不再这样叫她了。不过,他们后来取了一个让他们觉得更好笑的外号——"鱼天使"。但是,诺琳听到这个外号的时候,只是笑了笑。因为这正是不久前她给自己起的名字,一个秘密的名字。

周六成为诺琳一周中最喜欢的一天,因为在这一天里,她能够和爸爸肩并肩地在纽约东区那个无疑是最整齐、最干净的鱼店里工作。

后来,迈伦·莱沃伊成了一位成功的作家,写了很多青少年题材的小说。这样他就能辞去工程师的工作,全身心地投入到写作之中。他给青少年写的小说包括《艾伦和内奥米》(*Alan and Naomi*),这本书被译成了十二种语言。

另一个描写聪明的孩子和鱼的故事是芭芭拉·科恩的《浴缸里的鲤鱼》(*The Carp in the Bathtub*)。卡拉·史蒂文斯(Carla Stevens)的《安娜、祖父和暴风雪》(*Anna, Grandpa, and the Big Storm*)写的是一九八八年的暴风雪,这个故事同样以城市移民的力量和意志为主题。

《任性的娜迪亚》(Nadia the Willful)
（美）苏·亚历山大　著

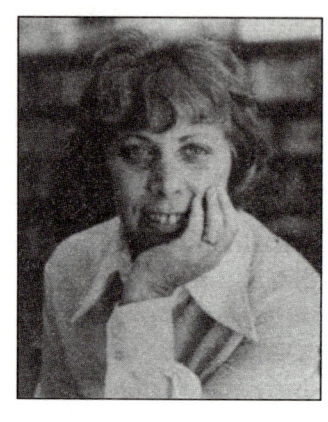

从操场到沙漠

　　每个作家的职业生涯都是从寻找听众开始的。"有人会听我的故事吗？"他们会问自己。有的作家在人生的中后期才找到自己的听众，而有的作家则很早就在自己家里找到了听众，比如：《纳尼亚传奇：狮子、女巫和魔衣柜》(The Lion, the Witch and the Wardrobe) 的作者C. S. 刘易斯 (C. S. Lewis)，《月亮的报复》(The Moon's Revenge) 的作者尤安·艾肯 (Joan Aiken)，《霍莉和艾薇的故事》(The Story of Holly and Ivy) 的作者茹玛·高登 (Rumer Godden)，弟弟妹妹就是他们的忠实听众。苏·亚历山大 (Sue Alexander) 也是在童年时代就找到了自己的听众，但不是在家里，而是在学校的操场上。

　　苏在同龄的孩子中个子偏矮，再加上动作笨拙，那么你就能理解，当孩子们在操场上做游戏的时候，她为什么长时间地坐在边上被冷落了。一天，有个男孩坐到了她的身边，他也是被挑剩下的。苏正在找听众，她问他："想不想听故事？"

　　男孩回答："想。"苏开始编故事。渐渐地，当课间休息时间快结束时，全班同学都已围在她和小男孩的周围，等着听下面的故事。她找到了听众，在以后的学校生活中，她总是用自己的故事娱乐同学。(《秘密花园》的作者弗朗西丝·霍奇森·伯内特也做过同样的事。)

　　差不多与此同时，苏的父母带她看了电影《沙漠之歌》(Desert

Song），她由此对北非沙漠的阿拉伯游牧民族贝都因部落产生了浓厚的兴趣。她阅读了她能找到的所有与之有关的书。随着年龄的增长，沙漠中的游牧民族及其文化一直留存于她的记忆中。

几年后，苏的哥哥去世了。失去亲人让人心碎，以至于她的家人受不了听人谈起有关哥哥的事情。但苏有着不同的看法。多年来她一直用讲故事的方式来解决问题，她想找一个对他们来说不会太动感情的背景，因为感情会影响她讲故事。于是，她想到了沙漠，《任性的娜迪亚》由此诞生。

在黄沙漫漫的沙漠里，贝都因人跟随着肥沃的草地不停地迁徙。这里住着一个女孩，她的倔强和火暴脾气全沙漠的人都知道，人们叫她"任性的娜迪亚"。

娜迪亚的父亲塔里克是酋长，他是一个心地善良、品德高尚的人，沙漠里每个帐篷的人都很崇敬他，但他却不知道该拿任性的女儿怎么办。

只有哈麦德，娜迪亚六个兄弟中的大哥，塔里克酋长最喜爱的长子，能在娜迪亚发火的时候让她平静下来。"噢，生气吧，"他会说，"让我们看看你能气多久？"然后，他会笑着逗她，拉她的黑头发，直到娜迪亚重新露出笑容。她总是像跟屁虫一样跟着哥哥。

一天，天还没亮，哈麦德骑上父亲的白马，向西方奔驰，去为羊群寻找新的牧场。娜迪亚和父亲站在绿洲边上目送他远去。

哈麦德这一去就没再回来。

娜迪亚骑马跟在父亲的后面，穿过沙漠，从一个绿洲走到另一个绿洲，寻找哈麦德。

牧羊人说，他们曾看到一匹白马在飞沙走石之时从眼前飞驰而过，但马背上没有人。

路过的商人牵着骆驼去赶集，骆驼上驮着香料和糖果，他们说穿过沙漠时没遇见什么人。

塔里克问遍了部落里的所有人，认识的或不认识的，每个人都凝视着沙漠叹息道："这是真主的意愿。"

塔里克心里知道，他最心爱的儿子哈麦德，像另一个贝都因人一样被流沙卷走了。最后，他告诉娜迪亚，哈麦德死了。

娜迪亚尖叫着，哭喊着，脚狠狠地跺着沙子，喊道："不，就连真主也不能夺走哈麦德！"她大声地喊着，直到父亲也忍受不了，严厉地命令她安静下来。

娜迪亚无比悲伤。她茫然地穿过绿洲，不理会来安慰她的人，连看都不看一眼。塔里克一声不吭，一连好几天坐在帐篷里，不说一句话，也不吃端到他眼前的饭菜。

到了第七天，塔里克走出了帐篷。他叫来全部落的人，当人到齐的时候，他下令："从今天起，谁都不许再提哈麦德的名字。谁要是让我想起失去的儿子，就会受到严惩。"

听到这个命令，哈麦德的母亲哭了。部落里的人不安地相互看着。大家都看到了酋长脸上的坚毅，看到了他目光中的冷酷。因此，他们什么也没有说，服从了命令。

娜迪亚也得照着父亲的命令做，尽管每天发生的事情都让她想起哈麦德：当她看到兄弟们玩游戏的时候，就会想起哈麦德教给她的游戏；当她走到缝补帐篷的妇女身边，听到她们谈笑时，就会想起哈麦德给她讲的故事多么好笑；当她看到赶着羊群的牧羊人时，就会想起哈麦德最喜欢的那只小黑羊。

每一次回忆都把哈麦德的名字带到娜迪亚的嘴边，但是她没有发出声音。每当她这么做的时候，忧愁就会郁结在心中，逐渐增长，直到她无法再忍受。她对着每个遇到的人大哭、发怒。不久，每个人都远远地避开她。她比以前任何时候都更孤独。

一天，娜迪亚经过兄弟们正在玩游戏的地方，停下脚步看着他们玩儿。他们在玩哈麦德曾经教过她的游戏，但是他们玩得不对。

娜迪亚想都没想，对他们大声说："不是这么玩的。哈麦德说过，你先这样跳，然后再往后跳！"

她的兄弟们停了下来，害怕地看着四周。塔里克有没有听到娜迪亚说出了哈麦德的名字？还好，四周没有出现酋长的身影。

"教教我们，娜迪亚，就像大哥教你那样。"她最小的弟弟说。

她教会他们了。然后，她又把哈麦德教过她的其他游戏告诉了他们。每当她说出哈麦德的名字时，内心的痛苦便减少一分。

因此，她继续向人说起哈麦德。

她走到坐在织布机旁的妇女身边，说起哈麦德，说起他告诉她的故事，说起他怎么用讲故事来逗她大笑。

刚开始的时候，妇女们害怕听这任性的女孩讲这些故事，她们捂上耳朵，但不久后，她们就愿意听女孩讲了，还和她一起笑。

"别忘了你父亲说过的惩罚！"娜迪亚的母亲听到她说哈麦德的名字时，警告她，"不要说了，求求你！"

娜迪亚知道母亲害怕的理由，塔里克因悲伤和痛苦变得暴躁、尖刻。但是娜迪亚不知道怎么告诉母亲，说起哈麦德能一点点地解脱她的痛苦。她只能说："我想什么时候提起我哥哥，就什么时候说！"说完，她跑走了，逃离了母亲的声音。

她去了牧羊人住的地方，和他们说起哈麦德。牧羊人害怕地跑开了，藏在羊群里。但是，娜迪亚不停地说。她讲起哈麦德对小黑羊的喜爱，讲起他怎么教小黑羊随着他的口哨声跳跃。不久，牧羊人从藏身的地方走了出来,过来听娜迪亚讲故事。然后,他们对她讲起自己与哈麦德和小黑羊在一起的故事。

娜迪亚越提起哈麦德,哈麦德的面孔在她心里就越清晰。她能看到哈麦德微笑的脸和明亮的眼睛。她能听到他的声音。哈麦德的声音和脸变得越清晰,娜迪亚心中的痛苦就越少,她的火暴脾气就越少发作。最后,她的心中一片安宁平和。

但是,她的母亲一直为任性的女儿担心。她一次又一次地叫娜迪亚别再说起哈麦德,这样塔里克的痛苦就不会转嫁给娜迪亚。而娜迪亚一次又一次扭过头,继续说起哈麦德。

不久,所有听见"哈麦德"名字的人都可以清楚地看到哈麦德的脸,仿佛就在眼前。

一天,一个年轻的牧羊人来到娜迪亚的帐篷前,叫道:"娜迪亚,来呀,看看哈麦德的小黑羊,它已经长大,变强壮了!"

从帐篷里走出来的不是娜迪亚,而是塔里克。

酋长的表情看上去比沙漠里的老鹰还凶狠,他说起话来,语言比刀剑还尖利。

"我曾下令禁止提起我儿子的名字!我说过谁违反就要惩罚谁。我必须说到做到。在太阳落山、第一缕月光投到沙漠之前,你必须离开绿洲,永远不能回来。"

"不!"娜迪亚喊道。她听到了父亲的话。

"我说过的话,就必须做到!"酋长怒吼道。

牧羊人颤抖着去收拾自己的行李。

部落里的其他人不安地相互看着,小声地议论着。

在随后的几个小时,当娜迪亚再向他们说起哈麦德,说起他做的事情和他说的话时,大家都避开了她,因为他们害怕被流放到沙漠。

听她说话的人越少,她就越不能回忆起哈麦德的脸和声音;而她越少回忆起哈麦德的脸和声音，她的脾气就越暴躁，这毁掉了她已经找回的平静。

一天夜里，她实在无法忍受了。她走到父亲坐着的地方，站在父亲的面前，父亲正凝视着沙漠。

"你永远不能夺走我的哥哥哈麦德！"她跺着脚叫道，"我绝不允许你这样做！"

塔里克看着她，目光比沙漠的夜晚还冰冷。

在他开口之前，娜迪亚又说："你能回忆起哈麦德的脸吗？你能听到他的声音吗？"

塔里克吃了一惊，然而他的答案好像是从嘴里自动冒出来的："不，我不能。我日复一日地坐在最后一次看到哈麦德的地方，试图想起我最爱的儿子的相貌、声音和与他在一起的幸福时光，但是，我想不起来了。"

然后，他哭了起来。

娜迪亚的声音变得温和了。"我有办法，尊敬的父亲。"她说，"请听我说！"

她开始说起哈麦德。她谈起她和哈麦德一起散步，说起他们一起聊天。她告诉父亲哈麦德教她的游戏，给她讲的故事，以及当她发火时哈麦德给她的安慰。她说了许多记忆中的往事，有的快乐，有的悲伤。

讲完之后，她温柔地说："父亲，你现在还不能回忆起哈麦德吗？还不能看到他的面容吗？还不能听到他的声音吗？"

塔里克眼含着热泪，点点头。自从哈麦德走后，他第一次露出了微笑。

"现在你看，"娜迪亚用比沙漠里的微风还温柔的声音说，"这是让哈麦德永远和我们在一起的方法。"

酋长想着娜迪亚的话。过了好久,他大声说,声音里没有了尖刻:"娜迪亚,把部落的人全都叫来,我有话对他们说。"

当大家聚集过来的时候,塔里克说:"从今天起,我的女儿不再是任性的娜迪亚,而是聪明的娜迪亚。每个帐篷都要赞美她,赞美她把我钟爱的儿子还给了我。"

就这样,牧羊人重归了他的羊群,善良和高尚回到了绿洲,每个帐篷都赞美着娜迪亚。哈麦德也复活了,活在每个记着他的人的心中。

近几年,有许多非常畅销的绘本都在试着告诉孩子,如何理解悲伤和它在我们生活中的位置。这些绘本有:卡罗尔·卡里克(Carol Carrick)的《事故》(The Accident)、夏洛特·佐洛托(Charlotte Zolotow)的《我的孙孙刘》(My Grandson Lew)、朱迪思·维奥斯特的《巴尼的第十件好事》(The Tenth Good Thing About Barney)。另外还有两本小说:多丽丝·史密斯(Doris Smith)的《黑莓的滋味》(A Taste of Blackberries)和 E. B. 怀特的《夏洛的网》。

苏·亚历山大还写有:《码头上的莉拉》(Lila on the Landing)、《女巫,小妖精,有时也是幽灵》(Witch, Goblin, & Sometimes Ghosts)、《不管阿尔伯特叔叔遇到什么事》(What Ever Happened to Uncle Albert)、《世界知名的缪瑞尔》(World Famous Muriel)和《万圣节那天谁出门》(Who Goes Out on Halloween)。

再介绍三个像娜迪亚一样意志坚强的女孩的故事:迈伦·莱沃伊的《鱼天使》(第 112 页)、弗朗西丝·霍奇森·伯内特的《萨拉·克鲁》(第 346 页)和茹玛·高登的《霍莉和艾薇的故事》(第 355 页)。

《格雷林》(Greyling)
(美)简·约伦 著

从民间传说中诞生的故事

从第一个人看到丑陋的毛毛虫变成漂亮的蝴蝶开始,世界各地的人就着迷于一个东西演变成另一东西的奇思妙想。人类通常是以自我为中心的,所以他们就从动物变成人,或者人变成动物这方面去想象,最典型的例子是狼人:夜里是头狼,白天变回人。

一般来说,人们选择的动物是故事发生地就有的动物。比如,欧洲想象出狼人,日本没有狼,就想象出狐狸人,印度想象出虎人。在人的想象中,有的动物很危险,有的则很善良、乐于助人。在日本,最受喜爱的一个民间故事描写的是一只受伤的仙鹤变成了女人。

对世界上最富有想象力的儿童来说,这样的故事不会令他们吃惊,他们深信这些是真的。简·约伦十六岁时听过一个苏格兰民间故事,名字叫《苏尔岩上的海豹人》(*The Great Silkie of Sule Skerry*),这个故事留在她的记忆中好多年。海豹人在大海里是海豹,上了陆地后就变成人。这个故事的原创者们住在北海附近的格陵兰、斯堪的纳维亚和苏格兰等地。

如今,简·约伦是世界上作品最多的儿童文学作家之一。二十五岁后,她平均每年出版四部书(总数已达到一百多本)。我有时候想,她大概连睡觉的时候也在写书吧,就像有的人睡觉时也在说话。她的书题材多样,有绘本〔包括获得凯迪克金奖的《月下看猫头鹰》(*Owl*

125

Moon)]、短篇故事、小说、幽默故事、奇幻故事、民间故事、童话、诗歌、音乐和非小说。她的文选《全世界最好的民间故事》(*Favorite Folktales from Around the World*) 是讲故事人的经典。

简所有的儿童故事都建立在口传文学的基础上。她大声地朗诵她写下的每句话,如果感觉好,就接着往下写,然后再大声地朗读出来。每写完一段,她就大声地朗读。"然后,"她说,"把整个故事读了再读,对着墙读,在浴室里读,对着关着的电视机读,对着长期忍受我的丈夫读。"

很多时候,在激起创作冲动之前,故事的主题早已沉睡在作家的心中很多年。例如,伊丽莎白·乔治·斯皮尔(Elizabeth George Speare)早年读了很多轶事,但几乎在二十年后才写了以这些轶事为基础的历史小说《海狸的记号》(*The Sign of the Beaver*)。E. B. 怀特对《精灵鼠小弟》的主题思考了大约十五年以后才开始写书。

而简十几岁时听过的海豹人故事,一直在她的潜意识中沉睡,直到有一天早上它和新出生的宝宝一起醒来。在黑暗中喂孩子时,简回忆起了这个民间故事,于是开始构思《格雷林》的故事情节。这是一个有关家庭、魔法和大自然的故事。但是,最后还是回归到家庭,和把我们紧紧连在一起的互相奉献的亲情。

很久很久以前,那时很流行许愿。一个渔夫和他的妻子住在海边,他们所有的食物都来自大海。他们的小屋顶上盖着一层细细的苔藓,住在里面冬暖夏凉。他们什么都不缺,要什么有什么,只是没有孩子。

每天早上,当月亮落到海平面下,太阳从平原后面升起,妻子就会对渔夫说:"你有渔船、渔网和鱼线。我的怀里却没有孩子。"晚上，她又会重复一遍同样的话。她一边悲伤地哭泣，一边摇晃着放在火炉边的摇篮。可是，过了一年又一年，摇篮依旧是空空的。

没有孩子，渔夫其实也很悲伤。但他把悲伤深深地藏在心里，不让妻子知道，否则妻子会更加悲伤。他每天早上哼着小曲离开小屋，每天晚上吹着口哨回家，他的渔网里装着满满的鱼，但是他的心是空的。他永远不会把这种空虚的感受告诉妻子。

有一天，天气晴朗，大海和平原之间的海滩好似一条棕色的线，渔夫像往常一样登上了小船。但是那天，他发现一只灰色的小海豹被困在沙洲上，正呼唤着亲人。

渔夫看看海滩四周，再看看身前身后，然后看向一直延伸到海水中的大大的灰色岩石上的小镇，可是没有看见其他海豹。

于是，他耸了耸肩，脱下衬衫在海水里浸湿，然后小心地裹住小海豹。

"你没有父母，我没有孩子。"他说，"那么，你跟我回家吧！"

那天，渔夫没有捕鱼，而是带着小海豹直接回家了。

他的妻子看他比往常回来得早，身上又没有穿衣服，急忙从小屋里跑了出来，心里充满了不安。她不解地看着渔夫怀里的包裹。

"别担心。"渔夫说，"只是一只走失的小海豹，我在沙洲上发现的，它在找亲人。我想我们可以先照料它，等它长大了，再把它放回大海。"

渔夫的妻子点了点头，接过包裹。但她一打开包裹，就大叫一声："什么！你说这是什么？"

渔夫看了一眼。原来躺在包裹里的不是小海豹，而是一个长相奇特的孩子。大大的灰色眼睛，银灰色的头发，正冲渔夫笑着。

渔夫握住孩子的手。"这是一个海豹人。"他叫道，"我以前听人说过。他们在陆地上是人，在海里是海豹。我原以为只是一个神话故事。"

"那么，他会一直在陆地上当人的！"渔夫的妻子紧紧地抱住孩子说，"因为我永远不会让他回到海里。"

"永远不让。"渔夫也同意，他知道妻子多么渴望有个孩子。他自己的内心也这样渴望着。不过，他隐隐感觉到这么做不对。

"我们叫他格雷林吧。"渔夫的妻子说，"因为他的眼睛和头发就像暴风雨来临时天空的灰色。灰色的格雷林，却给我们的家带来了阳光。"

他们仍然住在海边那铺满苔藓的冬暖夏凉的小屋里，但是从不许格雷林下海。

格雷林从婴儿长成少年，又从少年长成年轻小伙子。他帮母亲拾柴、捡贝壳，帮父亲修渔网、照顾渔船。他经常站在海边或者村中高高的灰色大岩石上，眺望着大海，心中充满了莫名的渴望和悲伤，但他从来没有走进海水里。

在格雷林被收养后的第十五年，一天早上，突然刮起狂风，下起了倾盆大雨。一场格雷林从来没有见过的暴风雨来了。天空几乎变成了黑色，甚至连鱼儿都无法在水中游动。狂风卷着巨浪拍打着海岸，海水吞噬了海滩上的小屋。格雷林和渔夫的妻子只好逃到灰色大岩石上，在那里看着脚下咆哮翻腾的大海。他们发现了渔夫的船在离岸边很远的海里，船帆剧烈地摇晃着，就像海鸥受伤了的翅膀。渔夫紧紧地抓着折断的桅杆，每个浪头打过来，船身都下沉得更厉害。

渔夫的妻子惊叫起来。"有人能去救救他吗？"她对聚集在岩石边的人哭喊道，"有人能救救我的丈夫吗？他是我的一切，我不能没有他。"

可是，村里的人都不敢看她。没有人敢冒着生命危险下海，即使是为了救一个即将溺水的生命。

"没有一个人能去救他吗？"她又哭了起来。

"让这个男孩去吧，"一位老人用拐杖指着格雷林说，"他看上去已经够壮实的了。"

但是，渔夫的妻子紧紧地抱住格雷林，用手捂住他的耳朵。她不想让他到大海里去。她害怕他一去不回。

"没有人能救我的丈夫吗？"渔夫的妻子第三次，也是最后一次哭喊道。

但是，村里的人纷纷摇摇头，回到了自家的小屋，关上门窗，背冲大海，只看着壁炉里燃烧的火苗。

"我要去救他，母亲，"格雷林叫着，"就算会淹死。"

渔夫的妻子还没有来及说"不"，格雷林已经挣脱了她的怀抱，从灰色的大岩石上跳进了咆哮的大海。

"他肯定会淹死！"女人们叹息着离开了温暖的壁炉，跑了过来。

"他肯定会淹死！"男人们大叫着从架子上拿下望远镜。

他们聚集在岩石上，看着男孩跳进了大海。

格雷林被海浪吞没了，这时，泡沫却像手指一样撕破了他的衣服，抓走了他的衬衣、裤子和鞋，把它们扔到了岸边。格雷林被卷到了更深的海浪底下，这时甚至他的皮肤都像被脱掉了。最后，格雷林浑身上下披上了像海豹一般的光滑的灰色外衣。

海豹人回到了大海。

但是村里的人没有看到这些。他们只看到男孩跳进大海后消失在海浪下，在远处，一只体型巨大的灰海豹游向已经下沉的渔船，不费吹灰之力就托起了渔夫，把他送到了岸边。海面依然翻滚着巨浪。海豹向渔夫行了告别礼，然后转过身去，快活地游进大海。

渔夫的妻子赶忙跑到沙滩。村民们也跟了过来。他们在沙滩上到处寻找男孩，但是没有找到。

"勇敢的儿子！"找到男孩衬衫的男人们说。他们以为男孩肯定淹死了。

"非常非常勇敢的儿子。"找到男孩鞋子的女人们说。她们也以为男孩肯定淹死了。

"他真的走了吗?"最后只剩下渔夫和他的妻子的时候,妻子问。

"是的,他真的走了。"渔夫说,"回到了他心灵所向往的地方,回到了辽阔的大海中。尽管我很难过,但是我的心告诉我,这是最好的结果。"

渔夫的妻子叹了口气,然后哭了。但最后她也承认丈夫的话是对的,或许这是最好的结果。"因为他既是人,也是海豹。"她说,"我们照顾过他一段时间,但现在他必须自己照顾自己了。"然后,她止住了哭泣。

这样,他们又像从前那样,孤独地生活着。他们在海边盖了一间新的小屋,屋顶上铺满了苔藓,住在里面冬暖夏凉。

不过,从那以后,每年的某一天夜里,在渔夫家附近,会出现一只巨大的灰海豹。村里的人议论纷纷,但是没有人知道缘由。海豹来到海岸,人们出海,这是平常的事情。渐渐地,村里人就不再议论了。

这并不是一只寻常的海豹。他就是格雷林,他回家来给父母讲遥远的大海那边的故事,为他们唱赞叹海底美景的歌。

我第一次读到格雷林的故事,是在简·约伦的歌谣和传说集里,书中描写了一群生物,生活在名叫"海王星升起之地"的大海里。从那时开始,普特南出版社就出版了绘本《格雷林》,由戴维·雷(David Ray)绘图。

再介绍几本写调包婴儿的故事:《鹤妻》(*The Crane Wife*), 凯瑟琳·佩特森 (Katharine Paterson) 改写;《黎明》(*Dawn*), 莫莉·邦 (Molly Bang) 著;《海豹妈妈》(*The Seal Mother*), 莫迪凯·葛斯坦著;《海豹女孩》(*The Selkie Girl*), 苏珊·库珀 (Susan Cooper) 著。另外还有三本小说: 莫莉·亨特 (Mollie Hunter) 的《岸上来了个陌生人》(*A Stranger Came Ashore*)、简·约伦的《公鹿变形记》(*The Transfigured Hart*) 和兰德尔·贾瑞尔 (Randall Jarrell) 的《动物之家》(*The Animal Family*)。

简·约伦写的相关小说还有:《狼孩》(*Children of the Wolf*)、《癞蛤蟆司令》(*Commander Toad*)、《皇帝和风筝》(*The Emperor and the Kite*)、《仙子旗》、《萨拉·巴克的礼物》(*The Gift of Sarah Barker*)、《今天晚上别洗澡》(*No Bath Tonight*) 和《睡丑人》(*Sleeping Ugly*)。

 # 民间故事和神话故事

  本章收集了来自世界各地的七个民间故事。两个来自非洲和南美,说的是勇敢的女性挽救家庭的故事;一个是北美印第安版本的灰姑娘故事;一个来自法国,有关飞逝的时光的故事;两个关于计谋的故事,一个来自美国的有关淘气兔子的故事,另一个是来自丹麦的皇帝的新装的故事;还有一个来自中国,讲了发明印刷术的故事。

《乌娜娜娜和大象》(Unanana and the Elephant)
（英）凯瑟琳·阿诺特　改写

传教士听来的故事

　　非洲没有狼，非洲的父母如果想警告孩子外面有危险，或想安慰孩子说会永远保护他，也会和其他地方的父母一样编故事，不过利用的素材是周边的动物和环境。

　　一位叫凯瑟琳·阿诺特（Kathleen Arnott）的英国女性作为卫理公会教派的传教士到了非洲，她在当老师、护理麻风病人以及在尼日利亚旅行的过程中，听到了许多古老的故事。

　　这是选自她的《非洲神话和传说》(African Myths and Legends)中的一个故事，与"小红帽"的主题类似。但请注意，它们之间也有不同。

　　很久很久以前，有一个名叫乌娜娜娜的女人，她有两个漂亮的孩子。她们住在路边的小屋里，来来往往的人一看到这两个孩子，都会不由自主地停下脚步，称赞他们那胖嘟嘟的胳膊腿、滑嫩的皮肤和明亮的大眼睛。

　　一天早上，乌娜娜娜要到树林里去拾柴，留下两个孩子和他们的小表姐一起玩儿。孩子们快乐地欢叫着，比赛看谁能跳得最远。玩累了，他们就坐在屋外的地上，玩石子游戏。

　　突然，附近的草地上传来了沙沙的声音，然后他们看见岩石上坐着一只神情疑惑的狒狒。

"这是谁家的孩子？"狒狒问小表姐。

"乌娜娜娜家的孩子。"小表姐回答道。

"好啊，好啊，好啊！我从来没有见过这么漂亮的孩子！"狒狒用低沉的嗓音惊叹道。

说完他走了，孩子们接着玩游戏。

过了一会儿，孩子们听到小树枝发出了咔嚓咔嚓的声音，抬起头一看，有一只羚羊正瞪着大大的棕色眼睛在树丛中盯着他们。

"这是谁家的孩子？"羚羊问小表姐。

"乌娜娜娜家的孩子。"小表姐回答道。

"好啊，好啊，好啊！我从来没有见过这么漂亮的孩子！"羚羊用轻柔的声音感叹道。然后，她优雅地一跳，消失在丛林中。

孩子们玩腻了游戏，拿起了一个小葫芦，去小屋门口盛满水的缸里舀水，每个人都喝得饱饱的。

突然，一声尖利的咆哮吓得小表姐扔掉了手中的葫芦，她一抬头，看到一只满身斑点、目光奸诈的猎豹。他悄悄地从灌木丛中走出来了。

"这是谁家的孩子？"猎豹问道。

"乌娜娜娜家的孩子。"她一边用颤抖的声音回答，一边慢慢地往门口退，害怕猎豹会扑过来。但这会儿，猎豹还不想吃东西。

"我从来没有见过这么漂亮的孩子！"猎豹摇着尾巴，感叹着，然后消失在丛林中。

孩子们害怕这些老来问东问西的动物，就大声地叫乌娜娜娜快点回来。但是，他们没有叫回母亲，倒是招来了一头体型巨大的长着独獠牙的大象。他慢吞吞地从灌木丛中走出来，站住，直直地盯着三个孩子，孩子们吓得一动也不敢动。

"这是谁家的孩子？"他对小表姐吼叫着，把象鼻子指向两个漂亮的孩子。他们正往大石头后面躲着呢。

"乌娜——娜娜家的孩子。"小女孩支支吾吾地说。

大象朝前走了一步。

"我从来没有见过这么漂亮的孩子!"他吼叫着,"我要把他们带走。"然后,他张开大嘴,一下子把两个孩子吞了进去。

小表姐惊叫着急忙跑进小屋。她躲在阴暗、安全的屋里,听着大象沉重的脚步渐渐地走远了。

没过多久,乌娜娜娜顶着一大捆柴火回来了。小女孩惊恐地跑出房子,乌娜娜娜花了好半天才弄清事情的来龙去脉。

"哎呀,哎呀。"乌娜娜娜说,"他是整个吞下去的?你说他们在大象的胃里面会不会还活着?"

"我不知道。"小女孩哭得比刚才更厉害了。

"好吧,"乌娜娜娜冷静地说,"现在只有一件事情可做。我要到灌木丛中,问问那些动物谁见过独獠牙大象。不过,我得先准备准备。"

她拿起一口锅,开始煮豆子,直到把豆子煮得很熟很烂可以吃了为止。接着,她把这罐豆子顶在头上,拿起大刀,嘱咐小女孩好好看家,等她回来。然后,她就到灌木丛中找大象去了。

乌娜娜娜不多久就发现了动物的行踪,跟着他们走了一阵,但是没有看到大象。她正穿过一片参天大树的时候,遇到了狒狒。

"噢,狒狒!帮帮我!"她请求道,"你见过独獠牙大象吗?他吃掉了我的两个孩子,我必须要找到他。"

"沿着这条路一直走,到一个有许多参天大树和白色石头的地方,就能找到大象了。"狒狒说。

女人沿着满是尘土的小路走了好长的时间,但是根本没有看到大象的影子。

突然,一只羚羊从她的眼前跳过。

"噢,羚羊!帮帮我!"她请求道,"你见过独獠牙大象吗?他吃掉了我的两个孩子，我必须要找到他。"

"沿着这条路一直走，走到一个有许多参天大树和白色石头的地方，就能找到大象了。"羚羊说着，跳走了。

"天啊！"乌娜娜娜叹气道，"好像还有很长很长的路，我已经又累又饿了。"

但是，她没有吃带在身上的食物，因为那是等找到孩子们后，给孩子们吃的。

她继续走啊走啊。顺着小路拐了个弯后，她看到猎豹坐在洞前，用舌头舔着身上的毛。

"噢，猎豹！帮帮我！"她用疲惫不堪的声音叫道，"你见过独獠牙大象吗？他吃掉了我的两个孩子，我必须要找到他。"

"沿着这条路一直走，到一个有许多参天大树和白色石头的地方，你就会找到大象了。"猎豹说完，继续低着头，舔身上的毛。

"哎呀！"乌娜娜娜气喘吁吁地自言自语，"要是还找不到这个地方，我就一步也走不动了。"

她摇摇晃晃地又往前走了一点，突然，她的前面出现了一些高大的树木，树下散落着许多白色巨石。

"找到啦！"她兴奋地大喊道，急忙朝前走，不一会儿就发现一头巨大的大象正满足地躺在树荫下。她只看了一眼，就知道他就是那头独獠牙大象。她壮着胆子走过去，愤怒地叫道：

"大象！大象！就是你吃掉了我的孩子吗？"

"噢，不是我！"大象懒洋洋地回答，"沿着这条路一直走，走到一个有许多参天大树和白色石头的地方，你就会找到吃掉你孩子的大象了。"

但是，女人确信这就是她要找的大象。她跺着脚对他大喊道："大象！大象！就是你吃掉了我的孩子吗？"

"噢，不是我！沿着这条路……"大象正要往下说，可是被乌娜娜娜打断了，她挥舞着手中的刀向大象冲过去，一边喊着："我的孩子在哪里？他们在哪里？"

这时，大象张开大嘴，毫不费力地站了起来！他一口吞掉了乌娜娜娜和放着豆子的罐子以及她手中的刀。这正中了乌娜娜娜的计。

在黑暗中，乌娜娜娜开始下滑，滑啊滑啊，一直滑到了大象的胃里。她看到了一幅惊人的场面！大象的胃壁就像一片山丘，山丘上有一群人，许多只狗、山羊和母牛，还有她那两个漂亮的孩子。

"妈妈！妈妈！"他们一看到她就大喊起来，"您怎么到这里的？噢，我们太饿了。"

乌娜娜娜从头上取下罐子，把豆子喂给两个孩子，他们大口地吃着。

大象开始呻吟。整个丛林都能听到他的呻吟。他请求路过的动物帮他找到难受的原因。

"我不知道为什么会这样，不过自从我吞掉那个叫乌娜娜娜的女人后，就感到肚子里面特别不舒服。"

大象的肚子越来越疼，最后咕哝了一声，倒在地上死了。乌娜娜娜拿出刀，从大象的肋骨处劈出一条缝，狗、山羊、母牛、男人、女人和孩子一个接一个地走了出来。强烈的阳光刺得大家睁不开眼睛，但他们为重获新生欢呼不已。

动物们有的汪汪叫，有的咩咩叫，有的哞哞叫，表达着感谢。获救的人们送给了乌娜娜娜各种礼物，感谢她救命之恩。乌娜娜娜和她的两个孩子回到家后，再也不用过贫穷的日子了。

小表姐见到他们很高兴，她原以为他们已经死了。那天晚上，他们吃了一顿大餐。你能猜到他们吃的是什么吗？没错！就是烤大象肉。

在文学创作中,人被巨大的生物吞掉,却逃脱并讲述自己的历险故事,是很常见的,例如:由沃里克·休敦改写的圣经故事《约拿和大鱼》和卡洛·科洛迪(Carlo Collodi)写的《木偶奇遇记》(The Adventures of Pinocchio)。

乌娜娜娜的故事表明:救人的并不总是樵夫或王子。妈妈也会救人!在本书中,你还会看到一些其他英勇女性的形象,包括《莎拉·诺贝尔的勇气》(The Courage of Sarah Noble)(第325页)、《任性的娜迪亚》(第118页)、《寻找神湖》(The Search for the Magic Lake)(第172页)。

这里再介绍几个非洲民间传说,你肯定会喜欢的:朱利叶斯·莱斯特的《豹子身上有多少个斑点及其他》(How Many Spots Does a Leopard Have? and Other Tales),还有弗娜·阿尔德玛(Verna Ardema)创作的绘本:《宾威利和神灵》(Bimwili and the Zimwi)、《带些雨水给卡皮提平原》(Bringing the Rain to Kapiti Plain)、《噢,柯尤!你怎么能这样!》(Oh, Kojo! How Could You!)、《格里拉公主和一种新的水》(Princess Gorilla and a New Kind of Water)、《什么事那么滑稽,凯图》(What's So Funny, Ketu?)和《为什么蚊子老在人们耳边嗡嗡叫》(Why Mosquitos Buzz in People's Ears)。也可以看看乔安娜·特鲁顿(Joanna Troughton)的《夜晚是怎么来的》(How Night Came)和《故事是怎么产生的》(How Stories Came into the World)。

录音带有:《非洲民间传说》(African Folktales)、《雨神的女儿》(Rain God's Daughter)和《其他非洲民间传说》(Other African Folktales)。

选自《叔父的故事》(The Tales of Uncle Remus)
（美）朱利叶斯·莱斯特　改写

拯救奴隶的故事

十八世纪初，成千上万的非洲人被奴隶贩子当做劳力从西海岸绑架到北美。他们被抓走的时候，除了对家乡的记忆和从篝火边听到的故事外，无法带上任何东西。

美国南北战争开始后不久，奴隶们获得了自由。住在乔治亚州的记者乔尔·钱德勒·哈里斯开始采访以前的奴隶，记录他们的故事，讲给读者听——这和德国的格林兄弟收集故事的方法很相似——并在报纸上发表（后来结集成书）。《叔父的故事》中记录的是一个种植园的奴隶、天性快乐的瑞摩斯叔叔给一个白人男孩讲的故事。几年后，迪士尼公司将瑞摩斯叔叔和他的一些故事写进了影片《南方的歌声》(Song of the South)。

《叔父的故事》出版后，在美国和英国都极为畅销。后来，一位住在伦敦的孤独女孩从书中获得了灵感，她在素描本上画满了淘气的兔子。十五年后，她写出了自己的淘气兔子故事，这个故事书后来成为历史上销量最高的儿童绘本（参见第190页）。

然而，《叔父的故事》遭到了那些早期奴隶的后代的反对。首先，这本书里宣扬的快乐奴隶的主题似乎表明奴隶制度并不那么恶劣。而这些奴隶后代知道，黑奴制度是人类有史以来最残酷的制度，他们痛恨任何美化这种制度的做法。其次，哈里斯写《叔父的故事》

时使用的文字是方言色彩浓郁的词汇，或者有地方口音，而非裔美国人已经不再使用这种语言了，而且今天几乎已经无人能读懂。因此，《叔父的故事》开始失宠。

令人悲哀的是，瑞摩斯叔叔和小男孩以及书中的方言和口音并不是这些民间故事的重点，故事本身才是最重要的。因此，必须找到一种方法来让不同肤色的人都能再次喜欢上兄弟兔。兄弟兔是这些故事中的主要形象，它代表着所有文化中都有的一类人：喜欢耍点小诡计、小骗术的家伙，总比邻居聪明一点点，总要制造一点小混乱，但是从不会酿成大错……有人曾评论它有点像传统的小丑。

朱利叶斯·莱斯特拯救了兄弟兔和叔父的不幸。朱利叶斯是非裔美国作家、教授，他的父亲是卫理公会牧师，他是听着父亲和其他牧师的故事长大的。他很有幽默感，写过一本有关奴隶的儿童文学作品，还获了奖，他是重写兄弟兔故事的最佳人选。

在他的两部优秀的作品《叔父的故事：冒险王兄弟兔》（*The Tales of Uncle Remus: The Adventures of Brer Rabbit*）和《叔父更多的故事》（*More Tales of Uncle Remus*）中，叔父只是一个和读者直接对话的声音，无论你是什么肤色；使用的语言也和朱利叶斯长大的地方，即堪萨斯州、阿肯色州、田纳西州和密西西比州听到的语言一样。

因此，正当人们以为兄弟兔的故事将永远消失的时候，朱利叶斯挽救了它。我们应该和这只兔子一起感谢朱利叶斯。

兄弟兔最有名的故事是柏油婴儿的故事。在这个故事中，兄弟兔的死对头兄弟狐狸用柏油做了一个婴儿，然后把它放在一截木头上。当然啦，兄弟兔发现了柏油婴儿，还想和婴儿说话，最后被柏油粘住了，弄得一团糟。下面选摘的是柏油婴儿之后的故事。

兄弟兔的报复

过了差不多一个星期,兄弟兔决定去拜访米兹·梅多斯和女孩们。不要问我谁是米兹·梅多斯和她的女孩们,我不知道。再说,我也没有理由知道。我接手这个故事的时候,米兹·梅多斯和她的女孩们就已经在故事里了,现在我要把故事送给你,她们还在故事里。这就像雨滴那样,一滴接着一滴往下掉。

兄弟兔、米兹·梅多斯和女孩们坐在门廊里,米兹·梅多斯说,兄弟狐狸来过,讲他是怎么用柏油婴儿戏弄兄弟兔的。米兹·梅多斯和女孩们说,这是她们听过的最有趣的事情,她们笑呀,笑呀,笑个不停。

兄弟兔神色平静。他坐在摇椅上摇着,就好像女孩们是在欣赏他风流倜傥的模样。

等女孩们终于不再咯咯地傻笑时,他对着她们眨了眨眼,慢条斯理地说:"女士们,兄弟狐狸给我父亲当了三十年的坐骑,也可能是三十五年或者五十年,反正肯定有三十年。"他站起身,轻轻地拍了拍帽子,说:"再见,女士们。"说完走上大街,就像是他要去参加复活节游行。

第二天,兄弟狐狸来看望米兹·梅多斯和女孩们。他还没有来得及摘下帽子,女孩们就把兄弟兔昨天说的话告诉了他。兄弟狐狸气坏了,他努力克制着不要咬了自己的舌头。

"女士们,我要去让兄弟兔吞回他说的话,再让他当着你们的面把话吐出来!"

兄弟狐狸上路了,他穿过树林,越过河谷,翻过山丘,沿着蜿蜒曲折的小道，跨过小溪，最后路过购物中心，一直来到了兄弟兔家。（那里没有购物中心，我放在这里是要看看你们有没有认真听。）

兄弟兔一看到兄弟狐狸来了，就跑进屋子里，牢牢地关上了门，就像半夜关门那样紧实。没人应声。梆、梆、梆！还是没人应声。梆、梆、梆！

突然，屋里传来了虚弱的声音。"是你吗？兄弟狐狸？如果是你，请快去找医生。今天早上我吃了些芹菜，觉得胃不舒服。请帮我去叫医生吧。"

"听到你病了我很难过，兄弟兔。米兹·梅多斯让我来告诉你，她和女孩们今天要举办一个派对。她们说，如果你不来，派对就会死气沉沉的，没意思。她们派我来接你。"

兄弟兔说自己病得很重，兄弟狐狸说他还没有病到不能参加派对的地步。（我发誓，这是真的，我从来没有病到不能参加派对的地步，我就是死了，也会从坟墓里爬出来参加派对。我生病的时候，蓝调音乐就是世界上最好的医生。蓝调音乐可以治愈运动员的脚伤、手指上的倒刺和牛皮癣的搔痒。）

然后，兄弟兔和兄弟狐狸开始争论他有没有病到不能去参加派对的程度。他们争论来，争论去，最后，兄弟兔说："好了，好了，兄弟狐狸。我不想让大家失望。但是我真的走不了路。"

兄弟狐狸说："没问题，我可以抱着你。"

"我怕你把我摔到地上。"

"我怎么能做出这种事情。兄弟兔，我很强壮。"

"我不想跟你争论这个，但我还是害怕。如果你背着我，我就去。"

"好吧，行。"兄弟狐狸勉强地说。

"但是，没有鞍我骑不上去。"

"我去找马鞍。"

"但是，有马鞍没有缰绳也不行。"

兄弟狐狸开始有点烦了，但他还是同意去找缰绳。

"你还要戴上眼罩，否则我会心慌意乱，谁知道你会不会故意把我甩下来？"

兄弟狐狸正打算这么做，但他答应会戴上眼罩。

趁兄弟狐狸去找这些骑马工具的时候，兄弟兔用梳子梳了头发，修剪好胡子，穿上最好的套装（紫色套装配一件黄背心），给脚趾涂上指甲油，拍松毛茸茸的尾巴。他做好了参加派对的一切准备。

他走到屋外时，兄弟狐狸已经戴好了马鞍、缰绳，蒙着眼罩，四肢着地趴在地上。兄弟兔骑上去之后，他们就出发了。没走多远，兄弟狐狸发觉兄弟兔抬起了一只脚。

"兄弟兔，你在干什么？"

"紧紧左边的马镫。"

兄弟兔又抬起了另一只脚。

"现在你在干什么？"兄弟狐狸问。

"紧紧右边的马镫。"

其实兄弟兔是在装马刺。快到米兹·梅多斯家的时候，兄弟兔用马刺狠狠地踢了一下兄弟狐狸的小肚子，兄弟狐狸马上狂奔起来。

当兄弟狐狸像驮着邮件的驿马般飞奔过来的时候，米兹·梅多斯和女孩们正坐在门廊里。兄弟兔让兄弟狐狸在路上狂奔，直到几乎看不见身影，又让他转回来，回到了米兹·梅多斯家门前。他一声呼喝，一声臭骂，那神态好像他刚刚发现了大金矿。

兄弟兔又让兄弟狐狸围着房子跑了一圈，然后让兄弟狐狸放慢脚步，骑着兄弟狐狸来到米兹·梅多斯的房前。兄弟兔从兄弟狐狸背上跳下来，把兄弟狐狸绑在拴马柱上。然后他慢步走上台阶，脱帽向女士们致敬，再点上一支雪茄，坐在摇椅上。

"女士们,我不是跟你们说过吗,兄弟狐狸是我们家的坐骑!当然了,他没有保持通常的步态,但再过一个月左右,他就会重新找回他的步态。"

米兹·梅多斯和女孩们大笑起来,她们笑得很厉害,时间也很长,好像笑得把内衣都撑破了。

兄弟兔和米兹·梅多斯、女孩们待了半天。他们一起喝茶、吃曲奇饼,兄弟兔用老式钢琴为她们弹了曲子。最后,到了该离开的时候。兄弟兔亲吻了女士们的手,骑到兄弟狐狸的身上,抵了下马刺,跑走了。

一到了别人看不见的地方,兄弟狐狸就连蹦带跳,想把兄弟兔给甩下来。每次兄弟狐狸一跳,兄弟兔就踢一下马刺;每次兄弟狐狸一抖,兄弟兔就勒一下缰绳。最后,兄弟狐狸在地上打起滚来,终于把兄弟兔给甩了下来。

兄弟兔一分钟也不敢停留,急忙钻进了草丛,兄弟狐狸紧追不舍。兄弟兔看见一棵树的下面有个洞,他急忙钻了进去。兄弟狐狸立刻追到跟前,他张开大嘴,露出尖牙。

树洞太小了,兄弟狐狸钻不进去,他只好躺在洞边,想起办法来。

他正闭着眼睛躺着(狐狸们认真思考的时候,总是闭着眼睛),兄弟秃鹰落了下来。他看到兄弟狐狸躺在那里像死了一样,就说:"哈!好像晚餐自动送上门来了!"

"不是!笨蛋!"兄弟狐狸说着,睁开了眼睛,"我没死!我把兄弟兔骗到了树洞里,这次,就算等到地老天荒,我也绝不会再放过他!"

兄弟秃鹰和兄弟狐狸讨论了一会儿当前形势。最后,兄弟秃鹰说,如果兄弟狐狸想去拿斧头来把树砍倒,他可以帮忙在这儿把守。

兄弟狐狸走后,周围安静下来。兄弟兔钻到洞口附近,叫道:"兄弟狐狸！兄弟狐狸！"

兄弟兔假装因兄弟狐狸不回答而恼怒起来。"我知道你在，兄弟狐狸，别跟我开玩笑啦。我只是想告诉你，要是兄弟秃鹰在这儿该多好呀！"

兄弟秃鹰的耳朵竖了起来。他努力地模仿着兄弟狐狸的声音说："你想和兄弟秃鹰做什么呀？"

"噢，没什么，这里有一只我从来没见过的天下最肥的松鼠。如果兄弟秃鹰在这儿，我就能帮他把松鼠从树的另一边轰出来。"

"好吧，"兄弟秃鹰仍旧模仿着兄弟狐狸的嗓音，但是模仿得不是很好，"你把松鼠轰出来，我帮兄弟秃鹰抓住松鼠。"

兄弟兔开始弄出声响，好像正在想办法把松鼠赶出来，兄弟秃鹰围着树跑来跑去。等他跑到树的那一边时，当然，兄弟兔就从树洞里跑了出来，一溜烟往家里跑去。

可想而知，兄弟秃鹰意识到受骗了，一定会很尴尬。然而，他还没来得及想好怎么跟兄弟狐狸交代呢，兄弟狐狸就扛着斧头走过来了。

"兄弟兔怎么样了？"兄弟狐狸想知道情况。

"噢，他很好。我估计。他没什么动静，但肯定还在里面。"

兄弟狐狸拿着斧头，开始嘭嘭嘭地砍树。他使劲地快速挥舞着斧头，木屑像雪花一样飞舞着。

"他在里面！"兄弟秃鹰喊着，"就在里面！"兄弟狐狸浑身冒汗，就像在烤箱里烤了一整天才出炉的圣诞节烤鹅一样浑身冒油。最后，兄弟秃鹰再也憋不住了，开始狂笑起来。

"有什么可笑的吗？"兄弟狐狸觉得不对劲，他放下了手中的斧头。

"他在里面，兄弟狐狸！就在里面！"兄弟秃鹰一边叫着，一边狂笑不止。

兄弟狐狸现在更怀疑了。他把头伸进洞里，什么也没有看见。"里面很黑，兄弟秃鹰，你的脖子比我长，你把头伸进去看看。也许你能看到他在哪里。"

兄弟秃鹰不想这么办，但也没有别的选择。他小心翼翼地走到树洞边，刚把头伸进洞里，兄弟狐狸就一把掐住他的脖子，把他揪了出来。

"放开我，兄弟狐狸！我没有伤害你。我要回家，我老婆等着我呢。"

"她不会再等你了。因为你就要死了，除非你说清楚兄弟兔在哪里。"

兄弟秃鹰把发生的一切告诉了兄弟狐狸，并且强调他有多懊悔。

"没关系，"兄弟狐狸说，"你干得好极了。我会把你放在火上，烤熟了吃。"

"如果你这么做，我就飞走。"

"好，好，这样的话，我最好马上就在这里关照你一下。"

兄弟狐狸抓住兄弟秃鹰的尾巴，要把他摔在地上，扭断他的脖子。然而，正当他甩起胳膊准备使劲摔兄弟秃鹰的时候，兄弟秃鹰尾巴上的羽毛脱了。他乘机飞走了。

可怜的兄弟狐狸！不能说他运气不好，而应该说，他没有一点运气。

再介绍几本朱利叶斯·莱斯特的书：《黑人民间传说》(*Black Folktales*)、《齐膝高的男人及其他》(*The Knee-High Man & Other*

Tales)、《漫漫回家路：黑人历史故事》（*Long Journey Home: Stories from Black History*）、《生而为奴》（*To Be a Slave*），以及上面提到的《豹子身上有多少个斑点及其他》。

兔耳朵公司出过《兄弟兔和柏油婴儿》（*Brer Rabbit and the Tar Baby*）的录音带套装，由戴尼·格洛弗（Danny Glover）配音。

从伊索的年代开始，兔子就扮演着骗子的角色。这里再介绍两本书：普赖西拉·贾奎斯（Priscilla Jaquith）的《聪明的兔子波波：嘎勒族黑人的民间传说》（*Bo Rabbit Smart for True: Folktales from the Gullah*）和拉夫·马丁（Rafe Martin）的《傻兔子的大错》（*Foolish Rabbit's Big Mistake*）。在沃尔特·迪安·迈尔斯（Walter Dean Myers）的非洲-加勒比传说《猴子先生和吃肉的鸟》（*Mr. Monkey and the Gotcha Bird*）中，骗子是一只猴子。经常扮演这种捣蛋鬼形象的还有狐狸，比如在罗尔德·达尔的《了不起的狐狸爸爸》（*Fantastic Mr. Fox*）里。

弗吉尼亚·汉密尔顿（Virginia Hamilton）的《会飞的人》（*The People Could Fly*）是最好的黑人民间传说集之一。市面上同样有这本书的录音带。以上都是黑人文化中的虚构传说。如果你想看真实的故事，就请翻到本书第335页，讲的是马丁·路德·金的生平事迹。

《印第安灰姑娘的故事》(The Indian Cinderella)
（美）西瑞斯·马克米兰　改写

世界上流传最广的故事

世界上流传最广的故事是灰姑娘的故事，现有七百多个版本，最古老的版本来自中国，可以追溯到九百年前。实际上，远在白种人落脚北美洲之前，那里的印第安部落里就流传着穷人变富人的灰姑娘式爱情故事。

灰姑娘的美妙结局大概是很多人的梦想。在将来的某一天，某个人将会出现，神奇地把他们带离现实，实现梦想：二手车推销员希望能成为通用汽车公司总经理，餐厅服务员梦想拥有一家属于自己的餐厅，公共汽车司机每周买彩票，希望有一天能中百万元大奖，或者少年垒球联盟的候补队员梦想着加入职业联盟。其实，有钱有名望的人也同样有梦想，比如拿着高薪的公司老板，梦想退休后有一天能生活在天堂般的小岛上。

成人电影、戏剧、图书和杂志充斥着这类故事，连一些有名的儿童文学故事中也有灰姑娘的身影，如：查理·狄更斯（Charles Dickens）的《圣诞颂歌》（A Christmas Carol）和弗朗西丝·霍奇森·伯内特的《小公主》（A little Princess）或者《萨拉·克鲁》（Sara Crewe）（见第346页）。

下面是北美印第安人版本的灰姑娘故事，在二十世纪初由西瑞斯·马克米兰（Cyrus Macmillan）改写。现在，我们拿它和你所知道的灰姑娘故事来比较一下。

很早以前，在大西洋一处宽广的海湾，住着一位伟大的勇士。人们说他是神的好帮手和好朋友，曾经为神立过许多战功。但是没有人知道，他还有一项非常了不起的神奇能力：他可以变成隐形人，神不知鬼不觉地潜到敌人中间，偷听到敌人的阴谋。人们都叫他"隐形人劲风"。他和他的姐姐住在海边的帐篷里，姐姐照顾他的生活。

听闻了他伟大的功绩，许多姑娘希望能嫁给他。大家知道，每天晚上，劲风回到家后，哪个姑娘能第一个看到他，他就会和她结婚。当时的追求者众多，许多姑娘都试过，但是过了很久都没有人成功。

原来劲风用了一个聪明的法子，他要考验追求他的姑娘是不是诚实：每天黄昏的时候，他的姐姐会和愿意接受考验的姑娘一起在海滩上散步。姐姐一直能看见他，但其他人看不见他。每当姐姐看到结束了一天工作回家的劲风走近时，就问姑娘："你看到他了吗？"

每个姑娘都回答："看到了。"

他的姐姐接着问："他用什么东西来拉着他的滑板？"

有的姑娘说："用驼鹿的毛。"有的姑娘说："用棍子。"还有的说："用绳子。"这样，他的姐姐就知道她们撒了谎，纯粹是在瞎猜。谎言让她们的追求都失败了，因为劲风不会娶一个不诚实的姑娘。

那个村子里住着一位酋长，酋长的妻子已经去世很久了，只留下三个女儿。小女儿比两个姐姐小很多岁，长得美丽，又善良，大家都很喜欢她。但两个姐姐非常嫉妒她的魅力，总是很残忍地对待她。她们给她穿破旧的衣服，让她看上去很丑；她们剪去她黑黑的长发，给她的脸抹上炭灰，让她的脸看上去像是有很多瘢痕，损毁她的美貌；她们还欺骗父亲，说是她自己弄的。但是小妹妹忍耐着，每天依旧高高兴兴地干活。因为她心地善良。

像别的女孩一样，酋长的两个大女儿也想赢得劲风的心。一天晚上，夜幕降临的时候，她们和劲风的姐姐走在海边，等待着劲风归来。很快，劲风就完成了工作回到家，依旧拖着滑板。像往常一样，他的姐姐问："你们看到他了吗？"

姐妹俩都撒谎说："看到了。"

然后劲风的姐姐又问："他肩膀上的皮带是用什么做的？"

姐妹俩猜测说："用生牛皮做的。"然后，她们走进帐篷，希望能看到劲风在吃晚饭，当劲风脱掉外套和鹿皮靴后，她们看到了他的外套和鹿皮靴，但除此之外什么也看不到。劲风知道她们说谎了，最终没让她们看到自己。姐妹俩沮丧地回家了。

一天，穿着破衣烂衫、脸上瘢痕累累的小女儿决定要追求劲风。她从树上撕下一些树皮补好自己的衣服，戴上了她仅有的一点首饰，到劲风家去，就像村里的其他姑娘之前做过的那样。她的两个姐姐嘲笑她，叫她"疯子"；当她走在路上时，所有的人都嘲笑她，因为她衣衫褴褛、脸上伤疤累累。但她依然平静地走着。

劲风的姐姐和善地接待了小姑娘，黄昏时分，把小姑娘带到了海滩。不久，劲风拖着滑板回来了，他的姐姐就问："你看见他了吗？"

姑娘回答道："没有。"劲风的姐姐很吃惊：这姑娘说了实话！

然后，她又问了一次："现在，你看见他了吗？"

姑娘回答："是的，他非常英俊。"

劲风的姐姐接着问道："他用什么来拉滑板？"

姑娘回答道："用彩虹。"她心里很紧张。

劲风的姐姐又继续问道："他的弓弦是用什么做的？"

姑娘回答道："是用银河做的。"

劲风的姐姐知道，因为这个姑娘开头说了实话，弟弟显形了。她说："是的，你的确看见他了！"

劲风的姐姐把姑娘带回家,让她洗了澡。姑娘脸上和身上的伤疤都没了,头发长长的,乌黑油亮。她给姑娘穿上华美的服装,戴上漂亮的首饰,吩咐姑娘坐在帐篷里女主人的位置上。劲风进来之后,坐在她的身边,叫她新娘。她成了劲风的妻子,后来帮助劲风成就了伟业。

姑娘的两个姐姐非常生气,她们想不通为什么会发生这种事。劲风知道两个姐姐很坏,决心惩罚她们。他用自己的神力,把她们变成了两棵白杨树,根长在地下,一动都不能动。从此以后,每当劲风走近,白杨树的树叶就会发抖。即使他脚步很轻地走过来,她们也会害怕地颤抖。因为她们忘不了劲风对她们很厌恶很愤怒,因为她们曾经说谎,也曾经残酷地对待他的妻子。

这里介绍另外几本灰姑娘主题的绘本,如果和这个故事进行对比,就能发现不少有意思的地方:由艾米·埃尔利希(Amy Ehrlich)改写的《灰姑娘》(*Cinderella*,传统版)、由威廉·H.胡克斯(William H. Hooks)改写的《苔藓礼服》(*Moss Gown*)、卢爱玲(Ai-ling Louie)改编自《酉阳杂俎》的《叶限》(*Yeh-Shen*)和约翰·斯戴普透(John Steptoe)的《穆法罗的美丽女儿们》(*Mufaro's Beautiful Daughters*,源自非洲)。夏洛特·哈克(Charlotte Huck)改写的《千皮兽公主》(*Princess Furball*),也是其中一个版本的灰姑娘故事。

作者兼绘者保罗·戈布尔(Paul Goble)曾在北美洲的印第安部落里生活了好多年,创作了很多以印第安传说为题材的系列绘本。这些绘本都堪称佳作,例如:《山岭的那一边》(*Beyond the Ridge*)、《布法罗的女人》(*Buffalo Woman*)、《铁马之死》(*Death of the Iron*

Horse)、《梦狼》(Dream Wolf)、《胆小狗的礼物》(The Gift of the Sacred Dog)、《野马之歌》(The Girl Who Loved Wild Horses)、《重大的比赛》(The Great Race)、《她的七兄弟》(Her Seven Brothers)、《伊克托米和卵石》(Iktomi and the Boulder)、《伊克托米和野生浆果》(Iktomi and the Wild Berries)、《伊克托米和鸭子们》(Iktomi and the Ducks)和《星星男孩》(Star Boy)。

汤米·狄波拉(Tomie de Paola)创作了《羽扇豆的传说》(The Legend of the Bluebonnet)和《印第安扁荨花的传说》(The Legend of the Indian Paintbrush),为我们讲述了两个著名的印第安传说。另一个著名传说《天狗》(Sky Dogs),讲的则是马怎样进入居住在平原上的印第安人的生活,由美国最多才多艺的故事家之一——简·约伦改写。还有两本乔安娜·特鲁顿的书:《兔子怎样偷到火》(How Rabbit Stole the Fire)和《谁会是太阳》(Who Will Be the Sun?),都改写自印第安传说。

市面上的录音带有:《来自灵魂世界的故事:美国原住民的传说》(Stories from the Spirit World: Legends of Native Americans)。

选自《海神的故事》(Shen of the Sea)
(美)阿瑟·博维·克里斯曼 改写

解释中国的发明

最初,民间故事是口耳相传的。经过了几千年,人类有了文字,于是故事就被刻在石头上、黏土上,后来写在纸上。用这些方式记录故事不仅需要花费大量的时间,而且这些载体要么非常笨重,要么非常脆弱。直到发明了印刷术之后,人类才发现了快速、方便地复制文字的方式,这才能轻松地生产出成千上万册书。

中国人最早发明了印刷术,但是他们没有马上大规模地使用印刷术印刷书籍,这主要是因为他们的文字数量繁多。英文有二十六个字母,可能你觉得已经不少了,但请想想,中国的常用汉字有两千多个呢!(想象一下中文打字机会是什么样子!)几个世纪后,德国人古腾堡发明了活版印刷,用于印刷书籍。

和其他地方的人一样,中国人也喜欢神话故事。那时他们来到美洲大陆,在金矿淘金、在罐头厂打工,修筑横贯北美大陆的州际铁路,同时也带来了他们的神话故事。尽管中国人是自由人,不是奴隶,但是他们不是白种人。不久以后,种族法便限定了这些"外国人"居住和工作的地方,这就是后来出现的唐人街。

在十九世纪和二十世纪之交,一个名叫阿瑟·博维·克里斯曼(Arthur Bowie Chrisman)的弗吉尼亚男孩上了单室学校[①],他常在他家后面的一幢屋子的顶楼玩耍。几十年前,顶楼的房间里一般住的是在农场干活的非洲奴隶。奴隶们聚在一起分享着他们的"兄弟兔"

[①] 十九世纪末二十世纪初的美国和澳大利亚常见的学校,只有一个课室,由一个老师教授初等教育的基本科目如阅读、书写和算术。

的故事，克里斯曼则用自己编的故事给家人和邻居逗乐。他是一个天生的讲故事能手。

克里斯曼长大之后，来到加利福尼亚州旅行。在那里，他对中国和中国神话产生了兴趣，并且赢得了中国店主、中国老爷爷和普通劳动者的信任，开始记录他们的故事。一九二五年，他发表了《海神的故事——中国儿童故事集》(*Shen of the Sea: Chinese Stories for Children*)，并获得了儿童文学最高奖项——纽伯瑞儿童文学奖。

《海神的故事》中全都是有关家庭、忍耐和努力工作的主题，充满了幽默感。

阿米的发明

"这雨下起来就没完没了！"

"是的，大哥。这雨的确够烦人的。下雨天打孩子——闲着也是闲着。"

弟弟秦赤说的"下雨天打孩子"是一句俗话。每个人都知道，下雨天，男女老少没办法出门，只好挤在房子里，肩肘相碰，相互妨碍，不免产生矛盾。这时候，打孩子的竹条就派上了用场，然后就会听见哭声。这句俗话就是这么来的。秦赤说这话的时候，只是开玩笑，当然，他也是在和哥哥没话找话。

但是，哥哥秦叉以为弟弟是认真的，因为这雨，还有一些心事让他觉得很烦。听到这话后，他本来阴沉的脸色，一下子明亮起来。"对，下雨天打孩子——闲着也是闲着，这真是个绝妙的好主意！我给你削些竹条。阿米这小子就该打。他在我的菜地假扮大野象撒欢,把菜全都糟蹋了。太野了!"

秦赤吃了一惊。从他的表情可以看出,他觉得哥哥夸大其词了。"什么?你这是什么意思?大哥,阿米在你的菜地里假扮大野象?可是我早跟他说过,而且非常严厉地警告他,不许他糟蹋你的菜地。"

"我可不会乱说话。这是真的。"秦叉说。看来秦赤不相信他的话,他觉得被人怀疑,有些不高兴。"他在我的菜园里玩大野象游戏。走,我带你去看看。"

"噢,不用,不用。"秦赤摇着头说,"雨下得这么大。我会去再管教管教阿米。"

秦叉正了正斗笠,冲进了倾盆大雨中。他一边走,一边嘟囔了一句"窝囊废"。他是在说秦赤。

秦赤听到了,只是笑了笑。他可不想真打他的"掌上明珠"。

秦赤这么做是对还是错,现在看倒真是个问题,见仁见智吧。但有一点是毫无疑问的:阿米的确很调皮,他和郎中朱平的那个懒儿子阿喜真有一拼。他们唯一不同的是,阿喜是从来不做让他做的事情,而阿米总是做不让他做的事情。而且,他做完坏事总会给自己找到后路,总有好的借口开脱自己。就拿他到伯伯秦叉的菜地撒欢这件事说吧……

就在前一天,也许是前几天,阿米说自己是头残暴凶恶的龙。他在伯伯秦叉的菜园里横冲直撞,把菜园糟蹋得不像样子。他的爸爸秦赤对他说,不能再在伯伯的菜园里装扮龙了。"阿米,你不能再在你大伯的菜园里玩龙的游戏。如果你再玩,我会狠狠地骂你。"阿米说:"是的,爸爸。"他果然听从了爸爸的话,再也不装扮龙了,不过他开始说自己是头凶猛的大野象。噢,噢,绝对不会再装扮龙,想都不会想，他现在是菜园中身体笨重的大野象了。

秦赤是位慈爱的父亲，和他的妻子（她的名字已不可考）、儿子阿米和小女儿住在猴咬蠓大街一座干净的房子里。秦赤是个雕工，会做木雕、象牙雕和玉雕。他的哥哥秦叉是个单身汉，就住在隔壁，只知道写字。他用毛笔写在羊皮上，写在纸上……没有纸的时候，就写在墙上。有的人说，他在写故事。但这些故事肯定没让他挣到钱，同样地，秦赤的雕刻也挣不到什么钱。秦赤是一个很出色的艺术家，他刀法细腻，雕刻出的东西精巧绝伦。只用一块小小的象牙，他就能雕刻出七颗层层相套的球。即便如此，秦赤没什么名气，也算不上富有。他没有雕刻宝塔或者小玩意拿到市场上去卖，而是花了很多时间来为阿米雕刻玩具，但是阿米一拿到手就会用斧子砸，或者扔到井里，故意把它们弄坏。

秦赤花了六个月的时间雕刻了一条龙，非常漂亮。要是拿到市场上去卖，也许有钱的官吏会花一根银条来买。但是，这位慈爱的父亲却把龙送给了儿子阿米。但阿米只玩了五分钟就烦了，他用力地把龙扔出了窗外。

难道做好了的窗户是为了让人打坏？做好了的玩具是为了让人扔掉？当然不是。爸爸秦赤指着他责备道："阿米，我的乖儿子，别再把龙扔到窗外的院子里了。我说的话你听明白了吗？不要再把龙扔到院子里。"说完，他继续埋头工作，为阿米在一块柚木上雕刻一幅漂亮的图案。

阿米说："好吧，爸爸，我再也不扔了。"他继续玩着自己的游戏：用雕刻好的柚木块搭高楼，一直搭到他的小胳膊够不到的高度。"高楼"基座的一块柚木上有许多精致的图案，又很轻，支撑不住上面的柚木块。于是，"高楼"摇晃着倒了下来。阿米立刻发起脾气来。他的愤怒远远地超过了他的耐心。他抓起讨厌的柚木块，朝门外扔去。

谁能说阿米不听话？爸爸跟他说不许把玩具龙扔出窗户，但说过不能把柚木块扔出门吗？根本没有。秦赤从来没有提到过柚木块，而且他当时手指的是窗户。不过，秦先生还是觉得要斥责他的儿子，他严厉地叫道："阿米……"

"梆、梆、梆"，传来一阵重重的拍门声，紧接着咔嚓一声门被撞开了。一群穿着皇宫侍卫制服的彪形大汉冲了进来，手里还拿着粗粗的木棍。"好啊，你这个可恶的东西，杀人犯！"来人喊叫着，"你想暗杀皇上？你把东西扔进皇上的轿子里是什么意思？你不知道皇上坐着轿子正经过猴咬蠓大街吗？快说，否则让你人头落地！"

秦赤吓得一句话也说不出。他浑身发抖，连忙跪下磕头，乞求能获得饶恕。

这时，阿米却把他大大小小的各种玩具，包括一把斧头，统统扔向侍卫。

皇帝正舒服地坐在轿子里，被人抬着穿过猴咬蠓大街。他没想到会发生什么危险，他的脑子里根本没有危险这个词。大街上一派祥和的景象。突然，路旁有扇门里飞出一个木块，先打到侍卫的身上，又弹到他的膝盖上。侍卫马上砸破门，冲了进去。但是这时皇帝的心里更多的是好奇，而不是恐惧。他仔细看了看这个被扔进轿子的东西，顿时产生了兴趣。皇帝对艺术品很在行，一件东西是出自大师之手，还是出自庸才之手，他一眼就能分辨出来。手中的这块柚木，雕工精美绝伦，皇帝急切地想知道它出自哪个名家之手。

秦赤跪在地上，等待着被处死。皇帝的大臣冲了进来，下了一道御令。侍卫们一把抓起秦赤，把他押出房子，让他跪在皇帝的轿子前面。阿米朝着转身离去的大臣扔了最后一块玩坏的柚木块……可能他这样做很不合适，但那时没人顾得上来阻止他。

幸运终于降临到了秦赤家。皇帝立刻就喜欢上了这位雕刻家的作品。秦赤给儿子阿米做的各种稀奇古怪的玩具现在成了皇宫的装饰。秦赤每天勤奋地工作着，他为皇帝雕刻木匾、屏风和各种装饰品。他很快就变得很富有。他的帽子上还镶上了一颗红色的珠子，这说明他当上了官。最高级的大官的帽子上甚至会镶上红宝石……只是，阿米比以前更调皮了。

这里再强调一下，阿米比以前更调皮了。他恶作剧不断，他爸爸整天不停说："阿米，不许做这个，阿米，不许做那个。""阿米，不许！不许！不许！"秦赤说"不许"都说烦了，每次说的时候都感到舌头生疼。于是，他偶尔也会改变说话的方式，说反话。比如，他会说："做得好，乖儿子，往爸爸的鞋里放癞蛤蟆和带泥的老鳖，爸爸很高兴。"或者说："求你再吃一罐，我的小太爷，想吃多少就吃多少。六罐果酱一点都不多。"阿米非常爱吃果酱，果酱是他的最爱。他每天早一罐，晚一罐。每次果酱罐都见底了，他还要用手指再刮刮。不过，吃这么多的果酱是要生病的。

秦赤从墙上摘下鸟笼拎在手上（在那个国家，绅士们去散步的时候，通常会带着他们的宠物八哥，而不是带着宠物狗），走到门口又停住脚，对阿米说："儿子，我的心肝宝贝，请忍着点，不要做太多的坏事。不许（他又说'不许'了）你硬要自己做坏事。当然了，对你来说，干这些事是完全正确的：在妈妈的茶里放砒霜，用斧子砍你的小妹妹。如果你愿意，你还能烧了我们的房子……我想让你玩得尽兴。但是，不许（又说了）干坏事。比如说，我求你，再也不要埋进果酱罐里了。"

说完，秦赤带着正叫得欢快的八哥出了门。

阿米相当地迷惑。"不要埋进果酱罐里。"他怎么能埋进果酱罐里去呢？简直是说胡话。他比世界上任何一个果酱罐都大。也许爸爸的意思是说不要把手放进果酱罐里。肯定是这个意思！阿米下了决心，绝不把手放进果酱罐里，连手指都不放进去了。

听话的阿米在地板上排好了爸爸雕刻好的匾，再斜放排好一罐罐果酱。匾是雕刻着精美图案的扁平木板，比盘子稍微宽一点，正好当稠稠的果酱的盘子。周围是小山一样的果酱罐，阿米坐在地板上，大吃特吃，一直到小山似的果酱罐都空了。果酱真美味！

当秦赤回到家看到匾上那黑黑的黏黏的果酱时，这个好脾气的人终于发怒了。他先是大叫，然后是怒吼。最终，他抓起匾扔了出去，用尽全力地扔了出去。扔东西好像是这家人的传统。

秦赤伤心地哭着，愤怒地吼叫着，这时他的哥哥秦叉走了进来。聪明的哥哥马上看出了哪里不对劲。他看看粘着果酱的匾，又看看匾上的果酱在墙壁上留下的痕迹。然后，他高兴地叫道："啊，弟弟，你有了一个意外的伟大发明！用这个方法能快速制作出书。你运气太好了！"他一把拉着秦赤站到墙跟前，指着墙说："看看，由于涂上了果酱，匾上凸起来的地方在墙上留下了污迹，让你雕刻的每一条线都显现出来了。这下你明白了吗？！你把我写的悲伤故事刻在木板上，阿米在木板上涂上黑色的果酱。然后，我把木板压在纸上，一张，一张，一天也许能印上好几百张……我再怎么勤奋，一个月才能抄一篇故事，而有了这个木板，我很快就能把这个故事印出几千篇来。啊，真是了不起的发明！"

后来，秦赤把哥哥写的故事刻在木板上，阿米涂上稠稠的果酱——当然，有时他会停下来偷吃一口，秦叉再把木板印在纸上，一张，一张……这样纸就变成了故事书了。这样花的工夫很少，费用也很低。这个国家最贫穷的人也能买得起秦叉写的精彩故事了。

印刷术就是这样发明出来的。秦赤、秦叉和阿米对这项发明都有贡献。准确地说，阿米的贡献最大，因此一般把印刷术的发明归功于他。后来他死后，墓碑上写着："阿米，印刷术的发明者。"

阿米的故事只是个传说——不过,中国人确实没有把他们的发明用于大规模的图书印刷。他们在大张纸上的雕版印刷产生了世界上第一张墙纸。

这里有一个小实验,可以帮助你理解中国人的发明和古腾堡印刷机的工作原理。你需要如下东西:一个未剥皮的生马铃薯、一支削尖了的铅笔、一盒印泥和几张纸。

1. 把马铃薯切成两半。

2. 把切好的马铃薯晾两个小时。

3. 拿起半个马铃薯,用铅笔在平整的那面戳几个洞。按你的喜好随便戳出什么图案都行,也可以戳出你名字的第一个字。

4. 戳完小洞,再把马铃薯晾半个小时。

5. 拿起两个一半的马铃薯,在印泥上压一下,然后分别在一张纸上盖章。注意这两个一半的马铃薯有什么区别,想想这么一来,要给你戳出的图样做好多个副本,有多么容易。假如你把名字的第一个字刻进马铃薯里,注意在纸上盖章时字是什么样的。是怎么回事呢?

从阿米发脾气起,印刷术的发展经历了很长一段时间。杰克·诺尔顿(Jack Knowlton)的绘本《书籍与图书馆》(*Books and Libraries*)追溯了从古至今人类书写与印刷的历史。

这里介绍几本讲述东方故事的绘本:八岛太郎(Taro Yashima)的《乌鸦太郎》(*Crow Boy*)、简·约伦的《皇帝和风筝》、莉莉·托伊·洪(Lily Toy Hong)改写的《牛郎织女》(*How the Ox Star Fell from Heaven*)、达西·帕蒂森(Darcy Pattison)的《河中之龙》(*The*

River Dragon)、玛格丽特·梅喜（Margaret Mahy）的《葫芦兄弟》(The Seven Chinese Brothers)、卡拉斯·斯坦姆（Calus Stamm）的《三个强壮的女人》(Three Strong Women)、阿琳·莫瑟尔（Arlene Mosel）的《一个很长很长的名字》(Tikki Tikki Tembo)、玛格丽特·霍吉斯（Margaret Hodges）按照小泉八云的原文改写的《洪钟之声》(The Voice of the Great Bell)和由卢爱玲改写的《叶限》。

如果你想了解在美华人的民间传说集，请看叶祥添（Lawrence Yep）的《彩虹之民》(The Rainbow People)和《口吐莲花》(Tongues of Jade)，还有余兆昌（Paul Yee）的《金山传奇：新世界里中国人的故事》(Tales from Gold Mountain: Stories of the Chinese in the New World)。

录音带有《中国神话》(Chinese Fairy Tales)。

《皇帝的新装》(The Emperor's New Clothes)
（丹麦）汉斯·克里斯蒂安·安徒生　改写

真正的丑小鸭

他的父亲是个穷鞋匠，死后葬在一个寒酸的墓地里；他的母亲是个洗衣工，迷信、不识字，死于酗酒；他的祖父是个精神病患者。他没有玩伴，不服学校的管教，十岁辍学，十四岁离家，过了三年饥寒交迫的生活。

他相貌平庸，几乎终生都没有亲密的朋友，时常为失败和死亡担惊受怕。他一直想拥有属于自己的家，但一生都在租房子或者寄居在别人家中。尽管如此，安徒生成为了世界上最著名的作家之一，写出了许多感人的故事。

一个生活得如此悲惨的人，怎么会在成年后写出如此感人肺腑的故事呢？也许，他在童年时期有过温馨的时光？是的，的确如此。首先，他得到过爱。他的父亲非常爱他，视他为世界上最重要的人。丹麦冬季的夜晚很漫长，老汉斯就给儿子读他们最喜欢的书《一千零一夜》，或者父子俩用玩具演戏，演戏时所用的人偶是父亲利用闲暇做出来的，父子俩经常一演就是好几个小时。他的父母觉得，孩子不能错过童年的幸福时光。

安徒生的奶奶也非常疼爱他。在他童年的时候，奶奶几乎天天都来看他，给他带礼物，经常带他到她工作的精神病院去。那家精神病院有一部分用来收容精神正常但生活贫困的老妇人。男孩就开始用自己编的奇幻故事为她们解闷。他的听众们很早就坚信，这个男孩在讲故事方面有天赋。

因为太敏感,他无法适应学校的生活。一方面是因为他的歇斯底里症经常发作,另一方面是因为他不能忍受体罚——无论是对自己的体罚,还是对别人的体罚。

安徒生在学校里待的时间足以让他学会认字,很快他就成为贪婪的书迷。他对各种各样的故事有无法满足的贪婪,这要归功于父亲给他讲的故事。当他意识到书是故事的重要来源时,就收集和阅读所有他能找到的书。他把故事改编成戏剧,在木偶剧院或者用他妈妈的毯子改装成的帐篷里表演。其实,从他的父母第一次让他表演的时候起,他就迷上了戏剧。他的一生都沉迷于写剧本和演出,但是这个理想很大程度上并没有实现。

年轻的时候,他一心想着要光宗耀祖。他坚信自己有一天会成为伟大的作家,抱着这个信念,他不停地写剧本和小说,缠着邻居们让他们听他写的诗,还闯入社会名流的晚宴寻求资助,还不停地给朋友和陌生人读他的作品,他的这些举动经常遭人反感。十七岁时,他离开了家,还差一点饿死。

尽管他行为怪异,但人们还是喜欢他。他从来不会对人冷漠,对比自己还不幸的人充满了同情。他只是被看做一个不幸迷失的灵魂。

同伴们建议他接受一些教育,以便更好地发挥他讲故事的天赋。他们为他争取到了一小笔奖学金,帮助他重返学校。随后的六年,他是在眼泪、伤感、悲凉、怀疑和鼓励中度过的,直到二十三岁时获得相当于高中毕业的文凭。

在这些年里,只有一类听众没有抛弃他,那就是孩子。无论他住在哪里,在哪里学习,孩子们都能在他身上发现善良和友好,把他当做至爱。而他会一连几小时讲自己编的故事,哄孩子们高兴。

在写了七年或糟糕或平庸的剧本与小说之后,三十岁的安徒生决定写一些真正讲给孩子们的故事,包括《打火匣》(*The Tinder Box*)和《豌豆公主》(*The Princess and the Pea*)等。然而,评论家说写这些是浪费时间,虚耗才华。但是别忘了评论家是成年人,不是孩子。孩子们非常喜欢这些故事,不仅仅是丹麦的孩子,而且是全世界的孩子。之后,他写了一百五十多个故事,被翻译成各种语言。除了《圣经》,他的童话是被翻译为最多语种的书。

不像格林兄弟是收集别人的故事,安徒生的故事大多数是他自己创作的。他把少年时的朋友、敌人、恐惧心理和玩具都编进故事里。《坚定的小锡兵》(*The Steadfast Tin Soldier*)是以父亲给他做的木偶为原型,《卖火柴的小女孩》(*The Little Match Girl*)写的是他母亲的故事,而《丑小鸭》(*The Ugly Duckling*)则是他自己的故事。出身贫寒、貌不惊人的安徒生,却与著名的英国的查理·狄更斯和德国的格林兄弟一样,成为备受皇室赞誉的重要作家。

在大多数人的印象中,安徒生的故事全都是原创。事实上,其中有十几个故事是他对民间故事或者老故事的改写。比如,《打火匣》就来自《一千零一夜》里的"阿拉丁和神灯"这个故事。

《皇帝的新装》可能是安徒生最有名的故事,它改写自犹太及阿拉伯地区流传的警示故事,但是他在把它改编成儿童故事时进行了自由创作,甚至改变了结尾。据说这个故事写完后,在出版社将校样寄给他定稿前的最后一分钟,他才急忙加上了从孩子嘴里说出的那句名言。

很久很久以前,有一个皇帝,他非常喜欢衣服,几乎把所有的

钱都花在了漂亮的新衣服上。他一点都不关心军队和政务，也从不去剧院看戏。他走出皇宫的唯一目的就是为了展示他的新衣服。

他的衣服太多了，每隔一个钟头就要换一次礼服！他把大量的时间都花在挑选下个钟头要穿的服装上，所以你经常听到的不是"皇帝陛下在议事厅"（像很多皇帝那样），而是"皇帝陛下在更衣室"。

这位皇帝住在一个繁华的城市中，每天有成千上万来自世界各地的游客到来。一天，城里来了两个外地人，如果不是他们在晚餐时大声说话，也许根本不会有人注意到他们。不光坐在旁边的食客听到了，跑堂的也听到了，就连餐馆的老板都听到了。

但最令人吃惊的是他们谈论的内容。他们是织布工，最近发明了一种织布新工艺，能织出世界上前所未有的最特别的布。这种布不仅仅颜色和图案非常漂亮，而且用这种布做成的衣服，那些不称职的人或者愚蠢的人都看不见！也就是说，聪明而称职的人才能够看到这些华美的衣服，笨人和傻子看不见。

当然，几小时内，这个消息就传到了皇宫里。"真有意思，"皇帝想，"有了这样的衣服，我不仅仅是全世界穿得最漂亮的皇帝，还能知道我的大臣里谁不称职，我还能分辨出谁是聪明人，谁是笨蛋！"因此，皇帝马上下令召见两位外国人进宫。

其实，整个王国里没有一个人知道，这两个人不是什么织布工，而是两个无赖，一对骗子。他们只想捉弄愚蠢的皇帝。

皇帝听完他们描述这种神奇的布之后，马上下令，指示他的财务大臣和仆人提供织布所需要的钱和设备，让这两个人立刻架起两台织布机，开始工作。但是，织布机上什么也没有。的确，他们要了最精美的丝线和金线，但是都偷偷地藏了起来。在皇宫里的织布间外，只传来空织布机发出的有规律的咔哒声，好像两个人在夜以继日地工作。

皇帝有点等不及了，想知道他的衣服织得怎么样了。要是在平时，他早就亲自去视察了。然而现在，一想到不称职的人或者愚蠢的人都看不到衣服，他就有点不自在。当然了，他一点不用担心自己，不过，他觉得最好还是先派别人去看看。

"我要派我最正直、最可信赖的宰相先去看看。"他最终决定，"没有人比他更聪明、更称职了。"宰相立刻动身前往织布间。如今，何止全皇宫的人，连全城的人都听说了这种神奇的布，大家七嘴八舌地谈论着谁会是第一个被识别出来的笨蛋。

宰相觉得最不用担心的人就是自己了：他是一位聪明的老臣，辅佐过皇帝和皇帝的父亲，是两朝元老。然而当他站在空空的织布机前，什么也没有看到的时候，他十分震惊。"上帝呀，救救我吧！"他张大嘴巴，眼睛睁得更大，"我什么也没有看见！"当然了，他非常小心，没有说出声来。

两个骗子礼貌地邀请他靠近些，以便能更好地欣赏精美的图案和鲜艳的色彩。他们指着空空的织布机，可怜的宰相睁着越来越大的眼睛卖力地看着，但还是看不到一点东西。因为根本就没有什么东西。

"我肯定不是愚蠢的人。"他想，"这么多年来，我也从来没有不称职。所以我怎么能承认我看不见布呢？"

最后，其中一个骗子说："怎么样，宰相大人，您对这布一点意见也没有吗？"

老宰相弯下腰，扶正眼镜，犹犹豫豫地说："噢，是的，嗯，真漂亮！颜色……图案！是的，我要禀告皇帝，我很喜欢。"

两个骗子相互看了一眼，眨眨眼。"我们很高兴您能喜欢。"其中一个骗子说。然后，他们详细地描述了布料的色彩和图案。宰相用心地记着，以便能向皇帝报告点什么。他回去后确实大说了一通，热情中夹杂着不安。

两个骗子又向皇帝索要了更多的钱、更多的丝线和金线。每一寸丝线，每一两金子，都进了他们自己的腰包，并没有用来织布。在空空的织布机上，他们继续着骗局。

不久，焦急的皇帝派了另一位大臣去视察织布的进展。当然了，他也遇到了和宰相相同的命运：他左看右看，前看后看，什么也没有看到，织布机上什么都没有。

可怜的家伙心里马上想："我肯定不是愚蠢的人。这点我是知道的。我看不到衣料，唯一的原因可能是我不胜任工作！"然而，他不能大声地承认这点，于是他马上显露出激动的神情。"多漂亮呀！绝对精美！"然后，他向皇帝禀报去了。

如今，神秘的衣料成为皇宫内外所有人谈论的主要话题。最后，皇帝终于再也忍不住了。他必须亲自去看看这神奇的布料。因此，第二天，皇帝在众多官员陪同下——包括早先视察过的两位大臣——到了两个骗子的织布间。皇帝到达的时候，他们正装模作样地织着布，机器上其实没有一寸丝线。

两位之前来过的大臣马上表现出他们既聪明又称职，向皇帝惊叹道："多么漂亮呀！色彩！图案！多么美丽！陛下，您喜欢吗？"说着，他们指着空空的织布机。

这时皇帝会作出什么样的反应呢？"噢，天呀！"他想，"我什么也没有看到！我要不是太愚蠢，就是不配当皇帝。太残酷了！"他决不能承认这一点，所以他激动地回答道："真漂亮，简直无法用语言来形容！"因为没人能看到什么东西，陪同来的成员都模仿起皇帝来，对布料大加称赞。

有的人甚至更离谱，提议皇帝用新布料做身衣服。"您可以在下周举行的大游行中穿上这身新衣服。"他们说。皇帝不想让人看出他看不见布料，只能同意了。两个骗子马上拿出皮尺，为皇帝量尺寸。

大游行的日子越来越近了，全城上下对皇帝新装的关注达到了高潮，甚至有人从几千里外赶来，就是为了一睹神奇的盛装。

在皇宫仆人们好奇的目光下，两个骗子开始夜以继日地在空空的织布机上赶制皇帝的新装，以便赶得及大游行。他们真是一对天才的骗子，他们假装从织布机上卷起一大卷想象中的布料，用剪刀剪成合适的布块，然后一起用没有线的针缝制起来。最后，他们宣布："好了，皇帝的新装完成了！"

皇帝过来观看做好的衣服，两个骗子假装举着衣服让他检查。一个说："陛下，这是裤子。"另一个补充说："这是礼服。"他们一边为皇帝说明，一边从衣柜里捧出一件件想象中才有的衣服。

"陛下，您会发现，这衣服非常非常轻，轻得会让您觉得好像没有穿衣服！"房间里的每个人，包括皇帝本人，马上都点起了头。其中一个骗子朝着宽大的穿衣镜弯了弯腰，说："请陛下脱掉衣服，走到镜子面前，我们将为您穿上新装。"

皇帝脱下礼服，两个骗子小心地给皇帝穿上各种想象中的衣服，最后还收紧了大家想象中长袍后面应该拖着的长长后摆——它将会在游行中一直拖在皇帝的身后。这时，每个人都发出了惊叹的声音："噢……""啊……"

"您比任何时候都风度翩翩！"

当然了，皇帝欣喜地表示同意。当他转过身来对着镜子欣赏新装时，其实什么也没有看见。因为本来就什么都没有。

这时，负责游行的礼宾大臣宣布，游行的一切已经准备好，请陛下上车。皇帝寝宫的两位侍从迅速拿起他们以为的长袍后摆。他们假装小心地捧着，不敢让人看出来他们什么也看不见。

游行路线两旁挤满了好奇的当地人和外来游客，每个人都知道，如果他们看不见那件漂亮的新衣服，别人就会怎么看他们。在洒满阳光的鹅卵石街道上，皇家队伍浩浩荡荡地走着。每个窗口和街灯柱上都挤满了观众。正如你所猜想的，经过最初的震惊，这震惊只持续了几秒钟，然后人群中不约而同地爆发出赞叹声。皇帝昂着头，骄傲地迈着步子，经过的每个地方都爆发出连续不断的欢呼声。

游行路线有点长。突然，一个坐在父亲肩膀上的小孩大声喊道："可是，爸爸，他什么也没穿呀！"

"看在老天分上，"他父亲说，"听听这个天真的声音吧！"孩子的话打破了魔咒，人们一个个交头接耳，最后这句话一直传到游行队伍的最前面。

"他身上没有穿衣服！一个孩子刚刚说的。皇帝身上没有穿衣服。没有穿衣服！"这些话，从耳语慢慢地变成了声浪，甚至连皇帝都听到了。皇帝颤抖着，他不得不悲哀地承认，他们说的是对的。他身上什么也没穿。

"但是，我必须坚持到底。不能停在这里，不能毁了游行。"他一贯妄自尊大，现在当然也不能承认自己犯了错。他高高地抬起下巴，摆着更加骄傲的姿态，迈着大步，随从们在他的身后捧着长袍的后摆。而现在，每个人都知道，那里什么都没有。

关于这个故事的绘本有好几种，其中最著名的是有维吉尼亚·李·伯顿改写的版本。另外，还有一个滑稽的现代版本——斯蒂芬妮·卡尔门森（Stephanie Calmenson）的《校长的新衣》(The Principal's New Clothes)，这本书里被两个裁缝哄骗的是一名校长。兔耳朵公司出版了安徒生童话的录音带套装，由约翰·吉尔古德爵士

(Sir John Gielgud) 讲述。

在本书的第 380 页，你会读到另一个关于鬼迷心窍的国王的故事《点金术》(*The Golden Touch*)。在这篇故事里，国王着迷的是金子。

安徒生的许多童话都被改编为绘本出了单行本，其中包括：安泰亚·贝尔 (Anthea Bell) 改编的《海的女儿》(*The Little Mermaid*)、伊娃·珈里纳 (Eva Le Gallienne) 翻译的《夜莺》(*The Nightingale*)、多萝西·邓策 (Dorothee Duntze) 的《豌豆公主》、内奥米·刘易斯改编的《白雪皇后》(*The Snow Queen*)、由戴维·乔根森 (David Jorgensen) 绘图的《坚定的小锡兵》、詹姆斯·里奥丹 (James Riordan) 改写的《拇指姑娘》(*Thumbeline*)、特罗伊·豪威尔 (Troy Howell) 改写的《丑小鸭》和巴里·摩瑟 (Barry Moser) 改写的《打火匣》——不过他把故事背景放到了美国南北战争期间。

最好的选集有：内奥米·刘易斯编的《安徒生童话》(*Hans Anderson's Fairy Tales*) 和由埃里克·霍郭尔 (Eric Haugaard) 翻译的《安徒生经典童话》(*Hans Anderson: His Classic Fairy Tales*)。

《寻找神湖》(The Search for the Magic Lake)
（美）詹妮维夫·巴洛　改写

来自印加王国的故事

在南美洲的安第斯山脉，居住着如今被我们称为印第安人的印加人，他们是南美洲伟大的古王国的后代。就像古希腊和古罗马文明代表了欧洲的古老文明一样，印加文明是西半球的古老文明。

印加人是在西半球上最早发明铜器的人。他们的国家多山，印加人就建造了复杂的灌溉系统，规划了宽阔的公路交通系统，创造了用来传递信息的送信人系统。今天我们仍旧可以看到那些精美的殿宇、城堡和琢石城郭的遗址。印加人最了不起的地方在于，他们在实施这些巨大的工程时还没有发明文字或者数字。他们没有用文字来记录王国的历史，只会用彩色的绳子和线打结，来记录复杂的事情。

十六世纪初，随着欧洲人发现新大陆，西班牙探险家法兰西斯克·皮泽洛得知印加金矿储存量巨大，就出发去征服这个国家。印第安人从来没有见过白种人，也从来没有见过枪和马，对西班牙人恶毒的企图更是一无所知。皮泽洛很快就利用印第安人的天真无知，杀死了他们的头领，掠夺了他们的金子，分裂了他们的王国。

印加部落的历史和故事不是记录在书本上，而是储存在游吟诗人的记忆中，游吟诗人是一批经过特别训练、记忆力超强的人，这与古希腊人最初记载历史的方法相同。

如今，六百多万印加人的后代生活在玻利维亚、秘鲁和厄瓜多尔等国家。他们的传说和故事一代代地流传下来，有些故事收入了詹妮维夫·巴洛（Genevieve Barlow）编写的《拉丁美洲的故事》(*Latin*

American Tales）一书（现在已经绝版）。下面这个故事《寻找神湖》是一个关于寻找的故事，这类故事许多文化中都有，格林童话中也有，芭芭拉·罗加斯基（Barbara Rogasky）还将这个故事改写成了绘本《生命之水》（The Water of Life），由特瑞娜·沙特·海曼插图。

很久以前，幅员辽阔的印加王国有一位国王。国王只有一个儿子，这位小王子带来了巨大的快乐，也带来了无比的忧伤，因为他生来体弱多病。

时间一年一年地流逝，王子的身体一直不见好转，整个宫廷没有一个医生能够治好他的病。

一天夜里，年迈的国王跪在地上，对着祭坛祈祷。

"万能的神啊，"他说，"我已经老了，很快就将离开我的子民，来天堂见您。这里除了我的儿子——王子，没有人能看顾我的子民。我祈求您让他的身体好起来，强壮起来，使他能成为这个国家称职的统治者。请告诉我，怎样才能治愈他的病？"

国王用手抱住头，等待着答复。不一会儿，他听到从祭坛前燃烧的火焰中传来一个声音。

"让王子喝下天边神湖里的水，"那声音说，"他就会好起来。"

就在这时，火苗发出噼啪一声，然后熄灭了。冷却的炭灰中赫然躺着一个金瓶。

可是，国王已经年迈体衰，不能长途跋涉去天边寻找神湖，而年轻的王子身体太虚弱，也不能长途跋涉。因此，国王宣布，谁能用金瓶灌上神湖的水并且带回来，将会得到重赏。

许多勇敢的男人出发去寻找神湖，但是没有一个人能找到。一天又一天，一个月又一个月，金瓶里仍旧是空的。

在离皇宫不远的山谷里住着一个贫穷的农夫，他和妻子、两个已经成年的儿子，以及一个小女儿生活在一起。

一天，大儿子对父亲说："让我和弟弟一起去寻找神湖吧。在下一个满月到来之前，我们一定会回来，帮您收玉米和马铃薯。"

农夫沉默不语，他不是考虑庄稼收获的时候没有帮手，而是担心儿子们的安全。

农夫沉默之时，他的二儿子又说："父亲，想想那笔丰厚的赏金！"

"他们有责任去寻找神湖，"他的妻子说，"因为我们必须帮助我们的国王和年轻的王子。"

听了妻子的话，农夫同意了。

"如果这是你们的责任，那就去吧。但是务必提防野兽和妖怪。"他提醒两个儿子。

于是，带着父母的祝愿和小妹妹深情的告别，兄弟俩踏上了旅途。

他们一路上找到了许多许多的湖，但是没有一个湖是和天相连的。

最后，弟弟说："再过一天，我们就必须回去，帮助父亲收庄稼。"

"是的。"哥哥赞同道，"我有个主意。我们随便从一个湖里打一罐水交给国王，就说能治好王子的病。即使治不好，国王也会给我们一点辛苦费的。"

"没错。"弟弟说。

两个年轻人来到皇宫，对国王和宫廷的大臣们说，他们带回了神湖的水。王子立刻喝了一口罐子里的水。当然，他的病还是和以前一样，没有好转。

"也许这水必须装进金瓶里喝。"一位祭司说。

但是金瓶装不了水。罐里的水一倒进金瓶就神奇地消失了。

失望的国王找来一位巫师，对他说："你能不能破除金瓶的符咒，让水留住，好让我儿子喝下去？"

"我做不到，陛下，"巫师回答道。"但是，我相信，"他以他的智慧作出了推断，"这个金瓶是要告诉我们，这兄弟俩是骗子，这不是神湖里的水。金瓶只能装神湖里的水。"

兄弟俩听到这些，吓得浑身颤抖，因为他们的谎言被戳穿了。

国王非常生气，下令把兄弟俩关押起来，每天强迫他们喝罐子里的水，作为对他们的惩罚。兄弟俩受罚的消息传得很远很远。

国王又一次派出使者走遍各地，寻找能够为年轻的王子带来神水的人。

素玛卡是那兄弟俩的小妹妹，她正赶着骆驼群，突然听到皇宫的喇叭里传出了声音，随后传来了王宫侍卫的声音，他说皇宫中情况危急。

女孩很快把骆驼赶回家，请求父亲让她去找神水。

"你年纪太小了，"她的父亲说，"再说，看看你两个哥哥遇上的倒霉事。肯定是魔鬼缠身才让他们撒这样的谎。"

她的母亲说："要是我们的宝贝女儿素玛卡也出事，我们就活不下去了。"

"但是请您想想，如果王子死了，国王该多么悲伤呀。"素玛卡说，"如果我能找到神湖，说不定国王就会原谅哥哥们，放他们回家。"

"孩子他爸，"素玛卡的母亲说，"也许这是上天的旨意，我们就让她去吧！"

父亲再次同意让女儿去寻找神水。

素玛卡喜出望外，她蹦蹦跳跳地跑到牲口棚，为她最喜欢的一匹骆驼装上鞍具。它要和她一起去，为她驮干粮并陪伴她。

这时，她的母亲给她装了满满一布袋吃的：烤玉米饼和一罐玉米汁。

三个人含着眼泪拥抱之后，素玛卡就上路了。她沿着大道，领着她心爱的骆驼，勇敢地去完成自己的使命。

第一夜，在岩石的遮护下，她靠着温暖的骆驼入睡了。但她听到了美洲狮饥饿的叫声响起来，因为担心心爱的骆驼会受到伤害，她吩咐骆驼自己回家去。

第二夜，她睡在一棵高高的大树上，凶猛的美洲狮够不着这里。她把干粮藏在树洞里。

太阳升起来的时候，她被停在附近树枝上的麻雀叽叽喳喳的叫声吵醒了。

"可怜的孩子，"一只老麻雀说，"她永远找不到去神湖的路。"

"我们来帮帮她吧！"别的麻雀齐声说。

"啊，请帮帮我。"素玛卡请求道，"请原谅我占了你们的树洞。"

"我们很欢迎你，"另外一只麻雀叽叽喳喳地说，"因为你昨天分了玉米饼给我们吃。"

"我们应该帮助你。"那只老麻雀，也是麻雀中的首领说，"因为你是个好孩子。我们每个人会给你一根羽毛，你要用一只手把这些羽毛握在一起，当做扇子。这把羽毛扇有神奇的能力，能够带你去任何想去的地方，还能保护你不受伤害。"

然后，每只麻雀都张开翅膀，找到藏在下面的那根神奇的羽毛，递给素玛卡。素玛卡把羽毛拼成一把小扇子的形状，然后从头发上取下头绳，把羽毛绑在一起。这样就不会落下任何一根羽毛了。

"我得提醒你，"最年长的麻雀说，"有三个妖怪把守着神湖。但你别害怕，只要用神扇遮住你的脸，你就不会受到伤害。"

素玛卡对麻雀们千恩万谢。然后，她拿着扇子，虔诚地说："神扇，神扇，请把我带到天边的神湖吧！"

一阵微风把她从树枝上卷了起来，带着她穿过山谷……飞向很高很高的天空。她低头一看，下面是白雪覆盖的山顶。

最后，风把她带到了一个美丽的湖畔。这就是天边的神湖，因为在她对面，天幕低垂，好像已经碰到了湖水，天水相连。

素玛卡把神扇插在腰带上，跑到水边。突然，她心里一沉，她带来的所有东西都落在森林里了。现在用什么来装这珍贵的水带给王子呢？

"啊，要是没忘带水罐就好啦！"她说。

突然，她听到有什么东西砰的一声落到了脚下的沙子上。她低头一看，沙子上有一只漂亮的金瓶，和国王在炭灰里发现的金瓶一模一样。

素玛卡拿起金瓶，跪在水边。就在这时，一个声音从她身后传来："走开！这是我的神湖。不然，我就用长长的毛茸茸的腿缠住你的脖子。"

素玛卡转过身，发现身后站着一只像猪那么大、像夜一样黑的螃蟹。

素玛卡用颤抖的手从腰带上抽出神扇，挡在面前。螃蟹一看到神扇，马上就闭上眼睛，钻进沙子里睡觉去了。

素玛卡开始往金瓶里装水。这时，水里突然冒出一个恶狠狠的声音，把她吓了一跳。

"走开！这是我的神湖，不然我就吃掉你。"一只巨大的绿色鳄鱼怒吼着，用长长的尾巴愤怒地拍打着水面。

等到鳄鱼游近，素玛卡举起了神扇。鳄鱼的眼睛马上看不见了。它朝后退去，慢慢地、静静地，沉入湖底睡觉去了。

素玛卡还没有从惊恐中回过神来，又听到空中传来了尖锐的哨音。她抬头往上一看，原来是一条飞蛇。它的皮肤像血一样红，眼睛里冒着火花。

"离开我的神湖，不然我就咬你。"蛇直起脖子，拍打着翅膀在素玛卡的头上盘旋。

神扇又一次保护了素玛卡。蛇闭上眼睛，落在地面上。它收起了翅膀，在沙滩上蜷起身体，不一会儿就打起了呼噜。

素玛卡在地上呆坐了好一会儿才平静下来。她意识到危险已经过去了，便深深地松了一口气。

"现在我能往金瓶里装水，往回赶路了。"她自言自语。

她装好了水，一只手紧握着金瓶，另一只手紧抓扇子。

"请把我带到皇宫。"她说。

话音刚落，她就稳稳地回到了皇宫前，面前站着高大的卫兵。

"我要求见国王。"素玛卡用颤抖的声音说。

"小姑娘，你为什么要见国王？"卫兵和蔼地问道。

"我从神湖带来了给王子治病的水。"

卫兵吃惊地看着她。

"跟我来吧！"卫兵的声音像惊雷一样响亮。

不一会儿，素玛卡就被带到了愁云笼罩的房间。国王正绝望地来回踱着步，王子一动不动地躺在宽大的床上，脸色苍白，双眼紧闭。王子的母亲跪在旁边，默默地流着泪。

素玛卡没有多说，她来到王子身边，给他喝了几滴神水。王子马上睁开了眼睛。他的脸颊开始红润起来，不一会儿就从床上坐起身来。接着，他又喝了一些神水。

"我觉得自己好强壮呀！"王子高兴地喊着。

国王和王后拥抱了素玛卡。然后，素玛卡说出了自己去神湖的经过。他们赞赏她的勇气，并对金瓶的重现和神扇的威力大为惊奇。

"亲爱的孩子，"国王说，"你救了我儿子的命，王国的所有财富都不足以奖赏你。你想要什么，我就给你什么。"

"噢，慷慨的国王陛下，"素玛卡腼腆地说，"我只有三个请求。"

"说吧，你要什么就有什么。"国王急切地说。

"第一，我希望我的哥哥们能够获得自由，回到父母身边。他们已经受到了惩罚，以后绝不会再骗人了。我知道他们只是想报答父母，请原谅他们。"

"卫兵，马上放了他们。"国王命令道。

"第二，我希望能让神扇重返森林，这样麻雀就能收回它们的羽毛。"

这一次，国王还没来得及回答，屋子里的人也还没有发出任何声音，神扇就嗖的一下展开，飞出了窗口，朝着森林飞去。每个人都看呆了，一直到神扇消失不见的时候，大家才鼓起掌来。

"亲爱的素玛卡，你的最后一个愿望是什么？"皇后问道。

"我希望我的父母能拥有一片很大的农场，有许多马、羊和骆驼，再也不要那么贫穷了。"

"他们会有的。"国王说，"但是我相信，你的父母有你这样的女儿就不会觉得贫穷。"

"你不想和我们留在皇宫里吗？"王子试探着问道。

"是的，留下来吧！"国王和王后也盛情邀请，"我们会尽最大的努力让你过得开心！"

"噢，谢谢！"素玛卡高兴地说，"但我必须回去和父母、哥哥们团聚。我很想他们，我知道他们也很想我。他们还不知道我现在平安无事呢，因为我直接就来到了皇宫。"

国王一家没有再挽留素玛卡。

"我会派卫兵把你安全地送回家。"国王说。

当素玛卡回到家的时候，她的愿望都实现了：她的两个哥哥正在家里等她，院子里已经建好一座漂亮的房子和巨大的谷仓，她的父亲收到了很多富饶土地的地契。

素玛卡回到了幸福的家中。

中国传说中也有类似的故事，如罗伯特·D. 桑苏西（Robert D. San Souci）改编的绘本《魔毯》(*The Enchanted Tapestry*)。梅达·西尔弗曼（Maida Silverman）改写的《安娜和七只天鹅》(*Anna and the Seven Swans*) 也是关于寻找的主题，故事里也有一个小姑娘救了她的哥哥。

关于墨西哥和中美洲传说的书还有：弗娜·阿德玛的《小羊波热吉塔和大野狼》(*Borreguita and the Coyote*)、黛博拉·N. 拉铁摩尔（Deborah N. Lattimore）的《和平之火：一个阿兹特克人的传说》(*The Flame of Peace: A Tale of the Aztecs*)、乔安娜·特鲁顿的《鸟儿怎样换羽毛》(*How the Birds Change Their Feathers*) 和贝亚特里茨·维达尔（Beatriz Vidal）的《黄金国的传说》(*The Legend of El Dorado*)。

《神线的故事》(The Magic Thread)

让时间飞逝

这个故事来自法国——法国出产了许多优秀的故事,如《穿靴子的猫》(Puss in Boots)、《美女与野兽》(Beauty and the Beast) 和《睡美人》(Sleeping Beauty),以及最有名的《灰姑娘》经典版本。我在《神话故事选》(Fairy Tales) 中发现了《神线的故事》。我不知道这个故事的作者是谁,我想它大概是千百年来成千上万个讲故事者的集体智慧结晶。

《神线的故事》包含了人们生活中的许多主题。首先是关于愿望,我们每个人都有愿望,愿望带给我们快乐,但也暗含危险,这个故事就是要警示我们这种危险。三千多年前,希腊人创造了一个有关危险的愿望的故事,叫做《点金术》(见第380页)。

其次,这也是一个关于时间的故事,你是不是曾经这么觉得,在学校上课的时候,时间过得多么慢;而在度假的时候,时间又过得多么快。为什么呢?人类总是在思考时间的问题,其中有的人思考得较为深入。比如,他们会感慨:"如果能让时钟转得快一些,那么生活会变成什么样子?"

从前有一个寡妇,她有一个儿子,名叫彼得。这个男孩长得很结实,也很能干,但就是不喜欢上学,整天想入非非。

"彼得,你又在胡思乱想些什么?"老师会这样对他说。

"我在想，等我长大以后会干什么。"彼得回答道。

"耐心点吧！你还有很长时间才能长大呢！长大可不都是好玩的事，知道吗？"老师说。

但是，眼下彼得无论做什么都很难高兴起来，他总盼着去做下一件事。冬天，他盼望着夏天；而夏天，他又盼望着冬天的一切：溜冰、滑雪橇和温暖的炉火。在学校里，他盼望着一天快点过完，赶快回家；到了周日的晚上，他又会叹气："如果周末能再来一次该多好呀！"他最喜欢的事情是和朋友丽兹一起玩。丽兹像个男孩一样能陪他干任何事，而且无论彼得多么烦躁，丽兹都不会生气。"等我长大了，要娶丽兹做老婆。"彼得心想。

他经常在树林里闲逛，梦想着未来。有时候，他会躺在林中松软的草地上，晒着太阳，双手枕在脑后，透过稀疏的树梢望着蓝天。一个炎热的下午，他刚刚开始犯困，突然听到有人在叫他的名字。他睁开眼睛，站了起来。一个老婆婆站在他的前面，她的手里拿着一个银球，银球里垂下了一条柔软光滑的金线。

"彼得，看看我这里有什么？"说着，她把球递给了彼得。

"这是什么？"彼得一边好奇地问，一边摸了摸细软的金线。

"这是你的生命线，"老妇人回答道，"如果你不碰它，时间就会正常地过。但是，如果你希望时间过得快一点，只要拉一下金线，一小时将会像一秒钟那么快地过去。不过我可提醒你，线一旦被拉出来，就不能再缩回去，拉出来的线会像一缕烟似的消失。现在我把这个球送给你。不过，你要是收下这份礼物，就不能告诉任何人，要是你哪天说出来了，就会立刻死去。现在告诉我，你想要吗？"

彼得高兴地从老妇人手里抓过礼物，这正是他想要的！他仔细地打量着银球。很轻，又很结实，是用一整块银子做的。上面只有一个细细的小孔，小孔里垂下一根亮闪闪的金线。他把球放在口袋里，就回家了。他看妈妈没在家,又一次掏出银球来端详着。金线好像正慢慢地从银球里往外爬,很慢很慢,用肉眼几乎看不出来。他想拉出一点来试试看,但是他不敢。现在还不到时候呢。

第二天,在学校的课堂上,彼得坐在那里,心里却在想应该拿神线怎么办。老师不停地训斥他精神不集中。"要是……"他想,"要是现在就到了放学时间多好呀!"他摸了摸口袋里的银球。只要拉出一点点线,一天就会结束了。他小心翼翼地拿出银球,轻轻拉了一下。突然间就听老师说:"大家收拾好书本,有秩序地离开教室。"彼得高兴极了。他撒腿就往家跑。现在,生活变得多轻松呀!所有的麻烦都不见了。从那天起,他每天都拉一下金线,只拉一点点。

然而有一天,他突然觉得每天只拉一点太蠢了。如果多拉一点,学校生活就会完全结束了,他就能开始学做买卖,和丽兹结婚……因此,这天晚上,他狠狠地拉了一下金线。早上醒来的时候,他发现自己已经在镇上学做工匠活了。

他喜欢自己的新生活,蹬脚手架爬上屋顶,抬起散发着阵阵木香的房梁。有时候,当离发薪的日子还很远的时候,他就拉一下金线,一周马上就过去了,立刻就到了周五,该发薪水了。他的口袋里就又有了钱。

丽兹也来到镇里,和她的姑姑住在一起,跟姑姑学习怎么当管家。彼得开始着急地等待他们结婚的那一天。她住得这么近,却又像离得很远,这让彼得难以忍受。他总是问她,什么时候能和他结婚。

"明年吧,"她说,"那时,我就学会怎样当一个能干的妻子了。"
彼得用手摸摸口袋里的银球。
"时间已经过得够快的了。"彼得心里有点犹豫。
这天夜里,彼得睡不着觉,他不安地翻来覆去。他从枕头下面拿出银球,一开始还犹豫着,突然,焦急的心占了上风,他拉了一下金线。早上他醒来的时候，发现一年已经过去了，丽兹终于同意嫁给他。现在，彼得真的感到很幸福。

在婚礼举行之前，彼得收到了一封政府送来的信，他颤抖着打开信，信上通知他下周到兵营报到，他需要服两年的兵役。他失望地把信给丽兹看了。

"嗯，"丽兹说，"这没有什么大不了的，我们只要等两年就好了。时间过得很快，是不是？为了给今后的生活做好准备，我们还有许多事情要做。"

彼得强装微笑，他感觉这两年好像有一生那么长。

然而，在兵营里安顿下来之后，彼得开始觉得当兵并不是那么糟糕，一开始的训练也不是非常艰辛。他很快就高兴地和同龄人生活在一起了。他记着老妇人提醒他的话，要理智地使用金线，这时他要忍着不去拉线。但是随着时间的推移，他又开始不安了。军队里单调刻板的生活和严格的纪律让他很烦。他开始拉金线，让一周快点过去，这样周日到了；他还可以让时间走得更快，一直到他期盼的休假。就这样，两年时间对他来说像做了一个梦那样短暂。

回到家里后，彼得下定决心：不到万不得已，决不拉金线。无论如何，这是他一生中最美好的时光，别人也这么说他。他不想让这些美好的日子过得那么快。不过，他还是稍微地拉了一两次金线，只是为了让结婚的那天快点到来。他想把这个秘密告诉丽兹，但是他知道，一旦说了就会立刻死去。

婚礼那天，每个人，包括彼得自己都感到非常幸福。他迫不及待地给丽兹看他为丽兹盖的房子。婚宴结束的时候，他无意中扫了一眼自己的母亲。他第一次发现，母亲的头发已经灰白了。她好像老得很快。彼得感到很内疚，他拉金线的次数太频繁了。他又一次下定决心，从此以后他要更加小心，除非万不得已的时候才去拉金线。

几个月后，丽兹怀孕了。彼得高兴极了，简直恨不得马上见到孩子。孩子诞生时，他感到此生已别无所求。但是，当孩子生病或者整夜不睡、不停哭闹的时候，他就又拉了一小段金线。他只是想让孩子快点好起来，开开心心的。

世事艰难。生意不好，政府用税收挤干了人们的收入，而且不容反抗。任何人一旦提出抗议，不用经过审判，就会被投入监狱，根本不需要什么证据就足以判处一个人。彼得心直口快，很快被抓了起来，进了监狱。幸运的是，他有银球。他狠狠地拉了一段金线，监狱的高墙在他的眼前溶化了，敌人在响雷一样的巨大爆炸中消失了。这是一段非常痛苦的日子，但是它像夏日的暴雨一样很快地过去了，留下了一片身心俱疲的宁静。彼得发现自己已经回到家中，但他已经人到中年。

接下来的一段时间里，一切都很好，彼得很满意自己的生活。一天，他看了一下银球，吃惊地发现金线已经变成了银线。他看看镜子里的自己。他的头发开始变得灰白，脸上出现了以前没有的皱纹。他突然感到害怕，告诫自己要比以前更加小心地使用银线。丽兹给他生了许多孩子，他很高兴成为一个大家庭的一家之主。他的沉稳风格让孩子们觉得他是一个慈爱的家长。他很有权威，好像手中永远掌握着别人的命运。他把银球放在一个隐蔽的地方，不让好奇的孩子们看到。他知道，一旦有人发现了银球，那将是致命的。

随着孩子越来越多，他们的房子显得拥挤了。他需要扩建房屋，但这需要钱。他还有另外一个担心：他的母亲一天天老起来，看上去一天比一天疲惫。不能再拉银线了，那样只能促使她走向死亡。但很快，母亲就死了，彼得站在她的坟墓边，不明白生命怎么会过得这么快,即使他没有再拉银线。

  一天夜里,他躺在床上,担忧得无法入睡。他想,如果孩子们都长大,能独立生活了,自己该有多轻松啊!于是,他又用力地拉了一下银线。第二天醒来的时候,他发现孩子们都已经离家到各地去工作了,家里只剩下他和妻子丽兹。

  现在他的头发几乎全白了,他爬梯子或者上房梁的时候,经常会感到腰酸腿痛。丽兹也老了,而且经常生病。他不能眼看她痛苦,所以又频繁地拉动银线。但是一个麻烦解决了,另一个麻烦又来了。如果退休,生活可能就会轻松些了,彼得想。那样,他就不需要再爬到高处去修理通风口或者建造房子了,当丽兹生病的时候,他也可以有时间照顾她了。他再一次拿出银球。令他惊讶的是,他看到线已经不再是银色,而是变成了黯淡的灰白色。他决定到森林里去,把所有的事情好好想一遍。

  他已经很久很久没有到森林里来了。小树苗都长成了高大的冷杉,很难找到他以前熟悉的小路。最后,他来到了林中空地中的长凳边。他坐在长凳上,睡着了。突然,有人叫他的名字:"彼得,彼得!"

  他向四周张望,看到了多年前送他银球的老妇人。老妇人的模样还和给他银球那天一样,一点不见老。她冲着彼得微笑着。

  "怎么样,彼得,你的生活幸福吗?"她问道。

  "说不上幸福不幸福,"彼得说,"你的银球是个奇妙的东西。我生活中从来没有过痛苦和等待,痛苦和等待都过得很快。但我也没有时间去体会我遇到的事情,无论是好事还是坏事。现在我已经没有多少时间了。我不敢再拉金线,因为那只会带我走向死亡。我觉得你的礼物并没有给我带来好运。"

  "你真是忘恩负义!"老妇人说,"那你想用什么方法改变这一切呢?"

"或许要是你给了我一个不同的球,既能把线拉出来,又能把线再塞回去。这样,当事情变糟时我就能重来一次。"

老妇人大笑起来。"你真是贪心!你认为上帝能让我们活两遍吗?但是,我能让你实现最后一个愿望,你这个既愚蠢又贪婪的家伙。"

"什么愿望?"彼得问道。

"选择。"老妇人说。彼得使劲地想着。最后,他说:"我想让我的人生重新来过,但是不再借助银球。我会重新经历所有的坏事和好事,而且不让这些时光变短。那么,我的生活就不会像白日梦那样转瞬即逝,毫无意义。"

"好吧!"老妇人说,"把球还给我。"

她摊开手,彼得把银球放在她的手上。然后,他坐回长凳上,疲倦地闭上眼睛。

再次醒来的时候,他正躺在自己的床上。他的妈妈还年轻,正俯着身轻轻地摇着他。

"醒醒,彼得。你上学要迟到了,瞧你睡得像死猪一样!"

他惊讶地看着年轻的妈妈,松了口气。

"我做了一个可怕的梦,妈妈。我梦到我又老又病,我的一生一眨眼就过去了。没有任何东西可以证明我曾经活过,甚至连记忆也没有。"

他的妈妈笑着摇摇头。

"这样的事情永远都不会发生,"她说,"每个人都会有记忆,即使在我们老了以后……现在快起来,穿衣服。丽兹等着你呢,上学要迟到了。"

彼得和丽兹朝学校走去,这是一个阳光灿烂的夏日清晨,他感到生活很美好。他马上就要见到他的朋友和同学了,连上课也不再是什么坏事了。你看,他又等不及了。

在这篇故事里,出现了关于时间和永生的主题(还有充满智慧的老妇人形象);这一主题同样也出现在赛琳娜·黑斯廷斯(Selina Hastings)的绘本《想长生不老的男人》(*The Man Who Wanted to Live Forever*)中。时间的流逝和魔法石也是露西拉·克利夫顿(Lucille Clifton)的鬼怪故事《幸运石》(*The Lucky Stone*)的主题,故事讲了一个拥有魔法石的黑人从奴隶时代来到现代的经历。愿望成真后才发现最值得珍惜的是什么,这样的经历不只发生在彼得这样的年轻人身上,在本书第380页的《点金术》中,国王米达斯也遭遇了同样的命运。

娜塔莉·巴比特的《不老泉》(*Tuck Everlasting*)也讨论了这一主题,我觉得它是二十世纪最好的儿童小说之一,适合五年级及以上的学生阅读。

动物的故事

　　这里有七个有关动物的故事，是从经久不衰的儿童文学畅销书和最经典的动物小说中挑选出来的。其中有两个是有关狗的故事，还有一个世界上最大的熊的故事，以及一头著名的驯鹿的故事，最后一部是过去半个世纪中最畅销的儿童小说。

《彼得兔的故事》(The Tale of Peter Rabbit)
(英)比阿特丽克斯·波特　著

世界上最有名的慰问信

《彼得兔的故事》是为孩子们写的最有名的故事之一，它的销量也最高。不过这个故事最有意思的地方，恰恰是写故事的人——作者。

比阿特丽克斯·波特于一八六六年出生在伦敦的一个富裕家庭。她的父母无疑是爱她的，但是他们好像并不知道孩子最需要什么，因为他们大部分时间都把孩子交给保姆、奶妈或家庭教师。她整天（就连吃饭）都待在她家顶层的一个房间里，房间的所有窗户上都装着护栏。

之所以在窗户上加护栏，是因为她的父母担心她会掉下去。他们还担心她染上疾病，害怕她从别的孩子身上学到坏习惯。因此，他们不允许她去上学或者和邻居的小孩玩。有一段时间，弟弟是她最好的朋友，但是弟弟最终去上学了，她又一次孤独地待在家里。

因为被过度保护和与世隔绝，她的身体变得非常虚弱。她常常生病，性格非常腼腆。她唯一的快乐是全家到苏格兰度假。那里远离伦敦拥挤的街道，周围是农场、田地和池塘，生活着各种各样的野生动物和植物，这在她的眼前展开了一个崭新的世界。她在乡村漫步，照顾她的女佣给她讲那些女巫和女神的故事，这拓展了她的想象力。

从小时候起，她就喜欢在育婴室里画画，乡村给了她真正的灵感，让她可以不停地画。她的手指渴望记录下她看到的一切东西。她的记忆力和观察力很强,有些东西即使是很久以前见到的,她也能够准确地回想起来,无论是书上的某句话还是树桩下小蘑菇的样子。

苏格兰的度假生活也唤醒了她和弟弟对野生动植物的浓厚兴趣,他们建立了一个秘密的"动物园",收集了所有能够找到的植物、昆虫、鸟和其他一些动物。由于父母不赞成他们进行这样的活动,他们就偷偷地把这些昆虫和动物带到顶楼,以便照着画或者做研究。他们甚至做过很残忍的事情:把小动物的尸体煮烂,把骨头剔出来重新组装。就这样,女孩把对动物的观察变成了绘画,画满了好多本素描本。

她着迷于动物和画画。长大一点后,她和父亲在一起的时间多了一些,但从来没有和自己的母亲亲密过。父母规定,如果没有家人或者用人的陪同,就不准出门。十几岁的时候,她一直在日记中用密码一样的文字记录每天的想法,这一习惯至少持续了八年。

十七岁那年,父母为她请了最后一任家庭教师——时年二十一岁的安娜·卡特。安娜会教她德语并陪伴她。她们在一起的两年间(之后,安娜因结婚离开了),成了亲密的朋友。安娜后来还帮她逃离了占有欲极强的父母。

在之后的八年中,她的父母替她作了所有的重要决定,而她自己全心全意地描绘野生动植物,特别是花;有时会和父亲参观博物馆和画廊。她专心喂养着自己的宠物,最喜欢的宠物是一只大大的灰兔子,她把兔子养在伦敦家中顶层的房间里。她特别喜欢从美国传入的《叔父的故事》这本书,这是一本非洲黑奴讲述的民间故事集,里面有一个叫做兄弟兔的小骗子。出于好玩的心理,她从书中选出了一些她喜欢的故事,画上插图。(参见前文《叔父的故事》。)

成年后的她,温和优雅,关心别人,包括自己的父母。正是这种善良和慷慨,促使她有一天开始给她曾经的家庭教师安娜·卡特(现在是莫尔夫人）生病的儿子写信,那年她二十七岁。她在给诺尔勒·莫尔写的信中讲了有关宠物兔的小故事,配着钢笔素描。莫尔夫人的孩子们非常喜欢母亲的这位朋友,他们把这些信视为珍宝,保留了下来。

与此同时,她向一些贺卡公司出售绘画作品和装饰画。但是,她总感觉还有更重要的事情在等着她去做。一九〇〇年,在三十四岁的时候,她在家中顶楼里创造的梦幻世界终于开始呈现。她决定用写给莫尔家的孩子们的信,尤其是诺尔勒生病时写给他的信,编成儿童故事。

她把故事拿给六家出版商看,他们都没有采用。

但是多年来,她已经养成了坚毅的性格。如果没有人愿意出版她的书,她就自己花钱出版。她印制的小书在朋友中和当地商店里非常受欢迎,最终于一九〇二年,一位慧眼识珠的出版家弗里德里克·沃恩决定出版这本书,并立刻在大西洋两岸一炮打响。这为她赢得了大量的金钱和荣誉。

更让出版商（和她的家人）惊讶的是,她还很有商业头脑,并对儿童图书的形式和阅读方式有独到的看法。她认为,儿童图书应该是小开本（孩子更容易拿在手里）,价格要比当时出版商的定价低,文字应该有讲究。事实上,她的第一本书中包括了多数教材出版商认定对孩子来说很深的词汇,例如,"淘气"、"葡萄干"、"夹心圆面包"、"黄瓜"、"哀求"、"挖掘"、"两周"和"甘菊茶"等。

她还具备超前的理念。在她的书出版后的一年中,当沃尔特·迪士尼对她笔下的人物进行捆绑式商业推广的时候,她又开发了小兔玩偶。多年来,除米老鼠之外,世界上带有她创作的彼得兔形象的产品最多。

最终,金钱和声誉使她有能力离开家庭,尽管家里的人不希望她离开。她继续给家人以适当的照顾，经常去看望他们，但是她不希望他们再控制她的生活。她购买了一些农庄，写了二十七本书，并最终在四十七岁的时候违背父母的意愿结了婚。当她的视力下降到无法再画画的时候，她隐退到乡间，饲养绵羊，过着宁静的田园生活。

她深受全世界的读者以及相邻的农场主的喜爱。一九四三年，七十七岁的她，在温馨的乡村小屋里，在丈夫和狗的陪伴下，与世长辞。从在伦敦的家中度过孤独的童年到辞世，她走过了漫长的人生道路。即使到了晚年，她和当年那个把小动物偷偷带进卧室的小姑娘仍然没有多少区别，还会给在乡村小屋里跑来跑去的小老鼠喂饼干屑。

她的名字叫比阿特丽克斯·波特。她给诺尔勒·莫尔写的慰问信最后成了《彼得兔的故事》。今天，在彼得兔的形象诞生一百年之后，除了兔巴哥，没有一只兔子比它更出名。

从前，有四只小兔，他们分别叫跳跳、蹬蹬、棉尾巴和彼得。他们和兔妈妈住在一棵高大的冷杉树下的树洞里。

"亲爱的孩子们，"一天早晨，兔妈妈说，"你们可以到田野里去玩儿，也可以到乡间的小路上去玩儿，但千万别进古里古里先生的菜园。你们的爸爸就是在那里出的事，被古里古里太太做成了馅饼。"

"好了，出去玩儿吧，别淘气啊。我得出趟门。"

说完，兔妈妈就拎起篮子，夹着雨伞，穿过树林，到面包房去了。她要去买一根长长的黑面包和五个葡萄干夹心圆面包。

跳跳、蹬蹬和棉尾巴都是乖宝宝，他们沿着乡间小路采黑莓去了。

可是，彼得这个淘气包，却马上朝古里古里先生的菜园跑去，从紧紧关着的大门底下钻了进去。

他先吃了一些莴苣和四季豆，接着又啃起了小红萝卜。不过，可能是萝卜吃得太多了，他觉得有点不舒服，想再找些芹菜来换换胃口。

可他刚拐过黄瓜架，就一头撞见了古里古里先生！

古里古里先生正跪在地上种卷心菜，他一看见彼得就跳了起来，一边追赶，一边挥舞着一只钉耙大叫："别跑，小偷！"

彼得吓坏了，着急忙慌地在菜园里东奔西窜，因为他忘了大门在哪里。

他在卷心菜地里跑丢了一只鞋，在土豆地里跑丢了另一只鞋。

不过，丢掉鞋子后，他撒开四条腿，反而跑得更快了。我猜想，要不是因为运气不好，撞到了醋栗丛里，他肯定已经成功地逃之夭夭了。可是，醋栗的枝杈缠住了他夹克衫上的大纽扣——那可是一件崭新的蓝色夹克衫，纽扣都是黄铜做的。

彼得为自己的厄运感到很沮丧，他呜呜咽咽地哭起来。几只好心的麻雀听到他的哭声，飞到彼得身边，叽叽喳喳地鼓励他再加把劲。

古里古里先生拿着一个筛子冲了过来，他想用筛子扣住彼得的头，但彼得却及时地挣脱了。这一次，他把夹克甩在了身后。

然后，彼得一溜烟地跑进工具房，跳进了一个铁罐里。要不是那里面装满了水，藏在那里倒也不错呢。

古里古里先生肯定小兔子就藏在工具房里，说不定在哪个花盆底下。他把花盆一只只地翻过来，仔细查看。

就在这时，彼得打了个喷嚏——"阿嚏！"古里古里先生一眼发现了他。

古里古里先生想用脚踩住彼得，彼得却从窗口跳了出去，连带着撞翻了三盆花草。窗口太小了，古里古里先生挤不过去，而且他也累得不想再追。于是，他回去干活了。

彼得终于可以坐下来歇一歇了，他差点喘不上气，害怕得瑟瑟发抖。他不知道该怎么走出去。更糟的是，因为刚才躲在那只水罐子里，他的全身都湿透了。

过了好一会儿，他才渐渐缓过神来，然后慢慢地、慢慢地向前挪了几步，紧张地东看看西望望。

他前方那面墙上有一扇门，但锁住了，门下边的缝隙又太小，对肥肥的彼得来说，根本不可能挤出去。一只老耗子在那石头台阶下跑进跑出，为她树林里的一大家子搬豆子。彼得向她问路时，她嘴里正塞着一颗很大的豆子，所以没法说话，只好冲彼得摇摇头。彼得呜呜地哭了起来。

后来，彼得几次穿过菜园想找到回家的路，但越走越迷糊。最后，他来到了一个小池塘边，古里古里先生常常在这里用铁壶灌水。一只白猫正在水边盯着几条金鱼，她一直静静地、静静地坐着，只有尾巴尖不时地抽动一下，好像只有尾巴才是活的。彼得觉得最好别理她，立刻走开，因为很久以前，他就从堂兄本杰明那儿听说过这些猫的事了。

彼得又回到了工具房。突然，他听见不远处传来一阵"吱——呀呀——吱呀——吱呀呀"的声音。彼得吓得一头钻进了灌木丛，可过了一会儿，什么动静也没有，所以他又从灌木丛中钻出来，爬上了一辆独轮手推车，从那上面向下窥探。他一眼就看见正在挖洋葱的古里古里先生，背对着彼得，而在古里古里先生的面前，就是菜园的大门！

彼得飞快地跳下手推车，撒开脚丫子，穿过灌木丛直向大门跑去。站在墙角的古里古里先生当然也看见了他，可是彼得已经顾不上了,他哧溜一下就从大门底下钻了出去,回到了树林里,终于安全了。

古里古里先生把彼得的小夹克和小鞋子挂在了竹竿上,充当稻草人,吓唬那些来偷嘴的山雀。

彼得一刻不停地朝回跑,一直到跑回大冷杉树底下的家,才敢回头看看身后。

他累坏了,一回到家,就一头栽倒在柔软的沙土地板上,闭上了眼睛。兔妈妈正忙着做饭,她很奇怪,彼得的衣服又去哪儿了呢。两周以来,他已经第二次丢掉小夹克衫和小鞋子了!

我得遗憾地告诉你,彼得那天晚上还是病了。

妈妈把他抱上了床,然后煮了一些甘菊茶,那是专门给彼得煮的药!

"睡觉前要喝满满一大勺。"

而跳跳、蹬蹬和棉尾巴却吃了一顿有面包、牛奶和黑莓的香喷喷的晚饭。

彼得兔的故事讲了一个调皮鬼逃命的故事,你也许能从中揣测:这个故事多少表达了作家本人想逃离父母控制、做所有其他小孩可以做的好玩事情的愿望,是吧?

她还写了好几本关于彼得兔和它的朋友的书:《小兔本杰明的故事》(*The Tale of Benjamin Bunny*)、《跳跳兔的故事》(*The Tale of the Flopsy Bunnies*)、《托德先生的故事》(*The Tale of Mr. Tod*)。这些书和她的另一些作品都是弗里德里克·沃恩出版的,她自己最喜欢的一本是《格洛斯特的裁缝》(*The Tailor of Gloucester*)。

如果你想了解更多比阿特丽克斯·波特的生平逸事，这里向你介绍一本适合孩子阅读的优秀传记——伊丽莎白·巴肯（Elizabeth Buchan）的《比阿特丽克斯·波特：彼得兔创造者的故事》（*Beatrix Potter: The Story of the Creator of Peter Rabbit*）。另外还有两本供成人阅读的传记——玛格丽特·莱恩（Margaret Lane）的《比阿特丽克斯·波特的故事》（*The Tale of Beatrix Potter*）和朱迪·泰勒（Judy Tailor）的《比阿特丽克斯·波特：艺术家、故事家和农妇》（*Beatrix Potter: Artist, Storyteller and Countrywoman*）。

选自《夏洛的网》(Charlotte's Web)
（美）E. B. 怀特 著

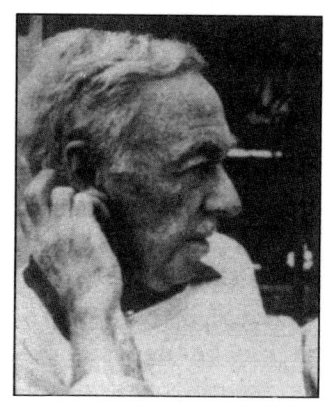

船屋里的作家

一九五〇年，在缅因州的一个窄小的船屋里，作家 E. B. 怀特正在绞尽脑汁为他的第二部儿童小说的故事情节进行艰难的取舍。他已经在这个难题上耗了几周了。一天，当他抬头看天花板的时候，突然之间找到了答案。最终，他采用的这个答案使他的故事比他之前的任何作品都出名。

在此之前，E. B. 怀特就已经小有名气了。他是名牌杂志《纽约客》的撰稿人。他一直在为成年人写作，只写过一篇儿童故事。眼下，他远离嘈杂的城市，到海边度假，想试着为孩子写本书。

他坐在船屋里的小凳上，趴在桌边潦草地写写停停，刚写几个字却又划掉，然后再写上几个字。他借着附近窗口的灯光，凝视着大海，那儿空无一人，只有远处的田鼠和松鼠陪伴着他。就是在此情此景下，他写出了此后五十年中流行全世界的好故事——《夏洛的网》。

可以很有把握地设想，在这个阴暗的船屋里，他的思绪时不时地飞回到另外一间阴暗的小屋——纽约弗农山那间充满爱的阁楼，他出生并且长大的地方。许多著名的儿童文学作家童年都不太幸福，如：比阿特丽克斯·波特、拉迪亚德·吉卜林（Rudyard Kipling）、C. S. 刘易斯和弗朗西丝·霍奇森·伯内特……但是 E. B. 怀特不在此列，他的童年充满了爱和温暖。他的父亲决心给孩子们所有的温暖和安全，因为他自己童年时因为父亲酗酒不曾得到过这样的温暖。

他们住在郊区的一所大房子里，房顶有一间小阁楼，小怀特总爱躲在里面读书、幻想。这里是他下雪天停课时的温暖小窝，也是他玩儿童铜件结构玩具（即乐高玩具的前身）的地方。

在写小猪威尔伯的时候，也许他心中回想起了他的第一只小狗——马克，它每天都在他放学回家的路上等他；他可能也想到了童年时房后马棚里的马匹、干草和马具，还有鸽子、鸭子和乌龟。小怀特在马厩里最初闻到的味道和感觉都在夏洛的畜舍里再现。

在他用打字机打出《夏洛的网》最后的七篇手稿时，还可能经常想起他的哥哥斯坦利。E. B. 怀特童年时，哥哥斯坦利打字时的声音和打字机的神奇让他着迷，激励着他成为作家。在孩童时期，他们的父亲已经很老了，不能在假期的时候带他们去缅因州的田野里散步。是斯坦利教他认识花和野生动物以及如何划独木舟；是斯坦利教会他认字，给他看《纽约时报》里的文章，大声地朗读，开玩笑和扮小丑；斯坦利还告诉他，读书就像吃蛋糕一样容易。小怀特相信他，就这样学会了阅读。

可是，有这么多美好的记忆和帮助，E. B. 怀特在写作和打字的时候还是会偶尔皱眉头。他这个人一直心事很重，从童年的时候就已如此。在学校里，他担心的事情很多，其中最担心的是被叫起来站在同学面前背诵课文。这是他一生中都感到恐惧的事情，这也使他后来经常收到演讲邀请时几乎全拒绝了。

成年后，他的恐惧感有增无减，只有当他来到乡村，投入儿时熟悉的大自然的怀抱中时，才会感觉好一些。后来这些恐惧感减少了一些，但是并没有完全消失。他担心些什么呢？例如有一次：他在农场里养了几头猪，养得很肥，每到秋天，这些猪就会被屠宰掉。

他每天给猪喂食，所以在杀猪的时候，他的心里总有一种犯罪感：他一天天地看着这些猪，和猪越来越亲近，所以他的心里觉得自己背叛了这些猪。

如何解决这个忧虑呢？他写了这本有关猪的书，在这个故事中，这头猪将以某种方式得救。令人烦恼的是，应该用什么方式呢？他想了一周又一周，寻找思路。后来有一天，他抬头往上一看，一只灰色的大蜘蛛正在船屋的天花板上织网，他忽然有了灵感！不过虽然有了救这头猪的办法，却需要有另外一个生命为此牺牲。而正因为这样做，E.B. 怀特成了近半个世纪以来首位把死亡写进儿童文学的重要作家。五十年来，作家和编辑们一直认为儿童不理解死亡，也不会对死亡感兴趣。怀特的书证明了这一观点是错误的。

E.B. 怀特就这样写了一本关于忧虑、友谊和死亡的书，书名叫《夏洛的网》——评论家们认为它"近乎完美"。以下是第一章。

早饭前

"爸爸拿着斧头去哪里呀？"摆桌子吃早饭的时候，弗恩问妈妈。

"去猪圈。"阿拉布尔太太回答说，"昨天夜里有小猪出生了。"

"我不明白，他去猪圈带斧头干什么？"八岁的弗恩又说。

"噢，"妈妈说，"有一只小猪长得不好，又瘦小，没什么用，所以你爸爸决定处理掉它。"

"处理？"弗恩尖叫着，"你是说杀掉它？就因为它比别的小猪瘦小？"

阿拉布尔太太把奶油罐放在桌子上。"别嚷嚷，弗恩！"她说，"你爸爸是对的。那头小猪反正活不长。"

弗恩推开挡道的椅子,跑出屋子。草地湿漉漉的,散发出春天的气息。追上爸爸的时候,弗恩脚上的运动鞋都湿了。

"别杀它!"弗恩呜咽着,"这不公平。"

阿拉布尔先生停下脚步。

"弗恩。"他亲切地说,"你要学会控制自己。"

"控制自己?"弗恩叫道,"这是关系到生死的事情,你还说什么控制自己。"眼泪流到了她的脸颊上,她抓住斧头柄,想把斧头从爸爸的手里抢过来。

"弗恩。"阿拉布尔先生说,"养猪的事,我比你知道的多一些。病弱的小猪会很麻烦的。你回去吧。"

"但是这不公平。"弗恩叫道,"生下来就弱小不是它的错,不是吗?如果我生下来就很弱小,你也会杀掉我吗?"

阿拉布尔先生笑了。"当然不会。"他低下头疼爱地看着女儿说,"但这是两码事。小女孩是一回事,小猪是另一回事。"

"我看不出有什么不一样,"弗恩仍旧抓着斧头,反驳说,"这是我听到过的最不公平的事情。"

阿拉布尔先生的脸上掠过古怪的表情。他好像也要哭了。

"好吧,好吧。"他说,"你先回家,我回家时把那只小猪带给你。你可以拿奶瓶喂它,就像喂婴儿一样。然后,你就知道养它会有多麻烦了。"

半个小时后,阿拉布尔先生回来了,他的胳膊下夹着一个纸箱。弗恩正在楼上换鞋。厨房的桌子上摆好了早饭,房间里飘着咖啡、熏肉和石灰受潮后的味道,炉子里还飘出了柴火的烟味。

"放在她的椅子上!"阿拉布尔太太说。阿拉布尔先生把纸箱放在弗恩的座位上,然后走到水池边洗了洗手,用挂在架子上的毛巾擦干。

弗恩慢慢地走下楼梯,她的眼睛哭得红红的。当她走近自己的椅子时,纸箱轻轻动了起来,里面传来抓挠的声音。弗恩看了一眼爸爸,然后掀开纸箱盖。纸箱里面,一只刚刚出生的小猪正抬头看着她。是只小白猪,晨光照在它的耳朵上,把耳朵映成了红色。

"他是你的了。"阿拉布尔先生说,"你救了他一命。愿老天原谅我干的这傻事。"

弗恩目不转睛地盯着瘦弱的小猪。"噢,"她轻声地说,"噢,看他!真是棒极了!"

她小心地盖上纸箱。她先亲亲爸爸,又亲亲妈妈。然后,她又打开纸箱,把小猪抱出来,贴在脸蛋上。就在这时,哥哥艾弗里走了进来。艾弗里今年十岁,他全副武装,一只手拿着气枪,另一只手握着木匕首。

"那是什么玩意?"他问道,"弗恩得了什么?"

"她来了位吃早饭的朋友。"阿拉布尔太太说,"艾弗里,先去洗手、洗脸!"

"让我看看!"说着,艾弗里放下了气枪,"这么可怜的小东西也能叫猪?可真是只'好'猪!还没有一只小白鼠大呢!"

"艾弗里,快去洗洗,吃早饭!"妈妈说,"还有半小时校车就来了。"

"爸爸,我也可以要一只猪吗?"

"不可以。我只把猪给早起的人。"阿拉布尔先生说,"弗恩天一亮就起床了,还打抱不平,要扫尽天下不平事。结果,她得到了一只猪。当然,猪很小,但毕竟是只猪。这就说明,如果早晨能按时起床,也许会遇到什么好事。好了,我们吃饭吧!"

可是,在宝贝小猪喝完奶之前,弗恩是没有心思吃饭的。阿拉布尔太太找到了一个婴儿奶瓶和橡胶奶嘴。她把温奶倒进奶瓶里，套上奶嘴，递给弗恩。"给他喂早饭吧！"她说。

一分钟后，弗恩坐在厨房角落的地板上，把她的小宝宝放在膝盖上，教他从奶瓶里喝奶。小猪尽管很瘦，胃口却很好，很快就学会了。

门外传来了校车的喇叭声。

"快点！"阿拉布尔太太催促道，她从弗恩手里接过小猪，往她的手里塞了一个炸面包圈。艾弗里抓起气枪，又拿了一个炸面包圈。

两个孩子跑到路边，坐上校车。弗恩没有跟校车上的同学打招呼，她只是静静地坐下，看着窗外，想着这是多么快乐的世界，她能独自照看一只小猪又是多么的幸福。等校车到达学校的时候，弗恩已经给她的宝贝猪起好了名字，一个她能够想到的最好听的名字。

"他叫威尔伯。"她轻声地对自己说。

她还在想着小猪的时候，老师提问道："弗恩，宾夕法尼亚州的首府是哪里？"

"威尔伯。"弗恩做梦似的回答道。同学们都咯咯地笑了。弗恩脸红了。

在接下来的故事里，威尔伯有吃有喝，有人照料，甚至还和弗恩的洋娃娃一起被塞进了婴儿车里。但是不久，他就长得膘肥体壮，吃得又很多，这样，他没法跟弗恩一家住在一起了。他们把他卖给了弗恩的叔叔。于是，威尔伯开始在粪堆里过上了猪的生活，还遇见了这本书里其他神奇的动物。

在儿童作品里，经常会出现孩子拯救动物的情节。在《懒龙的故事》(*The Reluctant Dragon*)（第 266 页）中，一个孩子要从"圣乔治"的剑下救出一条龙。在《温和的本》(*Gentle Ben*) 中，一个孩子保护了一只科迪亚克棕熊（第 246 页）。

E. B. 怀特还有几部很优秀的儿童小说：《精灵鼠小弟》和《吹小号的天鹅》(*Trumpet of Swan*)。喜欢夏洛和她的朋友们的人应该也会喜欢弗兰克·艾许（Frank Asch）的《铂尔的诺言》(*Pearl's Promise*) 和《铂尔的海盗》(*Pearl's Pirates*)，罗伯特·劳森（Robert Lawson）的《兔子希尔》(*Rabbit Hill*)、《艰难的冬天》(*Tough Winter*) 和《罗巴特：尾巴的故事》(*Robbut: A Tale of Tails*)，还有迪克·金-史密斯（Dick King-Smith）的《小猪也会飞》(*Pigs Might Fly*)。

最后介绍两本优秀的动物故事选集：阿尔玛·E. 古因奈斯（Alma E. Guinness）编著的《动物和人差不多》(*Animals Can be Almost Human*)、萨拉·科林（Sara Corrin）和斯蒂芬·科林（Stephen Corrin）编著的《给孩子们看的宠物故事》(*Pet Stories for Children*)。

选自《小鹿斑比》(Bambi)
（奥地利）费利克斯·萨尔腾 著

荒野生活

  如果一个作家不太喜欢自己的名字，或者不希望让人知道自己的真名，他就会在作品上署另外一个名字。这就是笔名。《小鹿斑比》的作者真名叫西格蒙德·扎尔茨曼（Siegmund Salzman），费利克斯·萨尔腾是他的笔名，我不知道他为什么这么起。

  他出生于匈牙利，在奥地利长大。众所周知，奥地利这个国家有很多森林，森林里有许多小鹿，所以奥地利人一直有打猎的传统。萨尔腾童年时家境贫寒，体弱多病，这些因素影响了他成年后的写作。他没怎么上过学，所受的教育大部分来自图书馆和自己的阅读。成年后，他曾在一家保险公司工作，但是他觉得这份工作非常无聊，于是开始写故事，想以此滋润枯燥的生活。写作最终把他带进记者和作家的行列。

  也许是由于有过贫困和痛苦的童年，萨尔腾觉得自己就像小鹿和兔子那样的猎物，希望唤起公众对弱者的同情心。《小鹿斑比》写完之后十年，迪士尼将这个故事搬上了银幕，这时，萨尔腾的身份更像"猎物"了，因为德国纳粹入侵了奥地利。萨尔腾是犹太人，只好逃到了瑞士，直到一九四五年在那里去世。

  《小鹿斑比》最初是用德语写的，然后被翻译成英语。这是很艰难的过程，如果找不到一位真正精通这两种语言的译者，就会毁掉这本书。被选中的译者很出色，是一个年轻的美国人，他不仅会英语和德语，还精通其他十多种语言。当时他还是个无名小卒，但是后来成为美国最受争议的人物之一。他名叫惠特克·钱伯斯（Whittaker

Chambers），出生在费城，就学于哥伦比亚大学，师从过美国有名的教授，许多教授断言钱伯斯将来肯定会成为知名的作家。

《小鹿斑比》的开头描写了灌木丛深处一只幼鹿的出生。下面选编的是第二章，这表现了萨尔腾十分了解儿童的语言方式。我敢肯定他经常带着孩子们在林中散步，置身在大自然中，因为小鹿斑比提的问题所有的孩子都会这么问。在这一章里，鹿妈妈用非常严肃的语气对他讲话，暗示书中后来的危险。

第二章

初夏时分，在湛蓝的天空下，树木舒展着枝叶，享受着阳光的爱抚。一丛丛灌木鲜花绽放，有红色，有白色，还有黄色，星星点点。有的花朵已经结出了荚。荚挂在细细的枝头，柔嫩而结实，就像一个个握紧的小拳头。地面上也是鲜花簇簇，就像五颜六色的星星，微微闪着光，宁静、热烈、多姿多彩。大树的幼枝、含苞待放的花蕾、潮湿的土地和绿色的灌木，全部散发出迷人的芬芳。每当太阳初升或者夕阳西下，整个丛林中就回荡着上千种声音，蜜蜂和黄蜂从早到晚都在嗡嗡地叫个不停，为宁静沉郁的芳香平添了几分生动的活力。

斑比的童年就是在这里度过的。这时他跟在妈妈的身后，走在灌木丛中的一条小道上。行走在灌木丛中是多么惬意呀！茂密的树叶摩挲着他的身体，然后轻轻地向两侧分开。有许多地方似乎无路可走，但他们依然很轻松地穿过了。整个丛林到处都是这样纵横交错的小路，他的妈妈熟悉其中每一条小路。有时斑比会在灌木丛前停住脚步，以为那是一堵无法穿过的绿墙，妈妈却总能毫不犹豫而且毫不费劲地发现一条路，然后穿过去。

斑比的脑子里总是有许多问题，他喜欢向妈妈提问题。对他来说，最快乐的事情就是提问，然后听妈妈回答。对自己那些接二连三、无休无止地冒出来的问题，他一点儿也不觉得奇怪。他觉得这是非常自然的事情。期待答案的过程也让他高兴，如果答案和他想的一样，他就会很满意。当然，有时那答案他听不懂，但是他依然很高兴，因为他会用自己的方法想象着他不懂的地方。有时候他觉得，妈妈肯定没有告诉他全部的答案，故意不把她所知道的全都说出来。但在斑比看来，这也很好玩，因为这样能让他保持一种好奇、一种怀疑，以及一种预期，就这样半神秘、半惊喜地冲击着他的心……这一切让他既焦虑又快乐，又渐渐地变得安静下来。

有一次，他问道："妈妈，这条路是属于谁的？"

妈妈回答道："属于我们。"

"你和我吗？"

"是的。"

"只属于我们两个人吗？"

"不是，"妈妈说，"属于我们鹿……"

"鹿是什么呀？"斑比说着，笑了起来。

妈妈从头到脚地打量着他，也笑了。"你是一只鹿，我也是一只鹿。我们俩都是鹿。"妈妈说，"懂了吗？"

斑比兴奋地跳起来。"噢，我懂了。"他说，"我是一只小鹿，你是一只大鹿，对吧，妈妈？"

妈妈点了点头，说："嗯，现在你明白了！"

但是，斑比的神情变得认真起来。"除了我们俩，还有别的鹿吗？"

"当然了，"妈妈说，"有很多。"

"他们在哪里?"斑比喊道。

"就在这里,到处都有。"

"可是我没看见呀。"

"你就会看见的。"

"什么时候?"斑比好奇地停下脚步。

"马上。"妈妈继续静静地走着。斑比跟在后面。他没有说话,因为他在想,"马上"到底是什么意思。最后他得出了这样的答案:"马上"肯定不是"现在"。但是他又不太明白"马上"和"不久之后"哪里不一样。突然,他又想起了一个问题:"是谁修了这条路呢?"

"我们。"妈妈回答道。

斑比吃惊地问:"我们?你和我?"

妈妈说:"我们……我们鹿。"

斑比问道:"都有谁呢?"

"我们所有的鹿。"妈妈很快回答道。

他们继续走着。斑比兴高采烈地一蹦一跳,但是他一直紧挨着妈妈。前方的地面上突然发出一阵"沙沙"声。有什么东西藏在蕨类植物和野莴苣丛里,还在快速地朝前移动着。接着传来一声细细的可怜的尖叫,紧接着又安静了下来,只留了一地的树叶和草屑。原来,一只白鼬抓住了一只老鼠,然后偷偷地跑到路边,准备美餐一顿。

"出了什么事?"斑比紧张地问。

"没事的。"妈妈安慰他。

"可是,"斑比害怕地说,"可是,我看到他了。"

"是的,"妈妈说,"别害怕。刚才白鼬杀死了一只老鼠。"但是斑比吓坏了。莫名的巨大恐惧抓住了他的心,过了好长时间他才开口说话。他问道:"可是,他为什么要杀死那只老鼠呢?"

"因为……"妈妈犹豫着,"我们快点赶路吧!"说着,她好像想起了什么事,又好像忘了回答斑比的问题。她开始跑起来,斑比蹦蹦跳跳地跟在她的身后。

随后是长长的沉默。他们又静静地往前走。终于,斑比不安地问:"我们有时也会杀死老鼠吗?"

"不会。"妈妈回答道。

"从来不吗?"斑比问。

"从来不。"妈妈答道。

"为什么从来不?"斑比放下心来,又问。

"因为我们从来不杀任何动物。"妈妈简单地说。

斑比又高兴起来。

路边一棵小白蜡树上,突然传来了一阵吵闹声。妈妈没有停下脚步,而是继续往前走,斑比却站住了,想瞧个究竟。隐隐约约地,他听到两只小鸟在为争夺鸟窝而争吵。

"走开,你这个杀人犯!"一个声音叫道。

"冷静点,你这个疯子。"另一个回击道,"我才不怕你呢。"

"找你自己的窝去!"第一只鸟大声嚷嚷,"要不然,我就扭断你的头。"他发狂地怒吼着,"真卑鄙!真卑鄙!"

另一只鸟发现了斑比,然后猛拍着翅膀,打掉了几片树叶,又朝斑比喊道:"你傻呆呆地看什么?你这个傻瓜!"

斑比害怕地跳开了。他追上了妈妈,小心翼翼地、乖乖地走在她的身后,心想,幸好妈妈没有发现他刚才不在。

过了一会儿,他问道:"妈妈,什么叫卑鄙?"

"我不知道。"妈妈说。

斑比想了一会儿,然后又问:"妈妈,他们为什么会吵架?"

"他们在争夺食物。"妈妈回答。

"我们有时也会争夺食物吗?"斑比问。

"不会。"妈妈说。

"为什么不会?"斑比问。

"因为我们有足够的食物。"妈妈回答。

斑比还是不放心。"妈妈?"他又开始问了。

"什么?"

"我们有时也会吵架吗?"他问。

"不会的,孩子。"妈妈说,"我们不会那么做。"

他们继续朝前走去。现在他们的前方变得明亮起来,渐渐地越来越亮。小路的尽头是一丛丛藤蔓和灌木丛,再往前走几步,就是明亮的开阔地带。斑比想跳过去,妈妈却停住了脚步。

"这是什么地方呀?"斑比兴奋而焦急地问道。

"是草地。"妈妈回答。

"什么是草地?"斑比又问。

妈妈打断了他的话。"你马上就知道了。"她说。她的神情非常紧张,一下子警觉起来。她一动不动地站着,头抬得高高的,凝神倾听着四周的动静。然后,她深深地吸了一口气,表情非常严肃。

最后,她说:"好了,我们可以出去了。"

斑比要朝前跳,但是妈妈拦住了他。

"你在这里等着,等着我叫你,你再出去。"她说。斑比马上听话地站住不动。"这就对了。"妈妈称赞他说,"现在,你要仔细听我说的话。"斑比听出妈妈的语气很严肃,更觉得兴奋了。

"在草地里走没有那么简单。"妈妈接着说,"这是一件非常困难、非常危险的事情。不要问我为什么。慢慢地你就会明白。现在,完全照我说的做。你能做到吗?"

"能。"斑比保证道。

"好。"妈妈说,"我先一个人出去,你待在这里等着,但你的眼睛一刻也不要离开我。如果你看到我往回跑,你就马上转身跑,能跑多快就跑多快,我会追上你的。"她沉默片刻,好像在思考,接着又缓缓地说:"你只管跑……不管你看到了什么事情,即使看到我跌倒了……也不要管我,懂吗?不管你看到或听到什么,只管自己跑,跑得越快越好。你能向我保证吗?"

"我保证。"斑比轻声答道。妈妈说得那么郑重。

她接着说:"我走出树林后,如果我叫你,你不要四处乱看,也不要问问题,而是要马上跟在我身后。明白了吗?不要停,也不要想,只要跟着我跑。如果我开始跑,那么你也要马上跑,不要停步,一直跑回这里来。你会记住的,是吧?"

"会的。"斑比有点担心地说。

"现在,我要出去了。"妈妈说。她的表情好像又平静下来。

妈妈走了出去。斑比的眼睛一直盯着妈妈,看着她怎样缓慢、谨慎地朝前走。他站在那里,满怀着期待、恐惧和好奇。他看到妈妈边走边听着四面八方的动静。忽然,他见妈妈惊了一下,自己也跟着吓了一跳,准备转身向灌木丛深处跑。这时,他看到妈妈又重新镇静下来。妈妈舒展了一下身体,又满意地察看了一下四周,然后朝他喊道:"出来吧。"

斑比跳了出来。他欣喜若狂,立刻忘记了刚才的担忧。在灌木丛中,他只能看到绿色的树梢,偶尔能看到一点蓝天。

现在,他看到的是一望无际的蓝天,不知道为什么,他的心中充满了喜悦。在森林中,他只能看到时有时无的光线,或者从树枝中透过来的斑斑光点。现在,他突然间已经站在了明亮、耀眼的阳光下,无垠的阳光照在他的身上,暖融融的。强烈的光线刺得他闭上了眼睛,却让他的心全然敞开了。

斑比就像中了魔咒一般狂喜。他朝空中跳着，三次、四次、五次。他无法抑制想跳的欲望，觉得非蹦蹦跳跳不可。他愉快地伸伸小腿，呼吸轻松而畅快。他呼吸着新鲜的空气，草地散发出的芳香也让他感到愉快，让他不由自主地朝空中跳去。

斑比还是个孩子。如果他是个人类的孩子，他就会大声地喊叫。但是，他是一只小鹿，鹿是不会喊叫的，至少不会像人类的孩子那样喊叫。因此，他用腿和整个身体表达着喜悦，不断地把自己抛向空中。他的妈妈高兴地站在一边。她看着斑比如此兴奋；她看着斑比朝空中跳跃，又笨笨地原地摔倒；她看着斑比茫然地向四周张望，一遍又一遍地向空中跳跃。她知道斑比只见过森林里狭窄的小路，他出生以来的短暂日子里只习惯于灌木丛中的生活。他从来没有离开过那里，所以他还不知道在开阔的草地上怎么自由地奔跑。

因此，她伸直前腿，微笑着，斜着身体看了斑比一会儿。突然，她猛地冲了出去，沿着弧线奔跑起来，周围的草被她踩得瑟瑟作响。

斑比惊呆了，站在那儿一动不动。妈妈在向他发出跑回灌木丛的信号吗？妈妈曾对他说过："无论你听到什么，或者看到什么，不要管我。只管向前跑，跑得越快越好。"他刚要转身，按妈妈说的那样跑起来，妈妈却突然带着好听的嗖嗖声，朝他奔跑过来，在离他两步远的地方停了下来。她朝着斑比弯下身体，先是大笑，然后大声说："来追我吧！"随即又奔跑起来。

斑比不明白，这是什么意思？然后妈妈又飞快地跑回来，这更让斑比发懵。她用鼻子推着斑比的身体，飞快地说："来，试着追上我！"然后，她又飞奔起来。

斑比开始追她。他先跑了几步，然后，他的脚步变成了跳跃，接着，他感觉自己毫不费力地飞了起来。他越跳越高，越跳越远，越跳越快……斑比快活极了！

耳边传来动听的嗖嗖声,柔软的草就像丝绸般轻抚着他的身体。他转着圈跑。他转一圈回来,又开始跑新的一圈,接着飞奔起来,就这样,不停地跑着。

妈妈安静地站在一边,呼吸平缓下来。但她的眼睛一直盯着斑比。斑比还兴奋着。

突然,斑比不再跑了,他姿态优雅地回到妈妈身边,高兴地看着妈妈。两个人肩并肩地漫步着,欣赏着周围的风景。

自从到了开阔地带,斑比就全身心地感受着天空、阳光和绿色的草地。他眯着眼睛望了望太阳,感到阳光正温暖地洒在他的背上。

现在,他开始欣赏这片草地。他每走一步,都感受到一次惊奇。这里看不到森林里那种黑色的泥土,每一寸土地上都覆盖着绿草,绿草随风轻柔地起伏着。他每踩下一步,小草就会轻轻地弯向一侧,等他抬起脚便又恢复了原样。广阔无垠的草地上星星点点地开满了白色的雏菊、红色或紫色的苜蓿,还有金色的蒲公英。

"快看,妈妈!"斑比喊道,"有一朵花在飞。"

"那不是花,"妈妈说,"那是一只蝴蝶。"

斑比着迷地盯着蝴蝶。蝴蝶从草丛中轻盈地飞出来,令人眼花缭乱地在空中飞舞着。然后,斑比看见草地上有很多飞舞的蝴蝶。她们看上去很匆忙,却飞得不快,飞上飞下像在做游戏,这让斑比很高兴。她们真的很像会飞的鲜艳花朵,但不会停在枝叶上不动,而是时不时地松开枝叶,飞向空中;她们也有点像花朵,在日落时分停下来休息,但她们不在固定的地方,总是一遍又一遍地飞起来寻找,直到找到满意的立足之地,落下,消失。然而,她们总会再飞起来,起初是慢慢地飞,然后越飞越高,寻找更远的地方,因为附近所有的好地方都被别人占了。

斑比凝视着蝴蝶。他很想靠近一只蝴蝶,面对面地仔细观察,但是他做不到。她们总是不停地飞着,拍打着周围的空气。

当他再低头看地面时,惊奇地发现脚下有成千上万只忙碌的小生物,他们四处跑着,跳着,密密麻麻的一大片。转眼之间,又消失在草地中。

"妈妈,那些是什么?"他问。

"那些是蚂蚁。"妈妈回答。

"看,妈妈,"斑比惊叫道,"有一根草在跳,看,他跳得多高!"

"那不是草,"妈妈解释道,"那是可爱的蚂蚱。"

"他为什么要跳走?"

"因为我们走到了这里,"妈妈回答说,"他害怕我们会踩到他。"

"噢。"斑比说着,面朝坐在雏菊上的蚂蚱。"嘿!"他很有礼貌地说,"别害怕,我们不会伤害你的。"

"我不害怕。"蚂蚱哆嗦着回答道,"我只是正好在跟我的妻子说话,被你们吓了一跳。"

"请原谅我们打搅了你。"斑比不好意思地说。

"没关系,"蚂蚱颤抖着说,"还好是你们,所以没什么事。但是你永远不知道谁会来,因此必须小心提防。"

"这是我第一次来到草地上。我从来没有到过这里,"斑比解释道,"我妈妈带我来……"

蚂蚱低着头坐着,突然伸出头好像要去撞什么。他表情严肃地小声说:"我对你的事不感兴趣。我没有时间在这里和你聊天。我得去找我的妻子了。"叭嗒!他跳了起来。

"叭嗒!"斑比看到蚂蚱跳得那么高,一下子就无影无踪了,吃惊地重复了一句。

他跑向妈妈。"妈妈,我跟他说话了。"他喊道。

"和谁说话?"妈妈问道。

"和蚂蚱。"斑比说,"我跟他说话了。他对我非常非常友好。我真的很喜欢他。他长得好漂亮,好绿,身体两边就像有两片透明的绿叶子,可是绿叶子是不透明的。"

"那是他的翅膀。"母亲说。

"噢,"斑比接着说,"他的表情很严肃,但是他对我很好。还有,他那一跳!叭嗒!"他说,"跳得好高,我就再也看不见他了。"

他们继续走着。和蚂蚱的对话让斑比很兴奋,但也让他觉得有点累,因为这是他第一次和陌生人说话。他感觉有点饿了,就贴在妈妈身边要吃奶。

他安静地站着,慵懒地看着前方,每次妈妈给他喂奶,都会让他感到一种无法形容的幸福。他注意到了杂乱的草丛中有一朵闪着光在移动的花。斑比靠近仔细一看。不是花儿,是蝴蝶。斑比走近了一些。

蝴蝶挂在草叶上,慢慢地拍着翅膀。

"待着别动。"斑比说。

"为什么不能动?我是蝴蝶。"那昆虫吃惊地问道。

"噢,请不要动,就一小会儿。"斑比请求着,"我特别想靠近看看你。请别动。"

"好吧,"蝴蝶说,"既然你都请求我了,但是时间不能太长。"

斑比站在蝴蝶的前面。"你真美呀!"他着迷地喊道,"多美呀!像花儿一样。"

"什么?"蝴蝶挥动着翅膀喊道,"你说像花儿?我们蝴蝶都认为自己比花儿更美。"

斑比有点难为情。"噢,是的。"他结结巴巴地说,"是比花儿更美丽,对不起。我的意思是……"

"不管你是什么意思,对我都是一个意思。"蝴蝶反驳道。他做作地弓起纤细的身体,抚弄着自己精巧的触须。

斑比高兴地看着他。"你太优雅了!"他说,"又优雅又漂亮!你的翅膀多漂亮、多洁白!"

蝴蝶把翅膀完全展开,然后抬起翅膀合在一起,像一只竖起的白帆。

"噢,"斑比喊道,"我知道你比花儿更美丽。不但更美丽,而且你还能飞,花儿不能飞,因为花儿是长在茎上的。"

蝴蝶挥动着翅膀。"好了,"他说,"那我要飞走了。"他轻盈地飞起来。斑比几乎看不到他,或者说是眼睛很难跟上他。他的翅膀轻柔而优雅地挥舞着,飞入了夏日的空气中。

"我是因为你求我才停了这么久。"他扇着翅膀停在斑比面前,"现在,我该走了。"

这是斑比第一次发现草地。

在接下来的章节里,妈妈向斑比说明了在森林中生活的真实情况——快乐与危险共存、四季的更迭、寒冬的严酷和烈火的可怕。她还提到了斑比的爸爸,以及猎人。市面上有节录本的录音带和迪士尼出的录像带。

威尔逊·罗尔斯则在《红色羊齿草的故乡》中,大胆地运用了猎人的视角,讲述了一个感人至深的故事。

选自《黑骏马》(*Black Beauty*)
（英）安娜·西韦尔　著

马的最好的朋友

这个写马的最有名的故事既不是写于牧场边，也不是写于干草棚里，甚至不是一个能骑马的人写出来的。它的作者是一个躺在床上不能走路的女性作家，但这并不妨碍它成为最重要的动物小说。这本书叫《黑骏马》，作者是安娜·西韦尔。

因为动物不识字，当然也不能读书，所以你可能会认为，有关动物的书只能影响人类，而不能影响到书中的主角——动物。但《黑骏马》不是这样，在所有能读到这本书的国家里，很多马都因此而受惠。

安娜·西韦尔于一八二〇年出生在英格兰，在那个年代，马是最主要的交通工具和"重体力劳动者"。那时候没有公交车、小汽车或者飞机，马车是乡村和城镇唯一的代步工具。像那个时代的大部分人一样，安娜·西韦尔也是乘坐马车旅行，就像我们今天乘坐汽车旅行一样。

然而十四岁那年，她遭遇了一次可怕的堕马事件，导致踝骨严重摔伤，成了跛子。后来很多年，为了减轻症状，她接受多次治疗，但都毫无效果。到了三十多岁时，她不得不乘坐小马车外出，而在人生的最后十年中，她只得卧床不起。失去了行走的自由后，她再也不愿意乘坐任何一种交通工具。在漫长的独处时间里，她开始关注马的苦难。

那时，马的普遍待遇是被奴役，没有任何权利、也几乎没有逃跑的可能。当她看到残忍的骑手和出租马车司机虐待马的时候，她决定为马写一个"自传",讲述它从在种植园里耕作到成为运输工具,最后来到牧场的生活变迁,写遍其中的酸甜苦辣。她用第一人称讲述故事,通过马的眼睛看世界。

西韦尔写这个故事的用意是:呼吁人们停止对马的不人道待遇。大体上,她算成功了。就算不是独一个,但至少可以说,很少有一本关于动物的书能像这本书那样产生如此大的反响。在《黑骏马》出版之前,马萨诸塞州防止动物虐待协会的负责人,正在物色作家来写一本动物小说,像《汤姆叔叔的小屋》那样对奴隶制度产生重大影响那样,起到倡导动物保护的作用,但是没有一位作家理会他们的呼吁。后来,西韦尔的书出版了。他们马上购买了十万本,把书赠送给成千上万的报纸和杂志的编辑,以及出租马车的司机。他们的英国同行也随之行动起来,在自己的国家广泛地传播西韦尔的书。

通过这本书,公众的目光开始关注马车残忍的装置,比如缰绳,它强迫马总是高高地昂着头,不让它低头。她还指出了出租马车司机如何对马进行虐待。除此之外,书中还批评了上流社会流行的残酷的马术运动,你将在下面选入的第二章中读到。总之,《黑骏马》是十九世纪八十年代一本对马的"改革之书",就像今天的电视纪录片《拯救海豹》和保险杠贴纸为保护海豹所做的那样。

同时,西韦尔希望能把故事写好,这方面她也成功了。故事中细致地描述了马的激情与情感,充满悲喜交织的情节,当然,最后有一个光明的尾巴。一九七七年英国的一项调查显示,虽然这本书已经出版了一百年,马也几乎从马路上消失了,但这本书仍旧是十多岁孩子的最爱。可惜的是,安娜·西韦尔再没有写出第二本书。写完《黑骏马》仅一年多,她与世长辞,时年五十四岁。

E. B. 怀特在《夏洛的网》中让农场里的动物开口说话,说出了动物自己的想法,这一点正是继承自安娜·西韦尔开创的动物小说的传统。

下面是《黑骏马》中的前两章。

第一章　我最早的家

记忆中,我的第一个家在一片广阔、美丽的草地上,那儿还有一个清澈的池塘。池塘边大树的浓荫投在水面上,池水深处长着芦苇和睡莲。越过草地的树篱,一边能望到一片耕地,另一边能看到我们主人家的大门,那房子紧靠路边。草地的尽头连接着一片冷杉树林,在它们交界的地方,有一条小溪从陡峭的山坡上蜿蜒流下。

那时我还太小,只能吃妈妈的奶,还不会吃草。白天,我绕着妈妈跑来跑去;夜里,我躺在妈妈身边睡觉。天热的时候,我们通常待在池塘边的树荫下;天冷的时候,我们就待在冷杉树林旁温暖的马厩里。

等我长大了会吃草的时候,妈妈白天就要出去工作一整天,晚上才能回来。

这片草地上,除了我之外,还有六只小马驹,他们都比我大,有的已经接近成年马的身量了。我常常和他们一起奔跑,很好玩。我们在田地上一圈一圈地跑,尽力飞奔。有时候,小马驹之间也会做出一些野蛮的行为,比如互相踢咬。

一天,当我们正在相互尥蹶子的时候,妈妈嘶鸣着叫我过去。她郑重地对我说:"我希望你仔细听我下面的话。在这里生活的马驹都很不错,但他们是拉车的,也从来没有学习过礼貌。而你是优良品种的马，出身高贵，你的爸爸在这一带享有盛名，你爷爷在新市场赛马中连续两年获得奖牌，你奶奶是我所认识的脾气最温顺的马。我想你也从来没有见过我咬人或者踢人。我希望你长大后能成为有绅士风度的、善良的马，千万不要学那些坏毛病。用心做好你的事情，小跑的时候要稳重，绝对不能咬人或者踢人，即使在玩耍的时候也不可以。"

我从来没有忘记妈妈的话。我知道她是匹聪明的老马，我们的主人很看重她。她的名字是"公爵夫人"，但是主人经常叫她"宝贝"。

我们的主人是位善良、仁慈的人。他给我们优质的食物和整洁的住处，对我们说话时也很温和，就像对小孩子说话一样温和。我们都很爱他，我妈妈尤其爱他。每当看见主人出现在门口时，她总会欢快地嘶鸣，小跑着迎过去。他会抚摸着她说："你好啊，老宝贝，你的小黑怎么样？"我是一匹黑马，所以他叫我小黑。然后他会给我一块面包，很好吃的面包，有时候他会给我妈妈一根胡萝卜。所有的马都会朝他走过来，但是我觉得，我和妈妈是他的最爱。每逢赶集的日子，我妈妈总是拉着双轮马车驮着主人到镇上去。

有一个农夫家的孩子，叫迪克，他有时会到我们的田里来，在树篱下采黑莓。他吃饱了就会拿小马驹来寻开心，朝小马驹扔石头或棍子，吓得他们直跑。我们并不太在意他，因为我们可以跑走。但是，有时候石头会打到我们身上，很疼。

一天，迪克又玩这手，他不知道主人正在旁边的田里，看见了一切。主人马上跳过树篱，一把抓住迪克，照着他的耳朵狠狠地打了一巴掌，迪克又疼又惊地尖叫起来。我们一看到主人，就朝他跑过来，想看看到底发生了什么事情。

"臭小子！"他说，"臭小子！欺负小马驹。这不是第一次，也不是第二次，但这将是最后一次。拿上你的工钱，赶紧走。我再也不想在我的农庄里看到你。"从此以后我们再也没有见过迪克。老丹尼尔是负责照看马匹的人,他和我们的主人一样善良,我们得到了很好的照料。

第二章 围猎

在我满两岁的前一天,发生了一件我永远无法忘怀的事情。那时正值早春,夜里有一点霜冻,树林里、草地上笼罩着轻柔的薄雾。我和几个小马驹正在吃草,突然听到远处传来一阵像狗叫的声音。我们当中年纪最大的那个抬起头,竖起耳朵,说:"这是猎犬!"说完,他就朝田地的另一头跑去,我们其余几个紧跟着。在那里,透过树篱,我们能看到远处的田野。我妈妈和另一匹老马也站在附近,他们好像知道发生了什么事情。

"人们发现了一只野兔,"我妈妈说,"如果他们往这边走,我们就能看到围猎的场面。"

不一会儿,狗群往我们邻近的小麦地里狂奔过来。我从来没听到过他们发出的那种声音。不是吠,不是嚎叫,也不是哀鸣,而是一种尖而高的声音,不停地叫着"呦呦,呜呜,呦呦,呜呜"。狗群后面跟着一帮骑在马背上的男人,其中几个穿着醒目的绿色衣服。他们竭尽全力地飞奔着。老马喷着鼻息,热切的目光紧盯着他们,而我们这些小马驹,也特别想和他们一起奔跑。但是,他们很快就跑远了,到了下边低处的草地。他们到这里来好像就是想找到野兔的踪影。随后,猎犬也叫着离开,用鼻子嗅着向四处跑去。

"他们跟丢了。"老马说,"也许野兔逃掉了。"

"什么野兔?"我问。

"噢!我不知道什么野兔,很可能是从农场里逃出来的家养兔子。

人们特别喜爱追猎野兔。"不一会儿,猎犬又开始"呦呦,呜呜,呦呦,呜呜"地叫。然后又一起飞速地奔跑回来,穿过草地,冲上河岸,朝小溪边的树篱跑去。

"现在我们应该能看到野兔了。"妈妈说。就在这时,一只野兔惊恐地跑了出来,奔向冷杉树林。猎犬们在后面紧紧追赶着,冲过河岸,跳过小溪,穿过田野,后面跟着围猎的男人们。有六七个男人骑着马干净利落地跃过小溪,追上了狗。野兔试图穿过栅栏,但是栅栏太密了。它急忙转身,朝大路跑去。可是,太晚了,猎犬们叫着,追上了野兔。我们听到了一声尖叫,那是野兔发出的临死叫声。一个猎手骑着马奔过来,用鞭子驱散猎犬,不然它们就会把野兔撕成碎片。他拎起野兔血淋淋的后腿,所有的绅士好像都兴高采烈。

看着这一切,我非常吃惊,以至于没注意小溪那边发生的剧变。等我定睛一看,才发现那场面有多惨烈:两匹骏马摔进了小溪,一匹正在溪水中挣扎,另一匹躺在草地上呻吟。一个骑手正从浑浊的泥水中爬出来,另一个则躺在地上,一动也不动。

"他摔断了脖子。"妈妈说。

"活该!"一匹小马驹说。

我也是这么想的,但是妈妈不同意我们的看法。

"不,"她说,"你们不能这么说。虽然我是一匹老马,经历过很多事情,但是我从来就弄不明白为什么有人会喜欢这种运动。他们经常只为一只野兔、一只狐狸或者一头牡鹿而弄伤自己,毁掉马,践踏田地,他们本可以用其他更容易的方法抓住他们……但我们只是马,弄不懂这些。"

我妈妈说这些话的时候,我们一直站着,看着。许多骑手朝那个年轻人跑去,一直在观望的主人第一个扶起了他。年轻人的头朝下垂着,双臂耷拉着,每个人的脸色都很凝重。一时间,周围安静下来,连猎犬们都不叫了，好像知道发生了严重的事故。他们把年轻人抬到我主人的房子里。后来我听说，他叫乔治·戈登，是乡绅的独生子，英俊高大，是全家的骄傲。

这时，人们急忙四处去找医生和兽医，无疑还要到乡绅戈登家去通知这场意外。兽医邦德先生来了，他看着躺在草地上呻吟的黑马，把马的全身上下摸了一遍，然后摇摇头说：这匹马断了一条腿。然后，有人跑到我主人的房子里，拿了一把枪出来。不一会儿，传来"砰"的一声和可怕的尖叫声，然后，一切归于平静，黑马再也不动了。

我妈妈看起来很难过。她说，她认识那匹马已经好多年了，他的名字叫罗伯·罗伊，是一匹勇敢的马，浑身上下没有一丝缺陷。从那以后，我妈妈再也没有去过发生事故的地方。

几天后，我们听到教堂钟声长鸣，又看到门外驶过一辆奇怪的黑色四轮大马车，那辆车很长，上面盖着黑色的布，拉车的马也是黑色的。随后，又来了几辆四轮大马车，一辆接一辆，都是黑色的，而钟声一直回荡在空中。他们载着年轻的戈登到教堂的墓地安葬。他再也不能骑马了。他们是怎么对待罗伯·罗伊的，我无从得知。但我知道，这一切仅仅是为了一只野兔。

在接下来的章节里，小马驹被套上了嚼子和辔头，然后配上了挽具和马鞍。这让他觉得很不舒服。被卖掉以后，他开始了轰轰烈烈却又充满伤痛的职业生涯。这个经典故事有一百多个不同的版本，我个人最喜欢的是由查尔斯·基平（Charles Keeping）配以壮美插图的版本和弗里茨·埃辛伯格（Fritz Eichenberg）配图的版本。

这本书还被改编成了一部优秀的电影：《黑骏马的勇气》（The

Courage of Black Beauty)。市面上可以买到或租到整本书的录音带。

描写马的优秀作品还有：沃尔特·法利（Walter Farley）的《黑色牡马》(*Black Stallion*) 系列、玛格丽特·亨利（Marguerite Henry）的《风之王》(*King of the Wind*) 和贝茜·拜厄斯（Betsy Byars）的《卡萨米亚的小飞马》(*The Winged Colt of Casa Mia*)。还有一个非常感人的动物故事——土屋幸夫（Yukio Tsuchiya）的《忠实的大象》(*Faithful Elephants*)，这个故事是以第二次世界大战中的日本为背景。

选自《灵犬莱西》(Lassie Come-Home)

（美）埃里克·奈特　著

世界上最有名的狗

小时候，埃里克·奈特家里很穷，买不起狗。事实上，他家穷得连生活都难以为继。但是，这并不妨碍他强烈地想拥有一条狗。长大以后，这个愿望激励他写出了史上最伟大的狗故事之一。

关于狗的故事成千上万，但只有很少几部能成为经典。杰克·伦敦（Jack London）的《野性的呼唤》（Call of the Wild）和《白牙》（White Fang）是经典中的经典，即使它们出版于将近一个世纪之前，而且并不是专门给儿童写的。

然后，有了埃里克·奈特写的《灵犬莱西》和威尔逊·罗尔斯写的《红色羊齿草的故乡》。很有意思的是，杰克·伦敦、埃里克·奈特、威尔逊·罗尔斯这三位作家，小时候家境都非常贫寒。伦敦在童年时，有一次曾用小刀撬开厨房地板上的缝，找面包屑吃。他们都把人类对饥饿的感受写进了狗故事里。

但是所有关于狗的书中，《灵犬莱西》最有名，这主要是因为它多次出现在好莱坞电影、卡通片和电视节目中，连《绿野仙踪》里多萝西的狗托托也得排在它后面。其实，灵犬莱西的故事来自作者的亲身经历。

埃里克·奈特的童年就是一本书，如果他活得再久些，他可能会把自己的童年故事写成一本书。他于一八九七年出生在英国的约克郡，是一个富有的钻石商人的儿子。但奈特刚刚两岁的时候，他的父亲就去世了，留下身无分文的年轻妻子和四个嗷嗷待哺的幼子。一夜间，他们家从极其富有变为一贫如洗。"我知道橙子，"有一次奈特说，"那些年里我收到的唯一的圣诞礼物就是——一个橙子。"

他的母亲照顾不了这么多的孩子，就把他们寄养在不同的亲戚家，自己则去俄罗斯找了一份家庭教师的工作。奈特四兄弟在成年前很少见面。埃里克·奈特在上小学的时候，有几年住在约克郡的叔叔尼德家，他叔叔是一个工人，非常喜爱狗，经常给侄子讲关于狗的故事，尤其是一条牧羊犬的故事。

在那个年代，童年到十二岁左右就结束了，奈特很快离开了学校到工厂打工。在十五岁之前，他先后在纺织厂、锯木厂和棉花厂，甚至在玻璃吹制厂打过工。满十五岁后，他们全家在美国团聚，但是多年的分离冲淡了家人重聚的天伦之乐。后来，奈特又上了几年学，但是他渐渐变得不安分，后来在加拿大入伍，参加了第一次世界大战。

那时离电视的出现还有十五年，美国家庭的主要娱乐方式是阅读报纸和杂志，人们最喜欢故事类的杂志。因此，埃里克开始写故事投稿。其中一个故事是有关一只牧羊犬和它所在的一个约克郡工人家庭的生活。这个故事发表在一九三八年十二月的《星期六晚邮报》上，刊登之后，杂志马上收到了很多读者的来信，好评如潮。

一九四〇年，奈特把这个故事扩写为小说，小说之后还被翻译成二十五种语言，赢得了全世界各地读者的心，并且多年来一直是波兰学校的必读书。

以下是《灵犬莱西》的前两章。

第一章 绝不出售

在格林桥村,没有人不知道凯拉克劳家的狗莱西。事实上,她是村里最出名的狗。原因有三个。第一,全村公认,莱西是那种前所未见的最棒的柯利牧羊犬。

这样的由衷赞美绝不过分,因为格林桥村位于约克郡,走遍全世界,只有这里的狗是真正的"狗中王者"。这里位于英格兰北部,气候寒冷,似乎比其他地方更适合狗的生存。寒风和冷雨席卷着平坦的沼泽地,因此狗身上的皮毛格外厚,狗的体格也像生活在这里的人一样强壮。

这里的人们喜欢狗,也特别会养狗。在这个英格兰最大的县,随便走进几百个矿区的任何一个小村庄,你都可以看到这样的场面:在穿着厚厚工作服的身份卑微的工人身后,总会跟着一条血统高贵、举止优雅的狗。这足以让世界其他地方有钱的养狗人艳羡不已。

如同约克郡的其他村庄一样,格林桥村的人懂狗,理解狗,热爱狗,有许多十全十美的狗跟在普通男人的脚后。但是,他们都同意这样的说法,如果有比萨姆·凯拉克劳家的三色牧羊犬更棒的狗,那肯定是在他们出生之前很久的事情。

莱西在全村这么有名还有第二个原因。这是因为——正如一个妇人说的——"你可以用她来对表"。

这件事可以回溯到多年以前,那时莱西还是一条快乐、鲁莽的一岁幼犬。一天,萨姆·凯拉克劳的儿子乔兴奋地回到家。

"妈妈!今天我从学校出来的时候,你猜谁在那里等我?莱西!可你说,她是怎么知道我在学校呢?"

"她可能是闻着味了吧，乔。"

但不知怎么回事，第二天，第三天，莱西都到学校门口等乔。几周、几个月、几年过去了，她总是到学校接乔。站在木屋窗前的女人们，或者站在店铺门口的店主们，只要一看到黑白和淡黄色毛相间的、骄傲的莱西一路小跑过去，就会说："现在是差五分四点，莱西去接乔了！"

无论刮风下雨，还是烈日炎炎，莱西都会在学校门口等着乔——穿过校园跑跳着的一群男孩中的一个。对莱西来说，只有这个男孩和她有关系。他们总是快乐地相互问候，然后他们两个——男孩和狗一起回家。四年来天天如此。

平时莱西在村里就讨人喜欢。几乎人人都认识她，格林桥村所有的人都为莱西骄傲，因为她象征着某些他们不好解释的东西——跟他们的自尊有关，而自尊这东西常常和金钱连在一起。

比方说，如果一个人养了一条特别好的狗，那么有一天它就不再是狗，而会变成一种四条腿的值钱的东西。当然，它还是狗；但又是某种其他的东西，因为那些有钱人可能会听说过这条狗，机灵的商人或狗场主可能会见过这条狗，然后他们可能会想买下它。尽管富人可能会像穷人一样爱狗，他们在这一点上没有区别，区别是在对金钱的看法上。穷人会坐在那里想，他需要买多少煤来过冬，需要多少双鞋子，需要多少口粮来喂饱孩子们。回到家后，他就会说："我是不得已才卖掉狗的，别怪我！我们以后会再养一条，你会像爱这条狗一样爱它。"

就这样，格林桥村的许多好狗都离开了家。但是莱西没有！

为什么？全村的人都知道，就连鲁德林公爵都无法买下萨姆·凯拉克劳家的莱西。鲁德林公爵住在数英里外的大庄园里，有一个养狗场，养着许多好狗。

三年来，鲁德林公爵一直想买莱西，但是萨姆始终坚持不卖。

"老爷，您出多少钱都没有用。"他说，"她是无价的，不出售。"

全村人都知道这些。这也是为什么莱西对他们来说意义重大：她代表着一种自尊，是用金钱不能买走的自尊。

然而，狗的主人是人，而人会遭受命运的重击。在人的一生中，这种打击有时候会残酷到让人不得不低下头，抛弃自尊，换来全家吃的面包。

第二章 "我永远不要别的狗"

莱西没在那儿！乔只知道这一点。那天，他和同学从教室出来，一起兴高采烈地跑过校园，就像你在全世界任何地方看到的放学景象一样。经过几百天养成的习惯，乔再自然不过地来到校门口——莱西总在那里等他。但是今天，莱西不在那儿！

乔站住了，这个强壮、乐天的男孩，棕色眼睛上的眉毛皱成了一团。他想弄明白为什么莱西没来。一时间，他无法断定自己的直觉是否准确。

他向街上张望着。也许莱西迟到了！但他知道这不可能，因为动物不像人。人有表和钟，可以用"表慢了五分钟"为理由迟到，但动物不需要机器告诉它们时间。它们身体里有某种比钟表还准确的东西。这就是"生物钟"，而且永远不会出错。它们确定地、真切地、精准地知道，什么时候该去做生命中已设置好的某件常规任务。

乔了解这一点。他和父亲谈过这个问题：莱西是怎么知道什么时候该去学校门口接他的。莱西不会迟到的。

乔站在初夏的阳光下，想着想着，突然，他脑海里闪过一个念头：莱西会不会被车撞了！

这个念头光想想都让他害怕,他努力把它从脑海里赶走。莱西受过很好的训练,可以漫不经心地在大街上走。她总是沿着村庄的鹅卵石路优雅地、平平安安地回家。再说,格林桥村没有什么汽车,一里外的河谷边才有公路,只有一条小路通到村口,而这条小路再往前到高沼地时就变成很窄的小道。

莱西可能被人偷走了!

然而,这也几乎不可能。外人根本没办法把手放在莱西身上,除非有凯拉克劳家的人命令她服从。再说,在格林桥村方圆数英里,没有人不知道莱西,没有人敢碰她。

那么,她到底怎么了?

像世界上所有的男孩一样,乔解决这个疑问的方式就是赶快往家跑,把这件事告诉母亲。

他沿着主街,能跑多快跑多快。他穿过街上的店铺,穿过村庄,跑到通向山坡的小路上,又穿过大门,沿着菜园的小路,最后穿过木屋的门,大声地喊着:

"妈妈,妈妈,莱西出事了!她没有去学校接我!"

话刚一说出口,他就知道发生了什么事情。屋里没有人跳起来问他是怎么回事。好像没有人担心他们的狗会遇到意外。

乔注意到了。他背靠着门站着,母亲站在桌旁,眼睛低垂,望着餐桌,餐桌上摆着她准备的下午茶。她静静地站了几秒钟,然后望向自己的丈夫。

乔的父亲坐在火边的矮凳上,转头朝着儿子。他没有说话,又慢慢地把头转向火堆,目不转睛地盯着火。

"妈妈,怎么啦?"乔突然喊道,"发生了什么事情?"

凯拉克劳太太慢慢地把一个盘子放在餐桌上,然后说:"好吧,总得有人告诉他。"她似乎是对着空气说。

她的丈夫没有动。她转头望着儿子。

"乔，现在也该让你知道了，"她说，"莱西不会再到学校接你了。哭也没用！"

"为什么？她怎么啦？"

凯拉克劳太太走到火边，把壶放在火上。她没有转身就接着说："因为她被卖掉了，这就是原因。"

"卖掉了！"男孩高声地叫道，"卖掉了！你为什么要卖掉她，为什么要卖掉莱西？"

母亲生气地转过身。

"总之，她被卖掉了，走了，离开了。不要再问任何问题，问也没用。莱西走了，就是这样，我们不要再谈这事了。"

"可是，妈妈……"

男孩哭出声来，他茫然失措地号啕大哭。但母亲制止了他。

"好了，别哭了！来，喝你的茶！过来！坐下！"

男孩听话地坐在桌边。女人转过头对火边的男人说：

"过来，萨姆，吃点东西。上帝知道，我们的茶点也太寒酸了……"

女人安静下来，因为她丈夫突然气冲冲地站起来。然后，他没有说话，大步走到门口，从柱子上摘下帽子向外走去，嘭的一声带上了门。之后，木屋安静下来。女人用责备的口气说：

"看看你做了些什么！让你父亲生那么大的气。这下你高兴了吧。"

她疲倦地坐在椅子上，看着桌子。小木屋里安静了很长的时间。乔知道母亲为这些事情责备他是不公平的。但他也知道，这是母亲掩饰痛苦的方式。她承受的自责跟他是完全相同的。这是这儿的人们一贯的方式。他们是粗糙、固执的人，习惯过着粗糙艰苦的生活。当有什么事情触动了真情，他们就会想办法掩饰。女人们通过责备别人或者闲扯掩饰受到的伤害。他们不知道这样的掩饰意味着什么,只是等着情感的风暴过去……

"来,乔,吃点东西!"

母亲的声音现在变得柔和、有耐心。

男孩看着自己的盘子,没有动。

"来,乔。吃点面包和黄油。看,多新鲜的面包,我今天刚烤的。你不想吃吗?"

男孩把头埋得更低了。

"我不想吃。"他哽咽着说。

"噢,狗,狗,狗,"母亲又突然生气了,她的声音又变得怒气冲冲,"所有这些麻烦都是因为一条狗。好吧,如果你问我,是不是高兴莱西离开,我想是的。照顾一个孩子就够我烦的了。现在她走了,离开了,我高兴,我,我高兴……"

凯拉克劳太太胖胖的身体一阵抖动,然后只见她深深地叹了一口气。她又从围裙口袋里拿出手帕,擤擤鼻子。最后,她看向一直静静地坐着不动的儿子,悲伤地摇摇头。这次她的声音又变得耐心而温柔了。

"乔,过来。"她说。

男孩起身,走到母亲的身边。她用丰满的胳膊抱住他,他的头转向火炉。

"看,乔,你已经长大了,该懂事了。你看,嗯,你知道最近这些日子,我们过得不好。你明白是怎么回事。我们需要食物,我们还要付房费。而莱西值很多钱,再说,我们也没有能力养她,就是这样。现在日子这么艰难,你不应该再让你父亲操心。他已经够烦的了。好了,就这样吧,莱西已经走了。"

木屋里,小小的乔站在母亲的身边。他其实明白。在格林桥村,即使是一个十二岁的小男孩也知道什么叫"日子艰难"。

多年来,从孩子们刚记事的时候起,他们的父亲就在离村很远的惠灵顿深井里工作。他们带着饭盒和矿灯,上工,下工,他们的工作是把煤运出来。当矿井进入"淡季"的时候,他们挣得少了,生活就变得"艰难"了。有的时候情况好转,他们要整日工作。但这时,每个人都很快乐。这并不代表他们能过上奢华的生活,在煤矿附近的村庄里,人们大多生活艰辛,但他们有生活的勇气和一家团圆的快乐,餐桌上的食物即使不那么丰盛,全家人至少能够吃饱。

但是几个月前,矿井纷纷关闭。井口的大轮子再也转动不起来了,在交接班的时间,再也看不见人们排着队走向矿上了。人们涌到职业介绍所,在那里等待新的工作。但是,没有新工作。他们好像处在了报纸上说的"贫困区",就是工业设施全部撤出的地区。全村的人都没了工作,没有办法养家糊口了。政府每周发下一笔"失业救济金",人们就靠这个勉强维生。

乔知道这些。他听到村里人谈论过,也在职业介绍所看过找工作的人。他知道父亲已经没有工作了,他也知道,父亲和母亲从来不当着他的面说这些,这是他们坚忍、善良的处世方式,他们决不让孩子用稚嫩的肩膀来承担生活的重担。

尽管乔懂得这些,心里却依旧为莱西哭泣。但是,他不会说出来。他稳稳地站着,问了一个问题:

"妈妈,有一天,我们会把莱西再买回来吗?"

"乔,她现在已经是一条很值钱的狗了,我们根本买不起。不过,我们以后可以重新养一条狗。再等等吧。日子好起来后,我们再养一条狗。你愿意吗?"

乔低下头,慢慢地摇了摇。他用很小的声音说:

"我永远不要别的狗。永远不要!我只要——莱西!"

在接下来的章节里，莱西的新主人意识到，他虽然买下了这只漂亮的柯利牧羊犬，但并没有得到她的心。莱西一次又一次地出逃，回到她挚爱的小主人身边。最后，她被带到了六百五十千米以外的北方。她从那儿出发，开始了一段冒险。这段冒险使全世界的爱狗人为之激动不已。

虽然好莱坞拍出了许多关于莱西的电影，但是真正的莱西只有一个——在埃里克·奈特的书里。其他的莱西故事都是对这本书的模仿。奈特可能还写过莱西的其他故事，不过第二次世界大战爆发后，他就应征入伍，为纪录片写剧本。一九四三年，他在去往埃及开罗的途中遭遇空难，不幸身亡。

由罗迪·麦克道尔（Roddy McDowall）和伊丽莎白·泰勒（Elizabeth Taylor）主演、米高梅公司于一九四三年拍摄的电影《灵犬莱西》仍被公认为最好的莱西电影。电影的录像带市面上有售。

选自《红色羊齿草的故乡》(Where the Red Fern Grows)
（美）威尔逊·罗尔斯 著

从纸灰里救出的故事

不是所有的故事都是一写好就马上出版的，有的故事得以问世的时间特别漫长。《让路给小鸭子》就是这种情况，作者罗伯特·麦克洛斯基花了整整一年的时间写下了这短短的几十行字。E. B. 怀特花了大约十五年的时间构思和反复修改《精灵鼠小弟》。但是我了解到，威尔逊·罗尔斯写的《红色羊齿草的故乡》更特殊，它是唯一在发表之前差一点被烧掉的，因为作者对这本书感到羞耻。

同杰克·伦敦的《野性的呼唤》和埃里克·奈特的《灵犬莱西》一样，《红色羊齿草的故乡》也是美国最伟大的狗故事之一。而且，这本书不仅仅是个有关狗的故事，还描写了一个男孩和他无可抗拒地想拥有一条狗的梦想，是二十世纪上半叶发生在密苏里山区的一个家庭的故事，有关打猎，也包含了死亡主题。

书中的一切，几乎都在讲述罗尔斯在俄克拉荷马州度过的非常贫穷的童年，估计只有一两处例外。那里没有学校，罗尔斯的妈妈只能尽自己的最大能力在家里教育子女。当他们家搬到有学校的地区后，罗尔斯上了几年学，但到八年级时，又因为经济大萧条爆发而辍学。

他妈妈在家里教他的几年中，她总是读书给孩子们听。最初，小罗尔斯对书并不那么感兴趣。"我认为所有的书都是《小红帽》和《小鸡的故事》这类女孩子的故事。"他说,"而后,有一天妈妈带回来的一本书改变了我的生活。那是本有关男人和狗的故事——杰克·伦敦的《野性的呼唤》。读完这本书后,妈妈就把这本书送给了我。这是我第一件真正的宝贝,我不管到哪里都带着它,一有机会就拿出来读。"

爬上河岸,在灌木丛中追捕浣熊的时候,他开始梦想写一本像《野性的呼唤》这样的书。但是,他家穷得连纸笔都买不起。他从来没有想过,有一天会有成千上万的孩子像宝贝一样随身带着他写的书。

少年时,罗尔斯辗转各地做着木匠和各类临时工。他在南美和加拿大的建筑工地上干过活,在阿拉斯加的阿尔坎高速公路干过活。在这期间,他开始写故事,但是由于在学校时没有受过正规的拼写和语法训练,他说服不了自己去向出版社投稿。对他来说,他写的每个故事都代表着一个破碎的梦,他只能把它们藏在箱子里。

结婚前,他不想让新婚妻子苏菲知道他的失败,就把箱子里的那些故事全部烧掉了。后来,妻子知道他曾烧掉了手稿,就让他再写一个曾经写过的故事。他犹豫再三,终于在三周之内一口气写出没有标点的三万五千字的《红色羊齿草的故乡》。写完之后,他离开了家,因为不敢看到苏菲读后失望的眼神。几个小时后,他打电话给苏菲,问她的意见。"威尔逊,真是太棒了!回家吧,我们一起再修改一下,然后寄给出版商。"她说。由于苏菲受过正规的教育,她修改了罗尔斯的拼写和语法错误,然后他们试着投给了出版商。

第一次,他们把这本书卖给了《星期六晚邮报》(二十年前,该杂志连载发表了《灵犬莱西》)。双日出版社的编辑注意并认识到这本书的潜力。开始的时候,这本书销量不佳,几乎快绝版了。但是到了六十年代末,老师和学生们的口耳相传形成了广告效应,大大引爆了销量,在矮脚鸡出版社推出了平装本以后,它成了长盛不衰的畅销书。

书中前两章介绍了比利·科尔曼的身世,他是俄克拉荷马州的切罗基族人①(他的母亲有切罗基族的血统),住在农场的圆木小屋里。这里是猎场,十一岁的比利的愿望是拥有猎犬——不是一条,而是两条,永远忠诚于主人的非常昂贵的猎犬。那时,他的父亲靠农场的收入勉强地维持全家的生活,所以买两条昂贵的猎犬是根本不可能的事情。但是,比利一心想要两条猎犬,他日夜想着如何实现自己的梦想。

希望有条狗的想法像病魔一样让我挣脱不开。我现在干的新活——帮父亲干农活只是减轻些症状,我的心中却一直有一个大大的伤口。每次看到浣熊穿过田地,或者沿着河岸走过去,我心中的旧伤就会化脓,疼痛就再次传遍全身。

就在我要放弃拥有一条好猎犬的愿望时,奇妙的事情发生了。上帝知道我已经受够了苦,向我伸出了援手。

一切开始于那天我在小河边的玉米地里锄地的时候。那时,河对岸有一群人在钓鱼,他们已经在那儿露营了好几天。我听到一辆老麦克司韦汽车发出打呼噜一般的声音,在河堤下面找着路。我知道,他们正要离去。我扔下锄头,跑到河边,穿过一个叫沙农福的地方,急忙跑到钓鱼人的露营地。

在钓鱼人露营过的地方搜寻永远是一件乐事。一般情况下,我能捡到鱼线,或者钓鱼竿。有一次,我居然找到了一把漂亮的小刀,

---

①印第安人,北美易洛魁人的一支。

是粗心的钓鱼人落下的,刀子戳在小无花果树的树皮上。但是那天,我发现了最伟大的珍宝:一本被钓鱼人丢弃的体育杂志。对一个乡下男孩来说,这是一件真正的宝贝。这本杂志改变了我全部的生活。

我坐在一棵老无花果树的树墩上,翻着书页。在杂志的封底,我看到"出售"栏目中有一条"出售狗"的信息,有各种各样的狗。我一条一条地读着。上面有我从来没有听说过的狗,叫不出名字的狗。在右下角的小角落里,我看见了一则广告,它让我立刻屏住了呼吸。那是一行很小的字:"已注册的红骨猎浣熊犬幼仔,每只二十五美元。"

广告是肯塔基的一个养狗场发的。我一遍又一遍地读着,当时甚至背下了整条广告的内容。我好像已经看见了狗,听到了狗叫,甚至抚摸到了它们。我忘掉杂志,陷入了沉思。一个十一岁的男孩的脑子里也可能做一些奇幻的梦。

如果我能有两条这样的小狗,那该多棒呀!在乡下,除了我以外,每个孩子都有一条或者两条出色的猎犬。但是要五十美元,我怎么弄到那五十美元呢?我知道,指望爸爸妈妈给我是不可能的。

我记得妈妈给我们读的《圣经》中有一句话:"上帝帮助自助者。"我想着这句话,在脑海里反复思考。我决定请求上帝帮助我。于是,在伊利诺伊河河畔,高大的白色无花果树的树荫下,我祈求上帝帮助我得到两条小猎犬。这几乎算不上是个祈祷,但却是我心底真正的渴望。

当我离开钓鱼人露营地的时候,天色已经晚了。走在路上,我能感觉到塞在工作服口袋里的杂志硬硬地鼓出来。太阳落山后,有一种美丽的寂静笼罩着整个河岸。我赤脚走在凉爽肥沃的黑土地上,感觉好极了。

这是一天当中动物出洞来活动的时刻。一只硕大的沼泽兔子跳了出来,蹲坐在那儿,盯着我看,然后撒腿跑掉了;一只灰色的母松鼠从橡树的大树枝中跑了出来，她用叫声来提醒身后四只毛茸茸的小球似的小松鼠，然后和它们一起消失在浓密的绿色之中；一个静静的灰影从高高的桑树顶上飘下来，发出一声尖而长的叫声，拍打着翅膀。我听到远处传来了清脆的铃铛声，我知道这是我家的奶牛戴斯开始往家里走了。我也必须回家了。

我从口袋里拿出杂志，又读了一遍广告。我的脑子里慢慢地形成了一个计划。我必须攒钱：我可以卖东西给钓鱼的人，如淡水小龙虾、小杂鱼和新鲜的蔬菜；在浆果成熟的季节，我可以从爷爷的店铺里挑选一些浆果卖给他们；冬天，我还可以设陷阱抓小动物。计划越详细，我就越觉得可行。这是我得到那两条小狗的唯一办法——攒钱。

我几乎感觉到那两条小狗已经到了我的手里。我准备搭一个狗窝，让它们住在里面。项圈我也可以自己做。这时，我的脑中闪过一个念头："该给它们起什么名字好呢？"我试着起了好几个名字，还大声念了出来，但是好像没有一个合适。好吧，反正我给它们起名字的时间还多着呢！

眼下，更重要的事情是这五十美元。这是一笔巨款，一笔财富，我还从来没有见过这么多钱呢。无论如何，我下定决心要攒到五十美元。现在，我已经有二十三美分了，一个十美分的硬币是我帮爷爷跑腿得到的，另外十三美分是我卖给钓鱼人一铁罐蚯蚓赚到的。

第二天，我来到牲畜棚后边的垃圾堆旁，想找一个罐子做我的存钱罐。我挑了不少罐子，但都不是我想要的。后来，我看到了一只旧的发酵粉罐。真是太合适了，罐子细细长长的，有个漂亮的盖子，而且不漏水。我把罐子带到小溪边，用沙子使劲擦，一直把罐子洗得锃亮，和新的一样。

我把那二十三美分放进罐里，这些硬币躺在发亮的罐底，显得那么少，但是在我眼里，这是一个良好的开端。我用手指试着估摸一下，如果里面有五十美元会有多满。

之后，我爬到谷仓的顶上，把罐子藏在屋檐下干草堆的深处。我为我的梦想创造了一个良好的开端——二十三美分。我有一个安全的好存钱罐，不会被老鼠吃掉，也不怕风吹雨打。

整个夏天，我拼命地干活。在从我们家地里流过的小溪里，我徒手抓淡水小龙虾；用从厨房里拿来的黄色玉米饼做诱饵，用自己做的渔网抓小杂鱼，再把小龙虾、小杂鱼、新鲜蔬菜和烤玉米一起卖给钓鱼的人；我在黑莓地里采黑莓，尽管手和脚被荆棘刺破，伤痕累累；我爬上山坡，去找越橘树，每采一桶浆果，爷爷就付给我十美分。

有一次爷爷问我，准备拿挣到的钱干什么？我对他说，我攒钱是为了买几条猎犬。我问他，等我攒够了钱，他能不能帮我订购猎犬。他说可以。我请求他不要告诉我爸爸，他答应了。但我敢肯定，爷爷并没有把我的计划放在心上。

那个冬天，我比往年更加勤快地使用我仅有的三个小捕兽器，来设陷阱捕捉小动物。在皮毛季节到来的时候，爷爷把我捉来的动物的皮毛卖给了皮毛商人，每张皮毛的价格很便宜，大的负鼠皮十五美分，好的臭鼬皮二十五美分。

五分和一角的硬币一点点地增加了。我的旧罐子变沉了，用手拿起时能感觉到它的重量了。我用一根麦秆从罐口伸进去，来测量里面钱的高度。几个月过后，麦秆变得越来越短。

第二年的夏天，我继续照着老样子做。

"您想买淡水小龙虾和小杂鱼吗？要不来点新鲜蔬菜或者烤玉米？"

钓鱼人真是好人，是真正的冒险家。他们好像感觉到我语调中的急切，总会买我的东西。然而有好多次我发现，他们把我的蔬菜丢弃在营地的角落里。

我们的交易从来没有固定的价格。他们出的价总能让我满意。

一年过去了，我十二岁了。我的目标已经实现了一大半。我有了二十七美元四十六美分。我斗志昂扬，更加努力地干活。

又一年慢慢地过去了，接着，那个重大的日子终于来临了。漫长的艰苦折磨结束了。我有了五十美元！我一边一遍遍地数着，一边哭着。

当我把罐子放回谷仓的屋檐下，罐子闪闪发光，好像是我从来没有见过的洁白。也许这只是我的想象。我说不清。

我躺在松软的干草上，把双手放在脑后，闭上眼睛，任凭思绪掠过这两年的时光。我想到钓鱼人，想到黑莓地和越橘山坡。我也想到我曾祈祷，请求上帝帮助我得到这两条小猎犬。我知道上帝肯定帮助了我，他给了我信心、勇气和决心。

第二天一早，我把沉甸甸的钱罐装进口袋里，跑向爷爷的店铺。一路上，我雀跃不已，还吹着口哨，哼着小曲。我觉得，我就像密苏里州的最高峰一样高大。

到了那里，我看到柱子上拴着两辆马车。我知道有些农夫经常会来爷爷的店铺，因此我等到他们离开了才进去。我走进店铺，看到爷爷在柜台后，来回搬着东西。我把罐子从口袋里拿出来，放在他面前，然后把钱从罐子里面倒出来，看着他。

爷爷惊得目瞪口呆。他想说些什么，但是什么也没有说出来。他看看我，又看看这堆硬币。最后，他用比平时更高的声音问道："你从哪里弄来的？"

"爷爷，我对你说过的。"我说，"我要攒钱买两条小猎犬，我攒够钱了。你说过能帮我订购。我有钱了，现在我想让你给我订购两条小猎犬。"

爷爷透过眼镜上方看着我，然后又看了看钱。

"你攒了多长时间？"他问道。

"很长时间，爷爷。"我说。

"多长？"他问道。

我告诉他："两年。"

他张大嘴，大声说道："两年！"

我点点头。

爷爷看我的样子让我很不自在，如坐针毡。他的目光从我身上移开，又扫了一眼硬币。他发现硬币中夹着一张发黄的小纸片。他拿起纸片，问道："这是什么？"

我告诉他那是广告，广告上说了从哪里可以订购我的狗。

他读了广告，翻过来，又扫了一眼另一面。

我看到他目光里的惊讶消失了，恢复了以往和蔼可亲的样子。我感觉好多了。

他把纸片放回了硬币堆里，转过身，拿起旧鸡毛掸子，开始掸根本没有灰的地方。他慢慢地走到店铺的另一头，掸掸这里，掸掸那里，一边用眼角扫视着我。

他放下掸子，从柜台后边走出来，来到我身边。他把他那粗糙的大手温和地放在我的头上，完全改变了话题，说："小子，你该理发了。"

我对他说，我不在乎。我不喜欢短头发，因为苍蝇和蚊子会来烦我。

他看了一眼我的脚，问道："你的脚怎么会扎成这样？"

我告诉他，因为赤脚摘黑莓，很扎脚。

他点点头。

爷爷无法再听下去了。他转过头去，走开了。我看到他摘下眼镜，拿出一块红色手帕。我还听到他假装擤鼻子。他背冲着我站了几秒钟。

当他转过身时,我发现他的眼睛是湿润的。

他用颤抖的声音说道:"好吧,小子,这是你的钱。你劳动所得的钱,你干得很辛苦。你正正当当地挣钱,你要买狗。我们去买这两条狗。该死的!该死的!"

我几乎从没有听到过我爷爷骂人,如果你把这叫做骂人的话。

他走过来,又拿起了广告,问道:"这个也有两年了?"

我点点头。

"嗯,"他说,"我们要做的第一件事是给这个养狗场写信。也许肯塔基已经没有这个养狗场了。毕竟,两年中会发生许多变化。"

看到我有些担心,他说:"现在你回家吧。我会给这家养狗场写信,一有回信,我就告诉你。如果从那边买不到狗,我们还可以从别的地方买。如果我是你,我可不想让你爸爸得到一点儿风声。我偶然间听说,他想从老波特那里买那头骡子。"

我告诉他,我不会告诉爸爸的。然后,我转过身,要离开店铺。

我走到门口时,爷爷大声地说:"喂,你好长时间没有吃过糖了吧,对不对?"

我点点头。

他问:"多长时间了?"

我告诉他:"很长时间了。"

"嗯,"他说,"我们得吃糖庆祝。"

他走到柜台后边,伸手拿出一个袋子。我注意到不是五分钱的袋子,而是二十五美分的袋子。

我的眼睛一刻也没有离开爷爷的手。他的手在糖果柜台里不停地抓着:薄荷棒、大块硬糖、苦薄荷糖、橡皮糖……袋子慢慢鼓起来,我的眼睛也越瞪越大。

他把袋子递给我,说:"给你,等你的小猎狗捕到第一头大浣熊时,再付给我钱!"

我对他说,我会的。

在回家的路上,我的嘴里一边含着大块硬糖,另一边含着薄荷糖。我跳着,蹦着,还想吹口哨、唱歌,但是因为嘴里有糖,我办不到。我有世界上最好的爷爷,我是世界上最幸福的男孩!

我想和妹妹们分享我的幸福,但是我决定不告诉她们我要订购小猎犬的事情。

回到家,我把袋子里的糖倒在床上。六只小手立刻来抓。我从三个妹妹大大的蓝眼睛中看到了敬佩和爱,这对我来说是最大的奖赏。

后来有一天,比利得知他的小狗已经到了六十五公里以外的市火车站,便踏上了冒险之旅。他兴奋得根本睡不着,便悄悄地穿上衣服出了门,走了一整夜。他在市里遇到了一伙流氓,还有警察局长,但跟他后来和两只猎犬在森林里与河谷里的生死历险相比,这种经历根本不值一提。

一九八四年,七十一岁高龄的威尔逊·罗尔斯还写了一本书——《夏日历险记》(Summer of the Monkeys)。像《红色羊齿草的故乡》一样,这本书也拥有众多的追捧者。《红色羊齿草的故乡》的节录本录音带市面有售,共三盘,由理查德·托马斯朗读。另外也有售罗尔斯在二十世纪七十年代讲故事的录像。

在他人生最后的二十年里,威尔逊·罗尔斯去我的学校做了一次演讲,他用他有乡土气息的俄克拉荷马市口音讲述了他穷困的童年,以及他是如何开始写作、焚稿,最后又"救回"了《红色羊齿草的故乡》的故事。这是一场鼓舞人心的讲座。阅读树公司（Reading Tree Productions）售有这次讲座的录音带。阅读树公司在马萨诸塞州，斯普林菲尔德（Springfield），阿维斯塔街（Arvesta Street）51号，邮编是01118-1239。

如果你喜欢关于狗的故事，一定会想读这些书：杰克·伦敦的《野性的呼唤》、林恩·霍尔（Lynn Hall）的《危险的小狗》（*Danger Dog*）、比尔·华莱士（Bill Wallace）的《一只叫"凯蒂"的狗》（*A Dog Called Kitty*）、海伦·格里菲斯（Helen Griffith）的《小狗福克斯》（*Foxy*）、沃尔特·莫雷（Walt Morey）的《狼犬卡维克》（*Kavik, the Wolf Dog*）、埃里克·奈特的《灵犬莱西》、弗雷德·吉普森（Fred Gipson）的《老黄狗》（*Old Yeller*）和《野蛮的萨姆》（*Savage Sam*），还有约翰·雷诺兹·加德纳（John Reynolds Gardiner）的《斯通·福克斯》（*Stone Fox*）。

选自《温和的本》(Gentle Ben)
(美)沃尔特·莫雷 著

"第一页就让主角有麻烦"

过去二十五年中,最好的动物故事书之一是由一个一年级留级两次的人写的,他几乎到了十四岁还无法阅读。更令人意想不到的是,他写这部最伟大的儿童读物,就是为了向妻子证明,他写不好儿童读物!

沃尔特·莫雷于一九〇九年出生在华盛顿的霍奎厄姆。父亲是木匠,经常带着全家在美国西北部和加拿大一带搬来搬去,最终定居在俄勒冈州的贾斯珀。童年时没有看过一本书的莫雷,在这里开始上学。

在那个单室学校,唯一的老师仅仅受过八年的教育,她教授阅读的办法就是让全班抄书,日复一日、月复一月、年复一年地抄。但是对于莫雷,无论他如何努力,一直都不会阅读。

到了十四岁的时候,他才能够理解某些词,但是在阅读时,他花了太大的力气在理解单个词的意思上,以至于有时读到一句话结尾的时候,又忘记了整句话是什么意思。伟大的故事正在莫雷的脑海里等待,如果不是他母亲的突发奇想和他对隔壁艺术家的崇拜,这些伟大的故事可能就永远都不见天日。

莫雷一家住在蒙大拿大瀑布附近,住在他们隔壁的是美国著名的艺术家、伟大的西部风景画画家查理·罗塞尔(Charles Russell)。看到儿子对罗塞尔很崇拜,莫雷夫人想,这也许是消除儿子阅读障碍的钥匙。她找来一本这位画家的自传体小说，鼓励儿子阅读。莫雷不但读完了这部小说，而且很喜欢。"我会阅读了！"他惊叫道。

那时候，《人猿泰山》(*Tarzan of the Apes*)刚刚出版，他贪婪地读完，然后又开始读《西部故事》(*Westerns*)和《亚瑟王》(*King Arthur*)。在读每本书的过程中，他的想象力日趋成熟，等待喷发。

一九二六年，莫雷十七岁，但大多数科目的学习都远远落后。校方告知他，他要是离开学校的话，可以授予他一个毕业文凭。他随后干过各种各样的工作：在工厂和建筑工地当小工，做电影放映员、农夫、造船工人、潜水员和渔网巡视员。在工作中，他一直坚持读书，每读一本书，他写作的欲望就增加一分。

最后，他加入了作家小组，遇到了后来鼓励他写作的职业作家约翰·霍金斯（John Hawkins）。他开始给一些被称作"纸浆"的便宜杂志投稿，当时这类杂志被看成是培养作家的土壤。当作家得到足够的锻炼后再给更成熟的杂志，如《星期六晚邮报》写文章，以后再写书。

这种培养作家的方式很有成效，直到电视的出现终结了"纸浆"杂志和"成熟"杂志的使命。与此同时，莫雷的妻子佩吉在学校教书，她经常给全班学生大声朗读她丈夫发表在"纸浆"杂志上的一些老故事。她看到孩子们非常喜欢这些故事，就建议丈夫试着写一本书。但是，最近几年他写的故事销量并不好，他渐渐地失去了信心，连试一试的勇气都没有。整整十年，他的妻子一直在坚持说服他，直到他觉得自己再也推不掉了。

于是，为了向妻子证明他做不到，他开始写儿童读物。在写作的过程中，他记住了他从约翰·霍金斯和"纸浆"杂志那里学到的两点。现为电视节目编剧的约翰曾告诉他，要写自己熟悉的东西。因此，他选择了写世界上体形最大的熊——阿拉斯加的科迪亚克棕熊。

莫雷记着他在给"纸浆"杂志写故事时的技巧,并决定将它运用到儿童故事写作中去。他解释说:"其中一条技巧是,'第一页就让主角有麻烦,而且麻烦一直伴随他到故事结尾'。也可以描写一些场面,让读者知道将会阅读到一个什么类型的故事,同时抛出诱饵,让读者产生好奇。"

《温和的本》就是这样创作出来的。下面你将要读到的是本书的第一章。莫雷完美地实践了他的原则。这是阿拉斯加建州之前,发生在这里一个偏远小渔村中的故事。

每天,马克·安德森都对自己说,今天傍晚再也不去了。他要从小屋前直接走过去,看都不往里面看一眼。但是一到下午两点钟,他又开始改变主意,而当他意识到自己在做什么的时候,已经一手拿着课本,一手拿着纸袋,正走向如大嘴般的黑洞洞的大门。他知道如果被父亲知道会发生什么。他害怕父亲发火,比怕世界上任何事情都怕。但是,他想进小屋去,这愿望如此强烈,以至于压过了他对父亲的恐惧。到这里来的愿望就像墙洞里的老鼠一样啃咬着他的心。

他扫视了一下周围,看了看离他几百米远的那座房子。母亲没在院子里,也没在朝向他这边的厨房窗边。几个星期以来,他从学校回来的路上,没有看到母亲朝他招手。他有些奇怪的感觉,不知怎么觉得这件事情很重要,他担心了一会儿。然后,他转过身去,朝黑黑的小屋里走去,把其他的事情都抛在了脑后。

"就一次,"他对自己说,"这是最后一次。"

他走进了黑暗的小屋,一时间什么都看不见,一阵冷飕飕的、发霉的空气扑面而来。他静静地站着，等着，用心听着。他听到了轻轻的脚步声、干稻草的沙沙声和链子发出的哗啦哗啦声。一个笨重的身体碰了他一下，他几乎被撞翻，纸袋子差点脱手掉下来。

他用手摸索着那粗糙的毛、宽大的头，还有一双郁金香形的短耳朵。眼睛适应了黑暗之后，他辨认出了身材又短又粗的熊。他伸出双臂抱着它的粗脖子，然后喃喃地说："我今天差点就不来了。见到你真高兴，百分之百地高兴，本。"本扭动着大脑袋，想去够纸袋子。马克说："好啦，好啦，马上就好。"

本的脖子上系着铁链子，铁链的另一头拴在房间中央的柱子上。铁链很短，所以本没法走到门口或者阳光下。这五年来，它差不多都是在这个昏暗的小屋里度过的。

马克走到柱子前，解开了铁链，然后把铁链拴到另一个靠近门口的柱子上，这样本就可以晒一会儿太阳。等离开之前，还得把铁链拴回原来的柱子上，那么弗克·本森就永远不会知道有人来过。

马克不喜欢弗克·本森。他看上去总是脏兮兮的，大部分时间都泡在酒吧里大声地吵嚷，吹牛，吵架。父亲说过本森绝对是个偷渔者。马克不管那些，但知道他对本非常差劲：总是用链子拴着本，有时候会好几天不喂它。之后，他可能会随手往地上扔一块变了味的面包。

马克从不担心本森会在小屋里发现他。因为和其他有捕鱼船的人一样，现在他正忙着准备即将到来的鲑鱼季呢。

本走到铁链的一头，站在打开的大门前。天气很暖和，蓝天和大地就像崭新的金属扣一样闪闪发亮。在强烈的阳光下，本眨着小眼睛。本一边左右摇着大脑袋，一边用脆弱的鼻孔急切地呼吸着春天新鲜的空气。本是一只棕熊，还没成年，由于缺少足够的食物，满足不了巨大身躯的需要，他长得很瘦，可以说是瘦骨嶙峋。即便如此，他毕竟体型巨大，闪着光泽的金棕色皮毛下还是能看到一块块的肌肉。

马克坐在门口的阳光下，打开纸袋子。"我为你省下了一块三明治，还有别的小孩吃剩下的三明治，我都给你拿来了。"

本想把大黑鼻子伸进纸袋里，马克推开了他。他拍着本的前腿，说："坐下，坐下，本。"又拍了拍旁边的地板。本伸长身体，前腿向前一伸。马克不知道他是怎么教会本这个动作的，甚至不知道是不是他教会本的。但是每当马克做出这个手势的时候，本总会趴下。

马克把三明治撕成块，放在手心上。本非常灵巧地叼起三明治块，马克几乎感觉不到他的舌头舔过。熊吃着，嘴里发出很大的声响。全部吃完后，本还想要。马克给他看看空空的纸袋，本把纸袋撕碎，又吸又吹地嗅着纸袋里留下的美味。当本最终知道再也没有食物了，就把他的大脑袋放在前掌上，趴下来看着外面的明晃晃的春日。

马克突然想起，要是杰米在这儿该多好，这样他就能和自己一起跟本说话了。杰米只比马克大两岁，但是高大、强壮得多。平时，总是杰米拿主意该去做什么或者去哪里玩。他还在想着杰米。他想他会永远想念杰米的。"杰米也会喜欢你的。"说完，他摸了摸本下巴上的毛。

本伸长脖子，闭上眼睛，像猪一样陶醉地打起呼噜来。马克搂着本的脖子，倚靠在本结实的身体上，手指轻轻地挠着本的耳朵根。本转过头，让马克先挠他的一只耳朵，再挠另一只耳朵。

"我猜，你想去有绿草、树根和臭菘草的地方。"马克说。"现在是春天，熊需要吃些这类食物来换换胃口，以便迎接夏天的到来。我想你从来没有吃过这些东西。"当然了，他知道本连见都没有见过。弗克·本森抓来本的时候，本才六个月，他杀了本的妈妈，把本带到镇里炫耀。失去妈妈的本连续吼叫了好几个钟头，弗克·本森就笑着用一个喜欢抱怨的当地人的名字给本起了名，叫他"吱吱叫的本"。

逐渐长大后，本的身体变得非常庞大，再也不吱吱叫了。

"如果你是我的，"马克想，"我会带你去远处沼泽地的小溪那里。那边的草已经长到和我的腰一样高了，还有很多树根和其他好吃的。还有岩石。我们可以翻开石头，让你吃到底下的虫子和老鼠。如果你是我的……"

从第一晚他停住脚步来看本的时候起，他就这样对自己说。夜里睡觉之前他躺在床上也经常这么想。在学校里他还是想这些。因为他老是琢磨着去看本，有一次拼写测试他答得很差。

放学后，泰勒小姐和他说起有关拼写的事情。她把考卷放在办公桌上，看着考卷，摇着头。"马克，"她说，"你连一半的字词都没有拼写出来。我觉得你肯定会写，你没有理由拼不出来。你一定又想入非非了，马克。你最近总是这样，发生了什么事情吗？"

"噢，没有。"他急忙说道，"我只是，只是在想问题。"

泰勒小姐温和地说："我知道现在是春天，再过两个星期学校就放假了，但还是要尽量集中精力来学习，马克。"

好多次，马克闪过让父亲买下本的念头。弗克·本森根本对本不上心，也许他巴不得脱手呢。但是，如果马克向父亲暗示买本，他就不得不承认他在放学回家的途中去看过本，他父亲会发火，而这是他最害怕的事情。

他想和父亲做朋友，想变得像杰米和父亲那样亲密。杰米已经是个大人了。他去年就上船了，令马克嫉妒的是，他听到过杰米和父亲以男人之间的交流方式谈论捕鱼和渔船的问题。但是他从来不能这么做。他还没有长大，而且害怕父亲发脾气，害怕听到父亲严厉的口气。每当父亲生气的时候，只要一看他那双蓝色的眼睛，马克就会心里发凉。马克坚信他永远不会和父亲成为亲密的伙伴。杰米却拥有这一切。他不知道如果是杰米让父亲买下本，结果会怎样。

马克把脸贴在本宽大的前额上，本的前额硬得犹如铺着一层毛的岩石，他说："如果你是我的，我会把你喂得肥肥的，就像海豹一样肥。你会长呀，长呀，一直长成世界上最大的熊，我打赌。然后，我会训练你跟在我后面直立行走。夏天，我们一块儿到码头去看游轮，人们会看着我们发出惊叹，还会给我们照相。你会像狗一样跟着我到处走。"说到这儿，马克停顿了一下，想到自己将要得到这只世界上最大的熊的爱和忠诚，他的心里充满了喜悦和兴奋。是不是很厉害？他幸福地想着。我打赌，我将是世界上唯一把熊当宠物的人。太棒了！

他将瘦弱的肩膀紧紧地依偎在本宽大、结实的身体上。他有点累了。好像他总是很累。暖和的阳光晒着他，让他有点昏昏欲睡。他眯缝着眼看着太阳，太阳朝着白皑皑的山峰下落，正落到山顶，犹如山顶上的一块大理石。他得走了，必须在父亲到家之前回家。母亲从来不会问他为什么回来晚了，但是父亲会问。

他朝左侧的远方望去，青黄色的苔原凹凸不平地蜿蜒而去，好些地方就像被一支巨大画笔刷出了大片深绿色的斑点，小溪勾画出一条不规则的线流向大海。在漫长的冬天里一直被大雪覆盖的苔原，此刻看上去像带着露珠般新鲜和纯净。远方的阿留申山脉，在蓝天下露出一排白色的山顶。海滩和低处的雪已经融化。随着白天渐渐变长，雪线变得越来越远。它爬过山峰和峡谷，穿过缓坡和陡坡，到了夏天，它就会退缩到白色的山顶上，然后停在那里。

从他右边往下看，是奥尔卡镇渔村高低不平的屋顶和店铺的房顶。镇上的那条土路，在温暖的阳光下显得黝黑、干燥，从镇中央一直通向海湾和一望无际的大海。

码头上停着十几条渔船，海面上却一条也没有。但这种景象很快就见不到了。离阿拉斯加鲑鱼开网只剩下两个星期，到时候小镇就会像发烧一样兴奋起来。马克很清楚这些事。他的父亲是一个捕鱼人,他的船叫"远北"号,是整个阿拉斯加最好的围网捕鱼船之一。

在奥尔卡镇,每个人都不同形式地依靠鲑鱼为生。"要是没有鲑鱼,"他父亲有一次说,"只要一个月奥尔卡就会变成鬼城。"自然,每个人都在为开渔日的临近而兴奋起来。现在每天都有渔船到来,镇上挤满了北上的打工者:他们准备到沿岸的七家罐头厂或者捕鱼船上找工作。不久,几千只从南加利福尼亚,甚至墨西哥来的捕鱼船就要停泊在海湾。奥尔卡这个只有三四百个常住居民的小镇马上就要膨胀为几千人。

眼下,罐头厂的维修人员正在做工厂开工前的准备。船工们也在拼命地工作,翻修捕鱼的装置,修理马达,加固船体以经得起海浪的折腾。几周后,可以捕捞几千条鲑鱼的巨大围网将被拉到大海中,它是用圆木和细铁丝网围栏做成的,漂浮在海水中,用巨大的锚固定住。那些用木桩和铁丝做成的捕鱼网则直接建在海中的捕鱼区。从早到晚,打桩机上上下下的轰鸣声响个不停。人们把木桩打入几百米深的海底,在海岸附近做成了一个捕鱼的陷阱。

马克想,像短跑运动员已在起跑线前蹲好,就等发令枪响一样,这里人人摩拳擦掌,只等渔业局宣布开渔的那一天。然后,渔船将开始扫荡大海,围捕鲑鱼群。那时船上配备的监视员将第一时间关闭铁丝门,不让鲑鱼从陷阱逃回大海。阿拉斯加的鲑鱼季即将正式开始了!

经过长长的冬眠后,毛皮粗糙、体形消瘦的棕熊将会从高高的雪山上下来,沿着鲑鱼产卵的小溪聚集。为了争地盘,它们之间将会有一场恶战,但是一旦确定下地盘,它们每天都能吃饱肚子,而洄游的鲑鱼会奋力到上游产卵。成群的海豹和海狮将会聚集在突出的岬角,沿着岛周围的岩石海岸,潜到海底,参加一年一度的盛宴。

它们会冲向围网，将围网撕碎，再花几个小时寻找渔网的开口，尽力抢夺围网里的几千条鲑鱼。与此同时，在每条小溪、每个沙洲上，老鹰、隼、乌鸦和狐狸会来和棕熊、海豹、海狮争抢食物。然后，成群的海鸥尖叫着在空中盘旋，给陆地、大海和海滩来个全面扫荡，吃掉最后一口碎屑。

偷鱼船会熄灭灯光，涂黑船身和船窗，在大雾或者黑夜的掩护下，慢慢地潜行，去偷捕鱼网里的鲑鱼。不止一次，突起的枪声打破了寂静，那是勇敢的围网看守人为了保护他们的银色硕果而开的枪。

另一种偷捕者，被称为小溪盗贼，他们会溜到小溪禁区，捕获正在排卵的鲑鱼。每一个活着的生物都将从富饶的大海中得到自己的那一份，大海有充足的东西让人们掠夺。

在狂热的捕鱼季里，仅仅六个星期，罐头厂和几百名渔民必须挣到维持一年生活的工资。然后，和突然的开始一样，捕鱼季突然就结束了。

大海里的围网将要收起，罐头厂将会关门。某一天早上，从四面八方聚在这里的人们和渔船将会离开。奥尔卡镇，这个普通的阿拉斯加小村庄，又会恢复往日的平静：大街上只有当地居民，显得空荡荡的，十几只小船停泊在海湾中。那时，已经吃得膀大腰圆的棕熊开始准备冬眠了。

只有本，在这次大丰收中将一无所获。它整个夏天都被拴在黑暗的小屋里，靠偶尔得到的几块变味的面包为生。本没有为冬眠储备足够的脂肪。

除非直接晒到太阳，不然天气还不够暖和。屋檐下的最后一点阴影移到了马克和本的身上。海上刮来一阵微微寒风，吹起了男孩柔细的头发。他的头发既不像父亲那样金黄，也不像母亲那样乌黑，而是介于两人之间的棕色。他没有十三岁孩子常有的结实骨骼，看上去特别虚弱。他的脸很瘦小,很苍白,棕色的眼睛里充满了梦幻般的渴望。在他那张小脸上,两只眼睛显得格外大。

又一阵微风最终唤醒了马克。他突然站起了来:必须要回家了。他歉疚地解开了链子,说:"来吧,本。"马克只拉了一下链子,本就站了起来,顺从地跟着男孩回到小屋里面的黑暗处。马克把链子按原样重新系到中间的柱子上。这时,本用力吸着男孩还留着三明治的余香的手,本的红舌头舔着男孩的手指。

"我猜你还饿着呢。"马克说。他拍了拍本的大脑袋,"如果你是我的,我不会让你这样饿着的。但现在我得走了。只要有机会,我会马上来看你。"

马克收起课本,穿上外套,急忙走上回家的小路。风吹皱了远处海湾的水面,阿留申群山背后的蓝天上聚集着一大块乌云。可能比平时回家晚了一点,他想。太阳正悬在山顶上。

在接下来的章节里,马克的父母发现他每天都去看望本,还察觉了一个不幸的征兆:马克可能感染上了肺结核,他的哥哥杰米也正是因为这个病去世的。他的父母买下了本,希望马克产生照顾本的责任感,从而变得强壮起来。于是,马克既要应付喂养这个能吃能喝的家伙所带来的经济问题,还要排解为爸爸工作时的情绪问题,因为他的爸爸要求很严格。但是,当本因为一群醉鬼的挑衅而暴怒伤人时,真正的危机到来了,之前的困难与之相比根本不值一提。

如果你喜欢《温和的本》和它的故事背景,那你一定也会喜欢这个作家的另一本书《狼犬卡维克》,还有杰克·伦敦的《野性的呼唤》和《白牙》、安娜贝尔·约翰逊(Annabel Johnson)和埃德加·约翰逊(Edgar

Johnson）合著的《灰熊》（*The Grizzly*）、法利·莫厄特的《迷失在贫瘠之地》（*Lost in the Barrens*），以及珍·乔治（Jean George）的《山居岁月》（*My Side of the Mountain*）和《远山》（*On the Far Side of the Mountain*）。

# 庞然大物的故事

这里有三个关于庞然大物的故事：没有朋友的巨人，害羞的龙和复仇的月亮。

《巨人克布诺斯》(The Story of Giant Kippernose)
(英）约翰·坎利夫　著

来自巨人国的故事

我们人生最初至少有十二年，是在"巨人国"中过着神经紧张的日子。当然，这里的"巨人国"指的是，在那些年中，我们必须听每一个比我们大的人的话：父母、祖父母、邻居家的长辈、老师和哥哥姐姐。我认为，这是孩子们痴迷于巨人故事，尤其是小人战胜巨人的那些故事的原因。

第一个最有名的巨人故事来自《圣经》：牧羊人大卫杀死腓力斯巨人歌利亚，当上了有名的希伯来王（见《旧约·撒母耳记上》第十七章）。

很多文学作品中都有人们耳熟能详的巨人故事：《杰克与魔豆》、《杰克与巨人》、《伐木巨人保罗·班扬》(Paul Bunyan) 和《格列佛游记》(Gulliver's Travels)。

像狼一样，可怜的巨人通常会被描写得很邪恶，这可能也是我迷上约翰·坎利夫 (John Cunliffe) 的《巨人克布诺斯》的原因之一。这是一个与众不同的巨人。约翰·坎利夫是一位英国作家，起初当过儿童图书管理员，后来成为讲故事者，又曾在学校教书，最后从事写作。他也是英国最流行的电视连续剧《邮递员帕特》(Postman Pat) 的编剧。

从前有个巨人叫克布诺斯，住在山里偏僻的农庄里。他一点儿也不凶残，相反，他是一个善良友好的巨人。他喜欢孩子和小动物，还很会讲故事。他最喜欢吃冰激凌、蛋糕、棒棒糖和香肠。他乐意帮助所有的人，无论高大的人还是矮小的人。但是，他却一个朋友都没有。每当他进城买东西的时候，人们都会远远地躲着他。熙熙攘攘的大街上一瞬间会变得空无一人。人们纷纷跑回家，闩上门，关上窗户，即使在炎热的夏天也这样。

克布诺斯大声喊着：

"别跑！我不会伤害你们的！请不要跑，我喜欢人。我只是来买东西的。请出来吧。我给你们讲好听的龙和美人鱼的故事。"

但是没用。镇上还是安安静静，不见人影，门和窗户仍旧紧紧地关着。可怜的克布诺斯非常想找人说说话。他觉得非常孤独，所以他经常坐在镇上的广场里，伤心地哭泣。你也许会想，应该有人会同情他吧，但是居然没有一个人这样做。他真是不明白。他甚至翻过大山，搬到很远很远的另一个镇生活，但是在那里，他也受到了同样的对待。

"整个世界都疯了吗？"克布诺斯自言自语，孤独地走在回家的路上。

事实上，人们并不害怕克布诺斯，也没有发疯。真正的原因是，克布诺斯已经一百年甚至更长时间都没有洗澡了！这个可怜的家伙走到哪儿都带着满身的臭味，只要他一出现，人们就会捂着鼻子急忙逃走。啊，怎么这么臭！一里外你就能闻到臭味，如果是在炎热的夏天，那就更可怕了。人们把鼻子埋进花里和薰衣草包里，但臭味还是不散。女人们替他感到丢脸，还打赌说他的臭气都能让牛奶变酸、黄油变质。更要命的是，他从来不洗头，也不清理胡须。他下巴上的胡须也散发着臭味，小虫子在里面爬来爬去。他的头发油乎乎地垂在背后，他从来没用过梳子，也从来没有刷过牙。而且，他经常穿着鞋上床。

小时候，克布诺斯聪明伶俐，总是干干净净的，他的妈妈很讲卫生。很久很久以前，他的好妈妈离开他去了遥远的中国，他就忘记了妈妈曾教过他——要保持干净整齐，一周换一次袜子。他的袜子穿破了倒是一件好事，因为只有这样他才会换袜子。他对自己的样子和气味毫不在意。他从不照镜子。他的气味伴随着他一起长大，因此他一点也没有注意到。他满脑子都想着龙和巫师的故事，故事里的人物是他唯一的朋友。如果有人能委婉地告诉他身上的气味，那该多好。人们抱怨着，艾维村的罗博逊夫人就是其中的一个。

周五是赶集的日子，也是熨衣服的日子。每到周五晚上，罗博逊夫人都会生气地"梆"的一声放下熨斗，对安静地坐在壁炉边的罗博逊先生说："那个巨人简直是恶魔。每逢集市我们都被他身上的臭味熏得作呕，整个食品店里都弥漫着恶臭和酸气。你们这些大男人难道不能做点什么吗？就知道坐在这儿，烤脚趾，打盹，外面的世界都要完蛋了……"

"噢，亲爱的贝茜，"温和的罗博逊先生回答道，"我们能做些什么呢？除非有人能去那个巨人家，对他说：'你身上的味道简直是太可怕了。'你能吗？再说，也没有人能靠近他呀，他身上的气味会熏得你撒腿就跑。"

"你可以给他写封信嘛。"罗博逊夫人说。

"可他不认字。他从来没上过学。听我爷爷说，克布诺斯还是个孩子的时候，就因为长得太高进不了学校的门。"

"那么，政府应该采取点措施才行，"罗博逊夫人说到了点子上，"如果我们的女王陛下能离开皇宫，闻一闻克布诺斯身上的气味，她会马上下令的，我敢打赌。"

但是最后，不是女王或政府，也不是罗博逊先生解决了问题，而是一个小到没人能看见的微生物作了大贡献。

一个隆冬的周五，冰天雪地，大雾弥漫。和往常一样，克布诺斯去赶集。他觉得很不高兴，懒得喊大家留下和他说话。只见他垂头丧气地走进市场。

"没有用的，"他自言自语，"他们从来不和我做朋友。他们好像从来不想想一个巨人的感受。其实巨人也像其他人一样，只是我也许……"

"嘿，你看你走到哪儿了！"从雾蒙蒙的大街上传来愤怒的吼声，"喂，我说，喂，救命……"然后是一声碰撞声，苹果撒得满地都是。克布诺斯耳边响起一阵阵窃窃私语：

"这个笨大个，看，他撞翻了吉姆·苏尔特的苹果车。你见过这么混乱的场面吗？走路没长眼睛，乱撞人。"

克布诺斯站在愤怒的声音中，他的大脸上露出大大的微笑，然后变成了咧嘴大笑。

"他们不跑了，他们不跑了！"克布诺斯高兴地低语道。然后，他弯下腰，直到脸凑到膝盖那儿，尽量和人们的脸平齐。

"你们见到我为什么不跑了？"他温柔地说，害怕吓到他们，"为什么你们不像以前那样见到我就跑？请告诉我，求你了。"

吉姆·苏尔特非常生气，气得都顾不得害怕克布诺斯了。他爬到被撞翻的苹果车上，大声地朝巨人喊道：

"为什么？你这个蠢大个，因为我们闻不到你身上的气味了。"

"我身上的气味？"克布诺斯不解地问。

"是的,你身上的气味,恶臭、烂臭、奇臭无比……无法形容的最臭的臭味!"吉姆说。

"但是,我身上没有味呀!"克布诺斯说。

"不!你身上有味!"所有的人一起说。

"你身上散发着臭味!"吉姆大声地说,"你身上的臭味很大,这就是为什么大家一见你就躲。我们真是没法忍受,只有跑开。"

"那为什么今天你们闻不到了?"克布诺斯说。

"因为我们都感冒了,这是我们生平第一次感冒。我们的鼻子堵住了,不停地在流鼻涕,什么都闻不到,所以才没有跑掉。"吉姆说,"从英格兰来的商人来这里卖丝带,也把病菌传给了我们。所以今天我们什么都闻不到,但是下周我们就好了,那时你再看看我们会怎么跑吧。"

"但是,我该怎么办呢?"克布诺斯看上去非常伤心,"我是那么的孤独,没有人和我说话。"看他这样连吉姆都有点难过起来。

"你应该洗个澡。"吉姆说。

"还要洗洗你的胡子。"罗博逊夫人说。

"还有你的头发。"她又补充说。

"还要洗洗你的衣服。"罗博逊先生说。

"换换你的袜子。"弗科斯先生盯着巨人的脚说。

克布诺斯脑海里重现了遥远的记忆。"是的,啊,是的,很久很久以前,我妈妈说过这些,但是我没太留意。我真的那么臭吗?真的吗?"

"噢,是的,你真的那么臭,"罗博逊夫人说,"你身上的臭味比你能想象的要厉害。上周你身上的臭味让我的奶酪变绿。赫尔斯夫人因为无意间打开了窗户,你身上的臭味把她的宝宝熏得哭了整整两个小时。噢,你身上简直臭死了。克布诺斯,你是这个世界上最臭的东西！"

"如果我按你们说的做，让自己变得干净整齐，你们见我就不会再跑了，对吗？你们就会和我做朋友吗？"克布诺斯说。

"当然了，我们会的。"吉姆说，"我们并不讨厌巨人，巨人其实挺有用的，只要他们走路的时候看路，看清楚落脚的地方。而且，据说从前巨人是最会讲故事的。"

"你们等着瞧吧！"克布诺斯大声地说。他采购了满满一篮子东西，然后坚定地朝山上走去。他的篮子里装着一百二十块肥皂和五十瓶泡泡浴液！

那天晚上，克布诺斯比哪天都忙。他点上熊熊的炉火，热水在房子里的管道里循环流动。蒸汽往上冒着，热水往身上浇着，胡须上涂满了肥皂泡，克布诺斯喘着粗气，又唱歌，又放声大笑。一百年来，克布诺斯家里从来没有传出过这样的声音。肥皂和泡泡浴的气味飘向空中，飘到很远很远的地方，甚至连镇上的人们都可以闻到。

"这是什么味呀？真好闻。"罗博逊夫人对她的丈夫说。

"多美妙清爽的香气呀！尽管是在隆冬，却让我想到夏天里的花园。"

然后，克布诺斯在自己农庄附近的田地里烧掉了又旧又脏的衣服，剪短了头发和胡子。之后，翻箱倒柜大扫除，拍打和晾晒新衣服。克布诺斯整整忙了一周，忙得连睡觉和吃饭都忘记了。

又到周五了，镇上的人们看到了一个令人吃惊的身影：克布诺斯穿着干净的节日服装，洁净整齐，在冬日的阳光下闪闪发亮，身上散发出肥皂味和甜甜的薰衣草味。他大步走过来，这是全新的克布诺斯，人们都围了上去。吉姆大声说道：

"真的是你吗，克布诺斯？"

"当然了。"克布诺斯笑容满面地说。

"欢迎你来到我们中间。"吉姆说,"你身上散发着花一样的香气,你真的做到了,我从来没想过你真的能做到。为我们的新克布诺斯欢呼三次!来,万岁……"

人群欢呼起来:

"万岁,万岁,万岁!"

从此以后,克布诺斯再也不缺少朋友了。他那么善良友好,大家都非常喜欢他,他成了世界上最幸福的巨人。

后来,如果哪个孩子不愿意洗澡,不愿意刷牙,或者不愿意理发,妈妈就会给他讲巨人克布诺斯的故事。

这儿有一张清单,列出了我最喜欢的关于巨人的书(其中一些你可以在书店里买到,其他的只能从图书馆里借阅,但是它们都值得你花工夫查找):约翰·坎利夫的《巨人克布诺斯的新故事》(*Giant Kippernose and Other Stories*)、戴维·哈里森(David Harrison)的《巨人故事集》(*The Book of Giant Stories*)、卡罗琳·罗伊兹(Caroline Royds)的《龙、巨人和怪物宝库》(*The Dragon, Giant and Monster Treasury*)、唐纳德·卡里克(Donald Carrick)的《哈拉尔德和巨人骑士》(*Harald and the Giant Knight*)、约翰·洛尔德(John Lord)和珍妮特·布勒威(Janet Burroway)的《巨人果酱三明治》(*The Giant Jam Sandwich*)、阿诺德·洛贝尔(Arnold Lobel)的《巨人约翰》(*Giant John*)、琼·弗里茨(Jean Fritz)的《好巨人和坏侏儒》(*The Good Giants and the Bad Pukwudgies*)、特德·休斯(Ted Hughs)的《铁巨人》(*The Iron Giant*)、由马特·福克纳(Matt Faulkner)配图的《杰克与魔豆》、比尔·皮特(Bill Peet)的《杰斯罗和乔尔曾是巨人》(*Jethro*

and Joel Were a Troll）、汤米·狄波拉的《巴列塔的神秘巨人》（The Mysterious Giant of Barletta）、由史蒂文·凯洛格（Steven Kellogg）改写的《伐木巨人保罗·班扬》和奥斯卡·王尔德（Oscar Wilde）的《自私的巨人》（The Selfish Giant）。

选自《懒龙的故事》(The Reluctant Dragon)
（英）肯尼思·格雷厄姆　著

永葆童心的银行家

儿童文学作家们身材、体型各不相同，从事的职业也千差万别。E. B. 怀特在写《夏洛的网》时，正受雇于一个很有影响力的成人杂志；《红色羊齿草的故乡》的作者是位建筑工人；《黑骏马》的作者是残疾人；《绿野仙踪》的作者是推销员。而一个银行家来写儿童文学故事，大概是最不寻常的。更何况，他还是世界上最重要的银行——英格兰银行的第三执行官。

他的粉丝包括美国前总统西奥多·罗斯福——泰迪熊名称的由来，这位总统每天晚上在白宫忠实地给自己的五个孩子朗读他的书。罗斯福总统不仅仅对他的每本书写粉丝式的崇拜信，甚至当美国的出版商觉得这些书过于英国化的时候，还写信给出版商，说服他们，使这些书能继续在美国出版。

他的名字叫肯尼思·格雷厄姆，一八五九年出生在苏格兰的一个完美幸福的家庭。不过这种幸福只持续了五年，到肯尼思的母亲死于猩红热就画上了句号。他的父亲失去妻子后痛苦得无法自拔，把四个孩子送到祖母家，然后自己沉溺于酗酒的生活。之后，男孩很少见到自己的父亲。可以这么说，肯尼思在五岁时，同时失去了父母双亲。

肯尼思的祖母为人很严厉，不过她住在带宽敞走廊的旧式建筑，屋旁有果园和田野，这给了孩子们很大的自由空间。肯尼思经常离开哥哥姐姐，一个人躲在宽敞的阁楼里，或者跑到广阔的田野里，建立自己的梦幻世界，这很像比阿特丽克斯·波特和 C. S. 刘易斯的童年时光。晚年时,他曾回忆说,无拘无束的童年是他一生中最幸福的时光。

他在阁楼里度过的时光培育着他的写作才能,尽管他的亲戚非常瞧不起这个,他们对诸如诗歌或者故事这类需要想象力的东西不感兴趣。肯尼思在学校里成绩很优秀,高中毕业时,他想上大学,立志当一名作家。令他震惊的是,他的亲戚(他们有能力送他上大学)认为上大学是浪费时间和金钱,坚持让他到叔叔开的银行里工作。

心碎的肯尼思埋葬了自己的梦想,走上了别人为他设计的人生道路。他离开宁静、美丽的乡村,来到了人声喧哗、街道肮脏的伦敦。从此,他永远不能原谅亲戚们的专断。

在随后的年月里,他在银行的职位步步高升。在业余时间里,他偷偷地写散文和诗歌并陆续向报纸投稿。快到四十岁的时候,他感到自己有足够的信心让曾被埋葬的梦想重见天日。这时,他的脑海里仍旧充满了儿时的记忆。之后十年里,他写了三部童书,包括后来成为经典的《柳林风声》(*The Wind in the Willows*)。

今天,一些美国人仍然觉得《柳林风声》过于英国化;而包括罗斯福总统在内的另一些人,却非常喜欢这本书。肯尼思还有一部更能触动人心的作品,就是《懒龙的故事》,许多人认为这是他最好的作品。这个故事本来只是他的一部大书《梦想的日子》(*Dream Days*)中的一部分,现在很难找到《梦想的日子》这本书了,不过假日出版社把《懒龙的故事》单独编辑出版了。

肯尼思·格雷厄姆首先是想讲一个好听的故事,但也许也想调侃一下那些把历史看得过于严肃的人。圣乔治是英格兰的保护神,在古老的神话中他被描写成勇敢的屠龙骑士。有两本有关圣乔治的优秀绘本,都叫《圣乔治和龙》(*Saint George and the Dragon*),一本是玛格丽特·霍吉森(Margret Hodges)著,特瑞娜·沙特·海曼插图，获得凯迪克大奖；另一本是杰拉尔丁·麦卡汗（Geraldine McCaughrean）著。

有证据表明，历史上的确有一位叫乔治的勇敢战士，但是没有证据表明龙真的存在过。世界上有许许多多涉及龙的宗教故事和传说，这是有原因的。其中一个原因是人们需要为自己不理解的东西找一个说法。有许多事情古代人无法解释，但在今天看起来很简单。比如，阁楼上的一堆纸或者谷仓里的一堆干草突然着火了，今天我们知道这是自燃现象，而在古代，就要归罪于撒旦或者龙。事实上，人们对龙的想象非常接近于有翼的蛇。许多早期的宗教宣称，龙是撒旦的化身，而屠龙是神圣的志业。

现在你也许会问：如果世界上根本没有龙，那么人们怎么能知道龙究竟长什么样子？我们能得到的最好解释是，人类是在恐龙灭绝六千万年之后才出现在地球上的，因此不会对恐龙有任何印象，但有些人可能见到过埋在地下的恐龙化石，他们把恐龙和蜥蜴等爬行动物进行比较，再添加一些想象，这样，龙就诞生了。

在写作《懒龙的故事》的时候，肯尼思·格雷厄姆善意地讽刺了那些把龙的形象看得过重的民间故事（或许他还想到了那些把工作看得过重的亲戚，他们没有允许他上大学）。下面你将发现，在温文尔雅的幽默中，藏着他对成年人应该关注孩子善良天性的严肃思考，成年人不能只把尚未长大谋生的孩子看作可爱的顽童，而忽视他们的重要性。

很久以前——大概是在几百年前吧——在英国一个小村庄和一片丘陵草原之间，有一个小小的农舍，里面住着一个牧羊人和他的

妻子、儿子。一年年，每到白天或某些夜晚，牧羊人都要一个人待在丘陵间的小山洼里，只与太阳、星星和羊群为伴，看不见人，也听不见人们亲切的说话声。他的儿子年纪还小，还不能帮助父亲干活，即便能帮忙也很少帮，因为他经常把时间花在读那些从一些乡绅牧师那里借来的大部头书上。他的父母很爱这个儿子，也为他骄傲，尽管他们并没有亲口说给他听。因此他可以随心所欲，想读多少书就读多少书，而不是经常挨打——在那个时候，孩子挨打可是常事呀。他父母基本上能平等地对待他。他们聪明地认识到，他们提供实际的生活知识，而孩子则自己学习书本知识，这样的分工很公平。他们知道，书本上学来的东西往往能在紧要关头派上用场，因此从不管邻居们说三道四。男孩读的书主要是自然历史和神话故事，他是拿到什么书就读什么书，就像做三明治一样就地取材，从不挑挑拣拣。而读书真的让他相当明智。

一天晚上，牧羊人在担惊受怕了好几个晚上后，终于忍受不了了。他浑身颤抖地跑回家，一头冲进了房间。妻子和儿子正在房间里安静地忙着自己的事情，妻子在做缝纫，儿子正读着无心巨人的奇遇故事，牧羊人惊慌地喊道：

"真是见鬼了，圣母玛利亚！我再也不敢到山上去了，好可怕呀！"

"别这么慌张。"妻子说，她是个相当理智的女人。"先说说出了什么事，无论发生什么让你慌张的事，只要有我、有你，还有我们的儿子，就一定能够弄清楚！"

"这是从几天前的一个晚上开始的，"牧羊人说，"你们知道山上的那个山洞吧，我从来不喜欢那里，不知什么原因，羊也从来不喜欢它。羊要是不喜欢什么东西，那么一定是有原因的。嗯，这几天，洞里偶尔会传来一些微弱的声音——像重重的叹息，还掺杂着咕哝声；有时候是打鼾声，真的打鼾声，不知怎的，又不像是人的打鼾声，不像我们晚上睡觉时的打鼾声。你知道！"

"我知道。"男孩平静地说。

"我吓得要死。"牧羊人继续说，"可是我又不能当做完全没听见。所以，今天傍晚下山前，我悄悄地去山洞那儿看了看。天呀！我终于看到他了，就像现在看你这么清楚！"

"看见谁了？"他的妻子似乎也感染上了丈夫神经质似的恐惧。

"谁？你听我说呀！"牧羊人说，"他的身体一半露在山洞外面，好像很舒服地享受着夜晚的凉爽。足有四辆马车那么大，浑身是亮闪闪的鳞片，头上是深蓝色的鳞片，身体下部有一种淡淡的绿影。他一呼吸，鼻孔里就射出一道白光，就像在炎热又无风的夏天你看到的白灰路上的白光。他的下巴搁在爪子上，我觉得他正在思考着什么事情。噢，是的，一头平静的巨兽，没有狂跳乱撞或举止失常，不像在做什么坏事，而是相当温柔有礼貌。我承认这一点。但是，我该怎么办？他有鳞，有爪，嗯，肯定还有尾巴，虽然我看不到，我不想看……也不敢看……就是这些！"

牧羊人讲述这一切的时候，男孩好像依旧沉浸在他的书中，这时他合上了书，打着呵欠，双手枕头，懒洋洋地说："好了，爸爸。不要担心，不过是条龙。"

"不过是条龙？"他父亲叫道，"你这是什么意思，坐在这儿就说什么龙？不过是条龙？你对龙了解吗？"

"我当然了解。"男孩平静地回答道，"爸爸，瞧，我们各有专长。你了解羊、天气和其他东西；而我，了解龙。我说过很多次，那个山洞曾经是龙穴。我老觉得，那个山洞曾经属于某条龙，那么，照理说现在也应该属于某条龙。好了，你说那里有条龙，这就对了。如果你告诉我洞里没有龙，我才会觉得吃惊呢。如果你不着急慢慢等，规则总会应验的。现在，把这事交给我吧。我明天上午去看看——不，上午我没工夫，我有好多事情要做呢。那就晚上吧，如果我有时间，就去和他聊聊，不会有事的。不过，你不要一个人去那里。你一点都不了解龙，龙是很敏感的！"

"他说得对，孩子他爸。"理智的母亲说，"就像他说的那样，了解龙是他的特长，不是我们的特长。他非常了解书中的野兽，什么样的野兽都了解。说句实话，一想到那可怜的巨兽孤零零地躺在山上，没有一点热菜热饭，也没有人陪着说说话，我这心里就怪不好受的。也许我们可以为他做点什么，我们的儿子很快就能知道他值不值得人们尊敬了。我们的儿子人见人爱，大家都喜欢和他聊天。"

第二天，男孩喝完茶，沿着白色小路上了山顶。在那里，他当然看见了龙。龙正伸长身子懒洋洋地躺在山洞前的草地上。从那里看去，风景真的很优美。左边和右边是绵延的丘陵；前面的山谷里则是一片片田野，一条条白色的小路穿过果园和开垦过的良田；远处的地平线上，还可以隐约看到灰色的老城。一阵凉爽的风拂过草面，越过远处的树林向上看，一轮圆月散发出温柔的银光。果然，龙正在安安静静地赏月。男孩靠近时，听到巨兽发出舒服的有规律的咕噜咕噜声。"真好，天天都能学到新东西！"男孩自言自语，"没有一本书上告诉我龙还能发出咕噜咕噜声！"

"嘿，龙，你好！"男孩朝他走过去，平静地说。

龙听到有脚步声靠近，正想有礼貌地站起来。但是，当他看到是个男孩时，他的眉毛就拧成了一团。

"别打我。"他说，"别朝我扔石头，也别朝我喷水，或者做其他什么坏事。我会对你不客气的，真的！"

"我不会打你的。"男孩无奈地说，坐在巨兽旁边的草地上，"还有，行行好吧，不要老说'别这，别那'，我听得够多了，好无聊，好烦人。

我只是来看看你,跟你打个招呼,就是这样。但是,如果妨碍到了你,我可以马上走开。我有许多朋友,没有一个朋友觉得我是个胡搅蛮缠的人。"

"别别,别生气,不要走。"龙急忙说,"事实上,在这里我整天都挺高兴,什么都不用做,亲爱的伙计,无所事事!不过,和你说句实话,我有时候也有点无聊。"

男孩嚼着一根嫩草。"你打算在这里长住?"男孩礼貌地问道。

"现在还很难说。"龙回答道,"这里好像是个好地方,但我才刚到不久,还要再看看,仔细考虑一下,才能决定要不要在这里安家。安家可是件大事。另外,我告诉你一件事情,你恐怕永远都猜不到!那就是,我是一个懒家伙!"

"这太叫人吃惊了。"男孩轻声说。

"不幸的是,这是事实。"龙缩了缩爪子躺好继续说道,显然,他很高兴终于有了个听众,"这是我来这里的真正原因。你看,我的同类们整天忙活着做这些事情——怒吼,争吵,在沙漠里追杀,在海边飞奔,到处争权夺利,追花逐月,他们的生活通常都是这样;可我只喜欢按时吃饭,靠着岩石打打盹,醒来后再想想事情。所以,当那件事发生的时候,我相当吃惊。"

"什么事?说说看。"男孩问。

"其实我也不大清楚。"龙说,"我想是山洞打了个喷嚏,或者是颤抖了一下,或者是地下冒出了点什么东西。总之,在一阵震动、一声怒吼和一段骚乱后,我就发现自己到了几千公里外的一处地下,被挤得越来越紧……谢天谢地,我的欲望很少,希望拥有宁静的生活,不被人指使干这干那;我的想法很活跃,脑子总是忙着,我向你保证这是实话!但是,过着过着,我觉得生活有些太呆板了,后来我开始想,出来看看也挺好玩的,看看你们这些人类正在干什么。因此,我抓呀挖呀，有一搭无一搭地干着，最后从这里出了山洞。我喜欢这个地方，这里的风景和人……总的来说，我有点想在这里安家。"

"那你的脑子里成天在想些什么？"男孩问道，"我很想知道。"

龙有点脸红，移开了目光。然后，他讪讪地说："嗯，你有没有试过写写诗或者韵文什么的……只是为了好玩？"

"当然，我试过。"男孩说，"写了好多呢。我自己感觉，有些真的挺不错的，只是没有人欣赏。我妈妈人很好，我爸爸也是这样，但当我给他们读诗的时候，好像他们都不太……"

"就是这样。"龙叫道，"我的情况和你完全一样。他们好像都不感兴趣，还不能和他们争执。你是有文化的人，我们马上可以谈一谈诗。我来这里以后，随便做了几首小诗，我非常希望听你坦率地提一些意见。认识你真是太高兴了！我希望其他邻居也会像你一样友好。昨天晚上来了一个很和善的老先生，但是他好像不想理睬我。"

"那是我爸爸。"男孩说，"他非常和善，如果你愿意，哪天我介绍给你。"

"你们两个能不能一起上来，明天来吃饭？"龙急切地问，"当然了，如果你们没有别的更重要的事情要做。"他礼貌地补充着。

"非常感谢。"男孩说，"但是，我们去任何地方都不能不带我妈妈，说实话，我怕她可能会不喜欢你。你知道，毕竟你是龙，这是抹不掉的事实，对不对？在你谈到安家、邻居这些事情时，我觉得你相当不了解自己的身份。你是人类的敌人，你知道吗？"

"我在这个世界上没有敌人。"龙依然很高兴，"我太懒了，根本没工夫树敌。我只是想给别人朗诵我写的诗，我也乐意听他们朗诵诗。"

"噢，亲爱的！"男孩叫道，"我希望你能正确地认清形势。要是其他的人类发现你，他们会带着矛、剑，或者其他武器来杀你的。

他们认为一定要杀掉你！你是祸根、罪魁祸首，是可恶的魔鬼！"

"不会这样的。"龙郑重地摇着头说，"人性经得住最严格的考验。现在来谈谈诗吧，你来的时候我正在琢磨一首小诗，来听听……"

"唉，你真的不明白。"男孩叫道，站起身来，"我该回家了。我不能留下听你读诗，我妈妈该担心了。明天或者随便哪天，我再来看你。看在老天分上，好好想想你的处境，不然，你就会有危险了。再见！"

男孩很轻松地让他的父母接受了这个新朋友。他们一向相信他的专长，毫不怀疑地听他的话。男孩正式地把自己的父亲介绍给了龙，双方交换了好多恭维的话和友好的寒暄。男孩的妈妈虽然表示她想做点力所能及的事情：缝缝补补，收拾收拾山洞，或者在龙构思诗歌、忘记做饭的时候，给他做做饭，却没有被正式介绍给龙认识，她依然对"他是龙"和她不了解"他的过去"耿耿于怀。然而，她不反对让儿子每天晚上安静地陪龙待一会儿，只要他九点钟之前回家就行。就这样，他们一起度过了许多愉快的夜晚。他们一起坐在草地上，龙给男孩讲了许多很久很久以前的故事：当世界上有很多很多龙的时候，当生活比现在轻松得多的时候，当生活充满了战栗、惊跳和新奇的时候……

然而，男孩害怕的事情终于要来临了。世界上最谦逊、最与世无争的龙，如果他有四辆马车那么大，浑身布满蓝色的鳞片，就怎么也逃不过公众的视野。于是，在村里的小酒馆里，"山顶的山洞里躺着一条活生生的龙"自然成了村民们晚上聊天的话题。村民们非常害怕，但他们还是以此为豪。毕竟自己的家乡有一条龙还是很威风的，那是全村的光荣。尽管如此，大家还是一致同意不能让这条龙继续活着。必须消灭这可怕的猛兽，必须消除这个恐怖、这个祸害。

不久，急着想看好戏的村民们请来了著名的屠龙骑士圣乔治。但是当男孩跑去告诉龙，让他赶紧逃跑或者飞走时，龙平静地拒绝了。他坚持让男孩出面阻止这件事的发生。男孩找到了伟大的骑士，可这时村民们已经向骑士灌输了一大堆所有你能想得到的谎言，让他下定决心要把龙除掉。男孩做好了营救龙的准备。

市面有售《懒龙的故事》的录音带。

格雷厄姆的懒龙故事为以后出现的龙故事定下了较为轻松的基调。这儿介绍几本你可能会喜欢的书：E. 奈斯比特（E. Nesbit）的《龙之书》(The Book of Dragons) 和《他们国家的解救者》(The Deliverers of Their Country)、杰伊·威廉姆斯（Jay Williams）的《所有人都知道龙长什么样》(Everyone Knows What a Dragon Looks Like)、苏珊·库珀的《马修的龙》(Matthew's Dragon)、鲁思·斯泰尔斯·甘尼特（Ruth Stiles Gannett）的《我爸爸的小飞龙》(My Father's Dragon) 和萨拉·萨金特（Sarah Sargent）的《威尔德·亨利·伯格》(Weird Henry Berg)。在奥利弗·巴特沃斯（Oliver Butterworth）的《巨蛋》(The Enormous Egg) 中，作者讲述了一个欢快的故事：这种史前生物的支脉竟然出现在二十世纪！

如果你想了解那位喜欢肯尼思·格雷厄姆的故事的可爱总统的更多情况，请读琼·弗里茨的《没什么大不了，泰迪·罗斯福》(Bully for You, Teddy Roosevelt)。

《月亮的报复》(The Moon's Revenge)
（美）尤安·艾肯　著

想象力是大脑的眼睛

童年时，和我家隔着几条街的地方有一所房子，房子四周高耸着可怕的铁丝网，总是大门紧闭、窗帘拉下，院子里杂草丛生。在我们这帮孩子的脑子里，这是世界上最神秘的地方。虽然我们够不着房子的窗户，但是我们的想象够得着房子和房子的主人。事实上，这种遥不可及让它成了我们最恐怖的噩梦的主题，我们每个孩子都经常想象自己和最可怕的怪物一起被困在这个房子的地下室里。

我能肯定，我的父母当时跟我说过这房子的真实情况，但是我充耳不闻，因为他们的解释不够刺激。事实是，这房子的主人是一对古怪的老夫妇，他们长年生活在国外，所以房子荒废失修。但这样就没有刺激感了，也就没有理由想象在暴风雨中从地窖里爬出来的巨大蜘蛛和阁楼里的嗜血蝙蝠了……

而人世间最古老神秘的地方，最古老传说的主角，无疑是月亮。早在科学证实月亮对潮水有引力之前，人们就认为月亮有股神秘的力量。于是，关于月亮的神秘和诅咒，就有了许多传说。但我得说明，这些传说没有一个得到证实。

就像过去我和小伙伴们站在生锈的铁丝网前，看着发黄的窗帘，想象着窗帘后那些移动的人影在干什么一样，地球上的人也曾盯着月亮上的阴影，猜想阴影里是什么。地球上的每个早期人类部落都创造了各种故事来说明月亮上的阴影：从上帝的脸到太阳和月亮激战飞溅的泥点，五花八门。直到一九六九年，人类终于登上了月球，对月球的某些神秘现象才有了科学的解释。当然，对许多人来说，这些事实和数据还是不如让想象力穿透月亮的表面那么刺激。

尤安·艾肯是美国一位著名诗人的女儿和英国一名作家的继女，五岁就开始写故事，那时她经常带弟弟去散步，散步途中给弟弟编越来越长的故事。在十七岁的时候，她开始写小说。她一生中为成年人和儿童写了七十多本书。

她的母亲每天给她朗读，尤其是查理·狄更斯的小说，这就解释了为什么在她的书中总是出现黑暗的一面：小孤儿、恶棍、狠毒的家庭女教师……她最有名的一部儿童文学作品是小说杰作《威利山庄的狼群》(*The Wolves of Willoughby Chase*)。时至今日，她仍旧称得上是最出色的儿童短篇小说家之一。

在下面这篇《月亮的报复》中，尤安·艾肯让她的想象力插上了翅膀，飞往月亮、飞越大海、穿过时光隧道，文中一些危险的情节，让读者和听者胆战心惊。

从前，有个男孩叫塞皮，他是他父亲的第七个儿子，而他父亲是他爷爷的第七个儿子。这个故事发生在很久很久以前，那时女人还披着大大的披肩，男人们戴着兜帽，穿着长长的尖头鞋，治疗耳朵痛的唯一方法就是往耳朵里塞上烤得热乎乎的葱头。

塞皮的父亲靠造车的手艺养活全家，他为当地所有的农民和周围的贵族们造手推车或四轮马车。塞皮从七岁起就开始学习怎么给马车门刨木板，怎么给手推车削车轮辐条。但是，他真正想做的是拉小提琴。他用院子里的木头块给自己做了一把小提琴。塞皮的爷爷曾经是当地最出色的小提琴手。听人说他拉得非常好，有次连激战中的亨利王和查理王都停下来听他拉琴；到他拉完离开时，两位国王泪如泉涌，然后各自收起兵器，结束了战斗。

"如果是我，"塞皮想，"我会一直演奏下去，直到这些国王发誓再也不打仗了为止。"

但父亲却说，塞皮必须学会造车的手艺。

"把小提琴放在一边吧，"父亲说，"小提琴是周末和节假日的玩意。你得学门手艺养活自己。"

塞皮的家在海边，那里有一间荒废的空房子。没有人愿意待在那里，因为即使里面空无一人，也总是会传来说话声。人们说，这可能是魔鬼的声音。

"也有可能是天使的声音。"塞皮想。一个严冬的深夜，他从房间的窗户爬了出来，沿着黑色的石板路，走到空房子旁。他站在破败不堪的门前，心咚咚直跳，竖起耳朵听里面的声音。

他把耳朵贴在门的裂缝上。真的！他听到声音了，非常平静的语调。但这声音说了些什么？随后他却怎么也想不起来了。

他的心跳得更厉害了。他轻轻地拍着门，对着门上的洞低声地说：

"嘿！你在这里吗？如果你在里面，请告诉我，怎样才能成为最优秀的小提琴手？"

他把耳朵紧贴在裂缝处。从里面刮出一阵寒风，冰冷刺骨，塞皮害怕地朝后退了一步。

"把你的鞋扔到月亮上去，"一个低沉的声音说，"连续七天，每天夜里把鞋扔到月亮上去。"

"可，可，可是，怎么扔？"塞皮结结巴巴地问，"什么鞋？"

没有人回答他。他又听到说话的声音，但那是他们互相在交谈，而不是在对他说。

塞皮踮着脚尖回到床上，挠着自己的脑袋。他只有一双鞋，猪皮木底的鞋，他穿着鞋在院子里走来走去的时候，鞋底就会发出咔哒咔哒的声音。当他的脚还没有这么大的时候，他穿过别的鞋，有的鞋是他六个哥哥全都穿过的。他的母亲从来不肯浪费一点东西，把所有嫌小的旧鞋都装在一个包里，放在爷爷的大钟里面。

第二天，趁母亲去河边喂鸭子和鹅的时候，塞皮悄悄地找到装旧鞋的包。他拿出了一双小小的、软软的山羊皮鞋，那是他一岁时穿过的。晚上，当月亮升起来的时候，他来到海滩边，把一只鞋放在海堤上，看着波光粼粼的大海和汹涌的黑色波涛。然后，他使劲地把其中一只小鞋朝正在看着他的月亮那洁白无瑕的脸上扔去。

鞋到底扔到了哪儿？塞皮看不到。肯定没有掉到沙子里或者大海里，这一点他可以确信。他把另一只鞋留在海堤上，然后回家上床睡觉了。

第二天夜里，他又去了海滩，这次他带着两岁时穿过的小兔皮鞋，又朝着月亮明亮的脸上扔去。像上次一样，他还是没有听到鞋掉到地上的声音。然后，他把另一只鞋留在海堤上，回家上床睡觉。

第三天夜里，他扔了一只红色的鳄鱼皮拖鞋，这是地主婆给他母亲的，塞皮三岁时穿过。他最喜欢这双鞋，但是没穿多长时间就穿不下了。他把红色的鞋扔向月亮光洁的脸，然后把另一只留在了海堤上。

第四天夜里，他扔了一位流浪音乐家为一盘炖肉换给他母亲的鹿皮靴子。塞皮非常喜欢这双靴子，又漂亮又舒服，他四岁的时候穿过。他把靴子对准月亮的脸扔去，然后把另一只靴子留在了海堤上。

第五天夜里，他扔的是镶着闪亮金属扣的小牛皮鞋，这双鞋是哥哥们穿旧了给他的。然后，他把另一只鞋留在了海堤上。

第六天夜里，他扔的是一只绵羊皮拖鞋，记不清是六个伯父中哪一个在他六岁患麻疹时给他做的。然后,他把另一只留在了海堤上。

第七天夜里，他扔了一只他每天都穿着的猪皮木底鞋。

"缺了一只，这只也没什么用了。"塞皮想。他把另一只木底鞋留在海堤上。现在七只鞋排成了一排。

"人们会以为，有个长着七只脚的怪物下海游泳了。"塞皮想。

他抬头看着月亮，害怕地眨眨眼睛，因为月亮看上去有些愤怒，正责怪地盯着他，月亮原本洁白无瑕的脸被他扔的脏鞋弄得斑斑点点。他感到月亮的怒火正炙烤着他，就像火龙吐出的气。

塞皮转过身，撒开腿，光着脚飞快往家跑，把那排成一排的七只鞋孤独地留在海堤上，海堤在愤怒的月光下投射出长长的阴影。他一开始跑，浓浓的白色雾气就弥漫了整个海滩，鞋、阴影和月亮都从视野里消失了。

"希望月亮不要来追我。"塞皮想。想到月亮会像个大轮子一样，穿过浓雾，在他身后滚动着追赶他，他立刻感到肩膀好像被撞了一下。

回到家，他急忙爬上阁楼里的小卧室，跳上床，用被子把自己蒙了个严实。一会儿，他就睡着了。但是，半夜他又醒了，因为这时他的房间里洒满了月光，绝对是盈满了月光，就像装满水的金鱼缸。

塞皮害怕得倒吸一口凉气。但是，一想到他是父亲的第七个儿子，而他父亲是爷爷的第七个儿子，他就勇敢地从床上坐起来。

"你应该给我一个祝愿，"他对月亮说，"这是约定，他们这么说的。"

月亮的回答犹如冰冷的音符，就像冰凌发出的声音，使塞皮从耳朵一直冷到心里：

"是的！我应该给你一个祝愿，你这个无礼的家伙！你的脏鞋把我的脸弄得脏兮兮的，为此，我必须惩罚你。在接下来的这七年里，你只能光着脚走路。只有等到你把那些鞋子重新放回大钟里，你的妹妹才会开口说话。你和你的家人会遭遇很大的危险，但是我不会告诉你是什么危险。到时候你就知道了。"

说完，月亮从塞皮的房间里消失了，就像云朵穿过锁眼一样散去了，留下浑身发冷、既害怕又迷惑不解的男孩。

"妹妹？我还没有妹妹呢。"他想，"月亮说的话是什么意思？会有什么危险？我真想知道。不过我至少可以把留在海堤上的鞋拿回来，放回大钟里去。可能会有用。"

第二天早上，太阳还没有升起，塞皮就跑到海滩上。老远他就看到了海堤上的七只鞋。随着太阳从银色的水面上渐渐升起，海堤拉出了长长的影子。但是正当塞皮要靠近的时候，一个巨浪卷了过来，那浪头似黑、似绿又似蓝，像一个大爪子从海边直抓过来，汹涌澎湃，浪花冲天，翻起的泡沫卷走了七只鞋。接着，浪头又冲到海边。

"真倒霉！"塞皮说。他又吃惊，又失望，慢慢地走回家，光脚被冰冷坚硬的沙砾小路硌得生疼。

回到家，他发现全家都喜气洋洋的：他的父亲和几个哥哥正手忙脚乱，准备着热水、红酒、毛巾和牛奶，母亲刚刚生了一个婴儿，一个女孩，起名叫奥克塔维亚。她长着灰色的眼睛和淡银色的头发。每个人都非常高兴，塞皮也没有因为丢掉鞋子挨骂。

"但是，"父亲说，"在你自己能做出一双鞋来之前，你要一直光着脚！"

塞皮做不到：没有一双鞋能在他的脚下待上半个小时，鞋子一到他脚上，要么破了个洞，要么裂开，或者鞋底掉下来，鞋带断了，帆布鞋面会变成碎片，皮革鞋面会化成碎末。慢慢地，塞皮的脚掌变得和羊角一样硬，除了冬天下雪的时候，塞皮平时不太在意月亮对他的惩罚。但最大的不幸落在了他的小妹妹奥克塔维亚身上。每当塞皮看到她，就感到非常伤心，心里冰冷冰冷的。因为尽管她像鲜亮的桃子一样美丽，像金子一样纯洁，但是她不会说话或者唱歌，也从来不哭，从来不发出一丝声音。她是个哑巴。

一年又一年，时间在爷爷的大钟的嘀嗒声中过去了。每天晚上，塞皮都要溜到一个伯伯家的阁楼上去，他的这位伯伯是修帆工。他在小阁楼里拉小提琴，在这里，除了屋顶上盘旋的海鸥和燕子、地板下住的老鼠，没有人听到。塞皮拉得越来越好，为了听这美妙的音乐，海鸥、燕子和老鼠会停下来，不拍打翅膀，不窸窸窣窣地吃东西，也不会发出嗤嗤的声音，一动不动地听着他拉完。

小奥克塔维亚最喜欢听哥哥拉琴了。她一学会爬，就到处跟着塞皮，一坐几个小时，一边吸吮着大拇指，一边听着他拉琴。

到了休息日，塞皮会带着她到田野、树林、沼泽地里去，或者到几里外的岩石海滩，在那些没人能听到的地方拉琴，只有野兔、野鹿或者海豹在听。无论他到什么地方，月亮都跟着他，用冰冷的目光看着他。

奥克塔维亚满一岁的时候，开始学走路了。塞皮的母亲去大钟里寻找放鞋的包裹。

"真奇怪，"她说，"我肯定把装鞋的包放在这里了。"

塞皮刚要说话，他的父亲开口了："不是吧，你忘了吗？你把鞋都给了修钟的人，那时钟不走了，是他给修好的。"

令塞皮大吃一惊的是，他的母亲回答道："噢，是的，我全给他了，我把鞋都给那个老头了。从那以后，钟一直走得很准。"

嘀嗒，嘀嗒，嘀嗒，嘀嗒，钟一直走得很准。塞皮用帆布和线给奥克塔维亚缝了一双鞋。然后她穿着这双鞋跟着他到处走。

奥克塔维亚三岁那年的秋天，有一天塞皮把她驮在肩膀上沿着海岸走。远处,一条大船被风掀翻了,镀金的木头块、精美的丝绸和天鹅绒、五颜六色的蜡烛、玻璃瓶和象牙盒子都漂到海边,被冲到岸上。

塞皮想找一块木头。他那把小提琴已经嫌小了,他想找一块枫木、皇家松木,或者古老的无花果木,这样的稀有木头从他父亲的院子是找不出来的。找到的话,他就能给自己做一把新的小提琴了。

塞皮沿着海边寻找木头的时候,奥克塔维亚就在悬崖下面蹦跳着,这里捡一块小鹅卵石或贝壳,那里捡一个被海浪冲到海边的胸针或者别针。

塞皮正抓着一只箱子上的铜把手,整个箱子缠满了绿草。这时,妹妹跑过来,扑到他的怀里,用手指着一个地方,想让他过去。

她指什么呢?塞皮盯着那里,看了又看。巨岩脚下有一个东西,一开始他以为是一块灰色的岩石,而实际上那是一只巨大的鞋,上面长满了贝壳,鞋里一半的地方都装着鹅卵石。这会是谁的鞋呢?谁的鞋会像渔船一样宽,陷在沙子里呢?小奥克塔维亚想爬上去,塞皮不让她上去。他想,这鞋的主人会来找它的。

"走吧!"他说,"走吧,奥克塔维亚。"

一阵冷风刮过,海上升起一层薄雾,塞皮的心奇怪地咚咚直跳,就像以前他在那间空屋子外偷听的时候一样。他从背包里取出小提琴,开始演奏一首欢快的曲子,来驱散这种不祥的感觉。他拉着琴,薄雾变浓了,塞皮看得真切——海岸边出现了一个穿着长袍的国王的幽灵。大海深处的幽灵船是不是在等候它的主人?国王对塞皮点点头,好像在用心听他演奏,而且很喜欢听,然后,他用手指着那只灰色的巨鞋。接着,他指的地方就发出一阵隆隆声,一阵巨大的隆隆声,然后是一声巨大的爆炸声,半边岩石轰然倒塌,把鞋埋到了岩石下面。如果这时塞皮和奥克塔维亚站在鞋旁边的话,也会被埋在岩石下。

一块小岩石弹到了海滩上,裂开了,里面是一个箱子,塞皮用力拉过箱子,打开了它。箱子里面有一个用蜡纸包着、绳子捆着的帆布包。帆布包里面还有一个小包,小包里面又是一个皮箱子。箱子里面是一把漂亮的小提琴,由于包裹得非常严实,没有被海水浸湿一丁点。

塞皮小心地拿起小提琴,捧着它,好像它是用金子做的。

然后他转过身想看看站在水边的幽灵,可那里空无一人,连一丝足迹都没有。

"你看见他了吗?"塞皮问奥克塔维亚。但是她摇摇头。

塞皮夹着新提琴往家走去,奥克塔维亚紧紧地跟在他身后。

那天晚上,他把旧提琴放在一块木板上,在木板上插上一根点燃的蜡烛,再把木板放在海面上,让它随着浪花漂向远方。

嘀嗒、嘀嗒、嘀嗒、嘀嗒,爷爷的大钟准时地走着。奥克塔维亚已经快七岁了,她会缝衣服,会纺线,会做黄油、蛋糕和面包。她善良、美丽、可爱,但还是不会说一句话。

塞皮继续尽量抽时间练琴。"也许有一天,"他想,"音乐能教会奥克塔维亚说话。"因为在此期间,音乐曾多次帮助他们摆脱了困境:如果不是塞皮的音乐,铁匠的大狗就会发疯地朝奥克塔维亚扑上去,妈妈煮的黑莓果酱就会流满整个厨房;最神奇的事情是,当爷爷的大钟突然不那么嘀嗒嘀嗒走的时候,如果塞皮正巧在家,他就立刻拿起小提琴,拉一曲活泼欢快的曲子,然后大钟就会开始嗡嗡作响,打着嗝,清清嗓子,又像过去一样有力地嘀嗒嘀嗒走起来。

一个星期日的晚上,村里人做完弥撒,和往常一样聚在路边聊天。

"那只乌鸦已经在尖塔上叫了三天了,"有人说,"恐怕会有灾难降临。"

"昨天夜里,月亮周围出现了大大的红晕。"

"教堂院子的矮树丛中长出了三朵黑色的玫瑰。"

"肯定要发生什么可怕的事情了。"大家都这样说。

"天黑下来了,"塞皮的父亲说,"看那片大乌云。"

大大的、晦暗的、阴沉的月亮升起来了,但是越来越多的大块大块的黑云布满了天空,墨黑的云吞没了月亮。就在这时,从黑压压的乌云和黑漆漆的大海之间,射出了一道淡淡的白光,接着,一个奇怪的巨大物体穿过白光。

"那是什么?"塞皮的一个伯父说,"好像是一条带角的鲸鱼。"

"可能是一条船。"也有人说。

"别傻了!什么船会带着角?"

"它又动了。"

"往这边来了!"

现在每个人都能看清这个东西了——一个巨大的怪物,它浮出海面,朝陆地游来。

它移动得很快,靠近之后,体型仿佛比刚才大了一倍。

"啊,啊,是可怕的野兽!"小奥克塔维亚尖叫着,"我怕,我怕,塞皮哥哥!它朝这边来了。它要把我们吃掉。"

人们惊恐万状,呼喊着,尖叫着。这时,怪物穿过黑浪,搅起一股股旋涡朝他们靠近。它的前额上长着两只巨大的角,巨钳般的牙齿有门闩那么长;它的背后和身体的两侧长着脊骨,或者是刺,又或者是鳞甲;它有七条巨大的腿,七只巨大的脚,它用脚啪嗒啪嗒地划着水。当它离人们越来越近时,喷出一股潮湿、酸腐、令人作呕的杂草般的气味,就像插着花的花瓶太长时间没有换水的味道。到了码头酒吧的时候,怪物用它的七只脚站着,发出低沉的带有威胁的吼声,就像一只吞下了铜喇叭的海狮。

"它饿了。我们都会被它吃掉,"塞皮的姐姐露西小声地说,"这个野兽会把我们一口全部吞掉,就像吞下一勺豌豆那样。"

"塞皮哥哥,求你了,"小奥克塔维亚尖叫着,"用你的小提琴拉一首曲子。拉、拉、拉一首曲子。你能阻止发怒的公牛和发疯的大狗,也许也能阻止这个怪物!"

惊慌中,塞皮突然意识到了什么。

"奥克塔维亚!你能说话了!你会说话了!"

"噢,这不重要,塞皮哥哥!快去拿你的琴!"

塞皮带着奥克塔维亚冲出人群,跑向伯父的船屋,他把琴藏在了那里。塞皮站在台阶上,开始演奏。

但是,没有人听见他的琴声。人群在惊恐地叫喊着,而怪物更加凶恶地吼叫着。后来,有一两个人发现了塞皮,但他们都嘲笑他。

"这个傻瓜想干什么?"

"笨蛋!"

"傻子!"

"胆小鬼!你以为它到不了你那儿?"

但是,塞皮继续专心拉琴。突然,怪物停止了吼叫,开始聆听琴声,或者说看上去好像在听。它的七条腿不再抽搐乱踩,而是停了下来,长着巨角的头慢慢地转向塞皮拉琴的方向,随着塞皮的音乐节奏上下点着。这是一支非常活泼的曲子,叫《水手角笛舞曲》。

然后,怪物开始跳舞。

咚咚,它的脚又开始跺起来,但这时它的腿露出了水面,踢得很高,看起来很快乐。怪物跳着,摇头晃脑,拍打着身上的刺和鳞甲。当它那巨大的脚露出水面,激起浪花的时候,可以看到它的七只脚上都穿着鞋:第一只脚穿的是巨大的木底鞋,第二只脚穿的是系带的靴子,第三只脚穿的是红色拖鞋,还有另一只是带扣的鞋……

"我的鞋……"塞皮惊讶地想,"如果这些是我的鞋,它们肯定长大了许多。"

"别停,塞皮哥哥!"奥克塔维亚尖叫着,她也随着曲子上下跳跃着,"怪物只喜欢你的音乐!"

"别停,别停!"所有站在港口的人都大声喊道,"一分钟也不要停下。"

"所有会拉的都来拉琴吧!"塞皮一边叫着,一边拼命地拉着琴。

村里所有有乐器的人都往家里跑去。他们拿来小提琴、鼓、笛子、小号和小鼓。他们演奏了一支又一支曲子;没有乐器的人,就和着节拍跳舞、唱歌。远处在海上航行的水手听到声音,都很奇怪发生了什么事情。但是只要塞皮稍一停下,怪物就会发现,在合奏的乐曲声中没有了塞皮的小提琴声,它就会开始吼叫。

"不要停,不要停,塞皮!"大家都喊着,"你必须不停地拉!"

整个夜晚就像一场狂欢派对。

"我还要拉多长时间?"塞皮不知道。他的胳膊酸疼,他不知道胳膊会不会累到断掉。清晨眼看就要来了,天色已经开始发亮。

"不要停,不要停!"奥克塔维亚焦急地说,"看,塞皮哥哥,怪物开始缩小了!"

塞皮看到了,真的!现在怪物比一间屋子大不了多少,然后它变得像小渔船一样大,又变得像手推车一样大,变得如一头牛……它仍在不停地缩小。然后,它使出最后的力气,跳到了码头上。在太阳升起的那一刻,它发出最后一声尖叫,在空中打了个旋涡,像飞舞的羽毛那样消失了。

全镇的人都累坏了,他们就地躺在鹅卵石上,很快就睡着了。塞皮和小奥克塔维亚跑到码头上,他们在那里发现了七只鞋:红色的拖鞋、鹿皮靴子、白色小牛皮鞋、绵羊皮拖鞋、带扣的鞋、兔皮鞋和木底猪皮鞋。

奥克塔维亚帮塞皮把鞋带回了家。"真幸运,我们找到了这些鞋。"说着,她把鞋挂在胳膊上,蹦蹦跳跳地走在塞皮的身边,"我们把这些鞋放回大钟里的包里,等我有了孩子,就能穿这些鞋了。"

"但是每双鞋只有一只。"塞皮说。

"不是一只啊,另一只在大钟里面的那个包里呢!从我记事的时候就在那儿。我去那儿玩过好多次,总是假想有一个七只脚的怪物穿着这七只鞋。"

真的,奥克塔维亚从大钟里拿出鞋包,把鞋放了回去。不过她留下了那双木底猪皮鞋,这双鞋她穿着非常合脚。

当海边的人们醒来的时候,已经完全忘记了怪物的事情。他们迷惑不解地挠着头,往家里走去。

从那天起,小奥克塔维亚能和正常人一样说话了,而且比别人说得快两倍,以此补上她过去不会说话的时间。

塞皮在他家的院子里继续造车,有时也在婚礼、宴会和派对上演奏音乐。慢慢地,他声名远扬,甚至被邀请前往国王亨利八世的六次婚礼上演奏。每当他开始演奏,亨利国王就泪流满面,他说:"啊,塞皮,孩子!我从来也拉不出这么好的曲子。"

因为国王也是个音乐家。

有很多次,当塞皮在婚礼或派对上的演奏结束后,在深夜回家的路上,他常常抬头看见月亮皎洁的脸上有几块脏脏的黑点。他想:

"这些脏点真的是我造成的吗?我真的对可怜的月亮干了这么可怕的事情吗?或者,这只是一个梦?真希望月亮能告诉我!"

但是,月亮只是皱着眉看着塞皮,却再也没跟他说过话。

这里再介绍几本尤安·艾肯的书，你可能会喜欢：《阿拉贝尔和摩尔蒂默》(*Arabel and Mortimer*)、《巴特西里的黑心》(*Black Hearts in Battersea*)、《风且留住》(*Bridle the Wind*)、《失去的那片彩虹及其他故事》(*The Lost Slice of Rainbow and Other Stories*)、《摩尔蒂默什么都没说》(*Mortimer Says Nothing*)、《摩尔蒂默的十字》(*Mortimer's Cross*)、《楠塔基特岛上的夜猫子》(*Nightbirds on Nantucket*)、《被偷走的湖》(*The Stolen Lake*)、《一条单行道的故事》(*The Tale of a One-Way Street*) 和《威洛比的狼》(*The Wolves of Willoughby Chase*)。

奇幻世界

这里选了三个在奇幻世界旅行的故事。第一个是美国最早的科幻故事,第二个是从壁橱后边开始的奇幻故事,第三个故事讲的是一个巨大的桃子,但绝对和园艺无关。

选自《绿野仙踪系列：奥兹玛公主》(Ozma of Oz)
(美) 莱曼·弗兰克·鲍姆 著

一本没人能终止的书，就连作者本人都不能

莱曼·弗兰克·鲍姆所尝试的事情，几乎都以失败告终，如果不是有孩子们支持，他的写作生涯也会告以失败。如果美国的孩子们听图书管理员和老师的话，不去读他的书，如今他可能早被遗忘了，而不会登上奇幻故事的首创者和美国科幻小说第一人的宝座了。下面说说这件事的来龙去脉。

鲍姆一直想当作家。十五岁时，他就和哥哥一起为临近纽约州的锡拉丘兹镇办了一份家庭报纸，这份报纸维持了三年。二十一岁时，他开始为一份"真正的"报纸工作。后来他辞了这份工作去当了演员，因为当演员让他有机会写剧本。最后，他财力雄厚的父亲给他买下了几家剧场，排演他的剧本。但七年后，这些剧场悉数倒闭。

在以后的十五年中，鲍姆不停地换工作。他卖过机油，经营过养鸡场；在达科他州开过商店，也办过一份报（他在报纸上声援卡斯特将军）；在芝加哥卖过罐子和平底锅，后来成了推销陶瓷和玻璃器皿的流动推销员。

尽管如此，他对写作和演戏的热爱始终如一。他和妻子养育了四个儿子，像很多作家身上经常发生的事情一样（参见第309页罗尔德·达尔的介绍），每天只有在给孩子们讲故事的时候，他才能进入天才的心灵世界。后来他写了一本书，书中他把鹅妈妈童谣改编为故事，这本书获得了很大成功，因此出版商给他机会再试着写几本。

有一天晚上，他正在给儿子们讲故事。"突然，"他说，"我觉得这个故事有门，可以写下去。我把孩子们撂在一边，抓起书架上的纸，开始写起来。真的好像思如泉涌。后来我都找不到合适的纸了，只好拿起什么纸就往上写，连一摞旧信封上都写满了。"

鲍姆最终写成的是与以往完全不同的作品，由此开创了这类故事的先河。他创造了一个被沙漠环绕的奇幻世界，那里充满了巫师、女巫、奇怪的生物和令人难以置信的发明。这就是《奥兹国的魔法师》(The Wonderful Wizard of Oz)。

这本书一经出版，就得到了孩子们的疯狂喜爱！成为一九〇〇年的儿童文学畅销书。孩子们和家长们马上要求写续集，鲍姆却想写其他新故事。但最后他写的其他故事都卖不出去，而他又收到了上万封孩子们请求写续集的信，他这才开始写续集，然后又写了续集的续集，一共写了十四本有关奇幻王国的书，即"绿野仙踪"系列，本本都得到忠实读者的喜爱。

然而，鲍姆始终还惦记着写其他书。"也许我需要改用其他笔名来写。"他想。因此，他用弗洛伊德·阿克斯（Floyd Akers）和劳拉·班克罗弗（Laura Bancroft）的笔名，写了《阿拉斯加的幸运小猎手》(Boy Fortune Hunters in Alaska) 和《甜面包山》(Sugar-Loaf Mountain)，但都没成功。

后来，他搬到好莱坞，试图把《奥兹国的魔法师》改编为无声电影，也失败了。他六十二岁辞世，一生中写了五十多本书，十多个剧本，但是只有"绿野仙踪"系列的十四本书获得了成功。

以下选摘的是"绿野仙踪"系列中的一章，这一章今天很多人都没读过。实际上，并不是每个人都喜欢"绿野仙踪"系列，很多的图书管理员和老师拒绝让这些书进入他们的书架。他们对孩子们说:"如果你要读《绿野仙踪》,就得自己去买,我这里没有!"你也许在想,是不是他的书里写了些乱七八糟的东西,例如残酷的暴力或者肮脏的字眼,其实根本没有。

对于他们为何不喜欢鲍姆写的书,儿童文学研究者找到了至少三条理由:

第一,那时候的图书管理员和老师只希望孩子们读那些能学到知识的图书。他们认为,一本仅仅让孩子们娱乐的书不仅是在浪费书架上有用的空间,还浪费了孩子们的时间。

第二,鲍姆采用的句子过于简单。

第三,"绿野仙踪"系列中有太多的"魔法",却没有足够的"事实"。专家们认为,如果孩子们多读些有关"事实"的书,能学到更多的东西。

第一个有关学习的疑问很容易辩解,孩子们读完书学到了更重要的东西:爱上阅读。而且,读得越多,就越能认识到阅读的重要性;读得越多,知道的东西就越多!

第二点也可以解释,鲍姆故意保持了这种简单的写作风格,因为他记得,自己在童年时代通常是怎么阅读的。他总是跳过那些难懂的词和令人厌烦的描述,急切地想知道故事的进展。

至于过多的"魔法",还要看事情的发展。《绿野仙踪》中的"魔法"不久就成了现实。十四年前,鲍姆写到了机器人。十四年后,"机器人"一词正式出现了。鲍姆是第一个想象出机器人的人。在迪士尼创造出奇幻世界的十五年前,鲍姆就想象出了自己的奇幻世界。在苏斯博士(Dr. Seuss)给我们创造了无数新奇东西的半个世纪之前,鲍姆创造了更多的东西。

此后,孩子们一直读他的书,然后这些孩子当上了父母,又开始给自己的孩子朗读。慢慢地,那些顽固的图书管理员和老师全部离开了岗位,代替他们的是喜欢《绿野仙踪》的一代人。事实上,在《绿野仙踪》出版七十五年后,儿童文学协会——一个由研究儿童文学的大学教授组成的团体,就此写了多篇非常严肃的论文。经过调查,他们发现,自一七七六年以来,在美国最好的儿童文学作品中,《绿野仙踪》位于前十名。

鲍姆是个梦想家,但有件事他做梦也没想到:在一八九九年他写这本书的时候,在他写了第一部分但想不出接下来写什么的时候,等待他的是多么巨大的成功!他创造了"巫师(Wizard)"这个词,但到底是哪里的"巫师"呢?这时,他瞥了一眼他那装着三层资料卡片的橱柜抽屉。第一层抽屉是首字母为 A～G 的卡片,中间一层是 H～N,最下一层是 O～Z,"OZ(奥兹国)"由此诞生。

今天,《奥兹国的魔法师》有各种版本的电影、录像带,五岁的孩子很少有不知道它的。正因为如此,通常父母和老师不常给孩子读这一系列的其他几本书,这实在太可惜了。以下选了第三本的开篇,给大家作参考,这几章通常被认为是"绿野仙踪"系列中写得最好的部分之一。

第一章 鸡笼里的女孩

起风了。风猛烈地吹动着海水,海面起了波纹,然后风又推动着波纹的边缘,使波纹变成海浪。然后,海浪越来越猛,变成了滔天巨浪。浪头高得吓人,甚至高过房顶,像参天大树那么高高耸立,巨浪掀起,海面上仿佛耸起一座座高山,巨浪之间的波谷就像深深的峡谷。

淘气的狂风刮起来不讲任何道理,海面波涛汹涌,眼看着可怕的暴风雨就要来了，很可能会带来巨大的损失，后果很严重。

起风的时候，汪洋大海深处正有一艘船在行驶着。那船随着汹涌的波涛上下颠簸，左右摇摆，晃动得非常厉害，水手们紧紧地抓住绳索和栏杆，以防被狂风刮到海里。

天空中乌云密布，阳光根本穿透不了乌云，白天突然变得如同夜晚一般漆黑，暴风雨显得更加恐怖了。

船长并不害怕，以前他经历过很多次暴风雨，带领着他的船安全地经住了考验。不过他知道，这时乘客要是待在甲板上，就会有危险。因此，他把乘客赶进了船舱，告诉他们必须待在船舱里直到暴风雨过去，鼓励他们勇敢些，别害怕，一切都会顺利的。

乘客当中有一个来自堪萨斯州的小女孩，名字叫多萝西，她和她的叔叔亨利要去澳大利亚看望素未谋面的亲戚。你一定知道，亨利叔叔身体不是很好，他在堪萨斯州农场工作得非常辛苦，这损害了他的健康。他身体虚弱并有些神经质，所以他把爱姆婶婶留在家里，照管雇工和农场，自己则出远门，到澳大利亚看望表亲并趁机好好休息一下。

多萝西很高兴能和叔叔一起旅行，亨利叔叔也觉得她是一个很好的旅伴，能让自己快乐起来，所以决定带上她。小姑娘相当有旅行经验，因为她曾经被飓风卷走，到过离家很远的神奇的奥兹国。在那个陌生的国度，她遇到了很多惊险的事情，后来才设法回到了堪萨斯州。因此，无论什么事情，都不会轻易让她感到害怕。当狂风吼叫、巨浪汹涌时，我们的小姑娘一点都不在乎这些喧嚣。

"当然，我们必须待在船舱里，"她对亨利叔叔和其他乘客说，"而且要尽量保持安静，等着暴风雨过去。船长说了，如果到甲板上去，可能会被狂风刮下船。"

你想，肯定没有人愿意冒这个险。因此，所有的乘客都挤在黑黑的船舱里，听着呼啸的暴风雨和桅杆与绳索吱吱作响。在船上下颠簸、左右摇晃的时候，每个人都努力保持着身体的平衡。

多萝西在快要睡着时猛然醒了过来，因为她发现亨利叔叔不见了。她想象不出叔叔会去哪里，因为他的身体并不是那么强壮，她开始为叔叔担心，害怕他也许不小心上了甲板。如果不马上回到船舱里来，他将会很危险。

其实，亨利叔叔躺进了船舱里的小铺位上，但是多萝西不知道。她只记得婶婶对她的嘱咐，让她好好照顾叔叔，因此，她马上决定到甲板上去找叔叔。这会儿暴风雨更猛烈了，船也颠簸得更厉害了。小姑娘费劲地爬上通往甲板的舷梯，一到甲板上，风就猛吹过来，几乎要掀掉她的裙子。然而，在挑战暴风雨时，多萝西感到了一种兴奋的喜悦，她马上抓住绳索，观察四周。在阴暗中，她看到了不远处好像有一个人影在爬桅杆。说不定那就是她叔叔！因此，她使出全身的力气大声呼道：

"亨利叔叔！亨利叔叔！"

但是，狂风怒吼着，她的声音几乎连自己都听不到，那人肯定更听不见了。果然，他没有动。

多萝西决定过去看看。趁着暴风雨稍稍停歇的间隙，她一个箭步朝前冲过去，冲到了一个用绳子捆在甲板上的四方的鸡笼边上。她刚刚抓住鸡笼上的绳子，狂风就加倍地怒吼起来，仿佛因为这个小姑娘居然敢挑战它的威力而被激怒了。发怒的巨人尖叫着，撕断了捆着鸡笼的绳索，把鸡笼高高地卷到空中，多萝西却还紧紧地抓着鸡笼的板条。鸡笼在空中旋转着，没一会儿，就被抛进了远处的海里。一个大浪卷起鸡笼，一会儿把它推到高高的浪尖，一会儿抛到深深的浪底，好像狂风觉得没有什么比这更好玩了。

多萝西浑身都湿透了，估计你能猜到这一点，但她一秒钟也没有失去镇定。她紧紧地抓住鸡笼的板条。一从水中露出头来能睁开眼睛,她就看到风已经掀翻了鸡笼盖,可怜的鸡被大风吹着四处乱飘,就像没安把儿的鸡毛掸子。鸡笼的底部是用厚厚的木板做的,多萝西觉得它就像一个小木筏,她紧紧地趴在上边,这个板条做成的鸡笼承受她的重量绰绰有余。猛地一阵咳嗽,她咳出了吞到肚里的海水,又能顺畅地呼吸了。她想办法越过板条,站在鸡笼底部结实的木板上。

"嘿,我有一条属于自己的船了!"她想。对于突如其来的变化,她心中的乐趣胜过了恐惧。接着,鸡笼再次被推到了巨浪的尖上,她一眼看到她刚刚乘坐的那条船。

这时船已经在远处。也许船上还没有人发现她的失踪,更不会知道她的这番奇遇。接着她跌到浪谷,鸡笼一阵摇晃。然后鸡笼又被卷上了浪尖,她再看那条船时,它就像一只小小的玩具船,已离她太远太远了。不久,光线暗下来,船连一点影子都看不见了。多萝西叹了口气,有点后悔和亨利叔叔分开了。她不知道等待她的会是什么。

现在,她漂浮在大海里,只靠一个可怜的鸡笼在海面上漂着,鸡笼底部是厚木板,但四周都是些板条,所以海水直往里渗,她浑身都湿透了!还有,要是饿了,这里也没有什么可吃的——她知道很快她就会饿了——也没有可以喝的水和可以换的干衣服。

"嘿,我宣布!"她挤出笑容大喊,"多萝西,你现在的处境相当困难!而且一点摆脱困境的主意都没有。"

看来还要雪上加霜,现在夜色降临了,头顶上的灰云变成了墨一般的黑色。不过风好像最终厌烦了它的恶作剧,停了下来,赶去别的地方去吹别的东西了。海浪不再汹涌,渐渐安静下来,变得举止文雅。

暴风雨平息下来了。我想,这对多萝西来说是件好事。否则,尽管她十分勇敢,我担心她还是会遭殃。许多孩子处在她那样的境地,可能只会绝望地哭泣。但是多萝西经历过许多危险的事情,而且都安全地度过了危机,因此这次发生的事情,也没有让她特别害怕。虽然她浑身湿透,很不舒服,但是,叹息后——就是我前面提到过的唯一一次叹息——她就开始尽力想生活中一些愉快的事。最后她决定,无论将面对什么样的命运,她都要顽强耐心地等待。

不久,黑色的乌云一扫而光,头顶上露出了深蓝色的天,天空中挂着一弯闪着银光的月亮。多萝西望着天空,许多小星星愉快地冲她眨眼睛。鸡笼不再摇晃了,漂浮在更加平静的海面上,就像一只摇篮,海水也不再从板条缝里涌进来了。看到这些,这个已被折腾得筋疲力尽的小姑娘认为,睡觉可能是恢复体力和打发时间的最好办法。鸡笼的底板是湿的,她自己也浑身湿透了,但幸运的是,现在是温暖的季节,她一点也不觉得冷。

于是,她坐在鸡笼一角,背靠在板条上,看了一眼友好地注视着她的星星们,闭上了眼睛。半分钟后,她睡着了。

《绿野仙踪》迷接下来一定很高兴,因为多萝西会发现自己被海浪冲到了奥兹国的岸边,重新见到她的老朋友——铁樵夫、稻草人和胆小狮。为了从邪恶的诺姆国王手中救出伊夫皇后,多萝西和她的朋友们将会遇见机器人、饥饿的老虎、会说话的鸡和一个有三十个头的公主(她一个月三十天每天换一个头)。后来的精装版《奇迹之书》(*Books of Wonder*)配有六十多张由约翰·R. 尼尔(John R. Neil)绘的插图,是我最喜欢的版本。

这里按鲍姆的写作时间列出本系列仍然在印的书(这些书在

各个出版商处有售)：《奥兹国的魔法师》、《奥兹国的仙境》(The Marvelous Land of Oz)、《奥兹玛公主》、《多萝西和奥兹国的魔法师》(Dorothy and the Wizard of Oz)、《通向奥兹国的路》(The Road to Oz)、《奥兹国的翡翠城》(The Emerald City of Oz)、《奥兹国的补丁姑娘》(The Patchwork Girl of Oz)、《小魔法师系列》(The Little Wizard Series) 和《奥兹国的滴答人》(Tik-Tok of Oz)。

你还应知道，在鲍姆去世后，他的妻子曾跟多位作家签订过续写《绿野仙踪》的协议，但这些续集没有一个能准确地再现原著的风貌。

市面上有《奥兹国的魔法师》全文录音带，可以租赁或者购买。还有两个剧场版本的录像——朱迪·加兰 (Judy Garland) 的音乐剧和黑人音乐剧《威兹》(The Wiz)。

选自《纳尼亚传奇：狮子、女巫和魔衣柜》(The Lion, the Witch and the Wardrobe)

（英）C. S. 刘易斯　著

在阁楼里建造的童话王国

在观察那些著名儿童文学作家时，我们经常发现，他们虽然远隔千里，却会因为读了相同的书而紧密相连。

比如，美洲黑奴的故事把一个没有玩伴的伦敦女孩和一个没有朋友的爱尔兰男孩联系起来。最终，那男孩写的故事越过大西洋回归到了美国，形成了一个循环。

《叔父的故事》最初于一八八一年在美国出版，在英国也广受欢迎，尤其是一个住在伦敦的名叫比阿特丽克斯·波特的少女艺术家，她花了很多时间，用彩笔给兄弟兔的滑稽动作画插图，练习绘画技巧。她因为父母的过度保护而与别人疏离，于是创造了一个属于自己的世界。这些素描最终让她创作出了一个顽皮的兔子——彼得兔，并让她写了二十几个极具个人风格的故事。

正当波特的书在出版界刮起旋风的时候，在贝尔法斯特，年轻的 C. S. 刘易斯正在成长为一个贪婪的读书人。尽管他们互不相识，但是波特和刘易斯身上有许多共同点：两人的家庭都十分富有，都住在有许多房间和长长走廊的豪宅；波特在家中接受了全部的教育，刘易斯九岁之前也一直在家中接受教育；两人都是很早就开始阅读；两人都有一位给他们讲民间传说和奇幻故事的保姆；两人都保留了儿时的日记；两人都有弟弟——他们最好的朋友；两人都有一个秘密天地，并在那里创造了自己的奇幻世界。波特的秘密天地是家中的三楼，她的父母很少来，刘易斯则有一间"顶头小屋"——阁楼起居室里的隐蔽处，在这里他从波特的书中获得灵感，尤其是《松鼠娜特金》(Squirrel Nutkin)。

还有另一个地方特别吸引刘易斯。在家中一个房间里，有一个很沉的衣柜。那个衣柜非常漂亮，是他爷爷亲手做的。我猜想，刘易斯和弟弟瓦尼肯定经常在那儿玩捉迷藏。刘易斯九岁的时候，母亲突然去世，父亲无法承受这样沉重的打击，只好将刘易斯送到了一所寄宿学校，这是刘易斯上的第一所学校。随后他上过很多学校，基本上每所学校都给他留下了不愉快的记忆，他也无法排除丧母的悲痛。他再也没有机会重温在"顶头小屋"里体验到的幸福和安全感了。

多年以后，衣柜才又在刘易斯这里回归。当时他在英国牛津大学当教授，工作出色。他在大学里最知心的朋友是一位叫托尔金（J. R. R. Tolkien）的教授。随着友谊的加深，托尔金向刘易斯分享了一个他正在试写的故事。刘易斯不仅喜欢这个故事，而且不断地给予鼓励，让进度缓慢、心中犹豫的作家托尔金继续写完这个故事，然后再接着写另一部。刘易斯对故事有很强的直觉，一看到故事的开头，就知道好不好。后来，托尔金写的《霍比特人》(The Hobbit)和《魔戒》(The Lord of the Rings)成为两部最伟大的奇幻历险故事，至今仍受到全世界很多成年人和孩子的喜爱。

刘易斯自己的奇幻故事也终于从他的脑子里落到了纸上，但是，当他拿出来和他的朋友分享时，托尔金并不喜欢。"这肯定不行。"托尔金说。当然，刘易斯感到很难过，甚至想过要放弃这个故事。但在写作过程中，他仿佛又回到了在"顶头小屋"里度过的那些快乐时光，他写出了一本自童年时就喜欢的那类故事。写完后，他让另一个朋友来读这本书。这次他获得了较多的肯定。就这样，《狮子、女巫和魔衣柜》诞生了。

托尔金可能不喜欢这故事，但是孩子们肯定喜欢，后来刘易斯又写了六本续集，组成了享有盛名的《纳尼亚传奇》(The Chronicles of Narnia)。故事中充满了奇遇、神秘、痛苦、爱和基督教寓言。刘易斯是一位很有造诣的基督教思想家，他为成年人写了许多有关宗教的书，但是，教堂彩色玻璃画和主日学校①那种严肃的传教方式让他感到不舒服。既然耶稣能用寓言来传播教义，为什么他不能也这样做呢？于是，他用寓言的方式写了这本书：即使你对宗教不感兴趣，也仍会对故事感兴趣。

在故事的开篇，一个因故离家的小女孩无意中发现了一个巨大的衣柜。今天我们还能找到这个衣柜的原型，但不是在北爱尔兰，也不是在英国，而是在美国的芝加哥郊区。现在，它已成为惠顿大学著名基督教作家大事记的一个收藏品。有人会问，衣柜离它的诞生地太遥远了吧，但或许并不是，我们可以换个思路想一下这个问题：这是一位伟大的具有非凡想象力的作家的传家宝，他曾重建了自己的童年之屋。启发他的是一位伟大而孤独的伦敦艺术家，而启发这位艺术家的则是背井离乡、思乡情切的非洲奴隶的民间故事。

第一章　露西窥探魔衣柜

从前有四个孩子，叫彼得、苏珊、埃德蒙和露西。这个故事就

---

① 周日对儿童进行宗教教育的学校。

发生在他们身上。那时，为了躲避战争空袭，他们被送到离伦敦很远很远的地方，住在一位老教授的家里。那是在英国中部，离最近的火车站有十英里，离最近的邮局也有两英里。老教授没有妻子，他和管家麦克里迪小姐以及三个女佣（分别名叫艾薇、玛格丽特和贝蒂，但是她们在这个故事里出场不多）住在一幢很大的房子里。老教授已经很老了，蓬松的白发几乎盖住了他的头和脸。四个孩子一来到这里就喜欢上了他。但是，头天晚上老教授在门口迎接四个孩子的时候，他的怪模样让露西（四个孩子中最小的那个）有点害怕，埃德蒙（只比露西大一点的那个）却忍不住想笑，只好假装擤鼻子才没笑出来。

四个孩子和教授道过晚安，上楼去了，这是他们在这儿度过的第一夜。两个男孩来到两个女孩的卧室，一起聊天。

"我们总算平安到达了。"彼得说，"这真是太好了。那个老头不会管我们的，我们爱干什么就干什么。"

"我觉得他是好人。"苏珊说。

"噢，别说这些了！"埃德蒙说，他累的时候总爱装做不累，但他的脾气却变得不太好，"别再用这种口气说话。"

"什么口气？"苏珊说，"你该上床睡觉了。"

"像妈妈那样的口气！"埃德蒙说，"让我上床睡觉，这么说话，你以为你是谁呀？你自己上床睡觉去吧。"

"我们都上床睡觉好不好？"露西说，"如果有人听到我们这么说话，肯定会以为我们在吵架。"

"不会有人听到的，"彼得说，"我告诉你，在这样的房子里，没人会管我们做什么。总之，他们不会听到我们说话的。从这里走十分钟才能到餐厅，中间还得走过许多台阶和走廊。"

"什么声音？"露西突然问道。她从来没有住过这么大的房子，一想到那些长走廊和一排排空房间，她就开始害怕。

"不过是只鸟，傻瓜。"埃德蒙说。

"是只猫头鹰。"彼得说，"这地方对鸟来说可真是天堂。现在，我得去睡觉了。喂，我们明天去探险吧。在这种地方，什么都能找到。来的路上，你们没有看见那些高山和森林吗？那里面一定会有老鹰、牡鹿和秃鹫。"

"还有獾！"露西说。

"还有蛇！"埃德蒙说。

"还有狐狸！"苏珊说。

可是，第二天一早就下雨了。很大的雨！从窗口望去，看不见山，看不见森林，连花园里的池塘也看不见。

"雨一时半会儿不会停！"埃德蒙说。他们刚刚和教授一起吃完早饭，正走上楼，要去教授安排的房间。一间狭长而低矮的房间，两面墙上各有两扇窗户。

"埃德蒙，别再抱怨了。"苏珊说，"也许一小时后天就会放晴。在这段时间里，我们也可以高高兴兴的。看，这里有收音机，还有很多书。"

"我可不干，"彼得说，"我要探险，在这所房子里探险！"

大家都同意了。然而，奇遇就这样开始了！这房子似乎永远也走不到头，有许多神秘的地方。一开始他们推开几扇门，不出意料是空空的卧室。不久之后，他们来到了一个挂满油画的狭长房间，里面竟有一套盔甲。接着他们来到一间贴着绿色壁纸的房间，在角落里摆着一架竖琴，然后，他们朝下走了三个台阶，又向上登上了五个台阶来到了楼上的小厅，那里有一扇门通向阳台。他们随后走进一连串相通的房间，每个房间里都摆放着一排排的书，大部分书看起来很古老，有的书很大，比教堂的《圣经》还大。过后不久，他们进了一个空空的房间，里面只有一个大大的衣柜——就是那种除了门上镶有大玻璃之外，什么装饰也没有的衣柜。房间里空空的，除了窗台上摆放着一枝枯萎的矢车菊。

"这里什么也没有！"彼得说。他们离开了，只有露西没走。她留在后面，是因为她很好奇能不能推开衣柜门，尽管她觉得衣柜门多半是锁上的。但令她吃惊的是，衣柜门一下子就被推开了，两颗樟脑丸滚了出来。

她朝衣柜里看看，里面挂着许多衣服，大部分是长长的皮草大衣。露西最喜欢皮草大衣的味道和触感了。她马上钻进衣柜，挤到皮草大衣中间，把脸贴在大衣上轻轻摩擦着。当然，衣柜门没关，她可不想把自己关在衣柜里，那太蠢了。她又往里走，发现第一排衣服后面还挂着一排衣服。几乎什么都看不见。她的两只手往前伸着，以免一头撞上衣柜的后壁。她又向前跨了一步，然后，又跨了两步，三步，以为手指会碰到衣柜的木板。但是，一直都没有碰到。

"这大概是一个超大的衣柜！"露西想着，一边继续往前走。她拨开身边的柔软皮大衣，给自己腾开空。忽然，她听到脚下传来了嘎吱嘎吱的声音。"真奇怪，难道有这么多的樟脑丸？"想到这里，她弯下腰，用手摸了摸。但她摸到的不是坚硬而光滑的衣柜底板，而是一种冰凉柔软的粉末。"真奇怪。"说着，她又往前迈了一两步。

不一会儿，她发现她的脸和手触到的不再是软软的皮毛，而是又硬又粗糙甚至很扎人的东西。"怎么回事？跟树枝一样！"露西惊叹道。这时，她看到前面有一道光，不是从只有几英寸深的衣柜底透出来的光，而是从很远的地方射过来的光。一种冰冷、柔软的东西落在她身上。又过了一会儿，她发现自己站在深夜的森林里，脚下是雪地，空中飘舞着雪花。

露西感到有点害怕，但也很好奇、很兴奋。她望望身后和四周，透过暗黑树干的缝隙,她还能看到开着的衣柜门,甚至还能瞥到空空的房间。(当然了,她让衣柜门开着,因为她知道把自己关在衣柜里是很蠢的事情。)那边好像还是白天。"如果有什么不对劲的话,我还可以回去。"露西想。她嘎吱嘎吱地踩着雪往前走,穿过森林,朝着光走去。

走了大约十分钟,她到了光亮的地方,原来这是一根灯柱。她站住脚,看看灯柱,想不通为什么森林里会有一个灯柱,也不知道下面该怎么办。这时,她听到如同雨点般急促的脚步朝她走过来。没一会儿,一个非常奇怪的人从树林中走了出来,站在灯柱射出的光线中。

他只比露西高一点点,撑着一把像雪一样白的伞。他的上半身像人,但是腿的形状像山羊(腿上长着亮亮的黑毛)。他没有脚,而是长着像山羊一样的蹄。他还有尾巴,只是露西刚开始没有注意到,因为它被巧妙地放在撑伞的手臂上,以免在雪地上拖曳。他的脖子上围着红色的毛围巾,他的皮肤也是微红的。他有一张长相奇特但是很好看的小脸,又短又硬的胡须、卷卷的头发,头顶的两侧竖着两个犄角。一只手——我刚才说过——拿着一把雨伞,另一只胳膊上挂着几个棕色的纸袋,看上去就像是刚刚采购完圣诞节礼物。他是一个半羊人。他看到露西吓了一跳,一下子扔掉了所有的纸袋。

"上帝呀,吓死我了!"半羊人惊叫道。

不久,露西就发现她到了纳尼亚王国——一个被白女巫统治着的国度。白女巫让这个国家"永远停留在冬天,从来没有圣诞节"。露西不久后回到衣柜,把哥哥姐姐都带进了这场伟大的历险之中,他们全都卷入了与邪恶力量的斗争中。

《纳尼亚传奇》的其他几本书依次是：《凯斯宾王子》(*Prince Caspian: The Return to Narnia*)、《黎明踏浪号》(*The Voyage of the Dawn Treader"*)、《银椅》(*The Silver Chair*)、《能言马与男孩》(*The Horse and the Boy*)、《魔法师的外甥》(*The Magician's Nephew*) 和《最后一战》(*The Last Battle*)。

哈珀出版社出版了《纳尼亚传奇》的录音带。

C. S. 刘易斯的拥趸也会喜欢布赖恩·雅克（Brian Jacques）写的以一所中世纪风格的修道院为背景的奇幻冒险系列——《苔藓花》(*Mossflower*)、《红城王国》(*Redwall*) 和《马蒂梅奥》(*Mattimeo*)。

选自《詹姆斯与大仙桃》(James and the Giant Peach)
(英) 罗尔德·达尔 著

大多数作家童年时学习成绩很好，但并非所有的作家都这样。在本书介绍的作家中，C. S. 刘易斯、安徒生、茹玛·高登、路易斯·昂特迈耶 (Louis Untermeyer)、E. B. 怀特、威尔逊·罗尔斯、贝芙莉·克莱瑞和沃尔特·莫雷都有过学习困难的经历，但没有一个人比罗尔德·达尔的读书经历更糟糕。

从一九六〇年到他一九九〇年去世，在所有幽默奇幻题材的儿童小说作家中，没有人比这位英国作家更受欢迎了，而他在全世界如此成功，应该归于两次相遇，一次是在学校，一次是在餐馆。

达尔三岁的时候，父亲就去世了，但他的父亲一向认为，英国的寄宿学校能提供世界上最好的教育。根据他的遗愿，达尔的母亲——挪威人的后裔——虽不情愿但还是把达尔送到了寄宿学校。这样，达尔从八岁起，在寄宿学校住了十年。

但是在学校里，达尔感受到的却是失望和痛苦。多年后，达尔回忆说："那是一段可怕的日子，必须忍受严苛的纪律，不许在宿舍里说话，不许在走廊里跑，不允许有丝毫的凌乱。不许这，不许那，除了规定还是规定，越来越多必须遵守的规定。每天就像害怕死亡一样害怕着那些悬挂在我们头顶上的藤条。"他几乎没有朋友，老师们在他的成绩单上评价他"学习能力差"、"不爱动脑"。他讨厌学校，学校显然也不喜欢他。

最后，一线曙光出现了。一个周六的早上，老师们去了当地的酒吧，男孩们排队朝学校的礼堂走去。一位叫奥克诺尔的夫人受雇来照看男孩们两个半小时，她就住在附近。奥克诺尔夫人不只是照顾孩子们，还和他们一起读书、谈书，并带来英国文学中的经典作品。她对书的热情和喜爱感染并吸引着男孩们，因此她成了罗尔德·达尔学校生活中的一道亮光。几周过后，她点燃了他的想象力，激发了他对书的热爱。一年下来，达尔成了如饥似渴的爱书人，他把这归功于奥克诺尔夫人——一个相对来说的陌生人。

达尔的写作生涯开始于一九四二年，他在第二次世界大战中担任飞行员负伤后，作为军队亲善大使被派到美国。美国刚刚与英国结盟，但还有许多美国人看不到参战的重要性，而达尔作为亲身参战的老战士，他的任务是给美国公民讲述参战的正义性。

刚到美国不久，当时著名的小说家 C. S. 福雷斯特（C. S. Forester）就请达尔吃午饭，让达尔给他讲讲战争奇遇，因为福雷斯特要给《星期六晚邮报》供稿。但一边吃午饭一边记笔记的方式显然破坏了福雷斯特的胃口。于是，达尔提议晚上回去后由自己写下战争经历，再寄给福雷斯特，这样两个人都能更好地享受午餐。

当天晚上，年轻的达尔描述了残酷的战争，第二天就寄了出去。两周后他收到了回音。福雷斯特不仅仅对他写的故事印象深刻，对他的文字功底也十分赞赏，一字未改就署上达尔的名字寄到《星期六晚邮报》。（有些不太道德的作家可能会在这里或那里改一两个字，然后以自己的名义寄出去。）编辑也很喜欢这些文章，他们付给达尔一千美元的稿费，还让他再写一些其他故事。达尔惊呆了，之前他从来没有发表过文章，心里激动万分。他想继续写，但是他自己的故事已经写完了。于是，他开始编故事。之后十五年间，他成了优秀的短篇小说家之一。但到了上世纪五十年代末，他才思枯竭。

达尔唯一文思通畅的时候是给四岁和六岁的两个女儿讲睡前故事。他每天晚上都给她们读故事，每当读到不喜欢的故事时，他就自己编。一九五九年的一个晚上，女儿们恳求他接着讲前一天晚上刚开头的故事——一个小男孩和大仙桃的故事。

这个开头不仅仅开启了下边的故事，也开启了罗尔德·达尔作为儿童文学作家的职业生涯。我不知道打开哪本儿童读物能比《詹姆斯与大仙桃》的前三章更令人入迷。以下是这本书的前三章。

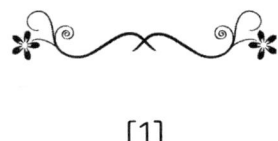

[1]

这是四岁时的詹姆斯。

四岁之前，他一直生活得很幸福。他和爸爸妈妈住在海边一所漂亮的房子里，日子安宁平和，总有好多孩子和他玩儿，每天在沙滩上尽情奔跑，在大海里戏水。对于一个小男孩来说，这就是最美好的生活。

有一天，詹姆斯的爸爸妈妈到伦敦去买东西，突然遇上了可怕的事情。有一头发狂的大犀牛从伦敦动物园逃了出来，把他们俩吃掉了！告诉你，就在大白天，在熙熙攘攘的大街上，他们被吃掉了。

就目前来说，你完全能想象得出，这一刻对这对平凡善良的年轻父母来说，是多么不幸。然而从长远来看，詹姆斯比他的爸爸妈妈更不幸。他们俩的痛苦瞬间就解脱了——三十五秒后他们的生命就终结了。而可怜的詹姆斯还活着，一夕之间变成了孤儿，他恐惧地面对着这个无情的世界。海边的漂亮房子不得不马上卖掉，小男孩什么都没有了。他只带着一只小箱子，里面装着两件睡衣和一把牙刷，被送到他的两个姨妈家生活。

两个姨妈一个叫海绵团姨妈，另一个叫大头针姨妈。我非常遗憾地告诉你，这两个姨妈都是很可怕的人：自私、懒惰，而且残忍。可怜的詹姆斯一搬进来，她们就经常无缘无故地打他；她们从来不叫他的名字，而是叫他"讨厌的小畜生"、"肮脏的讨厌鬼"或者"倒霉鬼"；她们从来不给他买玩具或者图画书。詹姆斯的屋子跟监狱的牢房一样，空空荡荡。

海绵团姨妈、大头针姨妈和詹姆斯住在英国南方的高山顶上一座摇摇欲坠的破房子里。山很高，站在院子里，不管朝哪个方向，詹姆斯都能看到绵延好几英里的森林和田野，景色优美；在晴空万里的时候，如果对准某个方向，他还能看到远方地平线上的灰色小圆点，那是以前他和深爱他的爸妈一起住过的房子。他看得到房子后面的大海——一条长长的深蓝色的细线，就像一条墨线，与天相连。

但是，姨妈们从来不让詹姆斯下山。无论是海绵团姨妈还是大头针姨妈，都懒得带詹姆斯下山，甚至从不带他去散散步或者野餐，当然了，也不允许他独自下山。"这个讨厌的小畜生一走出院子，肯定就会闯祸。"大头针姨妈说过。不但这样，她们还会重重地惩罚他，比如，要是他胆敢翻过院子的栅栏，就会被关在有老鼠的地窖里一星期。

姨妈家的院子很大，占了整个山头，但是很荒凉，整个院子里只有一棵树（不算角落里那丛灰突突的矮月桂），一棵从来没有结过桃子的老桃树。这里没有秋千，没有跷跷板，没有沙坑，也从来没有邀请过别的孩子上山来和可怜的詹姆斯玩儿，更没有小狗或小猫陪伴他。日子一天天过去了，詹姆斯变得越来越忧伤，越来越孤独。他经常在院子的栅栏边站着，一站就是好几个小时，渴慕地注视着美丽的森林、田野和大海。它们犹如一条神奇的地毯在他脚下铺展开，但他却无法向前踏上一步。

[2]

这是詹姆斯和两个姨妈生活了整整三年之后的样子。从这个时候起，我们的故事才真正开始。

这天早上，詹姆斯遇到了一件比较奇怪的事。我为什么要说"比较奇怪"呢，因为接下来引起了一件非常奇怪的事情。然后，这件非常奇怪的事情，最后导致了一件真正意想不到的怪事。

一切的一切都发生在炎热盛夏的某一天。海绵团姨妈、大头针姨妈和詹姆斯都在院子里。像往常一样，詹姆斯又被派去干活。他正在厨房里劈柴。海绵团姨妈、大头针姨妈舒服地坐在旁边的躺椅上，一边吸着一大杯冰镇柠檬水，一边盯着詹姆斯，不让他偷懒。

海绵团姨妈胖得出奇，个子却很矮。她长着一对小猪眼，瘪嘴唇。脸颊苍白松弛，看上去就像刚被水煮过。实际上，她整个人就像是一颗被水煮过了头的大圆白菜。大头针姨妈刚好相反，她又瘦又高，皮包骨头，戴一副夹在鼻子上的金丝眼镜。她嗓音尖细，在生气或者激动的时候，那湿乎乎的狭长嘴唇就会唾沫星子乱溅。这两个可怕的丑婆娘坐在那里，喝着饮料，时不时地对着詹姆斯尖叫，让他快干活。她们也在谈自己，都夸自己长得漂亮。海绵团姨妈的腿上放着一个长柄镜子，她举着镜子，看着她的丑脸。

"我看上去就像玫瑰一样美，"海绵团姨妈说，"闻起来就像玫瑰一样香！
睁大眼睛欣赏一下我的容貌，看看我那直挺的鼻梁！
看看我美如绸缎的发丝！
如果我脱掉脚上的袜子，
你会看到我那秀丽的脚趾。"
"但是别忘了，"大头针姨妈叫道，"你还有鼓鼓的大肚子！"

海绵团姨妈涨红了脸。大头针姨妈接着说：
"亲爱的，你可没有我漂亮，

看看我的身段，我的牙齿，我的迷人微笑！
我多漂亮！我多喜欢我那光彩照人的美貌！
我下巴上的丘疹，
请忽略掉。"
"愚蠢的老妇人！"海绵团姨妈大声叫，"你瘦得皮包骨！"

"我的魅力能照亮整个好莱坞！"海绵团姨妈接着说，
"啊，难道这还不够美吗？！
倾国倾城！沉鱼落雁！"
"我觉得你就是个丑八怪。"大头针姨妈说。

这时，可怜的詹姆斯还在拼命地劈柴火。天气太热了。他浑身是汗，胳膊酸疼。斧头又大又钝，对他这样一个小男孩来说也太重。詹姆斯一边干活，一边想着世界上别的孩子现在可能会干什么。有的也许在家中的花园里骑三轮车，有的也许在凉爽的森林里散步、采野花。他以前的小伙伴也许会在海滩上玩沙子或者在海里戏水……

詹姆斯眼里涌出了泪水，淌到了脸颊上。他停下了手里的活儿，靠在木柴堆上，沉浸在自己的不幸之中。

"你是怎么回事？"大头针姨妈尖叫着，透过金丝眼镜上面的缝隙看着他。

詹姆斯哭了起来。

"不许哭，赶快干活，你这个讨厌的小畜生！"海绵团姨妈恶声恶气地说。

"噢，海绵团姨妈，"詹姆斯喊道，"大头针姨妈！求求你们了，我们能不能坐车到海边去，就一次？海边不是很远，我觉得好热，好难受，好孤独……"

"为什么要去海边,你这个懒东西,废物!"大头针姨妈号叫着。

"打他!"海绵团姨妈叫道。

"我肯定会打他的!"大头针姨妈厉声说道。她盯着詹姆斯,詹姆斯一边用惊慌的眼神看着她,一边朝后退去。"等天稍微凉快些了,我再打你。"她说,"好了,滚吧,别让我再看到你,讨厌的小东西,让我清静点!"

詹姆斯转身跑开了。他撒腿跑到院子的角落里,藏在我刚才提到的那一丛灰突突的月桂后边。他用手捂住脸,不停地哭呀哭呀。

[3]

就是在这个时候,发生了后来引起一连串怪事的第一件怪事。

突然,詹姆斯听到身后有沙沙的树叶声,他转过身,看到灌木丛中出现了一个老头,穿着古怪的深绿色衣服。这老头个子很小,却顶着一个光秃秃的大脑袋,脸上长着又黑又硬的络腮胡。老头在离詹姆斯两三步远的地方停下了脚步,拄着手杖站在那里,盯着詹姆斯看。

然后,他开口说话了,说得非常慢,声音还有点叽叽嘎嘎的。"过来,小男孩。"说着,他朝詹姆斯勾勾手指头,"过来,我给你看样好东西。"

詹姆斯吓得一动不动。

老头向前挪了一两步,然后把手伸进上衣口袋里,掏出了一个白色的小纸包。

"看见这个了吗?"他低声说,在詹姆斯面前轻轻地晃动小纸包,"亲爱的,你知道这是什么吗?你知道这个小纸包里装的是什么吗?"

然后,他又靠近了些,歪着脑袋看着詹姆斯,詹姆斯都能感觉到他鼻子里呼出的气,闻上去有点酸腐,就像发霉的地窖里的气味。

"亲爱的,瞧瞧吧。"说着,他打开小纸包,斜过来让詹姆斯看。詹姆斯看到包里有一团绿色的小东西,看上去就像是小石头或者小水晶,每颗有米粒那么大,非常漂亮,闪着奇特的光,熠熠生辉。

"听听它们的声音!"老头低声说道,"听听它们的动静!"

詹姆斯盯着小纸包,千真万确,里面传出了一阵窸窸窣窣的声音。然后,他看到上千个绿色的小东西在慢慢地、慢慢地爬来爬去,就像活的一样。

"这个东西的法力,比世界上所有的东西加起来还要大。"最后,老头轻声说道。

"可是——可是——这些是什么?"詹姆斯喃喃说道,他终于敢张嘴说话了,"它们是从哪里来的?"

"哈哈。"老头小声地说,"你肯定猜不出来!"他突然弯下了腰,脸离詹姆斯更近了,大鼻子的鼻尖都碰到了詹姆斯的额头。然后他猛地朝后一跳,发疯般地在空中挥动着手杖。"鳄鱼舌头!"他喊道,"用一千个长长的黏糊糊的鳄鱼舌头,配上蜥蜴的眼珠,在女巫死后的头骨里煮上整整二十天二十夜,再加上小猴子的手指、猪肚、绿鹦鹉的喙、豪猪的胃液和三勺糖。再焖上一个星期,剩下的事情就交给月亮了!"

突然,他把小纸包放在詹姆斯的手里,说:"给!拿着吧!这是你的了!"

就像杰克得到魔豆的种子时一样,詹姆斯将要开始一次伟大的冒险。这些水晶将会渗进一棵大树,树上将会结出一个巨大的桃子。

在桃子里，詹姆斯会发现许多令人难以置信的生物。他们将一起越过大海，远远地离开恶毒的海绵团姨妈和大头针姨妈。你也许已经注意到，罗尔德·达尔和写《绿野仙踪》的弗兰克·鲍姆非常相似——他俩都不太在乎是否能引起父母和老师的关注。他们喜欢写有趣、刺激、滑稽无比、让孩子爱不释手的故事，一旦孩子爱上阅读，他就开始主动学习了。

罗尔德·达尔的其他作品还有：《世界冠军丹尼》(Danny the Champion of the World)、《好心眼儿巨人》(The BFG)、《查理和巧克力工厂》(Charlie and the Chocolate Factory)、《大大大大的鳄鱼》(The Enormous Corcodile)、《小乌龟变大了》(Esio Trot)、《了不起的狐狸爸爸》(The Fantastic Mr. Fox)、《长颈鹿、小鹈儿和我》(The Giraffe and the Pelly and Me)、《玛蒂尔达》(Matilda)、《逃家男孩》(The Minpins) 和《亨利·休格的神奇故事》(The Wonderful Story of Henry Sugar)。

 **勇敢孩子的故事**

　　这里有四个勇敢孩子的故事。第一个故事发生在深夜里的大海边,第二个、第三个故事发生在美国建国初期,而第四个故事是一个真实事件,预示着美国历史的新篇章。

《挡住海水的男孩》(The Boy Who Stopped the Sea)
（美）路易斯·昂特迈耶　改写

大器晚成的路易斯

二十多年前，罗伯特·克劳兹（Robert Kraus）写过一本书，叫做《大器晚成的里奥》(Leo the Late Bloomer)，故事里讲一只老虎长得不如他爸爸希望的那样快。克劳兹写这个故事是为了提醒那些没有耐心的父母，同时也让孩子们知道，不是所有的花朵都在同一时间绽放。我觉得下面这本书的作者路易斯·昂特迈耶会非常喜欢这本书，因为他本人就是大器晚成。

路易斯·昂特迈耶于一八八〇年出生在纽约一个教养良好的家庭，他和他的兄弟姐妹沉浸在浓厚的文学、音乐、艺术和旅行的氛围中。一般来说，有这样的家庭背景，路易斯会是个在学校学习很好的孩子。但事实上不是。

后来，他是这样回忆学校生活的："我记不起任何一个同学，记不起教室里发生的任何一件有意思的事情。我没有一门功课出色，甚至连'作文'都不行……我被教得思想麻木、身体笨拙，我不会操作最简单的仪器，任何数学问题都让我难受……"上了高中后，他的学习成绩还是没有起色。十五岁时，他辍学了，卷起铺盖，到他家里开的珠宝行工作。（二十世纪初，辍学很常见，百分之九十的人没有高中毕业。）

对路易斯来说，有趣的故事不是发生在无聊的教室里，而是发生在放学后和家里。幸运的是,他的母亲非常喜欢给孩子大声朗读。在晚上听母亲朗读《海华沙之歌》和《一千零一夜》,这让他贪婪地爱上了读书。母亲的朗读,加上他自己的阅读,让他有了给弟弟们讲睡前故事的材料,弟弟们伴着他创造的民间传说和奇幻故事入睡。他十岁生日收到的礼物是戏剧玩偶,从那时起他开始编剧本,就像五十年前的安徒生一样。

离开学校之后的二十年中,路易斯继续通过"听和看"进行自学。快到四十岁的时候,他离开了家族的珠宝企业,开始周游世界,并成为最早一批迷上诗人罗伯特·弗罗斯特(Robert Frost)的美国人之一。他还给报纸写专栏,他既是编辑、演讲人、教师、电台评论员、电视名人、农夫,又是诗人。他从事创作和翻译,编辑了将近一百本书。

他编辑的由不同作者写的故事集或者诗歌集非常著名,比如我现在选入本书的这个故事。我喜欢他的故事集之一是《世界伟大故事集》(*The World's Great Stories*),在这个集子中,他重写了五十五个著名的传奇故事,从《特洛伊木马》(*The Wooden Horse of Troy*)到《安德鲁克里斯和狮子》(*Androcles and the Lion*),从《亚瑟王的石中剑》(*King Arthur's Sword in the Stone*)、《威廉·退尔》(*William Tell*)到《挡住海水的男孩》……

我选这个故事,是因为我觉得,应该跟孩子们分享这类关于勇敢的故事,而且这个故事非常简洁。童年时,它曾给我留下了很深刻的印象,直到现在,每当我听到或者读到这个故事,它都会神奇地把我带回童年的时光。

荷兰是个很奇怪的国家,运河纵横交错,有将近一半的国土低

于海平面。如果没有堤坝,北海的水就会淹没整个国家。堤坝像围墙一样圈住了整个荷兰,荷兰人很早以前就会用土和石头建造堤坝。几个世纪以来,堤坝挡住了突如其来的暴雨,拦住了大海的潮水,保护了土地。男人们坚持不懈地让堤坝保持结实和牢固,任何细小的缝隙都要马上堵住。不仅仅是田野和农庄,马和牛,就连人的性命都取决于堤坝是否安全。

荷兰的每个男孩都知道这一点,而威廉姆比任何男孩都更懂。因为他的爸爸就是"管水闸的人",他的叔叔负责管理围海的圩田。上学的路上,威廉姆总是习惯沿着堤坝的斜面走,他觉得堤坝是属于自己的。从某种意义上来说,的确如此,他的爷爷领导了修建堤坝的工程。有时候,他会停下脚步,带着骄傲和满足感站在堤坝下的草地上;有时候,他会爬到堤坝顶上,站在那里,用挑衅的目光看着大海。

一天下午,威廉姆放学回家晚了一些。他们班去参观荷兰很有名的郁金香花园,那儿离学校较远。威廉姆沿着堤坝往家走的时候,天色渐渐黑了下来。在夜幕笼罩下,寒冷而寂静,好像有点太寂静了。小鸟不再鸣叫,风也停了下来。四周没有一丝动静。除了——威廉姆猛然站住了!一种声音,一种他害怕的声音,一种能带来灾难的声音。是水声!不是很大的水声,而是水滴的声音。威廉姆知道这意味着什么,他知道滴流会变大,成为汩汩的细流,然后是溪流,河流,湍急的洪流。然后海水就会冲向陆地,冲走谷仓和房屋,冲走牛群和人,所有的东西都会被凶猛、愤怒的海水卷走。

刚开始,威廉姆想去找人帮忙,但是巡视堤坝的人才离开,还要等上两三个小时才能回来。接着,威廉姆想回村里去叫人,村里有麻袋和垫子,可以用来加固堤坝不牢的地方,但这样得花很多时间,这时他看到滴流已经开始变大了。

只有一件事情可做!威廉姆这么做了。他找到水流出的地方,那是一条小缝，一条他用一根手指就能堵上的小缝。他用手指堵住洞口，水就不再往外涌了。

开始他觉得很高兴，觉得自己像个英雄。他高兴地想，一个小男孩居然就能拦住北海的水。马上就会有人来找他。但是，半小时之后，他开始有些担心。没有一个人路过，也许几个小时之内都不会有人来。天黑了，到了吃晚饭的时间了，人人都回到了家里。他大声地喊起来。

"救命呀！"他喊道，"救命！堤坝要被冲垮了！"

但是风声和海浪声盖过了他的声音。天黑了，很冷。

威廉姆想起了许多事情，想到自己的家，想到火炉中温暖的火焰，想到妈妈还不知道他遇到了什么事情，想到不知道还要多久才会有人来找到他……他想到了很多事，但从没想过把手指从缝隙中拔出来。他开始浑身发抖，牙齿打颤，手指生疼，胳膊发麻。他的腿发软，右半身快没有知觉了。但是，他用脚使劲地跺着地面，用左手摩擦着发麻的右胳膊，保持血液的循环。尽管他感到有些头晕，双腿发软，但是他仍然笔直地站在那里，手指一直堵着堤坝上的洞。

终于，当他看到有个人打着灯笼朝他走来时，他晕了过去。是他爸爸带着村里的人找过来了。他们把威廉姆从地上抬起来，看见了水从洞口流出来。人们马上堵住了洞口，加固了堤坝，大半个荷兰都免于遭受致命的洪灾。

威廉姆成了被荷兰历史永远铭记的传奇男孩，一个挡住海水的男孩。

大部分听过这个故事的孩子都怀疑它不是真的。这是荷兰的一

个传说，就像美国的苹果核约翰尼①和乔治·华盛顿砍倒樱桃树的传说一样。然而，正如路易斯·昂特迈耶在这本文集的前言中所指出的那样，所有的传说都有一部分是事实。传说之所以流传下来，是"因为它们触及了基本的人性"。

这个传说中还有一点是真实的，那就是实实在在的决堤危险。一九五三年，一场汹涌的洪水冲垮了荷兰最大的堤坝，海水灌入，至少有两千人和二十五万家畜因此丧生。

路易斯还著有：《儿童文学的金色宝藏》(*The Golden Treasury of Children's Literature*)、《带来火种的人及其他伟大的故事》(*The Firebringer and Other Great Stories*)。

这个故事还有一本很棒的同名绘本，由莱尼·霍特（Lenny Hort）改写、托马斯·洛克（Thomas Locker）绘图。除了在本章中选入的几篇故事外，其他关于勇敢孩子的故事还有：阿里拉·诺斯（Arielle North）的《灯塔守护者的女儿》(*The Lighthouse Keeper's Daughter*)和芭芭拉·布伦纳（Barbara Brenner）的《车轮》(*Wagon Wheels*)。如果你想更多地了解荷兰，可以读一读西奥·范·斯蒂格伦（Theo van Stegeren）的《荷兰的风土人情》(*The Land and People of the Netherlands*)。

---

① Johnny Appleseed，是美国一七七四年开垦时代的乌托邦题材农场童话《撒播希望种子的约翰尼》(*Johnny Appleseed*) 中的人物，全名是约翰尼·查普曼（Johnny Chapman），是美国的民间英雄，他穷尽四十九年时间撒播苹果种子，梦想创造一个人人衣食无忧的国度。

选自《莎拉·诺贝尔的勇气》(The courage of Sarah Noble)
（美）爱丽丝·戴尔格莱斯　著

以移民的观点

十九世纪九十年代末，在英属西印度群岛的特里尼达岛上的一个单室学校里，一个女孩正在专心地听老师给大孩子朗读故事。而在一天的学习结束后的热带夜晚，在有着一排排书的房子里，她听着带爱尔兰口音的父亲大声地朗读狄更斯的小说。如果了解这些，这个女孩——爱丽丝·戴尔格莱斯长大后成为一名教师和作家，就不令人吃惊了。不过令人吃惊的地方在于，她是给儿童写美国历史故事，从而跻身于最优秀的作家群的。

一九一二年，戴尔格莱斯来到美国上大学，毕业后当了教师。她在纽约当了十七年的幼儿园老师，在这期间，她逐渐对两件事情产生兴趣：孩子的思维方式和国家的历史——她已把美国当成自己的祖国。

一九五五年，她几乎包揽了所有儿童文学大奖：她的两部作品分获纽伯瑞儿童文学奖和凯迪克金奖，这是空前绝后的。两本书都是历史题材的故事:《感恩节的故事》(The Thanksgiving Story)和《莎拉·诺贝尔的勇气》。爱丽丝·戴尔格莱斯的天才在于，她能够把美国历史上的复杂事件转换成孩子们听得懂的语言，又不把这些历史大事过于简单化。

以下选自《莎拉·诺贝尔的勇气》一书。这是根据一个真实的事件改编的，一个女孩陪着父亲从西部马萨诸塞州的韦斯特菲尔德到康涅狄格州开创家园。（孩子帮助父母开创家园的故事是几乎全世界的人最喜欢的故事。）

书中第一章描写了创业的父亲和腼腆的八岁女儿在途中度过的第一夜。春天的夜晚,听着森林里传来的狼、猫头鹰和狐狸的叫声,莎拉裹紧斗篷,想着离家前母亲对她说的话:"勇敢些,莎拉·诺贝尔!"下面选了第二章:《小村庄的一夜》。

第二晚与前一晚完全不一样。太阳落山时,他们正好到了一个小村庄。这里的房屋是棕色的,看起来很亲切。有两间房子里点着松树枝而不是蜡烛,温暖的火光从窗口射出来,好像在说:"欢迎你,莎拉·诺贝尔!"

莎拉骑在托马斯身上,低头看着走在她旁边的父亲。那一天很漫长,因为森林里的路不好走。

"爸爸,我们要在这里过夜吗?"

"是的。"父亲说,"你会睡在安全又温暖的屋子里。"

莎拉高兴地出了一口气:"让我下来自己走吧,爸爸,可怜的托马斯驮了那么多东西,它不能再驮着我了。"

于是,他们三个一起走着,走到刚才看到的闪着火光的小屋前。

他们敲了敲门。门开了,一个女人站在门口,看着他们。

她不像我妈妈,莎拉想,她的脸不像一个母亲的脸。

女人静静地站着,看着他们。

"晚上好!"莎拉的父亲说,"我叫约翰·诺贝尔,从马萨诸塞州殖民点来,这是我的女儿莎拉。我们要去新米尔福德,我在那里买了一块地,要建房子。你能告诉我们哪里可以过夜吗?"

女人看着他们,脸上没有微笑。

"我们没有多余的房间。"她说,"不过你们可以住在这里,和我们一起,我的丈夫安德烈·罗宾森出门了……我还以为你们是流浪的印第安人呢。如果你们不介意睡在火堆旁边……"

"昨天我们就睡在森林里,"约翰·诺贝尔说,"只要头上有屋顶,我们就很知足了。"

说着,他们走进房子。莎拉看到了房子里有孩子,一共四个。两个男孩和两个女孩,都瞪着大大的眼睛看着莎拉。她开始觉得有些难为情了。这时她一个人待在这里,爸爸出去照料托马斯了,还要帮莎拉拿她睡觉用的被子。

"坐吧!"罗宾森夫人说,"欢迎你来分享我们所有的东西。雷米艾尔、阿比盖尔、罗伯特、玛丽,这是莎拉·诺贝尔。"

莎拉腼腆地冲着孩子们笑了笑。

"脱掉斗篷吧,莎拉。"

但是,莎拉紧紧地裹住斗篷。"如果您不介意,"她说,"我想穿着斗篷,我,我,我有点冷。"

孩子们笑了起来。莎拉坐在桌子旁边,几分钟后,父亲回来了。这时莎拉才把斗篷从肩膀上脱下来。

"我帮你把斗篷挂上。"阿比盖尔说,"真是件又漂亮又暖和的斗篷。"她用手指欢喜地抚摸着,然后把斗篷挂在了墙上的钉子上。

"还是红色的。"她说,"我也想要一件新斗篷。"

"你不需要新斗篷。"她的妈妈严厉地说。

罗宾森夫人问了一些问题,听着约翰·诺贝尔的回答,然后一边唠叨一边忙活着,就像莎拉的妈妈那样。但是不知为什么,莎拉觉得,自己的妈妈总是充满深情地忙活。

"在荒山野地带着这个可爱的孩子……她不到七岁吧……"

"八岁了。"莎拉说,"不过我妈妈说我长得没有同龄的孩子高。"

"八岁,你什么都是自己做吗?"

"我爸爸和我一起做。"莎拉说。

孩子们的眼睛睁得大大的。听了莎拉的回答他们都笑了起来,最小的那个孩子还用手指着莎拉。

"她要住到树林深处去。"

"印第安人会吃掉你。"雷米艾尔说,还大声地咂吧嘴。

"他们会砍掉你的脑袋。"小罗伯特带着天真的微笑补充道。

"他们不会伤害我的。"莎拉说,"我爸爸说印第安人很友好。"

"他们会活剥你的皮……"雷米艾尔又说了一句。

"我听说他们很友好。"罗宾森夫人平静地说,"向他们买地的人出的价格很公道。"

"还承诺让他们保留在大河里捕鱼的权利。"约翰·诺贝尔说。

"他们会砍掉你的脑袋。"罗伯特说着,做了一个砍头的手势。

莎拉感到有点恶心,比昨天夜里见到狼还要难受。她的兄弟们不会像这些男孩一样说话,她听过印第安人的事情……也许,也许那些印第安人因此才变得不那么友好。

莎拉很高兴孩子们终于要上床睡觉去了——除了阿比盖尔,说话很温和的那个。

"别在意他们说的那些,"阿比盖尔说,"他们在开玩笑。"

但是莎拉很在意。如果斯蒂芬在这里,男孩们就不敢开她的玩笑,她想。

屋里终于安静下来。孩子们都上床睡觉了,莎拉盖着被子躺在火堆旁。罗宾森夫人给她盖好被子,在那一刻,莎拉觉得她有点像自己的妈妈了。

然后她说:"孩子这么小,这么小……真可怜。"

"我想盖上我的斗篷,可以吗?"莎拉说。

"但,你已经够暖和了……"

"我现在有点冷。"

罗宾森夫人把斗篷盖在莎拉身上。"盖好了,孩子。你可能有点贫血。"

莎拉用手抓住斗篷边,紧紧地抓着。她闭上眼睛,但黑暗中仍能看到一些场景,一些令人不舒服的场景:她的眼前出现了成千上万棵大树,黑暗而阴森,一棵挨着一棵,除了树还是树,越来越多的树,没有尽头。树的后面是晃动的人影……他们是印第安人吗?真令人害怕。

她拉紧了盖在身上的暖和的斗篷。

"勇敢些,莎拉!勇敢些!"她低声对自己说。

过了很长时间,她才睡着。

与罗宾森家的男孩们在餐桌旁的交谈在莎拉的心里播下了怀疑的种子。那一夜,她第一次知道了什么是偏见:偏见总是源于无知。罗宾森家的男孩们并没有真正地了解印第安人。但是莎拉马上就会了解。在接下来的章节里,她不只会见到印第安人,还将住进印第安村落里的一个家庭,因为爸爸必须返回马萨诸塞州接其他的家人。在那儿,她将直接了解到罗宾森家的男孩们实际上是多么无知。还有一本关于殖民地时期历史的优秀绘本——安·麦克格文(Ann McGoven)的《假如你生活在殖民地时期》(*If You Lived in Colonial Times*)。

爱丽丝·戴尔格莱斯仍然在印的著作有:《美国国庆日的故事》(*The Fourth of July Story*)和《赫姆洛克山上的熊》(*The Bears on Hemlock Mountain*)。

在下一篇选文中，另一位历史小说作家写到了拓荒者的孩子们面临的挑战——用的是一个十二岁男孩的视角。

选自《海狸的记号》(The Sign of the Beaver)
(美)伊丽莎白·乔治·斯皮尔 著

受历史启发的故事

从很小的时候开始,伊丽莎白·乔治·斯皮尔就想当一名作家。童年时,她成天在本子上写故事,然后大声地念给她的堂兄弟堂姐妹听。不过她到了四十岁才开始专门从事写作,那时她整天为儿女操劳,也给杂志社写过稿子。其后不久,她偶然间发现了一个旧日记本,描写的是一七五四年在法国和印第安人的战争中一个新英格兰家庭被印第安人绑架的事件。根据这一事件,她写了第一部小说《被俘虏的卡里克》(Calico Captive)。一年后,她出版了小说《黑鸟池塘的女巫》(The Witch of Blackbird Pond),并获得了纽伯瑞儿童文学奖。这部小说的背景是十七世纪末女巫猎杀狂潮中的新英格兰。三年后,也就是一九六三年,小说《铜弓》(The Bronze Bow)第二次为她赢得了纽伯瑞儿童文学奖。

其后不久,在和丈夫在缅因州的一个渔村度假期间,她到附近镇上的图书馆看书,偶尔读到一本有关这个小镇历史的书。浏览的时候,她发现了一个一八〇二年被困荒野的小男孩的故事。

男孩和他的父亲从北方的马萨诸塞州来缅因州开垦土地,种植粮食,并建造小木屋。工作完成后,父亲留下男孩看守小屋,自己返回马萨诸塞州去接其他家人。不久,一头野熊夺走了男孩的食物,他开始忍饥挨饿,直到友好的印第安部落头领可怜他,派自己的儿子帮助男孩,直到他的父母回来。

在后来的几年中,这个故事一直盘旋在斯皮尔的脑海里。她想象着男孩当时的心理,思考着印第安头领的动机,猜测着是什么事情让男孩的家人无法按时到来,是气候,还是疾病?经过将近二十年的构思,直到一九八三年,她才发表了《海狸的记号》。

在前几章,斯皮尔介绍了十二岁的马特·哈罗威尔和他的父亲,这些来自图书馆中记载的基本线索。然后,她描写了男孩的困境:他的来复枪被过路的陌生人偷走;储备的食物越来越少,他挨饿的状况越来越严重。以下我们将读到本书的第五章。

日子一天天地过去了,他始终惦记着那棵有蜜蜂窝的树——那是几个星期前他和父亲一起发现的。那棵树长在被他们称为"潜鸟池塘"边上的湿地上,在高高的树上,蜜蜂们嗡嗡地在啄木鸟啄开的洞口出出进进。马特认为它们是野蜜蜂,但是父亲说不是。美洲原本没有蜜蜂,是殖民者从英国带来的。这个蜂群可能是从河对岸的镇上逃过来的。"千万别招惹它们。"父亲说。

他觉得自己再也忍受不了无味的鱼了。他非常想吃一点有味道的东西。母亲知道他爱吃蜂蜜,在来缅因州前劝他们带上一小桶蜂蜜,父亲本来不想带。如果母亲看到父亲像孩子一样用手指一圈一圈地刮着空蜜桶,舔着熊吃剩下的最后一滴蜂蜜,她肯定会笑的。现在,他无法不去想那些蜂蜜。只要能尝到蜂蜜,就算被蜇一两下也值得。爬上树去弄一点,就一满杯,也许蜜蜂根本不会发现,大概也不会有什么危险。一天早上,他下决心去试试,不论发生什么事情。

这棵树很容易攀爬,树枝长得就像梯子。蜜蜂好像没有在意他越爬越高。甚至当他的头挨到了树洞口时，蜜蜂还在懒洋洋地飞进飞出，根本没有注意他。洞口很小，他的手伸不进去，手里的勺也伸不进去。他往洞里看看，只能瞥到在洞的最里面有一团金黄色的蜂房。周围的树皮已经脱落成了碎片。他小心地把手指放到洞边，轻轻地拉了一下。一大块树皮掉到他的手里。

这下招来了蜜蜂。它们愤怒地嗡嗡叫着，从坏掉的洞口里涌出来。嗡嗡声变成了狂风般的怒吼。马特感到脖子上像针扎般疼，他被蜇了一下，又一下……愤怒的蜜蜂一拥而上，布满了他赤裸的手和胳膊，还有头上和脸上。

他记不起自己是怎么从树上下来的。水！只要跑到水里，他就能逃离蜜蜂的追捕。他大叫着，挥动着胳膊，朝池塘奔去。蜜蜂包围着他，像打着旋涡的云层包围着他，他看不到任何东西。他的鞋陷进了潮湿的地面，他踢掉了一只脚上的靴子，踩着锋利的树根，磕磕绊绊地跑到水边，奋力朝前冲去。他的脚被掉下的树枝缠住，疼得他一阵晕眩。最后他摆脱了树枝，扎入冰冷的水中。

他要窒息了。水面上还盘旋着愤怒的蜜蜂。他两次把头沉入水中，直到肺憋得要爆炸时才抬头出水面。他想游出池塘，但是脚被杂草缠住了。他试着从杂草中挣脱出来，腿上却传来一阵剧烈的疼痛，他再一次沉到水里，双臂胡乱地摇动着。

然后，有什么东西抬起了他。他的头露出了水面，大大地吸了一口气。他感觉到一个有力的臂膀抱住了他。半昏半醒中，他感到似乎是父亲在抱着他，但他不知道是怎么回事。现在他确定自己已经躺在了干干的地上。透过肿得几乎睁不开的眼皮，他看到两个人正弯腰看着他，两个模糊不清、半裸身体、面孔深棕色的人。然后，他慢慢地恢复了神志，看清了他们是印第安人，一个男人和一个男孩。男人的手伸向他的喉咙，马特在恐慌中总想要挣脱这只手。

"不要动。"一个低沉的声音命令道,"蜜蜂刺有毒,必须拔出来。"

马特虚弱极了,没有力气挣扎。他甚至连头都抬不起来了。现在他已经离开了冰冷的池水,浑身上下从头到脚的皮肤都火烧火燎,身体止不住地发抖。他只得无助地躺着,任凭男人的手抚摸过他的脸、脖子和身体。慢慢地,他意识到,这双大手如此温柔,正一下下地挤压他身上的痛点。他的恐惧渐渐消失。

他还不能清楚地思考。在他完全恢复意识之前,一切好像都是朦朦胧胧。男人又一次抬起他,抱着他,就像抱着一个婴儿,他仍然无法反抗,好像带他去哪里都没关系。然而不久之后,他发现自己躺在家里小木屋的床上。只有他一个人,印第安人不见了。他躺着,又累又疼,想不起来自己怎么到了这里,只知道飞舞的蜜蜂和差点溺水的噩梦已经结束了。现在他又安全了。

又过了一段时间,他感觉印第安人正弯下腰看着他,一把木头勺子伸到他嘴边。他想也没想就大口地吞了下去,后来他发现这不是食物,而是有点苦的药……现在又剩下他一个人了,他沉沉地睡着了。

在接下来的章节里,因为马特的求生技能少得可怜,于是印第安酋长提出了一个提议:如果马特愿意教他的孙子读白人的书,他会供马特吃住并保护他。在这个过程中,两个男孩(还有读者)对彼此文化的真诚欣赏与日俱增。

在接下来的几个世纪里,白人移民和美洲土著的这种相互欣赏变得越来越罕有。斯科特·奥台尔(Scott O'Dell)的《月光下的歌谣》(*Sing Down the Moon*)深刻地揭露了印第安人遭受到的暴行。

选自《我有一个梦想：马丁·路德·金的故事》(*I Have a Dream: The Story of Martin Luther King, Jr.*)

(美) 玛格丽特·戴维森 著

美国公共汽车上的故事

一九五四年，一个结实健壮的黑人刚大学毕业，成为阿拉巴马教堂的一位牧师，他才二十四岁。除了在大学暑假时打过短工之外——这是他的第一份工作。虽然他想象力丰富，但他从未想象到这将是一份多么艰难的工作，也没有想到，两年后，他将置身于自美国内战以来最激烈的政治斗争之中。这场斗争被称为民权运动，而这位年轻牧师名叫马丁·路德·金。从此，他将成为美国历史的一部分。

要想理解这个过程，首先要知道美国的今天和过去的不同。今天，美国人可以选择去任何一家教堂做礼拜，但在一八〇〇年不行；今天，美国的妇女可以投票，但是在一九〇〇年她们没有选举权……所有这些权利都是经过艰苦的斗争获得的。

在二十世纪的大部分时间里，居住在南方——如乔治亚州、佛罗里达州、卡罗莱纳州、阿拉巴马州、密西西比州和阿肯色州——的美国黑人没有选举权，不能和白人在同一家餐馆吃饭，不能和白人饮用同一水源的水，不能与白人同住一家旅店，不能和白人在同一所学校上学。乘坐公共汽车的时候，黑人只能坐在汽车后部马达附近又吵又热的地方。这就是种族隔离制度，是由一些白人制定的，他们认为黑人没有白人优秀。

斗争是从马丁·路德·金在阿拉巴马州的蒙哥马利教堂工作了一年后开始的。经过一天漫长的工作，罗莎·帕克，一位安静而有教养的黑人妇女坐着公共汽车回家。她坐在"有色人种"的座位上。不一会儿，"白人"和"有色人种"的座位上都坐满了人。又一站到了，一个白人男子上了汽车，根据种族隔离法，司机命令罗莎·帕克把座位让给白色男人。当她以沉默表示拒绝时，司机让人把她抓了起来。

在随后的几天中，蒙哥马利的黑人宗教领袖认为，到了表明这种做法违反美国宪法的时候了。当律师们在法庭上辩论时，蒙哥马利的黑人以联合抵制的方式进行了斗争，直到迫使公共汽车公司改变了这一规定。当时，居住在蒙哥马利的五万黑人拒绝乘坐公共汽车。他们宁愿走着甚至爬着上班，也决不乘坐公共汽车，除非公共汽车的司机把他们当人看待。

年轻的马丁·路德·金是这一运动的领导人之一，当黑人的教堂和住宅被炸时（比如金的家就被炸了），他劝说人们平静下来，不要使用暴力；当希望变得渺茫时，他鼓励人们坚持下去；当联合抵制运动的领导人被关进监狱时，他带领人们祈祷。有一本绘本出色地描写了这个时期，名为《如果你生活在马丁·路德·金的时代》（*If You Lived in the Time of Martin Luther King*），艾伦·勒维尼（Ellen Levine）著，贝丝·白克（Beth Peck）插图。

罗莎·帕克事件发生一年后，联合抵制运动取得了胜利。最高法院判决公共汽车公司的规定违法。蒙哥马利的黑人向自己和白人社团证明，黑人也是有尊严和有价值的人。"有价值"这个词很重要，没有黑人乘客，蒙哥马利公共汽车公司就要倒闭，其他白人企业也将蒙受经济损失。

联合抵制的做法很快从蒙哥马利传到了南方的其他城市。联合抵制和罢工纠察线在午餐饭馆、公共汽车站和学校里组织起来。全美无数富有同情心的白人也参与了斗争。历经十年，民权运动促使美国大部分不公正的法律得到了修正。不幸的是，这样的胜利不得不付出惨痛的代价：一九六八年四月四日，马丁·路德·金在田纳西州的孟斐斯被暗杀。

今天，马丁·路德·金未竟的事业仍在继续，不同肤色的人们都在为消除因肤色、宗教信仰不同而产生的仇恨努力着。二十五年后，他的领导方式和信念仍然在某些地方被成功地模仿，如南非、德国、韩国、波兰和匈牙利。

如果你回头看伟人的童年，你几乎总会发现他们的伟大之处从那时就开始萌芽。这就是传记的意义所在。我们已经知道这些人是重要的人物，他们的传记能让我们看到他们的一生是如何度过的。

以下是选自玛格丽特·戴维森（Margaret Davidson）写的传记《我有一个梦想：马丁·路德·金的故事》中的两章。

"我要做伟大的演讲家"

"你不比任何人逊色。"马丁·路德·金永远不会忘记这句话。他怎么会忘记呢？他一次又一次地看到自己的父亲用亲身经历证明了这句话。

金老爹——很多人都这么称呼他——是一个斗士。他斗争的第一件事情，是贫穷。他是一个佃户的儿子，家中一无所有。他们住的摇摇欲坠的小屋，他们耕种的土地，就连他们犁地的骡子……所有的一切都属于住在大道旁的白人。

马丁喜欢听父亲讲有关骡子的事情。"每天早上我都要给那头骡子刷毛，"金老爹回忆说，"好吧，我告诉你骡子是什么味。当然了，我身上自然也会沾上骡子的味。因此，我的一些朋友开始取笑我，说我是老骡子味。他们只是开玩笑，但是老那么说我就生气了。'我身上可能有骡子味，'一天我对他们说，'但是，我会思考，这一点不像骡子！'"

当然不像，金老爹很聪明。他知道，必须离开永远不会属于他的土地，所以十五岁的时候，他去了亚特兰大。之后好多年，他白天拼命地工作，晚上拼命地学习。这是一段很漫长的岁月，但是让他最终成了令人尊敬的老马丁·路德·金先生，埃比尼泽浸信会教堂的领导人，埃比尼泽是乔治亚州亚特兰大市最大的黑人教堂之一。

金老爹为教育而斗争，为替本人和自己的家庭谋取更好的生活而斗争，他也为自己认为正确的东西而斗争。而且，他从不惧怕任何人。

一天，他带着小马丁开私家车去兜风，一个白人警察示意他靠边停车。"请出示你的驾照，小子。"警察说。白人经常用这种口气对黑人说话，这是他们保持白人优越感的另一种方式。

金老爹严厉地看着他，然后用手指着小马丁。"你看到这个孩子了吗？"他用平静却非常强硬的语气说，"他是个男孩，我是个男人。"

不久，他和小马丁去散步，碰巧路过一个很大的鞋店。小马丁需要一双新鞋，因此，他们走了进去，坐在靠门口的座位上。

突然，一个店员站到了他们前面。"你想干什么？这儿不能坐。"他说。

"座位没有问题呀，"金老爹回答，"而且，坐起来挺舒服的。"

店员的脸色变红了："你知道，黑人只能坐在商店后面的座位上。这是规定。你不要那么趾高气扬，要像别人一样遵守规定！"

金老爹愤怒了："我们要坐在这儿才会买鞋，否则绝对不买你们的鞋！"然后，他抓住小马丁的手，冲出了鞋店。

金老爹的愤怒让小马丁有点害怕。他拉着父亲的手，"我不明白，"他小声地说，"我觉得，商店的前面和后面都一样。"

金老爹深深地吸了几口气，"这是另一种种族隔离的方式，马丁。"他平静了一些，"另一种压制我们的方式。"突然，他的声音又愤怒起来。"我永远不会接受这种愚蠢、残忍的制度，"他说，"我要一直斗争下去，直到生命的最后一刻。"

小马丁看着父亲："如果您反抗，我也会像您一样。"他说。那个时刻，他非常高兴自己能用父亲的名字命名。

作为牧师的儿子，小马丁每周有很多时间在教堂度过。"埃比尼泽教堂成了我的第二个家。"他常这么说。他是多么喜欢听父亲布道！令人尊敬的金老爹，低沉的嗓音就像管风琴在整个教堂里回荡。他说的话让小马丁非常骄傲，那些话是那么的美妙和奇特。"您等着，"一天小马丁低声对母亲说，"我也要做伟大的演讲家。"

他做到了。学习对小马丁来说不是一件难事。"我喜欢挑战自己，想办法去解决难题。"他说。他的成绩在班上总是名列前茅，除了一个科目不好，那就是拼写，他一直不擅长拼写。"我过去拼写很糟糕，现在也是。"他承认。即使后来他写了不少书，他的拼写仍旧不好。

小马丁最亲密的两个玩伴是姐姐克丽丝和弟弟 A. D.，但是他还有许多其他的朋友。大多数朋友叫他 M. L.。

他和朋友们在门前粗糙的人行道上滑旱冰，骑自行车穿行于大街小巷。他们还制作飞机模型，放风筝。

朋友们还在他家后边的空地上打棒球或者橄榄球。小马丁比同龄孩子的个头小，但是他很顽强。"他从不放弃，"一个朋友评论说，"他毫不畏惧和他争抢的人。"因此，哪个队都喜欢要他，他总是最先被挑走的队员。

小马丁是顽强的，但是他不喜欢打架。"打架会让我的心里很难受。"他说。因此，他用另一种方法解决麻烦，也就是他的一个玩伴说的"用对话解决困境"。"这就是 M. L.，他还是个小男孩的时候，就能说服你做或不做某件事情。"他的朋友说。

梦想开始孕育

小马丁和朋友们一起度过了许多美好的时光。但是有时候，朋友们来找他玩的时候，他会说："不，现在我不玩。"因为他需要时间来思考、读书和遐想。

对小马丁来说，书是一种神奇的东西。书带他去过很多的地方。书告诉了他许多新东西。最重要的是，书让他认识了许多人，这些人成了他生命中的英雄。马丁最喜欢读有关黑人历史及黑人领袖的书。

他读过海丽特·塔布曼（Harriet Tubman）的故事。海丽特·塔布曼是一个奴隶，他在美国内战爆发前逃往北方，然后又多次回到南方，带领其他奴隶获得自由。

他读过弗雷德里克·道格拉斯（Frederick Douglass）的故事，这是另一个为了自由逃跑的奴隶，但是他从来没有忘记自己的同胞。道格拉斯是一个伟大的演讲家，他常年奔波于美国北方各州和英格兰，告诉人们当奴隶是什么滋味。美国内战结束后，他继续为全体人民争取基本人权而努力。

他读过布克·华盛顿（Booker T. Washington）的故事，十九世纪末，这位伟大的教师在阿拉巴马州建立了第一所黑人大学——塔斯基吉学院。

他读过乔治·华盛顿·卡佛（George Washington Carver）的故事，

这位科学家在塔斯基吉学院从地瓜、大豆和花生中提炼出许多有用的东西。

他还读过和他同一时代的杰出人物的故事。他读过名扬全球的歌唱家及演员保罗·罗伯逊（Paul Robeson）的传记；读过关于拳王乔·路易斯（Joe Louis）的书，他被人称为"黑色轰炸机"，一九三七年成为重量级世界拳击冠军；还读过关于田径明星杰西·欧文斯（Jesse Owens）的书，一九三六年他为美国赢得了四块奥运金牌。

小马丁读着这些成就伟业的男性和女性的故事时，内心也孕育着一个梦想。他也想在自己的人生中做出一些伟大且重要的事。

但那是些什么样的事情呢？小马丁那时还不知道。不过他知道一点，无论他长大后从事什么职业，他都要帮助他的黑人同胞。他要让他们过上更好的生活。

有一次，小马丁的妈妈告诉他，隔离的意思就是分离。但是，马丁现在长大了，已经能够明白隔离不仅意味着分离，还意味着不平等。因为这种制度黑人的生活在各方面都受到了不公平对待。

马丁衣食无忧。他家有一座漂亮的房子，他的父亲是令人尊敬的牧师。但是马丁知道，许多人没有他这么幸运。

通常黑人的孩子上最差的学校，住最破旧的房子。等他们长大后，只能从事一些白人不愿意干的最苦最脏的工作，挣的钱也比白人少。

马丁虽然能受到一些保护，不致遭受种族隔离制度最恶劣的影响。但是种族隔离制度也同样会触及他的生活。他上高中时，有一次英语老师选他代表学校参加全州演讲比赛。

比赛当天，他和英语老师莎拉·布拉德利小姐乘坐公共汽车去几百英里以外的瓦尔多斯塔镇。在那里，马丁做了演讲，并荣获全州第二名。

比赛结束后，马丁和布拉德利小姐乘坐公共汽车回家。他们坐在车厢的后部,因为这是规定。黑人乘坐公共汽车只能坐在车厢的后部,前部是白人的专座。

马丁和老师有许多话要聊:他的演讲和别人的演讲。他们没有注意到汽车停靠车站后,上了许多乘客;他们也没有注意到车上所有的位子都坐满了,有些白人不得不站在过道里。但是司机注意到了。他停下车,走到车厢后部马丁和老师坐的地方。"喂,起来,"他粗声粗气地说,"把座位让出来。"

马丁看着他。"为什么我要让座位?"他想,"我付过这个座位的钱,而且是我先来的。"

汽车司机看马丁没有起身的意思,立刻变得很凶。"你,听见没有?"他咆哮道,"你是自己站起来让出座位,还是想让我叫警察!"

马丁感到布拉德利小姐拉了他的袖子一下。"起来,马丁,"她平静地说,"我不想让你受伤。再说,这是规定。"

"这是错误的规定!"马丁严厉地说。

他不在乎给自己惹麻烦,但是他不想给布拉德利小姐带来麻烦。因此,最终他站了起来。他站了九十多英里,漫长而气愤的九十多英里。"那一天发生的事情让我一辈子都忘不了,"马丁·路德·金曾不止一次提到,"那是我一生中最气愤的时刻。"

这里再介绍一些好书,都是讲述美国黑人为了争取自由而斗争的故事:埃玛·斯特恩(Emma Sterne)的《奴隶船》(*The Slave Ship*)、威廉·H. 胡克斯的《贝拉·多卡斯民谣》(*The Ballad of Belle Dorcas*)、帕特里夏·麦基萨克(Patricia McKissack)和弗雷德里克·麦基萨克(Frederick McKissack)合著的《美国民权运动,从

一八六五年到今天》(*The Civil Rights Movement in America from 1865 to the Present*)、埃伦·列文（Ellen Levine）的《假如你乘坐地铁》(*If You Traveled on the Underground Railroad*)、沃尔特·迪安·迈尔斯的《时候到了！美国黑人为自由而斗争》(*Now Is Your Time! : The African-American Struggle for Freedom*)、弗洛伦斯·弗里德曼（Florence Freedman）的《通往自由的两张票》(*Two Tickets to Freedom*)和安·麦克格文的《生死通缉令：海丽特·塔布曼的真实故事》(*Wanted Dead or Alive: The True Story of Harriet Tubman*)。

如果你想读描写二十世纪二十年代至五十年代期间美国种族关系的权威著作，我在此推荐蜜尔德瑞·泰勒（Mildred Taylor）的小说：《树之歌》(*Song of the Trees*)、《黑色棉花田》(*Roll of Thunder, Hear My Cry*)、《让循环延续》(*Let the Circle Be Unbroken*)、《友谊》(*The Friendship*)、《金凯迪拉克》(*The Gold Cadillac*)、《密西西比桥》(*Mississippi Bridge*)和《通向孟菲斯的路》(*The Road to Memphis*)。

《终获自由》(*Free at Last*)是一盘关于马丁·路德·金生平的录音带。《天空是灰的》(*The Sky is Gray*)是关于一九四〇年一个男孩眼中的美国南方黑人生存状况的权威影像资料。

这段选文的作者玛格丽特·戴维森还著有如下传记：《弗雷德里克·道格拉斯》(*Frederick Douglass*)、《戈尔达·梅厄的故事》(*The Golda Meir Story*)、《海伦·凯勒》(*Helen Keller*)、《海伦·凯勒的老师》(*Helen Keller's Teacher*)、《路易斯·布莱叶：发明盲文的男孩》(*Louis Braille: The Boy Who Invented Books for the Blind*)和《杰基·罗宾森的故事：最勇敢的棒球手》(*The Story of Jackie Robinson: The Bravest Man in Baseball*)。

暴风雨中的孤儿

　　这里的三篇文章选自经典的孤儿故事，讲的都是坚强的孩子在逆境中生存的故事。

选自《萨拉·克鲁》(Sara Crewe)
（美）弗朗西丝·霍奇森·伯内特 著

从破衣烂衫到富有

弗朗西丝·霍奇森·伯内特写的故事充满了哥特式情节：突然变成孤儿的孩子，隐藏在橡木大门后面的病人，骤然失去一笔财富的继承人，以及残忍的学校老师……为了构思这类的情节，她回顾了自己从富有到赤贫，然后又再度富有的全部生活经历。

弗朗西丝于一八四九年生于英国曼彻斯特的一个中产家庭。她的父亲是工匠，为一些富人打造银制品或镀金制品，比如树枝形的灯饰。他父亲的生意兴隆，有足够的财力为家中雇用两个仆人。但在弗朗西丝还只有三岁时，父亲突然离世，把生意留给了妻子。随后的十二年中，她家家道衰落，逐渐迈向了贫穷的边缘。他们不得不一次又一次地搬家，每搬一次经济状况就更窘迫。

那个时代，不鼓励女孩接受正规教育，弗朗西丝也一样。她唯一上过的学是父母的几个朋友在家中给孩子教授的私人课程，课程质量只能算是马马虎虎。然而，她贪婪地读书。在童年时期，她有很多时候都在给她的布娃娃读仙女故事和希腊神话。这样的阅读促使她创造了自己的故事，并用娃娃表演出来。她仅有的几个同学成了她的听众，每次老师迟到的时候，她都会讲故事来给全班解闷，有的故事能连续讲上好几个星期。同时，她越来越喜欢看母亲买的杂志，总是从头读到尾。这种痴迷在未来的某一天救了她的全家。

美国内战对英国的制造业产生了毁灭性的打击，弗朗西丝的母亲最终被迫卖掉了家族的生意，在绝望中接受了她哥哥的建议，带着全家穿过大西洋到了美国田纳西州的诺克西韦尔市。但是他们到了那里才发现，她哥哥和他们一样穷，只能给他们提供一个被人弃用的小木屋栖身。

全家开始为一日三餐而奋斗，十七岁的弗朗西丝也学着养鸡来贴补家用，但失败了。而后，她偶然产生的一个念头改变了她的生活：她决定试着写故事卖给美国的妇女杂志。但全家穷到连纸都没有，弗朗西丝只好去摘野葡萄卖，用挣来的钱买纸、付邮资。

她写的第一个故事就非常成功，美国的编辑甚至不相信是她写的。在田纳西州诺克西韦尔的土地上，怎么会有一个少女能用如此高雅的英文写故事呢？编辑要求弗朗西丝再写一个故事。同样，这个故事也写得非常出色。因此，编辑买下了这两个故事，弗朗西丝从此开始了写作生涯。

靠给杂志写短篇故事或小说，她挣到了越来越多的钱。她写的第一部儿童读物《小爵爷》(*Little Lord Fauntleroy*) 比她之前的任何一本书销售得都好。同时期的畅销书有《海蒂》(*Heidi*)、《金银岛》(*Treasure Island*)，但《小爵爷》至今仍在印刷出版。《小爵爷》的主角是一个贫穷的美国小男孩，他突然继承了来自英国亲戚的一大笔财富，这种灰姑娘式的故事主题，一直贯穿于她的多本书中。

随后她写的《萨拉·克鲁》在《圣·尼古拉》杂志连载时，在美国取得了巨大的成功，《圣·尼古拉》杂志是二十世纪初顶级儿童文学圣地。《萨拉·克鲁》起初只有八十页左右，但受到了大西洋两岸孩子们的热烈欢迎，于是伯内特又把它改编成了剧本。几年后，又改写成了名为《小公主》(*A Little Phncess*) 的长篇小说。此后不久，她创作出了她最有名的小说《秘密花园》，这本书至今仍旧是最受欢迎的儿童读物之一。

她的书取得了如此的成功，这表明了一个事实：孩子们痴迷于孤儿的故事。因为孩子们在潜意识中明白自身的脆弱，他们不知道假如父母有任何不测，谁会照顾他们，他们会不会成为孤儿。于是，他们就到书中和电影中去寻找答案。许多最流行的儿童故事都包含了被人遗弃和生存的主题：《汉赛尔和格莱特》（Hansel and Gretel）、《灰姑娘》、《汤姆·索亚历险记》（The Adventures of Tom Sawyer）、《绿山墙的安妮》（Anne of Green Gabels）、《海蒂》、《丛林之书》（The Jungle Books）、《彼得·潘》（Peter Pan）、《木偶奇遇记》、《海角乐园》（The Swiss Family Robinson）、《金银岛》和《绿野仙踪》。

在《萨拉·克鲁》的第一章，我们遇到了灰姑娘式的情境和"谁将会照顾我"的问题。

起初，敏清小姐住在伦敦。她的家就在广场边，是一所高大、宽阔、阴暗的房子。广场边的房子都是一样的，广场上的小麻雀也都是一样的，广场边的房子的门环在安静的白天——几乎每个白天都是安静的——都发出同样沉闷的声音，回响在整排房子中间。

敏清小姐家的门上挂着一块铜牌，上面刻着一行黑字：

敏清小姐的精英少女培育院

小萨拉·克鲁进进出出都会看到这块牌子，每次她都会想一想上面的字。今年，她已经十二岁了，她断定她出现的所有问题都是因为：首先，她不是"精英"，其次，她也不是"少女"。八岁那年，她还是个小学生的时候就被送到了敏清小姐这里，是她的爸爸直接从印度把她送到这里的。她的妈妈在她还是婴儿时就去世了，她的爸爸虽然很想把她带在身边，可是后来发现印度炎热的天气使她体弱多病，便把她送回了英国，寄养在敏清小姐这里。于是萨拉成了精英少女培育院的一员。萨拉从小就很聪明，记事早，她记得爸爸说过，他们在这个世界上没有任何亲戚，所以不得不把她送到寄宿学校，他听说敏清小姐办的学校口碑很好。那一天，他带萨拉出去，给她买了许多漂亮的衣服。只有没有经验的年轻男人才会给要去上寄宿学校的小孩子买这么多华丽的衣服。萨拉的爸爸天真而性急，一想到要和年幼的女儿分离就非常伤心——女儿是她美丽的妈妈、他曾挚爱的妻子留给他的回忆。他希望女儿拥有一切，成为最富有的女孩。因此，当商店的女售货员礼貌地说"我们这里有最新款式的帽子，上边的羽毛和我们昨天卖给狄安娜·辛克莱女伯爵的一模一样"时，他马上不管价钱就买了下来。结果萨拉就有了满衣柜的漂亮衣服。她的衣服有丝绸的、天鹅绒的和印度开司米的；她的帽子上面装饰着蝴蝶结和羽毛；她的小内衣上装饰着真正的缎带。当她坐着出租马车回到敏清培育院的时候，带着一个差不多有她那么大的洋娃娃，穿戴和她本人一样华丽。

　　萨拉的爸爸给了敏清小姐一笔钱，然后就走了。一连几天，萨拉既没有动娃娃，也没有动早饭和晚饭，更没有动她的茶，她什么也不做，只是蜷缩在窗边的小角落里一个劲地哭。她哭呀，哭呀，哭得都病了。她是一个执拗的孩子，依恋过去，感情强烈，无比眷恋自己的爸爸。她一点儿也不觉得印度那有趣的带走廊的平房比不上伦敦和精英少女培育院。从走进房间的那一瞬间，她就开始憎恨敏清小姐，也看不上安静、矮胖、口齿不清的阿美利亚·敏清。很明显，阿美利亚很怕她的姐姐。敏清小姐个子高高的，有一双大而冰冷的金鱼似的眼睛和一双大而冰冷的手,她的手也像鱼,因为总是潮湿的。当这双手摸着萨拉,帮她把头发从额前拨开时,总是让萨拉后背起鸡皮疙瘩。敏清小姐说:"萨拉是最漂亮、最有前途的小姑娘,克鲁上尉。她将是我最宠爱的学生,会很受重视。"

最初几年,萨拉的确非常受宠;至少,得到了比她应得到的更多的纵容。当培育院的孩子们两人一排外出散步的时候,萨拉总是打扮得最漂亮,优雅地走在队伍前面,和敏清小姐本人手拉着手。无论是哪位家长来,敏清小姐总会让萨拉穿得漂漂亮亮,带着洋娃娃来会客厅。她总是听到敏清小姐说,她的爸爸在印度,是位出色的军官,而她将继承一大笔财产。萨拉以前听说过,她的爸爸继承了一大笔钱,以后这些钱都是她的,而且爸爸不会在军队里待很长时间,他很快就会回到伦敦。每次爸爸来信,萨拉都希望信中写着,爸爸正在回来的路上,他们很快就能重新生活在一起。

但是,大概在第三年的年中,爸爸的信带来了完全不同的消息。因为他本人不经商,就把生意交给了一个信任的朋友打理。但他的朋友欺骗了他,夺走了他的财产。所有的钱都没了,没人知道那些钱去了哪里。可怜的、性急的年轻军官遭受了很大的打击,不久又染上了恶性疟疾。他没能康复,就这样死去了,留下了无人照看的萨拉。

收到这封信几天后的一天,萨拉被叫到了会客厅。当她走进去的时候,敏清小姐那冷酷的、金鱼似的眼睛看上去比过去任何时候都冷酷,都更像金鱼眼。

没有人跟这个小女孩说起服丧的事情,然而,萨拉以她的特有方式,决定给自己找一身黑色的衣服。她穿着一身已经有点嫌小的黑色毛绒衣服,走了进来,看起来就像世界上最古怪的小人,也是最悲伤的小人。衣服太小,也太紧,她的脸色苍白,眼睛周围有一个大大的黑眼圈，胳膊下面夹着她的娃娃，娃娃也围着一条黑纱巾。她不太漂亮，很瘦，一张小脸神秘而有趣，黑黑的短发，大大的淡绿色眼睛，上边有黑黑的睫毛。

"我是培育院里最丑的孩子。"有一次她盯着镜子里的自己看了几分钟，说。

但是，曾经有一个聪明和蔼的法语老师对音乐老师说过："瞧这个小克鲁，多漂亮呀！眼睛那么大！那么可爱的小脸。等着吧，她长大后肯定是个美人！"

然而这天早上，她穿着紧绷的小衣服，看上去比过去任何时候都更瘦，更怪异。她用坚定而古怪的眼神盯着敏清小姐，慢慢地走进会客厅，手里抓着她的娃娃。

"放下娃娃！"敏清小姐说。

"不。"萨拉说，"我不会放下她，我要让她和我在一起。她是我的一切。爸爸去世后，只有她一直和我在一起。"

萨拉从来不是一个顺从的孩子。她从一出生起，就有自己的个性，她平静而决绝的表情下面总有些什么东西让敏清小姐隐隐感到不安。因此，敏清小姐觉得现在最好不要坚持，但她依然用严厉的目光看着萨拉。

"以后你就没时间玩娃娃了，"她说，"你要干活养活自己，让自己有用。"

萨拉瞪着古怪的大眼睛，盯着她的老师，什么也没说。

"现在，你的情况和以前大不相同了，"敏清小姐接着说，"我派人叫你来，是要告诉你，让你明白。你的爸爸死了，你没有朋友，没有钱，没有家，也没有人照料你。"

小小的苍白的瓜子脸神经质地抽搐了一下，但那淡绿色的眼睛没有离开敏清小姐的脸。萨拉始终一言不发。

"你盯着我看什么？"敏清小姐厉声问道，"你这么笨，不明白我的意思吗？我告诉你，你已经是个孤儿了，在这个世界上，没有人会为你做任何事情，只有我还会收留你。"

事实上，敏清小姐现在的心情很糟糕：突然一下失去了一大笔固定收入，也失去了能向人炫耀的孩子，只剩下这么一个小乞丐。即使她再镇静，这样的事情也远远超出了她的忍受限度。

"现在，听我说，"她继续说道，"记住我说的话。如果你肯努力，几年后能让自己变成一个有用的人，我还能留下你。你现在只是个孩子，但你还算聪明，几乎不用教，就能学会很多东西。你的法语说得很好，估计一年后，你就能开始帮忙教低年级的学生。等你到了十五岁，你就能做更多的事情了。"

"现在我的法语就比你说得好。"萨拉说，"我和爸爸在印度的时候一直说法语。"这样说虽然一点都不礼貌，却是令敏清小姐尴尬的事实，因为她根本不会说法语，事实上，她也不是个聪明人。但是，她能抓住商机，经历过失望的打击之后，她发现，只要花一点点代价，就能把这个聪明、刻苦的孩子培养成对她有用的人，这样她就可以省掉聘请法语老师的一大笔费用。

"不许无礼放肆,否则就会受罚，"她说，"如果你想自己挣口饭吃，就要改改你的举止。现在你已经不是寄养在我这里的大小姐了。记住，如果你让我不高兴，我会赶你走，让你无家可归，只能到大街上流浪……你现在可以走了。"

萨拉转身就走。

"等等，"敏清小姐命令道，"你不打算谢谢我吗？"

萨拉朝她转过身子。她的脸上又出现了神经质的抽搐，好像在极力控制。

"感谢你什么？"她说。

"感谢我对你的仁慈,"敏清小姐回答道,"因为我大发善心,你才有了一个家。"

萨拉向前走了两三步,她那小小的瘦弱的胸膛一起一伏,用一种奇怪的完全不像孩子的声音开了口。

"你不仁慈,"她说,"你不仁慈。"然后,她又一次转过身,走出房间,留下敏清小姐愤怒地盯着她古怪而瘦小的身影。

萨拉紧紧地抱着她的娃娃,走上了楼梯。她想回自己的卧室,在门口却遇到了阿美利亚小姐。

"你不能进去,"她说,"从现在开始,这不是你的卧室了。"

"那么我的卧室在哪里?"萨拉问道。

"你只能睡在厨房旁边的阁楼里。"

萨拉又多爬了两段楼梯,来到阁楼的门口,打开门,走了进去,重重地关上了身后的门。她靠在门上,四下打量着:屋顶是倾斜的,墙上涂着白灰;屋里有一个生锈的壁炉、一张铁架子床,还有一些从其他房间搬来的过时的老家具,都是用到不能再用了的。再仔细看一眼,在屋顶的天窗下,这个灰蒙蒙天空下阴暗的方形房间里,还有一个破旧的红色脚凳。

萨拉走过去,坐在脚凳上。就像我刚才说过的,她是个古怪的孩子,不同于别的孩子。她很少哭。她现在也没有哭。她把娃娃爱米丽放在膝盖上,让娃娃的脸朝向自己,她用双臂抱着娃娃坐在那里,娃娃黑色的小脑袋上裹着黑纱。她没有说一个字,没有发出一丝声音。

在接下来的章节里,萨拉成了敏清小姐的女仆,只能住在又冷又黑的阁楼里,跟她的娃娃相依为命。时间一个月一个月地过去,

她编织着成为公主的美丽梦想。她学会了用计策把所有自己想看的书弄到手里，她对流落街头的孩子特别地亲切，还在大街上遇见了那个神秘男人——一个将再次改变她的生活的男人。

假如你喜欢上面这段短短的选文，你可以继续阅读这个故事的短篇小说版本——《萨拉·克鲁》或完整版小说《小公主》。

市面上可以买到由秀兰·邓波儿（Shirley Temple）主演的电影《小公主》。她主演的另一部电影《小爵爷》也很棒。《秘密花园》的录音带长达六个小时，市面上可以租到。

喜欢伯内特的人也会喜欢这些书：芭芭拉·华莱士（Barbara Wallace）的《客厅里的胡椒薄荷》（*Peppermints in the Parlor*）、茹玛·高登的《霍莉和艾薇的故事》和多萝西·坎菲尔德·费希尔的《理解贝茜》（见第365页）。

选自《霍莉和艾薇的故事》(The Story of Holly and Ivy)

(英) 茹玛·高登 著

一个难以驾驭的学生

茹玛·高登很早就发现人们的生活都不会一帆风顺,连最幸福的人也不例外,大家早晚都会遇到困难。因此,从开始写书的时候起,她就明确了思想:在书中一定要表现某种冲突或者进退两难的困境。她认为,冲突能引出有意思的人和有意思的事。

茹玛·高登出生在英国,但是在印度长大,她的父亲在印度做海运代理商,她自己面对的第一个冲突,就是她的父母认为英国的成长环境比印度好,所以在她五岁的时候,父母把她留给了在英国的祖母照顾。这件事几乎让她心碎,于是她父母不忍心又把她带回了印度。

但是,与父母的分离又一次发生了。在她十二岁的时候,她的父母觉得,上英国的寄宿学校比在印度的家里接受不正规的教育要好。于是,仆人、自由和家庭的温暖突然全部消失了,她患上了严重的思乡病。她痛恨学校,痛恨学校的规定和冷酷,她决心让父母和老师知道她有多讨厌学校。她在第一所学校只待了十四个星期,就转到另一所学校,然后又转学,两年中她一共转了五所学校。那些年的痛苦和她顽固的逃学行动,后来一次又一次地反映到了她故事中的人物身上,就像罗尔德·达尔也在书中描写过寄宿学校一样。

在高登最后上的那所学校中,有一位副校长对她特别感兴趣,并且成了她的私人老师。副校长的名字叫莫娜·斯瓦尼，她发现高登（和她的妹妹们）具备当作家的潜质（写作是高登家在印度时家庭生活的一部分，茹玛·高登在七岁时就写出了第一本书）。因此，酷爱戏剧和写作的斯瓦尼小姐成了高登的老师，而且是非常严格的老师。有一个学期，为了教会高登用最简单的语言表达复杂的思想，她要求高登每天把《伦敦时报》的头条报道缩写为只有十四行的文字。因此，茹玛·高登在后来的创作中没有任何废话和多余的文字，而且从来不轻视她的小读者。在下面的故事中，你将会看到，对别的作者来说可能是非常复杂和冗长的情节，她用几页纸就能描述出来了。

尽管她们之间也有冲突，尤其是当老师对顽劣的学生提的要求越来越高的时候，但是茹玛·高登和这位副校长的友谊延续了一生。在斯瓦尼小姐八十多岁的时候，高登仍旧充满感激地去看望她。

高登的下一个冲突来自她富有的父亲，他认为女人通过工作养活自己是不体面的。在那个时代，人们认为有钱人家的女人只需要结婚和照顾家庭就行，然后组织一些社交活动，比如喝喝下午茶。（比阿特丽克斯·波特的父亲对她也有类似的计划。）高登以其一贯的固执，最终获胜，在印度开了一家舞蹈学校。

多年以来，她写了许多流行的大众读物和儿童读物。她写的儿童故事经常描述一些态度坚决的（有时候是不屈服的）孩子和布娃娃。布娃娃是她的儿童奇幻故事中的重要组成部分，其他有些儿童文学作家如比阿特丽克斯·波特、弗朗西丝·霍奇森·伯内特和安徒生编写的故事中，也有布娃娃的身影。

以下是《霍莉和艾薇的故事》的前几页，请注意，她是如何在这短短的几页中鲜活地展现出她自己的童年经历，如何让故事马上产生冲突的：在圣诞前夕，有一个无处可去的娃娃和一个无家可归的孩子。

这是一个关于许愿的故事,故事的主角是一个布娃娃和一个小女孩。我先讲讲布娃娃吧。

布娃娃的名字,当然叫霍莉,她是专门为圣诞节制造的。她穿着红衣服、红鞋子、绿衬裙和绿短袜。这恰好是圣诞节的颜色。

她有十二英寸高,有一头真正的金发,棕色的眼睛能睁开也能闭上,白白的牙齿像小小的瓷珠子。

圣诞节前一天,一个小镇上,在波鲁森先生的玩具店里,玩具们度过了漫长的一夜,他们既激动又兴奋。"今天肯定会有人把我们买走。"玩具们说。

"今天?"霍莉不解地问道。她前一天刚刚被人从包装盒里拿出来放在橱窗里,是玩具店里最新到的玩具。

外面的大街上雪花飘舞,玩具店的玻璃窗里却明亮而温暖,整夜都灯火通明。那些顶上闪烁着五颜六色的灯光,有着红色、黄色和蓝色条纹的球很可爱,小火车已经准备好了一圈一圈不停地转,小帆船升起了白色的风帆,每个发条玩具都装好了各自的钥匙,茶具玩具在盒子里闪闪发光,还有鼓、飞机、喇叭和玩具娃娃婴儿车,木马看上去好像正在腾跃,玩具熊举着毛茸茸的双臂。还有各种动物玩具:兔子、狮子、老虎、狗、猫,甚至还有大猩猩。洋娃娃们沿着用金箔丝线装饰的玻璃橱柜站成一排:有婴儿娃娃,穿得五彩缤纷的伴娘陪伴着的新娘娃娃,一个穿着苏格兰格子裙的男孩娃娃,一个水手娃娃,还有一个女孩娃娃戴着手套,另一个打着花雨伞……他们都是那么漂亮,不过一个都没有被卖出去。

"今天一定要有人来买我们啊。"洋娃娃们说。

"今天。"霍莉说。

洋娃娃们像玩具熊一样,也举着胳膊。当然了,玩具们的思维方式总是和我们相反。"我们要有一个小男孩或者小女孩作为圣诞礼物。"玩具们说。

"我也会有吗?"霍莉问道。

"我们必须有个家。"

"我也会有吗?"霍莉又问。

玩具们都知道"家"是什么样的,那些缺胳膊断腿的洋娃娃回店里修理的时候告诉过他们。"家里有温暖的炉火和灯光,"洋娃娃们说,"房间里有许多可爱的东西。我们可以抚摸孩子们温柔的手。"

"呸,孩子们的手很粗鲁!"一只猫头鹰玩具说,他正站在洋娃娃下面的树枝上,"他们很粗鲁。他们会把你抱得紧紧的。"

"我喜欢被人抱得紧紧的。"一头小象说。

"我们还从来没有碰过孩子的手。"两只小河马说。他们一个叫马罗,一个叫瓦罗,是用灰色和粉色的天鹅绒做成的,大嘴张开着,就像整个身体光剩下嘴了。"我们还从来没有被孩子的手抱过呢。"

当然,霍莉也从来没有。

猫头鹰的名字叫阿波拉卡达波拉。他个子很大,特别自以为是,总觉得这个玩具店是属于他的。

"我以为玩具店是属于波鲁森先生的。"霍莉说。

"嘀嘀!"阿波拉卡达波拉说,他发怒的时候就会发出这样的声音,"新来的小布娃娃胆敢这样说?"

"小心点,小心点。"洋娃娃们提醒霍莉。

阿波拉卡达波拉长着一对黄棕相间的巨大翅膀,大大的嘴巴像钩子一样,白色毡布做的爪子,眼睛上面有两道凶狠的黑眉,显得眼睛非常大,绿莹莹的,在他白白的两颊上投下了一层绿影。他的绿眼睛紧紧地盯着周围,甚至夜里都目光炯炯。就连最大的玩具都害怕阿波拉卡达波拉,每次他一说话,马罗和瓦罗那圆滚滚的小短腿就发抖。"他是不是把我们当成了老鼠呢。"马罗和瓦罗说。

"我的老鼠。"阿波拉卡达波拉说。

"波鲁森先生的老鼠。"霍莉说。

霍莉离阿波拉卡达波拉很近。他用绿眼睛看了她一眼。"今天是圣诞采购的最后一天,"他说,"明天商店就要关门了。"

洋娃娃们都害怕得颤抖起来,但是霍莉知道阿波拉卡达波拉这句话是冲对她说的。

"但是爸爸妈妈们今天还会来买东西的。"一头小象说。他叫皱皱,因为他的皮肤松松垮垮的,脖子和膝盖周围都皱巴巴的,看起来很柔软。他背上有猩红色法兰绒的鞍子,两边挂着铃铛,他的长鼻子、嘴巴和尾巴都往上翘着,让他脸上总显现出一种愉快的表情。皱皱是很有理由轻松愉快的。因为在他的鞍上,挂着一个"已出售"的标签。他现在就等着被包装起来了。

"我也会被包装起来吗?"霍莉问道。

"肯定会的,"皱皱说,他朝霍莉摇动着长鼻子,又对洋娃娃们说,"你们都会被装进圣诞节的长袜子里。"

"噢!"洋娃娃们充满期待地欢呼起来。

"或者被挂在圣诞树上。"

"好噢,好噢!"洋娃娃们欢欣鼓舞。

"不,不会有人买的。"阿波拉卡达波拉说。霍莉知道,这又是冲对她说的。

大家听到钥匙在锁眼里转动的声音。是波鲁森先生来开门了,他后面紧跟着小伙计彼得。"我们今天会很忙哦。"波鲁森先生说。

"是的,先生。"彼得说。

玩具们不能再说话了，但是洋娃娃们还是小声嘀咕着："我们可以许愿。我们要许愿。"霍莉也跟着说了一句："我也在许愿。"

"嗬，嗬！"阿波拉卡达波拉继续叫着。他不管彼得和波鲁森先生会不会听见，因为这本来就是猫头鹰玩具的声音。"嗬，嗬！"他们不明白这是什么东西，但是所有的玩具都知道，这是阿波拉卡达波拉在嘲笑呢。

玩具们以为所有的孩子都有家，其实并不一定是这样。

在远方的城市里，有一所大房子叫做圣艾格尼斯之家，那里有三十个男孩和女孩不得不住在一起。但是从今天开始，他们在三天内要离开圣艾格尼斯。"某位慈善的女士，或者先生，邀请你一起过圣诞节。"照顾他们的谢泼德小姐不时这么说。孩子一个一个地被人接走，或坐上了火车，或坐上了汽车。不久，大大的房子里就几乎没人了。只剩下谢泼德小姐和艾薇。

艾薇是一个六岁的小女孩，直直的头发，齐齐的刘海，眼睛是蓝灰色，还有一个翘翘的小鼻子。她穿着一件和她的名字相称的绿外套，还戴着一双小红手套。可是没有一位女士或者先生接她去过圣诞节。"我才不在乎呢。"艾薇说。

有时候，艾薇心里觉得空空的，空得有些疼，所以她不得不快点说些什么以免自己哭出来。"我一点都不在乎。"艾薇说。

"你会在乎的，"最后一个走的小男孩巴拿巴说，他正等出租车来接他。"厨师走了，阿姨们也走了，谢泼德小姐要去看她的姐姐。你怎么会不在乎？"巴拿巴说。

"我不在乎。"艾薇说，说得飞快，"我去看我奶奶。"

"你没有奶奶，"巴拿巴说，"我们都没有奶奶。"这是真的，在圣艾格尼斯住的男孩和女孩都没有爸爸和妈妈，更别说奶奶或姥姥了。

"但是我有，"艾薇说，"在阿普尔顿。"

不知道阿普尔顿这个词是怎么进艾薇的脑子里的，可能是她在哪里听到过。她又重复了一遍："在阿普尔顿。"

"我敢打赌你根本没有！"巴拿巴说，他一直这样说着，直到接他的出租车到了。

巴拿巴走了之后，谢泼德小姐说："艾薇，我必须把你送到乡下的育幼院去。"

"那里都是婴儿，"艾薇说，"我又不是婴儿。"

但是谢泼德小姐说："没有别的地方可以让你去呀。"

"我去我奶奶家。"艾薇说。

"你没有奶奶，"谢泼德小姐说，"我很抱歉要把你送去育幼院，对你来说，那个地方是没有什么意思，没有人能和你说话，不过实在没办法呀。我姐姐患了流感，我不得不去照顾她。"

"我能帮你照顾她。"艾薇说。

"你会被传染的。"谢泼德小姐说，"你不能和我一起去。"然后，她带着艾薇到了火车站，把艾薇送上了车。

她把一只箱子放在行李架上，然后给了艾薇一个三明治、一个苹果、一张车票和两先令，还有一个小包，里面装着圣诞礼物。谢泼德小姐在艾薇的外套上别了一个标签，上面写着育幼院的地址。"乖乖的，做个听话的好女孩。"谢泼德小姐说。

谢泼德小姐走了之后，艾薇揪下外套上的标签，扔到了车窗外。"我要去奶奶家。"艾薇说。

整整一天，玩具店里人来人往。波鲁森先生和彼得忙得都没有时间喝上一杯茶。

皱皱包装好后被人带走了；玩具熊和小帆船已经被拿出了门外；洋娃娃们从橱柜中被拿了出来；穿苏格兰格子裙的男孩娃娃和戴红手套的女孩娃娃已经被人买走了，婴儿娃娃和新娘娃娃也卖掉了。

霍莉张开双臂，露出那小瓷珠般的牙齿微笑着。每当有小女孩走近橱窗，把脸蛋贴在玻璃上往里面看时，霍莉都问："你是我的圣诞女孩吗？"每次商店的门被打开时，她就想，顾客肯定是来买她的。

"我在这儿呢。我叫霍莉。"她一个劲儿地许愿，"要我吧，取下我。快让他们拿我吧。"但是没有人要她。

艾薇在火车上。她一口气吃掉了三明治，然后打开了礼物。她满心希望今年圣诞节会得到一个洋娃娃，但是，圣诞礼物是一个铅笔盒。要是一个洋娃娃该多好啊！就能填补她那空空的心了，而现在，那空空的心是那么痛，痛得艾薇不得不紧紧地咬住嘴唇。"反正我奶奶会给我一个洋娃娃的。"她大声地说。

"是吗？亲爱的。"坐在对面的女士问道。车厢里所有的人都看着艾薇，冲她微笑着。"你奶奶住在什么地方？"一位先生问道。

"住在阿普尔顿。"艾薇说。

女士点了点头。"还有两三站就到了。"她说。

噢……真的有阿普尔顿啊！艾薇想。

女士下车了，又有更多的人上车，然后，火车继续往前开。艾薇看着窗外飘舞的雪花，看着看着有点困了。火车好像开得很快，她把头斜靠在车厢的软垫上，闭上了眼睛。当她睁开眼睛的时候，火车已经停在了一个小站，车厢中所有的人都下车了。一位先生帮她从行李架上拿下了箱子。车站的牌子上写着"阿……顿"。艾薇还不太识字，但是她知道"阿"就是"阿普尔顿"的"阿"。

艾薇忘记拿箱子和铅笔盒，就跳下了火车。在她身后，车门"砰"

的一声关上了。然后她随着人群涌向火车站出口。检票员忙着检别人的票,根本没有来得及看她的票。一会儿的工夫,艾薇已经站在了大街上。火车突突地开出了车站。"我才不在乎呢,"艾薇说,"我奶奶就住在这里。"

乡村小镇看上去比大城市更干净,也更让人舒服。铺着鹅卵石的街道南北交错,人行道两旁的尖顶房屋一个挨着一个。有的房子窗户上有许多小的窗格,有的房子大门上带着黄铜的门环,所有房子的外墙都刷着鲜亮色彩的油漆,还挂着干净的窗帘。"我喜欢我奶奶住的这个地方。"艾薇说。

很快,她来到了集市上,人们正涌向这里购买圣诞礼物。货摊上有火鸡和鹅,水果摊上有橙子、苹果、干果和橘子,橘子还包在银纸里。有卖冬青树、槲寄生和圣诞树的,有卖鲜花的,有卖陶瓷和玻璃器皿的,还有卖木勺和碗的。一个妇人正在卖气球,而一个老人正在卖热腾腾的炒栗子。男人们喊叫着,女人们挎着大包小包,孩子们跑来跑去。人们不是在卖东西就是在买东西,处处欢声笑语。艾薇一直生活在圣艾格尼斯孤儿院,还从来没有见过市场呢。她想好了:"等会儿再去找奶奶吧。"

随着情节的进展,故事在这里出现了一个转机:来了一对无儿无女的夫妇。在圣诞节当天,多亏了小伙计彼得,这四个角色——霍莉、艾薇和这对夫妇的命运将发生碰撞。看到了吧,高登知道如何运用两难困境,也知道如何设计大团圆结局。这个故事的维京出版社版本配有凯迪克金奖得主芭芭拉·库尼(Barbara Cooney)所绘的漂亮插图。

高登创作的其他关于娃娃的故事还有：《娃娃之家》（*The Dolls House*）、《玩具狗阿福》（*Fu-Dog*）、《小李子》（*Little Plum*）、《快乐小姐和鲜花小姐》（*Miss Happiness and Miss Flower*），以及这四个娃娃故事的合集《四个娃娃》（*Four Dolls*）。不幸的是，她最好的小说之一《吉普赛孤女》（*The Diddakoi*）——一个吉普赛孤儿决心争取受教育机会的故事——现在已经绝版，但在图书馆里仍能借到。

如果你喜欢茹玛·高登，那么应该也会喜欢弗朗西丝·霍奇森·伯内特（见第346页）和多萝西·坎菲尔德·费希尔（见第365页）的作品。

选自《理解贝茜》(Understood Betsy)
（美）多萝西·坎菲尔德·费希尔　著

不被溺爱的童年

一八八三年，一个叫多丽的女孩子经常去她当大学教授的父亲的书房里，从书架上把父亲的书取下来，把书当成积木搭房子。看到孩子用自己珍爱的书搭房子玩，有的父亲可能会很生气，但多丽的父亲不是这样。那时美国南北战争结束将近二十年了，他认识到世界将会发生许多新的变化，这些变化就要求孩子知道如何使用书，而不是安静地坐在书的旁边，把书当做神圣的东西敬而远之。

多丽的正式名字叫多萝西，她童年时大多数时间在堪萨斯州的劳伦斯度过。每天，她的父母或者哥哥都会给她朗读，她备受宠爱，但不是溺爱。费希尔家不像当时其他许多中产阶级家庭，他们认为女孩必须和男孩一样自立。因此，在堪萨斯炎热的夏天里，他们没有让多丽干待着光流汗，而是让她（有时候是独自一人）坐火车或者坐船到一千三百英里以外的佛蒙特州去看望她的祖父和叔叔婶婶。

这群新英格兰移民有自己的一套养育孩子的观点，他们认为，要让孩子成为对自己和对世界有用的人。因此，多丽要帮着刷碗，擦地板，打扫畜舍，清除粪便，给马上马鞍，驾驶马车，给花园除草，还可以玩跳棋，爬苹果树，去溪流探险，在门洞下看书。每天她还要帮忙做晚饭，晚饭后听亲戚们讲那些永远也讲不完的

365

故事。

长大后，她同时给成人和孩子写书。她第一本为孩子写的书是以她自己每年夏天在佛蒙特州的经历为背景的。她动笔写作的时候，关于"如何养育孩子"的大辩论正如火如荼。一方认为孩子还小，没什么能力，必须被好好保护起来，什么家务都不能做。他们还认为，教育孩子最好的方式是系统的、循序渐进的，家长应该经常检查和确认孩子掌握了哪些东西。然而，另一方却认为孩子学习的最好方式是进行探索和游戏，从而接受新事物，产生新想法。根据后一种观点，意大利著名的教育家蒙特梭利提出了她的教育观：必须在孩子很小的时候给他们分配如家务活一类的工作，鼓励他们走向自立。（这是今天教育类玩具的开端。）

多萝西做了母亲之后，特别推崇蒙特梭利的教育观。在写作《理解贝茜》时，她明确地表达了自己的观点：如何抚养孩子，应该怎么做，以及不应该怎么做。

在小说的开头，她描写了一个被过度"保护"的女孩，作者自己可不是以这种方式成长起来的。她每天写一章，写完后带到女儿的夏令营去，给小营员们大声地朗读，检验一下情节够不够丰富，能不能激起孩子们的兴趣。显然，这些故事相当精彩，吸引住了孩子们的目光。不仅仅如此，后来这本书持续畅销的时间比她的其他书都长得多。

以下选自《理解贝茜》中的一节，讲述了因为受到过分保护而变得无能的女孩伊丽莎白·安娜的故事，这个女孩处于完全异于本书作者的童年。不过在这一章结尾时发生了一件悲惨的事，伊丽莎白不得不有生以来第一次出远门。在外旅行的过程中，伊丽莎白开始变成了独立的女孩，成为了真正的自己。

第一章 哈里特姑奶咳嗽了

我们的故事开始了,先说一下故事的主人公吧,她叫伊丽莎白·安娜,是个九岁的女孩,和哈里特姑奶住在我们国家中部的一个中等城市里。至于到底是哪个城市,你不必知道得太详细,因为这不是这个故事的重点。但不管怎样,你知道一点就行,这里可能很像你自己小时候居住的地方。

伊丽莎白·安娜的姑奶哈里特是个寡妇,不太有钱,但也不太穷。她有一个亲生女儿,弗朗西丝,靠教小女孩弹钢琴为生;她们一起抚养了一个"女孩",名叫格雷斯。格雷斯患有可怕的哮喘,其实已经不是女孩了,她已经四十多快五十了。哈里特姑奶心地非常善良,她知道格雷斯因为有哮喘,可能永远没法找到工作,所以一直留着格雷斯一起住。格雷斯咳嗽得非常厉害,一咳起来整个房间都能听到。

现在,你知道全家人的名字了。我再来告诉你她们长什么样子:哈里特姑奶矮小、瘦弱、苍老;格雷斯也非常矮小、瘦弱,是个中年人;弗朗西丝姑妈(伊丽莎白·安娜叫她"姑妈",但其实她是伊丽莎白的一个远房同辈亲戚)也矮小又瘦弱,只有在光线不太明亮的地方,她看上去还算年轻;我们的主人公伊丽莎白·安娜就更是非常矮小、瘦弱,而且她的年龄最小。按理说她们不缺吃的,但我不知道究竟是为什么,她们都那么瘦。

肯定不是因为她们心肠不好,天下没有比她们更善良的女人了。你已经知道了哈里特姑奶因为格雷斯有哮喘留下了她(尽管她个性沉闷)。在伊丽莎白·安娜还是婴儿时,她的父母都去世了,尽管她有许多堂兄、堂弟、叔叔、婶婶，但最终是这两个正直善良的女人，第一时间赶到小孤儿的身边，把她带回了家，并且从此以后充满爱心地对她百般呵护。

她们觉得，救助这个可爱的小东西是自己不可推卸的责任，其他亲戚根本不知道怎么照顾这个敏感、脆弱的小孩。从伊丽莎白·安娜六个月大时，她们就知道这个孩子敏感、脆弱，肯定不好带。当然也可能是因为，她们对在小砖房里相当凄凉的空虚生活感到有点厌烦。

她们心里还有个理由，哈里特姑奶主要是想抚育她亲爱的爱德华的孩子，况且还是从其他亲属手中争取来的，尤其是从普特奈堂兄手里。他从佛蒙特州的农场来信，说他们家很高兴接纳这个小女孩。但是哈里特姑奶不喜欢这个堂兄，她经常说："谁都可以，但是普特奈家绝对不行！"他们只是姻亲关系，而且她认为他们是顽固、冷漠、感情内敛和勤俭持家型的新英格兰人。"弗朗西丝，你还是婴儿的时候，我在他们那里住了一个夏天。啊，我永远不会忘记他们对待孩子的方式……噢，不，我不是说他们虐待孩子或者打孩子……而是缺乏同情心，没有童心……啊，我永远不会忘记！孩子们要做许多家务活……他们就好像是被雇用的成年人！"

到伊丽莎白·安娜能听懂的时候，哈里特姑奶就不再说这种话了，但是小孩子的耳朵就是灵敏，她还没到九岁，就知道了哈里特姑奶对普特奈一家的看法。虽然她不知道什么是"家务活"，但是从哈里特姑奶的口气中，她觉得"家务活"是个非常可怕的东西。

哈里特姑奶和弗朗西丝姑妈对待伊丽莎白·安娜的方式肯定既不冷酷也不严厉。尤其是弗朗西丝姑妈，她对每件事情都尽心尽力。小婴儿一接到家中，弗朗西丝姑妈就不再读小说、看杂志了，她开始反复地阅读一本本育儿书。她参加了"母亲俱乐部"，每周活动一次；她还上了芝加哥学校开办的函授课程，该课程是通过邮件教授做母亲需要学会的手艺。因此，在伊丽莎白·安娜九岁的时候，弗朗西丝姑妈已经懂得许许多多的育儿知识了。伊丽莎白·安娜也从中得到不少好处。

弗朗西丝姑妈总在说，她和伊丽莎白"亲密无间"。她分享伊丽莎白·安娜的一切事情，也分享她的想法。她觉得她必须了解小姑娘的想法，因为只有这样，她才能彻头彻尾地理解她。弗朗西丝姑妈认为（彻头彻尾地认为），她的母亲从来没有真正地理解过她，她的意思是，她要对伊丽莎白·安娜做得更好。她全心全意地爱这个小姑娘，超过爱世界上任何东西，要保护她不受任何伤害，让她快乐、强壮、健康。

然而，伊丽莎白·安娜既不强壮，也不健康。至于她是不是快乐，你读完这个故事后可以自己判断。和同龄人相比，她长得格外瘦小，苍白的脸上一双大大的黑眼睛总是露出胆怯而渴望的目光，让弗朗西丝姑妈感到心软，心痛，于是她更加精心地照料伊丽莎白·安娜。弗朗西丝姑妈自己就害怕许多事情，所以她理解这种胆怯。小姑娘一遇到害怕的事情，弗朗西丝姑妈马上就会安慰她。每天，无论上完钢琴课后有多累，弗朗西丝姑妈都会带伊丽莎白·安娜外出散步，走一个街区。走在路上时，弗朗西丝姑妈的眼睛总是警觉地四处张望，唯恐有什么事会吓着伊丽莎白·安娜。如果有条大狗跑过来，她会急忙说："来，来，宝贝！这是一条好狗狗，我肯定。它不会咬小姑娘……上帝！伊丽莎白·安娜，不要靠近它！……过来，宝贝，如果你害怕，到姑妈这边来！"（这种时候伊丽莎白·安娜总是非常害怕。）"也许，我们应该在前面那个街角转弯，朝另一个方向走。"弗朗西丝姑妈成了勇敢的保护神，把战战兢兢的小女孩挡在身后，用雨伞赶开动物，用颤抖的声音说："走开，走开，请走开！"

如果遇到打雷或者闪电，弗朗西丝姑妈总会放下手中的事情，紧紧地把伊丽莎白·安娜抱在怀里，直到雷声和闪电过去。夜里，伊丽莎白·安娜从噩梦中惊醒时，亲爱的弗朗西丝姑妈总会来到她的床边，她会在睡衣外面裹上温暖的毯子，这样就不用着急回自己的卧室了。她疲劳、善良的脸上映照着烛光，两只瘦瘦的胳膊抱住小姑娘，紧紧地贴着她瘦弱的胸膛。"宝贝，告诉弗朗西丝姑妈你做了什么噩梦，"她会喃喃地说，"说出来，这样噩梦就会被赶走！"

她从书中读到过，分析孩子的梦可以知道孩子的许多内心活动。再说，她担心，如果伊丽莎白·安娜不讲出自己的梦，这个敏感、神经质的小东西会"难以入睡，噩梦缠身"。第二天，当哈里特姑奶看到她苍白的脸色和大大的黑眼圈惊叫的时候，她总会说"难以入睡，噩梦缠身"这句话。因此，她总是耐心地倾听小女孩讲她做的可怕的梦：一只大狗张着血盆大口朝她扑来；印第安人剥掉她的头皮；学校着火了，她从三层楼的窗户跳下来，摔成了碎片……有时，伊丽莎白·安娜觉得好玩，会编一个比她做的梦更可怕的长长的故事，这说明她是一个想象力丰富的孩子；而第二天早上，弗朗西丝姑妈做的第一件事就是写下这些梦和梦的续篇。她竭尽全力地想从这些梦中看出伊丽莎白·安娜究竟是个什么样的小女孩。

然而，有一个梦，就连十分尽责的弗朗西丝姑妈也分析不出来，因为，这个梦太令人伤心了。伊丽莎白·安娜有时候梦到自己死了，躺在一个白色的小棺材里，身上盖着白色的玫瑰花。啊，这个梦让弗朗西丝姑妈哭了起来，伊丽莎白·安娜也哭起来，非常感伤。然后，她们长时间地交谈、哭泣、抽泣和拥抱，直到小女孩感到昏昏欲睡。弗朗西丝姑妈把她抱在胳膊里摇晃着，然后轻轻地把她放到床上，再悄悄地离开，在天亮之前她自己也打了个盹儿。

平时，每天九点一刻，弗朗西丝姑妈无论正在做什么，都会放下手中的活儿，用大而瘦的手拉着伊丽莎白·安娜小而瘦的手，带她穿过车马水龙的街道，到大大的砖房学校去读书。校舍是四层的楼房，开学时各个班级都在这里，有六百多名学生。你可以想象出学校院子里的吵闹声有多大！伊丽莎白·安娜拼命地缩着身体，紧紧地拉着弗朗西丝姑妈的手，随着姑妈穿过人群和那些尖叫的孩子们。噢，她多么高兴有弗朗西丝姑妈在身边保护她呀，尽管事实上根本没有人注意这个瘦小的女孩是不是来了，甚至连她的同班同学都很少注意到她。弗朗西丝姑妈带着她安全地经过了人群的严酷考验，然后爬上长长的、宽宽的楼梯，像老母鸡一样护送她到了教室。如今她上三年级，快要升入四年级了。

中午，弗朗西丝姑妈耐心、笃定的身影会守候这里，然后带着她的小宝贝回家；下午，同样的程序会再来一次。在上学和放学的路上，她们谈着班里发生的事情。弗朗西丝姑妈自信她理解孩子的生活，所以总是问得很细，而且总是记着询问每件事情的后续结果。伊丽莎白·安娜心算不及格，她真心地同情，同时，伊丽莎白·安娜在拼读上比史密斯家的女孩强，她真心地高兴。她总是气愤老师偏向别人家的孩子。有的时候，在说某些特别可怕的失败或者失望的事情时，伊丽莎白·安娜会情绪激动地哭起来。这时弗朗西丝姑妈的眼泪也会从漂亮的眼睛中涌出来，然后，她会用大量的安慰话和神经质般颤颤巍巍的抚摸，尽力让可怜的小伊丽莎白·安娜好过些。在两个人都没哭的日子里，她们能多吃些饭。

在放学后和星期六的时间里，除了例行的散步，弗朗西丝姑妈还给伊丽莎白·安娜安排了各种各样的课程：当然有钢琴课，还有弗朗西丝姑妈买的优秀图书上的自然研究课、绘画课、缝纫课（甚至还有几节法语课，尽管弗朗西丝姑妈对自己的发音有点拿不准）。你看，她总想尽可能地给小宝贝多一点的东西。她们真的是亲密无间。

有一次，伊丽莎白·安娜对前来拜访姑妈的女士说，在学校里无论发生什么事情，她第一个念头就是"弗朗西丝姑妈会怎么想"。

"为什么会这样？"她们看着弗朗西丝姑妈问，弗朗西丝姑妈兴奋得脸上发光。

"噢，她对我在学校的事情那么感兴趣！而且，她能理解我！"伊丽莎白·安娜说。这是她经常听到的话。

弗朗西丝姑妈的眼睛里充满了幸福的泪花。她把伊丽莎白·安娜叫过来，亲吻她，用瘦弱的胳膊使劲地拥抱她。伊丽莎白·安娜个子长得很快。一个来串门的女士说，用不了多久，她就会和弗朗西丝姑妈一样高了，到时候她就会成为一个特别麻烦的少女。弗朗西丝姑妈说："从她是个婴儿的时候我就带着她，她没有一分钟离开过我的视线。我总是知道她的心事。你永远不会对弗朗西丝姑妈隐瞒什么的，是不是，宝贝？"伊丽莎白·安娜决心永远这样。甚至像现在，即使没有多少可以告诉姑妈的事情，她也会编出一些来。

弗朗西丝姑妈接着对客人说："但是我不希望她总那么瘦，那么苍白、脆弱。我想，总是让人紧张的现代生活对孩子不好。我想让她呼吸到更多的新鲜空气。每天我都带她出去散步。但是，我们老在附近散步，都有些厌烦了，也很难知道带她出去的时间够不够。我想，得请医生来看看她，可能得给她吃些补药。"然后，她赶快对伊丽莎白·安娜说："小宝贝，不要担心。弗朗西丝姑妈认为你没什么大问题。你只要服一点医生开的好药，就会没事啦。弗朗西丝姑妈会照顾小宝贝，会把坏疾病赶走！"伊丽莎白·安娜之前还不知道自己生病了，但这时脑子里立马出现了她躺在白色小棺材里的样子，身上盖着白色的……几分钟后，弗朗西丝不得不抱歉地离开她的客人，因为她得全身心地照料伊丽莎白·安娜。

这样的事情发生了好几次之后，一天，弗朗西丝姑妈真的派人叫来了医生。医生精神抖擞地走进来，和伊丽莎白·安娜以前看到的一样，他带着散发着皮革味道的黑色方形提包，目光敏锐，一副不耐烦的表情。伊丽莎白·安娜非常怕看到他，因为她打心眼儿里相信，他会说她有严重的肺病，而且在树叶落下之前就会死掉。这句话是她从格雷斯那里听到的。由于哮喘，格雷斯在言谈之中总是暗示自己随时可能会死去。

可是，你以前听过这种事情吗？伊丽莎白·安娜战战兢兢地站在医生面前，唯恐医生会发现她身患致命的疾病，医生敲了敲她的后背，把她的下眼皮翻过来看了看，又听了听她的呼吸，这让她很难受。最后，医生有点急躁地把她推到一边，说："这个孩子没事。她的身体像坚果一样结实！她需要的是……"他看了一下弗朗西丝姑妈瘦小焦虑的脸，焦急得拧成疙瘩的眉毛，再看看哈里特姑奶瘦小焦虑的脸和同样拧成疙瘩的眉毛，然后，又扫了一眼在门口窥探着等待他裁决的格雷斯那瘦小焦虑的脸。最后，他长长地叹了口气，闭紧嘴唇，重重地合上他的小药箱，没有接着说伊丽莎白·安娜到底需要什么。

当然了，弗朗西丝姑妈不会这么轻易地放他走。当他要走的时候，她围着他焦急地说了许多令人不安的事情，比如，"但是，医生，三个月来，她的体重没有增加一磅……还有她的睡眠……她的胃口……还有她的情绪……"

医生戴上帽子，回过头对她说了一番所有医生在这种情况下都会说的话："多吃些牛排……多呼吸新鲜空气……多些睡眠……她就会好的……"但是，他历数着这些需要时，他说的话不像弗朗西丝姑妈所想的——也不像伊丽莎白·安娜所想的。她本来希望每半个小时给她口服一次红色的药片，就像格雷斯的医生在她情绪低落的时候给她开的药一样。

后来发生的事情彻底地改变了伊丽莎白·安娜的生活。这是一件非常小的事情：哈里特姑奶也咳嗽了。伊丽莎白·安娜认为，和格雷斯的拉风箱似的咳嗽比起来，哈里特姑奶的咳嗽声并不那么难听。自从这个寒冷的冬天一开始，哈里特姑奶就开始咳嗽，到现在已经咳了三四个月了，没有人把这当回事，因为大家都忙于照料敏感、脆弱的小姑娘。

可是，一听到哈里特姑奶用手挡着的小声的、小心的咳嗽声，医生就急速地转过身，用敏锐的目光盯着她，脸上焦急、不耐烦的表情消失得无影无踪。这是伊丽莎白·安娜第一次看到他饶有兴趣的样子。"怎么回事？怎么回事？"说着，他马上朝哈里特姑奶走去。他从小箱子里掏出一个闪闪发光的东西，两头还连着两根橡胶管子，他把橡胶管子的两端塞进耳朵里，然后把闪光的东西放在哈里特姑奶的胸口。姑奶说着："没事，医生……今年冬天我得了烦人的咳嗽。我本来想告诉你，但是，我忘记了，我肺部的阴影没有消除。"

医生非常不礼貌地让她别说话，专心地听着小管子。然后，他转过身来，看着弗朗西丝姑妈，好像在生她的气，他说："把这个孩子带走，你自己过来。"

伊丽莎白·安娜当时还不知道，这个意外会改变她一直以来的生活，扭转她自从记事以来日复一日千篇一律的生活。

到目前为止，你已经听到了许多伊丽莎白·安娜生活中的眼泪了，因此我不想再说在随后的几天里她们更多的眼泪。全家商量着并急忙准备着医生嘱咐的必须要做的事情。哈里特姑奶病得非常、非常严重。他告诉她们，哈里特姑奶必须马上去气候温暖的地方，弗朗西丝姑妈也要去。但是，伊丽莎白·安娜不必去，因为弗朗西丝姑妈全部的时间都要照料哈里特姑奶。而且，医生认为，让哈里特姑奶和伊丽莎白·安娜继续住在一起，对她们两人都不好。

格雷斯也不能去。但是出乎大家的意料,她说,她无所谓,因为她有个独居的弟弟,开着一家杂货店,好多年来一直想叫她去帮他料理家事。她说,她留在这里只是为了尽一份责任,因为她知道哈里特姑奶离不开她。现在你注意到了吗,有责任感的人经常是用这种方式看问题的。

当然了,伊丽莎白·安娜可没有开杂货店的兄弟。她是有许多亲戚,本来说好她可以去某个亲戚家,等弗朗西丝姑妈回来接她。但眼下一切都乱了套,她只能去在同一个城市的堂姐拉特罗波家。但是,显而易见,拉特罗波家对她的到来并不欢迎。

可是这件事马上就得落实,弗朗西丝姑妈简直抓狂了,她忙着打包、装箱,搬家的人进进出出,把家具搬到储藏室,当然,她最担心的是自己的母亲。你看,现在她把以前对伊丽莎白·安娜的呵护与尽责转向了母亲,但她对伊丽莎白·安娜的责任感并没有减少丝毫。"莫莉,只是暂时照料一下她!"她对莫莉·拉特罗波说,"我马上就能解决问题。我会给你写信。我会另作安排……但是,现在……"

她的声音有些发颤,眼泪快要流出来了。她的堂姐莫莉·拉特罗波讨厌这种场面,急忙说:"好的,好的,当然了。只是暂时的……"然后走开了,她搞不懂这些烦人的事情为什么会落到她头上。她本来就要照料一个暴君式的婆婆,就算没有像伊丽莎白·安娜这种敏感的、令人讨厌的女孩,也已经够她受的了。

当然,伊丽莎白·安娜丝毫没有想到莫莉堂姐会这么想她,但她还是感觉到莫莉对收留她并不热心。同时,弗朗西丝姑妈突然而来的意外变化,让她感到自己已经被抛弃了。以前弗朗西丝姑妈全神贯注地照料她,而现在她全神贯注地照料哈里特姑奶去了。你知道吗,我为伊丽莎白·安娜感到遗憾,从这个故事一开始,我就对她感到遗憾。

好吧，我已经向你承诺，不再讲更多的眼泪了。从姑妈和姑奶登上火车离开的那天起，我不会再说一个字，因为除了眼泪之外，实在没有什么可说的。除了眼泪，弗朗西丝姑妈茫然的目光也深深地伤害着小姑娘的心。

然后，莫莉堂姐拉着哽咽着的小女孩，带她回到拉特罗波家。如果你以为现在我该讲伊丽莎白·安娜去往拉特罗波家的经过，那你就大错特错了。这个时候，老拉特罗波太太插了一脚。她是莫莉堂姐的婆婆，当然和伊丽莎白·安娜没有一点亲戚关系，因此，她对伊丽莎白·安娜比其他人更冷淡。伊丽莎白·安娜之前从未见过的这位老妇人，现在将彻底地改变她的生活。老妇人从二层的窗户里探出脑袋，她摇晃着头，使劲地摇晃着，一个苍老的声音在堂姐莫莉和伊丽莎白·安娜头上响起。她让她们立刻站住，就站在前门台阶前。

"医生说布里奇特得的是猩红热，我们都得隔离。绝对不能带这个小孩来家里。如果被传染了，然后再治疗，就得延长一倍的隔离期！"

"可是，妈妈！"莫莉堂姐叫道，"我总不能把这个孩子扔到大街上吧！"

伊丽莎白·安娜很高兴听到她这么说，虽然她感到自己不那么受欢迎。你想想，对一个曾经被家人"围着团团转"的小姑娘来说，这种感觉不会特别愉快。

"不是非得你来管！"老拉特罗波太太从二层的窗户里喊叫着。尽管她没有加上"你这个笨蛋"，但你能感觉到她就是这个意思。"不是非得你来管！你可以把她送到普特奈堂兄那里去。她没有一开始就去那里，真是没道理。他们一听到哈里特得了重病，就应该马上把她接过去。他们是最应该收留她的人。阿比盖尔是她妈妈的亲姑姑，安娜是她亲侄女的孩子……就像哈里特和弗朗西丝一样近，比你近多了！再说，在农场……有的是她住的地方！"

"但是，妈妈，我怎么能把她送到普特奈家去呢？"莫莉堂姐大声地回敬，"你总不能让一个九岁的孩子独自到几千里之外的地方去吧！"

老拉特罗波太太又看了看她，意思是"你这个笨蛋"，然后大声说："怎么不行，过几天詹姆斯要去纽约出差。他可以现在就走，带上她，在奥尔巴尼把她送上火车。只要在那里发个电报，让他们在希尔斯伯勒接她就行。"

后来事实就是如此。你也许已经猜到，当时人们一定是按照老拉特罗波太太的命令去做。至于得了猩红热的布里奇特是谁，我知道的并不比你多。也许是个厨子。除非，老拉特罗波太太只是用她来做借口，我想这种事她是干得出来的。你说呢？

不再多说"如果"和"然后"了。伊丽莎白·安娜打包好行李，詹姆斯·拉特罗波也打包好行李，然后，两个人一起出发了。那个高大、健壮的中年男人和伊丽莎白·安娜一样害怕他妈妈。但他是去纽约，可以想象，他偶尔会畅想在纽约度过的美好时光。然而，可怜的伊丽莎白·安娜去的那个地方根本不会有美好的时光。哈里特姑奶这么说的，而且说过好多次。可怜的伊丽莎白·安娜！

在接下来的章节里，伊丽莎白·安娜的名字被简称为贝茜，可她的世界却扩展到了许多全新的领域：赶马群、跟别人同睡一张床、洗碗碟、搅拌黄油、做饭、去单室学校上学、从狼窝里救出一个孩子，还有去赶集。

多萝西·坎菲尔德·费希尔也是《我们的独立和宪法》(*Our Independence and the Constitution*)的作者。喜欢《理解贝茜》的人也会喜欢弗朗西丝·霍奇森·伯内特(第346页)和茹玛·高登的书(第355页)。

经典故事

这三个人们耳熟能详的故事来自经典文学,都写于一百多年前,但今天读来仍让人兴奋激动。

《点金术》(The Golden Touch)
(美)纳撒尼尔·霍桑 改写

来自"女巫镇"的作者

古往今来,如果一个穷人或无权无势的人听到故事里说国王和王后也是普通人,他们都会感到欣慰,例如《皇帝的新装》和下面节选的《点金术》里的国王就像普通人一样,并不那么英明神武。《点金术》的故事流传了三百多年,它的原型可以追溯到古希腊神话。

古希腊人在神话中曾创造了几百个神,围绕着神话又创造了许多故事,用来解释世界上许许多多的"为什么"。几百年来,希腊神话滋养着希腊人,就像《圣经》滋养着希伯来人一样。

虽然后来的希腊人选择信奉不同的宗教,但并不情愿放弃美妙的神话。因此,他们从未停止讲述和记载这些故事,从而让这些神话一直流传。最终,好多神话也成了希腊人迷信的根源。

希腊人后来在美洲定居,也就带来了许多迷信,而在新英格兰,土著们深信世上存在着拥有超自然力量的邪恶的人,即女巫。每个服装奇异或者举止特别的女人,通常都会被怀疑是女巫。马萨诸塞州的小镇塞勒姆,就曾发生过著名的追捕女巫事件,引起了对女巫的大规模审判,最终有二十个所谓的女巫被判处死刑,她们当中绝大部分是清白无辜的。关于这段历史,最适合中高年级学生阅读的两本书是:《塞勒姆村的迪图巴》(Tituba of Salem Village),作者是安娜·波特里(Ann Petry);以及《黑鸟池塘的女巫》,作者是伊丽莎白·乔治·斯皮尔。

当时塞勒姆的女巫被捆在树桩上即将被烧死,有的女巫对作出审判的法官及其家庭发出了诅咒。三个法官中有一个名叫约翰·霍桑,是纳撒尼尔·霍桑的曾曾祖父。(后来这个纳撒尼尔·霍桑成了美国最伟大的作家之一。)女巫受到审判并被处死之后,许多参与的人都承认对女巫的审判过于轻率,并心有遗憾。但是,霍桑是少数拒绝忏悔的人之一。

许多年之后,年轻的纳撒尼尔·霍桑经常听到关于受诅咒的家庭的传说,而当他的父亲死于海难,他家里的财富化为乌有时,他也开始怀疑这是不是诅咒应验了。

成为作家后,他在书中写了许多人世间的不公正以及由不公正引起的罪恶,这丝毫不奇怪,例如,《红字》(*The Scarlet Letter*)和《七个尖角的阁楼》(*The House of the Seven Gables*),这两本书直到今天仍旧被选进了美国高中和大学的教材。

话又说回来,如果不是霍桑九岁时在塞勒姆村里玩棒球伤了脚,他也许不会当作家。如果在今天,现代医疗手段很快就能让他恢复健康,但是那个时代的治疗条件落后,他有三年时间像残疾人一样没法走路。在被迫休息的漫长岁月里,他体验到了阅读的快乐。他读得越多,从中受益就越多,阅读起来就越轻松;他读得越多,懂的就越多。

霍桑只写过两本儿童读物,其中也描写到塞勒姆的迷信,不过采取了比较轻松的口吻。他研究了希腊神话,知道希腊神话中包含了许多关于人的重要思想。但当他给孩子们朗读希腊神话的时候,却发现故事的语言非常复杂、古老,孩子们根本听不懂。他想,为什么不选出一些最好的故事,用现代语言重写呢?就这样,他写出了《奇妙的故事》(*A Wonder Book and Tanglewood Tales*)。

为了让故事有对话气氛，霍桑虚构了马萨诸塞州一个十九岁的大学生作为叙述者，通过他在院子里和小表弟们聊天来讲述这些故事。

从前，有一位非常富有的国王，名叫米达斯。他有一个小女儿，除我之外好像没人听说过这位小公主，不过我也不知道她叫什么名字，也可能是我忘了。我喜欢给小女孩起稀奇古怪的名字，就叫她金玫瑰吧。

米达斯国王爱金子胜过爱世界上的一切。如果问他有什么比金子更重要，或者和金子一样重要，那就是金玫瑰。但是，米达斯国王越疼爱自己的女儿，就越渴望得到更多的财富。

这个笨家伙心想，他能够为心爱的女儿做的最好的事情，就是给她积聚有史以来最大的一堆黄灿灿、亮闪闪的金币。因而，他无时无刻不想着这个目标：即使是偶尔看到太阳落山时的金色云霞，他也希望它们能变成真正的黄金，装进他的宝库里去。在他眼里，不是金子就没有价值。

早先，在米达斯国王还没有完全痴迷于追求财富前，他喜欢养花。他有一个花园，花园里长着世间最大、最香、最美丽的玫瑰。这些玫瑰在花园里蓬勃地生长着，花朵那么大，那么美丽、芬香四溢，米达斯国王经常在花园里一待就是几个小时，观赏玫瑰。但是现在，如果说他还想看一眼玫瑰的话，那么他的心里也是在合计：如果每朵玫瑰的花瓣都变成薄金片，整个花园该值多少钱。

过去他还喜爱音乐，但是现在，对可怜的米达斯国王来说，所谓音乐就是金币撞在一起的丁当声。

最后（人总是年纪越大越傻，除非用点心，才能越来越聪明），米达斯国王失去了理性，他甚至一刻也不能忍受摸到的东西不是金子。看着金子、摸着金子，成了他的习惯，他每天大部分时间都坐在宫殿阴暗的地下室里，摆弄着金子。只有在这里，米达斯才能呼吸。每当他想让自己快乐一点，就会来这个阴暗的地下室。

在这里，他先是小心地关好门，然后拿起一袋金币，或者一只足有洗脸盆那么大的金杯，或者重重的金条、金粉，再把这些金子从黑暗的角落放到从窗口照进来的狭长的光线下。他看重阳光，只是因为没有阳光照耀他的宝贝金子就无法闪闪发亮。然后，他数数袋子里的金币，把金条往上一抛，在落地之前再抓住，或者用手指捻捻金粉，再看看闪亮金杯上映出自己可笑的面孔，最后自言自语地说："啊，米达斯，富有的米达斯国王，你是多么快乐的人！"

米达斯国王虽然说自己快乐，但是觉得他的快乐还不够，除非整个世界都成为他的宝库，宝库中全部放满了金子，这些金子都是属于他的，否则，他无法达到快乐的顶峰。

现在，我不需要跟你这样聪明的人多说了，在很早以前——也就是在米达斯国王生活的时代——发生的很多事情，如果发生在今天我们的国家，我们可能会觉得神奇。另一方面，今天发生的很多事情，不只我们觉得离奇，古时候的人们也会觉得奇怪。

一天，米达斯正在他的宝库里沉浸于自己的快乐中，忽然从一大堆金子上隐隐约约地飘下一个影子。他仰头一看，是一个陌生人，站在明亮而狭长的光线下！这是一个年轻人，长着一张快乐而红润的脸。也许是米达斯太执着了，他不禁觉得陌生人的微笑好像闪着一道金光。尽管陌生人的身体挡住了光线，但是现在一摞摞金子比以前更亮了。这个陌生人微笑的时候，地下室最靠里的角落都在闪闪发光。

米达斯国王确信他已经锁好了门,没有一个人能够破门进入他的宝库。因此,他得出结论,这个来访者一定不是寻常的人。他是谁并不重要。那个时候,地球的概念相对来说还是一个模糊的新东西,按照推测,地球上经常会有超自然能力的人造访,这些"超人"通常会半严肃半开玩笑地对男人、女人和孩子的欢乐和伤心事感兴趣。

米达斯以前也遇到过这样的人,现在很高兴能再次见到,何况这个来访者看上去是那么的快乐和友善。米达斯想,他一定会给自己带来好处。是什么样的好处呢?莫非是来给他送财宝的?

陌生人四下打量了一下。他露出灿烂的微笑,让宝库里所有的金子都闪闪发亮,然后他转向米达斯。

"你很富有,我的朋友米达斯!"他说,"我想世界上没有任何一个宝库能有这么多的金子。"

米达斯用不满的声调回答道:"还行,还行。但是,这不算什么。你知道,我花了一生的时间才搜集到这些金子。如果人能活一千年,肯定会有时间来积聚更多的财富。"

"什么!"陌生人惊叹,"你还不满足?"

米达斯摇摇头。

"我很好奇,"来访者问道,"怎样才能让你满足呢?"

米达斯仔细地想了想。他有种预感,这个陌生人微笑时闪着金光,来这里一定是为了给他力量,为了让他实现心愿。现在他得抓紧机会说出内心最迫切的心愿。他想呀,想呀,脑子里堆起了一座金山,简直想象不出这金山到底该有多大。然后,他灵光一闪有了主意——这主意就像他酷爱的金子一样闪闪发光。

他抬起了头,看着陌生人带着笑意的脸庞。

"喂,米达斯,"来访者说,"我倒要看看,最终你要怎样才能满足。

告诉我你的心愿吧。"

米达斯回答:"是这样的,我很烦恼。我费了那么大的力气来收藏金子,尽管我已经尽力了,我的金山看上去还是很小。我希望,凡是我的手触摸到的东西都变成金子!"

陌生人的微笑变得更加灿烂,像阳光那样照亮了整个宝库。他感叹:"点金术!我的朋友米达斯,多异想天开!你想学会点金术!不过你确定这样会让你满足吗?"

"有了点金术,我怎么可能还会不满足!"米达斯说。

"那么,你发誓你将永远不后悔吗?"

米达斯反问:"我怎么会后悔?这是最能让我幸福的事情,我别无他求。"

陌生人一边挥了挥手,一边说:"那么,如你所愿。明天太阳升起的时候,你就会获得你的礼物——点金术。"

然后,陌生人的脸变得异常明亮,米达斯不由自主地闭上了眼睛。等他再睁开眼睛的时候,陌生人不见了。在房间里,在他耗费一生收藏的金灿灿的金山中,他只看到一道金色的光芒。

那一夜,米达斯是不是睡得像平常一样安稳,故事里没说。然而,不管他是睡得很沉,还是一夜没睡,他的心里肯定会像个孩子一样,焦急地等待第二天早上的新礼物吧!天色刚刚露白,米达斯就完全清醒了过来。他从床上伸出胳膊,开始摸他能够摸到的东西。他急不可耐地想知道,自己是不是真像陌生人许诺的那样学会了点金术。因此,他先用手摸了摸紧靠床边的椅子什么的。但令人失望的是,他摸过的东西根本没变。诚然,他心里很害怕,害怕快乐的陌生人只不过是他的一场梦,害怕陌生人或许是逗他玩。这样期盼落空之后,该有多悲惨!米达斯不得不还用以前的方法收藏那么点可怜的金子,而不是手指一点就遍地黄金!

现在是黎明前的黑暗，天边微露出一丝曙光，米达斯还看不到天空。他闷闷不乐地躺在床上，想到自己的希望落空，越来越觉得遗憾，越来越伤心，直到旭日的光辉从窗口照进来，在天花板上映上了一层金色。米达斯一看，这道明亮的金色阳光正奇怪地投射到床上的白被单上。他忙坐起身再仔细一看，他又惊又喜地发现，亚麻被单已经变成了最纯、最亮的黄金织物！随着第一缕阳光的到来，他真的有了"点金术"！

米达斯欣喜若狂地跳下床，在房间里跑起来，边跑边疯狂地抓东西。他抓住一根床柱，床柱马上变成了金光闪闪的金柱；他拉了一下窗帘，窗帘的流苏马上在手中变成沉甸甸的一团金子；他从桌子上拿起一本书，那书脊就镀上了一层金子，他的手指去翻书页，看呀，书变成了一捆捆薄薄的金片，书中的那些名篇佳句都变得模糊了。

他急急乎乎地穿衣服，却狂喜地发现自己穿上的是金衣服，尽管金衣服有点重，但他觉得还算柔软有弹性。他拿出手帕——小金玫瑰给手帕镶上了花边——手帕变成了金子，心爱的女儿缝的漂亮花边变成了金线。

不知道为什么，看到手帕变成金子，米达斯国王有点不太高兴。对于女儿送的手帕他宁愿保持原样，尤其想到当时女儿爬到他的膝盖上，把手帕放在他手里时的样子。

但是，这点小事不足以让他心烦。米达斯从口袋里拿出眼镜架在鼻梁上，好让自己看得更清楚些。那个时候，给普通人戴的眼镜还没有发明出来，不过国王们已经有眼镜戴了，再说，米达斯这么富有，怎么会没有眼镜呢？然而，让他困惑的是，那么好的玻璃眼镜，戴上却什么也看不见——透明的水晶玻璃镜片居然变成了黄色的金片片，根本不能做眼镜了。突然米达斯觉得相当不方便，现在，他有再多的金子也不会再有一副眼镜可以戴了。

"这没什么大不了的,"他心平气和地自言自语,"我期望得到这么大的好处,就不能不伴随一点小小的不方便。点金术是值得牺牲一副眼镜的。况且,即使不戴眼镜,我的眼睛也能看到东西;等小金玫瑰长大了,她也可以读给我听。"

一夜之间可以拥有这么多的财富,聪明的米达斯国王兴奋极了!这时他猛然想起一件事:他的宫殿已经不够宽敞,装不下他的金子!他走出房间,喜滋滋地看着楼梯的扶栏。他的手从上面滑过,那变成了闪光的金扶栏。他取下门闩(刚才门闩还是铜的,但是他的手指一碰立刻变成了金子),来到花园。

花园里,正是美丽玫瑰的盛放时期,有的含苞欲放,有的争相盛开。在清晨的微风中,花园里芬芳四溢。红艳艳的玫瑰是世界上最美丽的景色,看上去那么温柔,那么谦和,那么甜蜜与宁静。

但是,米达斯知道有个方法能让玫瑰变得更珍贵。他使用点金术,不知疲倦地穿过一排一排的玫瑰丛,直到每个花朵和每个蓓蕾,甚至有些花蕊中的小虫子都变成了金子。等他干完的时候,仆人来请他吃早饭。

在那个时代,国王平时早饭吃什么,我真的不得而知。但请相信我,那个特别的早上,早餐一定是热蛋糕、一些从小溪中捉来的鲑鱼、烤土豆、新鲜的白煮蛋和为国王特供的咖啡。还另外为国王的女儿金玫瑰准备了面包和一碗牛奶。无论如何,这就是给国王准备的最合适的早餐。

小金玫瑰还没有到。米达斯国王派人去叫她,然后自己先坐在桌边,等着女儿来一起吃早餐。说句公道话,米达斯确实非常爱女儿,那天早上,他更加爱她了,因为这么大一笔财富从天而降。一会儿,他听到女儿哭着走来。这让他非常吃惊,因为金玫瑰是你从来没有见过的最可爱的孩子,一年都难得哭一次。

看到女儿抽泣,他决心给金玫瑰一个特别的惊喜,让她高兴起来。因此,他站起身,隔着桌子,拿起了女儿的碗(那本是一只镶着漂亮图案的瓷碗),那碗立刻变成了金光灿灿的金碗了。

这时,金玫瑰慢慢地不高兴地开门进来,还用裙边擦着眼睛。她依然抽泣着,仿佛心碎了一般。

"我的公主!"米达斯叫道,"多美好的早晨啊!你这是怎么啦?"

金玫瑰一边用裙边擦眼睛,一边伸出手,手里拿着一枝刚才被米达斯变成金子的玫瑰。

"多美丽呀!"她的父亲赞叹道,"这么美丽的金玫瑰怎么会让你哭呢?"

"亲爱的爸爸,"孩子忍住哭泣回答道,"一点都不美丽,这些玫瑰是世界上最难看的花!我一穿好衣服,就跑到花园里为你摘花,因为我知道您喜欢玫瑰。但是,天呀!您知道发生了什么事情吗?所有美丽的玫瑰,散发着芬芳的玫瑰,红色的玫瑰,全部枯萎衰败了,变得黄黄的,就像您现在看到的这朵,而且没有香味。玫瑰到底是怎么啦?"

"噢,我亲爱的女儿,请不要为它哭了!"米达斯说,眼下他不好意思承认玫瑰是他变的,那样会让女儿更难受,"来,坐下,吃面包和牛奶吧。以后你会知道,用可以保持几百年的金玫瑰换几天就枯萎的红玫瑰,是很值的。"

"我才不喜欢这样的玫瑰呢!"金玫瑰喊道,不屑一顾地把金玫瑰扔在地上,"金玫瑰没有一点香味,硬硬的花瓣还会刺痛我的鼻子!"

孩子在桌边坐下,还在为枯萎的玫瑰伤心,根本没有注意到漂亮的瓷碗发生的变化。也许这样更好,金玫瑰平时最喜欢看碗上印着的怪人、怪树跟怪房子了,而现在,这一切都被这黄色的金属毁掉了。

这时,米达斯倒了一杯咖啡。当然了,不管这咖啡壶是用什么金属做的,只要他一拿起再放下,就变成金的了。他第一次意识到,这个新本事时不时地会带来些不便。如果咖啡壶这类东西变成了金子,那么现在的碗碟橱和厨房就不再是安全的地方了,不能用来放金碗、金茶匙什么的。

想着这些,他举起了咖啡勺,放在唇边吸吮。他惊奇地发现,他的嘴唇碰到的液体,立刻变成了金液,过了一会儿又变成了硬硬的金块。

"哎呀!"米达斯惊叫起来。

"爸爸,怎么了?"小女儿看着他问道,眼睛里仍旧含着泪水。

"没事,宝贝,没事!"米达斯说,"喝牛奶吧,不然就凉了。"

他拿起了盘子里的一条鲑鱼,出于经验,他小心翼翼地只用手指拿着鱼尾。但可怕的事情还是马上发生了:美味的油炸鲑鱼变成了金鱼——不是人们为了装饰客厅在鱼缸里养的金鱼,而是真正的黄金做的鱼,看上去好像是由世界上最好的金匠打造的金鱼。细细的鱼骨已变成了金丝,鱼鳍和鱼尾是薄薄的金片,那上面还有餐叉的印记,美味的、外焦里嫩的炸鲑鱼完全变成了黄金制品,非常精美的工艺品。这时的米达斯国王宁愿盘子里是真正的鲑鱼,而不是做工精致价值连城的黄金鲑鱼。因为现在,他很饿。

"我真想知道,"他心里想,"我怎么样才能吃到早饭呢?"

他拿起了一块冒着热气的蛋糕,还没有来得及掰开,让他恼羞成怒的事情就发生了:刚才还是白色的小麦粉,一下子呈现出印第安玉米饼般的黄色光泽。他几近绝望地拿起白煮蛋,马上和鲑鱼以及蛋糕一样,鸡蛋变成了金蛋。

"唉,这可怎么办!"他斜靠在椅子上,满怀嫉妒地看着小女儿金玫瑰正津津有味地吃着面包和牛奶,"我面前的早餐价值连城,但没有一样可以吃到嘴里!"

米达斯国王想,自己的动作如果再快一点,也许就能避免麻烦了。于是,他抓起一个热烘烘的土豆,快速地塞进嘴里,然后囫囵一口吞下去。但是,他的点金术太灵敏了。他满嘴里不是土豆泥,而是金块,而且非常烫,灼伤了他的舌头。他号叫一声从桌子边上跳了起来,在房间里又蹦又跳。

"爸爸,亲爱的爸爸!"小金玫瑰叫着,她是一个非常重感情的孩子,"您怎么了?您是不是烫伤了嘴?"

"啊,我亲爱的孩子,"米达斯悲哀地呻吟道,"你可怜的爸爸不知道还会碰到什么倒霉事哩!"

的确,亲爱的孩子们,你们听说过这样可怜的事情吗?国王面前摆着的简直就是世界上最值钱的早餐,它精致,华美,却一点用也没有。就是最穷的穷人,吃最廉价的面包皮,喝一杯白开水,也远远比米达斯国王的早餐好得多。但是到底该怎么办呢?一顿早餐没吃,米达斯国王已经十分饥饿了。午饭时,他的饥饿难道会减轻些吗?晚饭时他会更加饥肠辘辘……毫无疑问,那将又是些无法消受的饭菜!你想,靠这么"值钱"的食物,他能活多少天?

聪明的米达斯国王被这个想法困扰着,他开始怀疑,财富是不是真的值得追求,或者说,是不是最值得追求?但这个想法只是一闪而过。米达斯国王是如此迷恋闪闪发光的金子,他还不至于因为一顿早饭这样的小事就放弃点金术。

然而,他越来越饿,也越来越困惑,禁不住大声地抱怨起来。我们漂亮的金玫瑰公主再也无法袖手旁观了。她坐在那里,看着父亲,调动起全部的小脑筋,想弄明白父亲究竟是怎么回事。然后,她想用爱和同情去安慰父亲。小公主从椅子上站起来,朝米达斯跑去,她满怀深情地伸开双臂抱住父亲的膝盖。米达斯弯下腰，亲吻着女儿，这时候他才恍然大悟，女儿的爱比用点金术得来的财富价值高出千万倍。

"我的宝贝，我亲爱的金玫瑰！"他叫道。

但是，金玫瑰没有回答。

哎呀，他做了什么？陌生人给他的礼物是多么可怕！就在米达斯的嘴唇碰到金玫瑰的前额的一瞬间，女儿甜甜的、红玫瑰一样的、充满了爱的小脸蛋，变成了闪光的金黄色，脸颊上凝固的眼泪变成了金黄色，漂亮的棕色鬈发同样也变成了金黄色。在父亲的双臂中，金玫瑰轻盈、柔软的身躯变得僵硬。啊，多么不幸！小金玫瑰成了他贪得无厌地追求财富的牺牲品，她不再是一个有血有肉的小姑娘，而是变成了一尊黄金雕像！

是的，这就是她的黄金雕像，脸上显露出关爱、悲伤、怜悯、疑惑的表情。这是最美丽、也是最悲哀的景象，你无论如何也想象不出来这样的场景。金玫瑰是那样栩栩如生，她的嘴角旁甚至还保留着那对讨人怜爱的小酒窝。

米达斯一边握紧拳头，一边哀叹。他既不忍看金玫瑰的雕像，又不愿把眼睛从雕像上移开。他目不转睛地盯着金玫瑰的雕像，否则，他根本无法相信她变成了金子。的确，这是一座非常精美的雕像：金黄色的脸颊上滴着金黄色的眼泪，看上去是那么悲伤，那么柔美。米达斯没有任何办法，只能用力握紧拳头，希望成为世界上最穷的人，用所有的财富换回心爱女儿脸上的红晕。

突然，陷入绝望之中的米达斯国王看到，不知什么时候门口来了一个人——是那个陌生人！米达斯垂下头，默不作声，因为他认出这就是前一天在地下室中见过的那个人。就是这个人，给了他让他后悔莫及的能力——"点金术"。陌生人的脸上仍旧带着微笑，这微笑就像是洒满房间的金色光芒。

"怎么样，我的朋友米达斯，"陌生人说，"有了点金术，你一切如愿了吧？"

米达斯摇了摇头。

"我真是太不幸了。"他说。

"的确太不幸了！"陌生人感慨道，"可这一切是怎么发生的呢？是我没有对你信守承诺吗？是你没有得到你最想得到的一切吗？"

"金子不是一切。"米达斯回答说，"相反，我失去了生命中最重要的东西。"

"啊，那么说，你是今天才发现的吗？"陌生人不解地问，"让我们来看看。这里有两样东西，你认为哪一个更有价值：点金术和一杯清澈的水？"

"啊，上帝，水！"米达斯感叹道，"我的嗓子已经干得冒烟了！"

"点金术，"陌生人继续说，"还是面包片？"

"面包，"米达斯回答道，"一块面包胜过世界上所有的金子！"

"点金术，"陌生人问道，"还是你那一小时前温柔可爱的小金玫瑰？"

"啊，我的女儿，我心爱的女儿！"可怜的米达斯搓着手叫道，"我宁愿放弃能把全世界都变成黄金的点金术，只为得到我女儿脸上的一个小酒窝。"

陌生人严肃地看着他，说："你比以前聪明了，米达斯国王！你的心还没有完全变成无情的黄金。如果是那样的话，你就真的无药可救了。现在你还能明白，最平常的东西，每个人都可以得到的东西，比许多人渴望和追求的财富更有价值。告诉我，你真的想除掉点金术吗？"

"我痛恨点金术！"米达斯回答道。

突然，一只苍蝇落在他的鼻子上，但马上就掉到了地板上，因为它变成了金子。米达斯不禁颤抖起来。

"那么，"陌生人说，"看到花园尽头的那条小河没有？先跳进去，然后打来一罐河水，洒在你希望恢复原样的东西上。只要你诚心这样做，那么那些由于你的贪婪造成的伤害就有可能修复。"

米达斯国王深深地鞠了一躬，当他抬起头的时候，散发着光芒的陌生人已经不见了。

你一定相信，米达斯一分钟也不敢耽误，他抓起一个大大的水罐（水罐立刻变成了金罐子），急忙往河边跑去。他一路狂奔，拨开荆棘穿过灌木丛，他的身后出现了不可思议的一幕：树木都变成了金黄色，好像秋天来临一般。到了河边，他连鞋都没有脱，就跳进了河里。扑通！

米达斯国王大口地喘着气，把头探出水面。"啊，这水真够凉呀。我想这应该能够洗掉点金术了。现在，该灌满水罐了。"

他把水罐按在水中，满怀喜悦地看到，金罐变成了普通的陶罐，和碰到他的手指之前一模一样。他感到自己的内心也变了：冰冷、坚硬、沉重的感觉正从他的心中一点一点地消逝。这些年里，他的心已经逐渐麻木无情，变成了冷冰冰的金属。但是现在，他的心重新变得柔软起来，充满了温暖。看到河边长着紫罗兰花，米达斯用手指摸了一下，那美丽的花朵仍然是紫色，没有变成闪亮的黄色。点金术的魔咒确实从他身上离开了！

米达斯国王急忙跑回宫殿。我想，当仆人们看见国王小心翼翼地拎着一罐水，他们肯定不知道他想干什么。然而，这罐水虽普通，却能消除因他的愚蠢而造成的所有伤害，对米达斯来说，这比一池金水还宝贵。他做的第一件事情，不用说，当然是将水洒在小金玫瑰的雕像上。

水一倒下，小金玫瑰的脸上就出现了红晕，她开始打喷嚏，流鼻涕！她非常吃惊，不知道自己为什么浑身湿漉漉的，而父亲还在旁边不停地往她身上泼水。

"爸爸，请不要泼了。"她叫道，"看您，把我早上刚穿的衣服都弄湿了。"

金玫瑰好像不知道自己曾经变成了黄金雕像，也不记得她张开双臂跑到父亲面前安慰他之后发生的事情。

她父亲觉得，没有必要把他曾经做过的蠢事告诉心爱的女儿，但是为了表现一下他现在变得多有智慧，他把小金玫瑰带到了花园里，把陶罐中剩下的水浇在玫瑰上。片刻之间，五千多朵玫瑰恢复了以往的美丽！

不过，有两样东西一直在提醒他曾经拥有点金术的魔力，一个是河边闪闪发光的沙子，它们看起来就像金子；另一个是小金玫瑰的头发，现在变成了淡淡的金黄色，而之前，他从来没有注意过小金玫瑰头发的颜色。这一变化让金玫瑰看上去更漂亮了。

后来，米达斯国王到了很老很老的时候，常常把孙儿们放在膝盖上，给他们讲这个奇妙的故事，就像我现在给你们讲的一样。他会抚摸着孙儿们的鬈发，告诉他们：他们的金发，是遗传自他们母亲头发的颜色。

"说实话，我的小宝贝们，"米达斯国王说，"从那天早晨起，我讨厌所有金色的东西，当然你们的金发除外！"

帕特里克·斯基恩·卡特林（Patrick Skene Catling）的《巧克力点金术》(*The Chocolate Touch*) 戏仿了米达斯国王的故事，讲的是

小学生约翰·米达斯的故事,他能把碰到的任何东西都变成巧克力。而当他亲吻妈妈的时候……

神话故事中最著名的马是珀加索斯,一匹飞马。它是贝茜·拜厄斯(Betsy Byars)的《卡萨米亚的小飞马》(*The Winged Colt of Casa Mia*)一书中的主角。

除了霍桑的两本书(这两本书均由艾尔蒙特出版社出了平装版本)之外,如果你想读到更多的希腊神话,下面的几本书也非常适合大声朗读:威廉·拉塞尔(Wiliam Russel)的《经典神话朗读本》(*Classic Myths to Read Aloud*)和路易斯·昂特迈耶的《世界伟大故事集》。

市面有售本书的录音带。

纳撒尼尔·霍桑的一个儿子朱利安,后来也成为了作家。迪安纳·古德(Diane Goode)的绘本《恶魔塔》(*Rumpty-Dudget's Tower*)就改编自他的童话。

正如米达斯国王得到的教训,许愿时一定要小心再小心——因为愿望很可能变成真的!在《来点刺激的事儿吧》(*A Little Excitement*)中,小威利的奶奶就警告过他这一点。这本由马克·哈什曼(Marc Harshman)创作的绘本,写了威利家的农舍某天夜里差点被大火烧毁的故事。

本书第 181 页有一则童话,讲了一个缺乏耐心的男孩愿望成真的故事:他能让时光飞逝。如同《点金术》中的愿望一样,他许下的让时间快点过去的愿望实现了,但这与其说是上天的赐福,不如说是诅咒。

《花衣魔笛手》(The Pied Piper)
(英)约瑟夫·雅各布和安德鲁·朗 改写

吹笛人必须得到报酬

无论小孩还是大人,看见陌生人都会有好奇心。班上转学来的新同学,难道不比一直在一起的老同学更让人感兴趣吗?

很多历经岁月淘洗的故事里都讲述了这种现象:我们痴迷于突然出现在身边的神秘、超常的人,如《圣经》里的先知施洗者约翰,民间故事中撒播希望种子的约翰尼,还有蝙蝠侠、蜘蛛侠和独行侠,以及超级间谍詹姆斯·邦德。

七百多年以来,讲故事者、作家、诗人和剧作家创造出了各种不同版本的花衣魔笛手的故事,这些版本都可以追溯到十三世纪,即这个故事可能发生的时代。以下选摘的故事综合了好几个版本,由安德鲁·朗(Andrew Lang)和约瑟夫·雅各布(Joseph Jaeobs)改写(这两个英国人和格林兄弟一样,是著名的民间故事收集者)。我在故事中穿插了罗伯特·勃朗宁(Robert Browning)写的《给孩子们的故事》(The Pied Piper of Hamelin: A Child's Story)一书中的"哈梅林的魔笛手"的诗。(罗伯特·勃朗宁为给朋友生病的孩子解闷而写的诗,然后让孩子配上图画。)

很早很早以前,国王和王后统治着这个伟大的王国。在汇入大海的河流两岸,逐渐涌现出许多聚居的小村庄。畅通的河上运输,使河流成了王国最初的公路和高速公路。

如果河水足够深，贸易足够兴旺，小村庄就会渐渐地从草屋顶的茅舍聚集点摇身一变，成为城镇：有忙碌的码头，有石头建造的房屋和街道，有畜舍和仓库，甚至还会有市场和教堂。

德国的哈梅林镇也是这样发展起来的。现在，哈梅林镇舒适地依偎在繁忙的威悉河岸边。每天，货船和驳船驶进城镇的港口，卸下船上的谷物、木材和货物。市场繁荣了，人们的生活也富裕了。镇长老爷正从市政厅顶上的办公室里面带微笑朝下看着，不知怎么，这位高傲的镇长大人总觉得哈梅林镇的繁荣都是他的功劳。

但在这一派幸福的景象之下，藏着一个危险：棕黑色的、污秽的、四只脚的老鼠满地爬。没人能说清楚它们为什么选上了哈梅林，人们猜想，可能与河水的潮气和贮藏丰盛的仓库（还有人们在房前屋后随手乱扔的垃圾）有关。总之，老鼠来了。

它们乘着船，坐着车，或者走着路而来。每个城镇都有老鼠，美丽的哈梅林镇也不例外。以前，镇上的猫和狗能吓住老鼠，它们白天不敢出洞，只有夜里才敢出来。突然有一天，几乎在一夜之间，哈梅林人发现老鼠泛滥成灾：大白天，那些个头巨大的黑家伙，大摇大摆地穿街走巷，蜂拥乱窜，无处不在，人们连走路时都要蹑手蹑脚，唯恐不小心会碰到；早上穿衣服的时候，人们会发现，忘在衣袋里的面包屑被老鼠啃了，或者靴子里脚汗析出的盐有老鼠舔过；更可气的是，在人们吃饭的时候，可恶的家伙们竟然也在那里贪婪地吃着家里不多的饭菜，而且是在大白天！

到夜里就更糟了。只要灯一灭，那些不知疲倦的老鼠就像切割机一样开始工作了。不管是哪里：天花板上，地板下，橱柜里，墙后面，到处响起老鼠追逐乱窜的声音。再加上老鼠磨牙的声响和被老鼠夹子夹到时的惨叫，声音大得恐怕连聋子都不得安生。

它们跟狗斗、咬死猫，
咬摇篮里的宝宝，
吃木桶里的奶酪，
舔厨子汤勺上的汤汁，
咬开装咸鱼的桶，
在男人的礼帽里做窝，
甚至搅乱了女人们的闲聊。
它们吱吱叫、尖声嚷，
发出五十种高低不同的声调，
让每个正说话的人全崩溃晕倒。

度过许多个不眠之夜之后，哈梅林人已经让老鼠搅得失去了幽默感和耐心。夫妻经常拌嘴，父母和孩子吵个不停，市场里的顾客和商贩互相吼叫、诅咒和威胁。

最让人忍无可忍的是，在镇长大人和议员们开会的市政厅里，它们也肆无忌惮地啃咬。刚开始，这些老爷们没有把老鼠当回事，觉得这不过是个小问题。当老鼠在他们的无知中泛滥成灾的时候，他们才承诺要解决。但是他们找来的猫败下阵来，狗害怕老鼠，老鼠药根本不顶事，捕鼠器也抓不住老鼠。

危机逐步升级，镇长大人在天台上向公众宣布："哈梅林的居民们，我将解决鼠患。我承诺，不把最后一只老鼠赶走，绝不罢休。这个目标就要达到了。我们雇了一个捕鼠人，他的能力远近闻名，明天他就会到达我们这里。"

你可以想象，听到这个消息后，人们发出了多么热烈的欢呼声。但这个安慰只是暂时的，那个捕鼠人并没有比狗和猫做得更好。另一个捕鼠人也不行。一连五个捕鼠人都失败了。厨房里的食物和仓库里的谷物被老鼠越吃越少，花在捕鼠人身上的金币也越来越多，驶进哈梅林的驳船却越来越少，小镇的财富也越来越少。

一天傍晚，一个陌生人出现在小镇的大街上。他个子高高的，脚下穿着草鞋，身上披着像彩虹一样五颜六色的长斗篷，头上戴着一顶窄窄的毡帽，毡帽上插着一支猩红色的公鸡毛。帽子和斗篷衬托出他的潇洒英俊，光洁的脸上一双黄眼睛目光犀利。哈梅林人从来没有见过这样的人，好多人好奇地围着他。

"我知道你们这里遇到了鼠患。"他从容地对他们说。

"你再说一遍，陌生人。"有人回应道。

"你也是镇长请来的捕鼠人吗？"另一个人轻蔑地说道。

"也是，也不是，"他回答道，"我会捕鼠，不过别的事我也在行。我没有受雇于你们，我受雇于我自己。"陌生人说出的这些话很奇怪，很快传遍了小镇。

一个旅店老板朝前迈了一步，说："先生，如果你真的有能力帮我们解脱困境，就请帮帮我们吧。这种折磨我们已经忍受了一百多天，镇长肯定不会拒绝给你报酬的。"人们用嘶哑的声音欢呼着"万岁"。几分钟后，他们簇拥着陌生人到了市政厅。

这时，镇长已陷入了绝望。他喜欢自己舒适精致的办公室，喜欢自己享有的权力和俸禄。他知道居民们的耐心是有限的，如果不能解除鼠患，他就得辞职，甚至会更糟。

"慈悲的先生，"镇长开口说道，"如果您真的能帮我们解脱困境，我们会付给您很高的报酬。说说您想要什么价钱，我们会满足您的。"居民们大声地附和。

然而，几个议员对陌生人奇怪的衣服和犀利的目光有些怀疑。"先生，您是什么人？"一个议员插话说，"怎么现在才到哈梅林来呢？几个月以来，每个村庄和城镇都在谈论我们这里的鼠患。几个月来，我们雇用了一批又一批捕鼠人。您怎么这会儿才来帮助我们呢？"

大厅里一阵寂静。然后人群后面有个声音叫道："他可能是巫师！"随后是一阵轻声的附和声。

陌生人没有回答他的身份问题，只是说："镇长大人，这几个月我一直在亚洲和南方忙，在亚洲我忙于驱除蝗虫，在南方忙于驱除怪异的吸血蝙蝠。最近我才知道你们的困境。"

这些话重新点燃了哈梅林人的希望，他们又骚动起来。这时，镇长问："先生，你要多少报酬？"

陌生人想起了旅店老板在大街上说过的话，回答道："老鼠在你们这美丽的城市每折腾一天算一个金币。"

镇长心想："他以为他是谁？这个价钱是别的捕鼠人的三倍。他肯定是个骗子。我得好好地盯紧这个家伙。"镇长重重地点点头，说要和议员们商量一下。

他把议员们带到屋角，叹着气说："不管他是不是巫师，我们都必须采取点措施来安抚居民的情绪。就算他不能成功，至少也可以让居民暂时平静下来。"

一位议员问道："如果他成功了呢？他要的价钱比你我一年挣的都多。"

镇长狡猾地笑了笑："别傻了。穿吉普赛衣服的人，不是捕鼠人。他不会花掉我们一分钱的。"

接着，镇长回到居民们当中，宣布："我们非常乐意答应你开的价：一百个金币！"然后，他握了握陌生人的手。

陌生人从他左边的衣袋里拿出一个棕色的空皮袋，递给镇长，说："我要的一百金币，请在明天下午这个时候之前，装进这个皮袋里。"

听到这话，镇长瞪目结舌。"当然了，"他结结巴巴地说，"不过你的鼠药不会这么快起作用吧？！明天下午，你还来不及撒遍十条街道呢。"

陌生人扫了一眼窗外大街上跑来跑去的灰色小动物，然后从另一只衣袋里拿出一支细长的笛子，回答说："我有这个，不用撒老鼠药。"

镇长和议员们怀疑地看着笛子，站在后排的人也吵着要看看这个陌生人拿的是什么武器。陌生人转过身，大步朝大门走去。"记着，"他转过身说道，"明天下午。"

这一天，哈梅林人几个月来第一次不谈老鼠了。在镇政府开完会后悄然消失的陌生人，成了老人和孩子们的新话题。他们争辩他到底是巫师还是疯子，是创造奇迹的人还是吉普赛人。

黄昏来临了，云集在市场上的人，听到大街小巷回荡着轻柔动人的曲调。正躲在厨房里吃着所剩无几的面包皮的人也听到了，他们小心地打开百叶窗，伸出脑袋好奇地寻找这是从哪里传来的。

随后他们看见，穿着花衣的陌生人，正把笛子轻轻地放在唇边，吹奏出曲子。

在镇长家的天台上，他和他的妻子、女儿也在听着这些曲子。当镇长脸上露出一丝窃笑时，乐曲之外传来了另一种咕哝声，好像有一个军队的人在嘀嘀咕咕似的。

嘀嘀咕咕渐渐变成了嘟嘟囔囔，
嘟嘟囔囔渐渐变成了轰轰隆隆，
老鼠翻着跟头从各家各户跑出来。
大老鼠、小老鼠、瘦老鼠、肥老鼠，
棕老鼠、黑老鼠、灰老鼠、黄老鼠，
步履蹒跚的老老鼠、脚步轻快的小老鼠，
鼠爸爸、鼠妈妈、鼠叔叔、鼠兄弟，

翘着尾巴，竖着胡须，
成千上万的老鼠家庭，
鼠哥哥，鼠妹妹，鼠丈夫，鼠妻子——
紧紧地追随着吹笛人。
他从一条街道走到另一条街道，边走边吹，
它们紧随其后，边舞边追。

老鼠们从每个地窖和顶楼的角落跑出来，从墙后面钻出来，从桶里跳出来，从库房和车厢里蹦出来，它们欢快地跟在吹笛人的后面，占据了铺着鹅卵石的整条大街。一时间，街市上涌动着肮脏的灰色潮水。

惊奇的哈梅林居民涌到房顶上、窗口旁和阳台上，在死一般的寂静中注视着这一切。他们看到吹笛人在市场中间停下来，把笛子从他的嘴唇上拿下来，停了一两秒钟，又朝镇长家的天台看了一眼。然后，他又举起笛子，碰了一下帽檐，好像在行礼致敬。接着，他又把笛子放在嘴唇上，重新开始吹起来。这次的曲调比之前节奏更快，调门更高。

在微光中，陌生人的红黄绿黑四色斗篷在他身后飘舞，他慢慢地穿过铺满老鼠的街道，朝威悉河走去。鼠患发生之前，威悉河上曾经停满了船只，但今晚却空空荡荡，只有一只小小的驳船停在河边。

到了河边，吹笛人在老鼠的前面抢先一步，将驳船推到水里，然后登上了驳船。他放下船锚，又吹起笛子来。到目前为止看到的这些情景已经让哈梅林人目瞪口呆，但就算是在最离奇的梦中，他们也想象不出随后发生的事情：最初老鼠是一只跟着一只，随后是十几只十几只地，最后是几百只几百只地，蜂拥到码头边，然后纷纷跳入河中。这时，吹笛人在威悉河上又吹起了令人难忘的动人曲调。

当月亮终于露出脸庞照到市政厅里的时候，最后一只老鼠跌入水中，它刚游了几英寸远，就和别的老鼠一样，沉入水里，永远消失了。

这时，哈梅林人才从震惊中回过神来，他们涌向广场。男人们欢呼着，举起了胜利的拳头；女人们大笑着，流下轻松的眼泪。当教堂的钟声响起，哈梅林的孩子们几个月来第一次光着脚跑上广场。经过几个月的不眠之夜，人们是那么疲倦，而现在他们是那么欢乐，那么放松，以至于没有人注意到，在庆祝的人群中没有镇长和议员们的身影。

第二天，好几个月来第一次，一轮旭日照在哈梅林人微笑的脸上。教堂里点燃了一排排感恩蜡烛，市场上回荡着欢乐的笑声。但是有一个地方没有笑声，这就是镇长办公室。镇长陷在椅子里，听着议员们的尖叫。"你说过，他不会成功的！""骗子，真是骗子！""镇上的金库里一分钱都没有，看你怎么付给吹笛人钱？你只能用你自己的钱付给他。"这些话还伴随着嗤嗤的笑声，这时，突然而来的敲门声淹没了笑声，教堂下午的钟声也正好响起。

当陌生人走进房间时，议员们围在他身边，握着他的手，激动地表示着他们无尽的感激。这些声音突然被镇长急躁的声音打断："请允许我打断一下你们的欢乐，我认为还有一些没有做完的事情等着我们去做呢。"

陌生人帽子下的黄眼睛转动着。"没有做完的事情？"他问道。

镇长走到窗口，指着大街，说："我们怎么知道你已经彻底地消灭了所有的老鼠？谁敢说全城的老鼠窝里和洞里没有留下几百只新出生的小老鼠？"

陌生人盯着镇长的眼睛，说："因为我告诉你没有老鼠了。"他说得非常坚定，房间里没有一个人，甚至全世界都没有一个人能怀疑他的话。

镇长试图换一个方法解除自己的困境。"就算这样……那么，你向我们要价一百个金币，实际上你只用了几个小时来完成这个任务。"

一个议员附和道："而且只是吹了吹笛子！"

另一个议员感叹："我们本来以为你要用几周的时间来撒老鼠药和下老鼠夹呢。"

"哎呀，只要知道这个曲子，谁都能除掉老鼠。"又一个议员哼着鼻子轻蔑地说。

镇长微笑着，提议道："最公平的交易是，你让小老鼠跳到水里花了三个小时，每花一个小时我们付给你一个金币。"看到陌生人越来越愤怒的目光，镇长还接着说："但是为了表示感谢，我决定给你加三倍，付给你九个金币。"

吹笛人从镇长的桌子上拿起空空的皮袋子，举在镇长的鼻子前："讲好的价是今天下午支付一百个金币。我们已经浪费很多时间了。不管是你付，还是你的后代付，总之，吹笛人必须得到报酬。"

听到这话，镇长挺起胸膛，双手叉在胸前，说道："竟敢威胁我们，你这个流浪汉！"然后，他从他的袍子口袋里拿出九个金币，扔在桌子上，说："要不要随你便。反正这就是付给你的钱。"

陌生人的目光慢慢地扫过议员们和镇长的脸，然后他拉下帽子遮住眼睛，脸上露出一丝奇怪的微笑，高傲地走出大厅。在他身后，议员们赞扬着镇长态度坚决的讨价还价。

当天稍晚的时候，哈梅林人听说了这件事。令人吃惊的是，他们没有同情吹笛人。可能是几个月以来的受难使他们的心变硬了。甚至还有人嘲讽道："捕鼠人掉进了自己挖的陷阱！"但是他们嘲讽得太早了，他们忘记了陌生人的预言：他们的后代将会付出代价。

第二天是星期天，教堂后面的市场里正准备召开一场庆祝盛会。但这个庆祝盛会永远都不会举行了——当人们聚集在教堂里的时候，有一个人没有来，他就是吹笛人。这时候，吹笛人正沿着大街小巷慢慢地走着，这次他吹的是另一首曲子。教堂里的大人们听不见那些优雅的音符，而留在家里的孩子们听见了。

当父母们结束了祷告，走到阳光明媚的大街上时，他们发现了最令人惊骇的景象，听见了最令人吃惊的声音。

传来一阵沙沙声，一群快乐的精灵正挤挤挨挨往前奔：
小脚吧嗒吧嗒，小木鞋呱嗒呱嗒，
小手噼啪噼啪，小嘴巴叽呱叽呱，
像农场里没有散开的小鸡小鸭，
孩子们涌出家门，
所有的男孩和女孩，
脸蛋如同玫瑰，鬈发如同亚麻，
明亮的眼睛，珍珠般的乳牙。
他们跳跳蹦蹦，又叫又笑，
跟着奇妙的音乐快乐地跑。

镇长和镇长夫人，所有的议员，以及每个居民都疑惑不解地愣住了。吹笛人吹的曲调扫空了每一个游乐室和托儿所。在他的花衣斗篷后面，跟着自动排成队的孩子，他们大声欢笑，眼睛发光，手拉着手，穿过市场，朝河边走去。

你也许会问："难道没人想到要拦住他们吗？"一开始，父母们都不敢相信地呆立在原地。等他们醒过神来时，吹笛人已经离开了河边，带着欢跳的孩子们朝克佩勃格山走去。

"等等！"镇长对那些开始要追的父母们喊道，"他走进了死胡同。克佩勃格山没有出口。这个疯子，那条山谷是死路。"听到这话，人们松了口气，不慌不忙地朝克佩勃格山走去。这样等孩子们回来的时候，他们能够更清楚地看到吹笛人自认倒霉的样子。

但是他们再也没有见到孩子们回来。当吹笛人到了山脚下时，山突然开了一个小口子。吹笛人沉着地在山口吹着笛子，孩子们，包括镇长心爱的女儿，都高兴地跳进了山口，走进了一个未知的世界。当最后一个孩子消失后，吹笛人，连一眼都没有看身后，弯下腰，也走了进去，山口在他的身后关上了。

愤怒的父母们看到了所有这一切，惊呆了！他们虽然到了山脚下，但因为离得太远没能阻止。几分钟后，他们到了孩子们消失的地方。山上没有任何缝隙，只留下布满灰尘的脚印，这些脚印突然消失在大山坚固的石头边上。母亲们流着悲伤的眼泪，父亲们从下午到晚上一直在用镐和铁锤凿山，凿得双手出血，但是神奇的门再也没有出现。再也没有比这种景象更悲惨的了：在没有星光的漆黑夜晚，一群群心碎的父母步履蹒跚地往家里走去。没有比今天的哈梅林镇更安静的地方了：没有了到处吱吱叫的老鼠，也没有了睡前咯咯笑的孩子，更没有了蜷缩在床上酣睡的宝宝。

只有一个孩子，一个跛脚的男孩没能跟上大家，在吹笛人关闭山口之前没有进到山里。尽管他的父母无比庆幸，之后没有一天不感谢上帝保住了他们的儿子，但是跛脚男孩却总是感到失望。后来他总是这样叹息：

自从玩伴走掉，镇上十分无聊！
我忘不了，我错过了他们所看到的美好。
本来吹笛人也答应过我，
要带我们去欢乐的地方，
与小镇相连，就在近旁。

那里泉水喷涌，果树茂盛，鲜花芬芳。
一切都新奇、特别：
那里的麻雀比孔雀还鲜艳，
那里的狗比飞鹿跑得还快，
那里的蜜蜂没有蜇人的刺，
那里的马生来就有鹰的翅膀。
正当我信心满满，
我的瘸腿马上就能治好，
突然音乐停了，我站住了，
发现自己留在了山外，
不情愿地被单独留下来。
现在腿依旧一瘸一拐，
从此再也没有那里的消息传来！

当然了，全镇的人都责怪镇长。镇长不仅要承受失去女儿的痛苦，还要受到人们每天仇恨的指责。但在内心深处，他们每个人都一样痛苦，从镇长一直到最卑微的牧羊人，都知道该受谴责的是自己的贪婪、失信。从此，镇里再也听不到孩子的笑声。

哈梅林人并非只是陷在痛苦中什么都不做。镇长和议员们往东南西北各个方向派了很多使者，他们到处张贴布告，向吹笛人承诺，只要他能把他们心爱的孩子们带回来，将分文不差地付给他全部的报酬。如果有谁提供任何蛛丝马迹，也承诺给予慷慨的奖赏。但孩子们仍然杳无音信。

从此以后，哈梅林的每一笔交易、每一个家庭、每一寸土地，都铭刻上了那一天的伤痛。律师们在所有的案宗上标记日期的时候，都会在日期下面加上：距一二八四年七月二十二日发生的事件××

年。通向克佩勃格山的街道被命名为"花衣魔笛手街",这是一条充满痛苦回忆的街道,从此这条街再没兴旺过。在孩子们消失地点对面的石头上,铭刻着这个故事,以警示后人。他们在圣尼古拉教堂的顶上做了一个彩色玻璃窗,上面画着花衣魔笛手和孩子们的形象,让每个人都记着自己曾犯下的罪恶。

外来者来哈梅林的时候,经常会带着自己的孩子,后来他们意识到,这些孩子的面孔和声音,只会让哈梅林的父母们更加怀念再也无法相见的孩子。甚至过了五十年,只要一听到孩子的笑声,哈梅林的父母们就会冲到门口或者窗前,希望是他们的孩子回家了。

直到一百五十多年后,失去孩子的父母们早已在坟墓中安息了,这时才有一点关于失踪孩子的音信传回哈梅林镇。一支来自东方的商队路过哈梅林镇,谈起了他们在遥远的匈牙利旅行时遇到的怪事。在那里一个叫做特兰西瓦尼亚的偏远山区,住着一群说德语的人,而周围城镇的人都说匈牙利语。"今天听到你们失去孩子的悲惨故事之后,我们想那些人可能就是你们的后代。"

当然了,这只是一种可能。如果音乐能有驱除鼠患的魔力,如果山门能够打开又关上,那么,什么事情都有可能。

这个故事几分是真,几分是假,没有人知道。我们知道这是传说,不过传说中常常包含了一些真相。在现代卫生设施诞生之前,席卷城市和乡镇的瘟疫常常是由老鼠身上的跳蚤传播的。而且,故事里的哈梅林镇真实存在。人们通常会以演出校园露天历史剧、庆祝游行和塑造雕像的方式,纪念所在城镇经历过的历史性时刻,哈梅林人也是这么做的。

一九八四年,哈梅林人用露天历史剧和戏剧演出纪念这个故事诞生七百周年,镇上有专为这个故事而建的城市博物馆,还有一座名为"捕鼠人之屋"的建筑。在集市广场上的圣尼古拉教堂里,至今仍有魔笛手图案的彩色玻璃窗。在市政厅的钟楼上,巨大的钟上雕刻着捕鼠人的形象,后面还跟着一队老鼠。

七百年前,哈梅林镇人的确有可能丢过孩子,不过孩子被魔笛手带走的可能性微乎其微。根据历史记载,那时有很多孩子遭到绑架,被带到很远很远的地方为坏心肠的地主干活。这个传说可能部分因此而来。

这个传说还有一种历史解释:涉及"圣战",即众所周知的十字军东征。其中一场战争发生在一二一二年,为了从穆斯林手里夺回耶路撒冷,十字军俘获并带走了成千上万个孩子,他们希望孩子们天性的纯洁可以保佑军队完成使命。

有好几本关于这个故事的杰出绘本,包括:芭芭拉·巴托斯-霍普纳(Barbara Bartos-Hoppner)的《哈梅林的花衣魔笛手》(*The Pied Piper of Hamelin*)、萨拉·科林和斯蒂芬·科林改写的《哈梅林的花衣魔笛手》(*The Pied Piper of Hamelin*)和吉姆·拉提默(Jim Latimer)的《爱尔兰魔笛手》(*The Irish Piper*)——这本书提出,魔笛手可能来自爱尔兰。另外,特里·斯莫尔(Terry Small)采用了勃朗宁的诗歌,为其配上插画,并对语言做了小小的修正,让今天的孩子更好理解。

这位著名的魔笛手的故事,很多地方都喜欢引用。罗伯特·麦克洛斯基(Robert McCloskey)创作过一本畅销书《荷马·普里斯》——一个很有意思的故事,写的是关于二十世纪三十年代美国小城镇的生活,书中有一章题为《太阳底下无新事》(*Nothing New Under the Sun*),就是对花衣魔笛手的戏仿。

《阿拉丁和神灯》(Aladdin and the Wonderful Lamp)
（英）安德鲁·朗　改写

挽救了皇后性命的故事

在格林兄弟开始收集民间故事之前的一百年，就有人发现了更大的故事集，足足能写满十本大书。这些故事是从中东国家收集来的，例如伊朗、伊拉克、沙特阿拉伯、埃及和土耳其。这些故事后来成了全世界著名民间故事中的瑰宝。

但是这些故事在传遍世界各地之前，却是令人震惊、无法接受的。因为在过去，欧洲人和新世界的人们不习惯古老中东的习俗。比如，那时候的阿拉伯男人不是只有一个妻子，而是有好几个妻子；苏丹如果觉得被冒犯了，不须经过审判，就能直接砍掉冒犯者的脑袋；奴隶制度在古中东国家普遍存在。

然而，当翻译者更深入地阅读阿拉伯民间故事的时候，他们发现，这些故事的想象力不同于别处的民间故事：飞毯，神灯，密语和关在细瓶子里的巨人奴隶……这些故事也许是世界上最早的科幻故事，甚至是在预言今天的飞机、电视、间谍密码和手机。

因此，翻译者去掉了某些令人不快的部分，保留了诸如《辛巴达航海记》(Sinbad the Sailor)、《阿里巴巴和四十大盗》(Ali Baba and the Forty Thieves)、《阿拉丁和神灯》等故事。这些故事被发现一个世纪后，丹麦的一个穷鞋匠每天晚上给自己的儿子朗读这些故事。这些故事为男孩后来自己编新故事打下了基础，而且后来这些新故事也同样出名。这个男孩就是安徒生。

由于故事集中有好几百个互不相干的故事，一千年前，有个聪明的讲故事者想出了一个主意：把这些故事串在一起。他编出了一个

故事作为引子,把所有的故事串联起来,就像这样:

从前,有一个年轻的国王深爱着他的妻子。不幸的是,他的妻子很坏,背叛了他的爱和信任。国王发现王后的不忠后,愤怒无比,就杀掉了她。

但王后的死依旧无法平息国王的痛苦和伤害。一连几个月,他吃不下一点东西,夜里也无法入睡。他对自己说,再也不会相信任何一个女人了。

可是,在痛苦之中,他的内心依旧渴望能有一个妻子。夜里听着自己的脚步声,他的孤独感更加重了。最后,他想出了一个邪恶的办法,这个办法既可以免去孤独,又可以发泄他对女人的愤怒。他决定再婚,但是过了新婚之夜,第二天就处死新娘,这样她就永远没有机会背叛他。每天,他都让宰相在王国里挑选最美丽的处女当他的新娘。

这样做也许解除了国王的烦恼,但每家每户却要被迫献出最美丽最可爱的女儿,于是王国的每一个角落都充满了无尽的悲伤。宰相是个心地善良的好人,他不得不每天面对一个家庭,不得不每天给皇宫送美丽的处女,他清楚地知道,每一天的来临都会给一个家庭带来痛苦。

然而,宰相最大的担忧是,早晚会有一天,再没有合格的新娘可送,那时候就会轮到他的两个女儿,山鲁佐德和敦亚佐德。两个女儿是他生命中的阳光,他爱她们胜过爱世界上的一切。他下定决心,决不把两个女儿送给国王,就算国王会在一怒之下杀了他。

然而,这个决心是多余的。山鲁佐德是一个很有天赋的姑娘,她天资聪明,读起书来过目不忘。了解父亲的困境后,她想出了一个好主意。

首先,她请求父亲把自己作为下一个新娘送给国王。你能想象到,听到这个请求，她父亲吓了一大跳，他宁愿自己去死也不会把女儿送去。山鲁佐德花了好几个小时恳求父亲，但没有说出自己的全部计谋。"尊敬的父亲大人，"她说，"我从来没有请求过您什么，也从来没有让您失望过。我有办法终止这场悲剧，请相信我。"

宰相很不情愿又满怀恐惧地把自己最心爱的女儿送给了国王。不过，在动身去皇宫之前，山鲁佐德把计划告诉了妹妹。在刽子手动手杀她之前的一大早，妹妹一定要去敲国王卧室的门。

正如她们计划的那样，新婚的第二天早上，国王正要把自己的妻子交给刽子手，起身去处理日常公务，这时敦亚佐德出现了。然后，敦亚佐德说："无上英明荣耀的国王，我是来和亲爱的姐姐告别的。"

国王看着两个姐妹拥抱道别，然后他无意中听到敦亚佐德温柔地说："父亲和我会永远想念你的，就像想念白天的太阳和夜里的月亮。我们会永远想念你的微笑、你的善良和你的才智。但我们最想念的是你讲的故事，比如那个《瓶子里的渔夫》和《珍珠天堂》。父亲一直最喜欢《罗伯特头领的报复》这个故事，而我最喜欢《航海者辛巴达》。"这时，国王来了兴趣。这些故事他一个都没有听过。因此，他将身子往前凑了凑，想听得更清楚些。

"啊，亲爱的姐姐，如果我还能再听你讲一个故事……"敦亚佐德叹气道。这时，国王更好奇了，但是国家大事正等着他去处理呢。因此，他命令刽子手收起剑，明天再来。这天夜里，应国王的要求，山鲁佐德讲了一个故事，国王屏息凝神，听得十分入迷。就在故事快要结束的时候，她打住了，聪明地留下一个悬念。国王只有等到第二天夜里才能知道故事的结局。就这样，她一个故事接着一个故事，一直讲了一千零一夜。慢慢地，国王认识到了妻子身上的可爱之处，同时也停止了他的血腥惩罚。

现在，你知道了为什么这本故事集叫做《一千零一夜》或者《天方夜谭》了。下面这个故事,根据传说,就是山鲁佐德给国王讲的其中一个故事(下面的选文主要依据故事收集家安德鲁·朗的英文版本,略有删节)。

阿拉丁和神灯

从前,有个穷裁缝,他有个儿子叫阿拉丁。阿拉丁非常懒惰,游手好闲,整天在大街上和狐朋狗友胡闹,不干正事,无论父亲怎么规劝或威逼利诱都没有用。父亲因为伤心过度,早早地就去世了。而母亲的眼泪和祈求,也不能劝诫阿拉丁改过自新。

一天,阿拉丁同往常一样,正在大街上惹是生非,突然有个陌生人问他:"你是裁缝穆斯塔法的儿子吧?"

阿拉丁回答:"是的,先生。不过我父亲早就死了。"

听到这话,陌生人一把拉住阿拉丁,亲吻了他一下,说:"我是你叔叔,你长得真像我哥哥。快去告诉你母亲,说我回来了。"其实,他是个法力高强的魔法师,并不是男孩的亲戚。

阿拉丁跑回家,告诉母亲他的叔叔刚刚回来了。母亲说:"孩子,你父亲的确有个弟弟,但是我一直以为他死了。"然而这时,她以为是自己弄错了。她准备了饭菜,让阿拉丁接叔叔回来。阿拉丁还没动身,叔叔已经提着一篮水果到了门口。他马上跪拜并亲吻了穆斯塔法以前常坐的地方,跟阿拉丁的母亲说不要奇怪以前没见过他,因为他已经离家四十年了。

然后,他转过身问阿拉丁:"你在做什么生意?"听到这话,游手好闲的阿拉丁羞愧地垂下头,他母亲的眼里也涌出了泪水。得知阿拉丁成天无所事事，根本没有学做生意，叔叔就给他租了一个店铺，存了些货物准备卖。第二天，他给阿拉丁带来了一套漂亮的衣服，带他游览全城，欣赏风景。傍晚，他把阿拉丁送回家，交给了他的母亲，母亲看到打扮一新的儿子，非常高兴。

第三天，魔法师带阿拉丁去了城外。一向很懒惰的阿拉丁不习惯走这么远的路，很快就累了，央求叔叔带他回去。但是魔法师用好玩的故事引诱着他，让他继续朝前走。

最后，他们来到了一道窄窄的山谷中，两旁都是巍峨的高山。"我们就在这儿休息一会儿吧。"假叔叔说，"我给你看一样奇妙的东西！不过要先弄些树枝来，点上火。"树枝燃烧了起来，魔法师从随身的袋子里取出一些粉末撒进火里，嘴里念念有词。突然，大地开始震动，就在他们眼前裂开了一条缝，露出一块很平整的四四方方的石板，石板中间镶着一个铜环。

你可以想象，阿拉丁被这一切吓呆了，他拔腿想跑，但是魔法师一把抓住他，挥拳把他打倒在地。"是我做错了什么事吗？"阿拉丁可怜兮兮地问。

魔法师安慰他说："别怕，年轻人，什么都不要怕，只管听我的话就好。你看，这块石板下埋藏着一个宝库，这个宝库是属于你的，其他任何人都得不到。不过，你得完全照我说的去做。"

一听到"宝库"这个词，阿拉丁忘记了害怕。他照着魔法师说的，抓住了铜环，又按魔法师的指示，嘴里念着父亲和祖父的名字。这个年轻人吃惊地看到，厚重的石板被他轻松提起，下面露出了几级台阶。

"下去，"魔法师说，"走到台阶的尽头，那里会有一扇打开的大门，通向三个相连的大厅。你要撩起长袍，一直往前走，千万别动任何东西。不然的话你马上会死去！最后那个大厅通向一个花园，里面长满了奇花异树。穿过花园继续往前，你会走到一个天井，天井后面有一个台子，台子上放着一只点亮的灯。把灯里的油倒掉，然后把灯带回来给我。"说完，魔法师从手指上摘下一枚戒指，递给阿拉丁，祝他好运。

阿拉丁发现一切都跟魔法师说的一模一样。他来到花园时，看到树枝上悬挂着闪闪发光的果子，让他眼花缭乱。阿拉丁没有多少见识，以为这些果子是用玻璃做的，根本不知道它们其实是珠宝和钻石，价值连城。不过，他还是抓了一把放进自己的口袋里。

最后，他走到了灯的前面，按照魔法师的吩咐倒掉了灯油，带着灯返回到洞口。魔法师一看到阿拉丁，就焦急地喊道："快，把灯给我！"

但是，阿拉丁在走出洞口之前，坚决不肯把灯递给魔法师，他让魔法师先拉他爬出洞口。这次轮到魔法师不干了，他要求阿拉丁先把灯给他。魔法师坚决要先拿到灯，说尽甜言蜜语哄这个男孩，但是阿拉丁坚决不肯把灯先给他。这下，邪恶的魔法师勃然大怒。他这时才发现，阿拉丁不仅是个穷小子，而且个性还相当固执。邪恶的魔法师无奈地双手抱胸，觉得自己肯定得不到珍宝了。他下了狠心，他得不到，也决不让别人得到。他向空中吹了口气，往火中又撒了许多粉末。突然，洞口的石板摇晃起来，滚回了原来的位置，阿拉丁被关在了下面！

原来，这个魔法师有一次在钻研巫术时，得知某个地方有个藏在地下洞穴中的宝库，那儿有一盏神灯，拥有神灯的人将会成为世界上最富有、最有权力的人。他又查到，只有一个名叫阿拉丁的穷小子才能把神灯从地下拿出来。多年来，魔法师找遍了世界的每一个角落，最后终于找到了阿拉丁住的地方。他本想先从阿拉丁手里骗走神灯，然后杀掉他。现在，魔法师的阴谋破灭了。他非常失望，所以在临走之前施魔法把这个地方化为了灰烬。这就是事情的经过。

阿拉丁被困在一片漆黑中,痛哭了两天。当石板恢复原位时,通向花园的通道也被堵住了。绝望中,阿拉丁双手合十向天祈祷,无意中碰到了魔法师给他的戒指。

突然,一个身形巨大、令人生畏的妖怪从地上冒出来,他说:"您有什么愿望,我的主人?我是戒指奴隶,我会听从主人的一切吩咐。"

阿拉丁勇敢地回答道:"让我离开这里。"话音刚落,戒指奴隶不见了,阿拉丁发现自己已经在洞外面了。两天没有见到阳光,一出来,他的眼睛被光线刺得睁不开,他把神灯放进袍子里,往家的方向走去。他又饿又累,最后昏倒在家门口。

苏醒过来以后,他把魔法师凶残的诡计告诉母亲。然后,他给母亲看了他带回来的神灯和从花园里摘的果子。这时,他才意识到自己很饿,想吃东西。

母亲说:"唉,我的孩子,家里没有东西吃了。我给你和那骗子准备的晚饭是我们最后的一点粮食。但今天我纺了一些棉线,我们可以卖掉棉线,买些吃的回来。"

这时,阿拉丁忽然想到,可以让母亲卖掉他带回来的油灯。母亲看到灯很脏,就想把它擦干净,心想也许擦干净价钱能卖高一点。突然,一个面目可怕的巨神冒了出来,问她想要什么。

母亲吓得昏了过去,阿拉丁抓起油灯,大声地说:"给我食物。"巨神立刻变出来一个银碗、十二个银盘子和两只银杯,里面全都盛着美味佳肴。然后,巨神消失了。

阿拉丁的母亲苏醒过来后,问道:"这些食物是从哪里来的?"

他们坐下来,从早饭一直说到晚饭时间,阿拉丁把关于神灯的一切告诉了母亲。母亲让他卖掉神灯,不要和魔鬼打交道。"不。"阿拉丁说,"既然我们幸运地知道了它的神力,就要好好地利用,还有这个戒指,我要把它永远戴在手上。"

吃完巨神带给他们的食物之后,阿拉丁卖掉了一个银盘。后来,只要一需要钱,他们就卖掉一个银盘。等十二只银盘全部卖掉之后,阿拉丁就擦拭神灯,继续下令要各种美味佳肴。就这样,好多年过去了。现在,阿拉丁已经改掉了早先任性的毛病,开始懂得关心母亲,听她的话,过着简朴的生活。无论如何,他们不能向任何人泄露他们拥有的巨大财富和神秘魔法。

一天,阿拉丁在集市上听人说,国王下令,当公主——他的女儿沐浴回来的时候,所有人都必须待在家中,关闭大门。阿拉丁非常渴望见到公主的容貌,传说公主是世界上最漂亮的姑娘,但她总是戴着面纱,只有皇宫里的人才能见到。

最后,想来想去,阿拉丁觉得最好的办法是藏在公主浴室的门后,从门缝里偷看公主。和阿拉丁料想的一样,公主一走进浴室就摘掉了面纱。她真是太美了!阿拉丁从第一眼开始就爱上了公主,一阵惊喜的战栗传到了他的每个脚趾。

回家后他失魂落魄,好像变了一个人。他的母亲看着都害怕了:"你怎么了,我的儿子?是不是生病了?"

最终,他跟母亲说了他如何看到了公主,又形容了公主无可比拟的美貌,并且大声宣布:"没有她,我活不下去。我必须请求国王把公主嫁给我。"

母亲听到这话,大笑起来:"你疯了吧?一个穷裁缝的儿子,去向国王的女儿求婚?"但是,无论母亲怎样反对,都不能动摇他的决心。"好吧,我的儿子,不过你能拿什么献给国王,让他把女儿嫁给你呢?"

这时,阿拉丁拿出那天他从地下花园里摘的闪闪发光的果子。他去集市上卖银盘的时候已经知道,那些果子不是用玻璃做的,而是最值钱的珠宝。

于是，阿拉丁说服了母亲，去向国王求亲。他让母亲拿来一条餐巾，包上一些珠宝："把这个带给国王，作为我对公主爱情的见证。它们会向国王证明我的财富。要是他问你其他问题，你也别怕，记住，我们还有神灯。"

母亲拿着用餐巾裹着的宝石去见国王，她相信神灯的威力。她跟着宰相和宫里的大臣们进了皇宫，来到国王的面前。然而，国王根本就没有注意到她。她连续一个星期每天都去，站在同一个地方。第六天，当大臣们散去的时候，国王对宰相说："我看到大殿中有个老妇人每天都站在那里，手里拿着什么东西用餐巾包着。明天，你把她叫过来，我要问问她想干什么。"

第二天，在宰相的示意下，阿拉丁的母亲走到御座前，跪在那里。国王说："起身吧，善良的妇人，告诉我你想干什么。"她犹豫着不敢说。于是，国王让所有的大臣退下，只留下宰相。然后让她只管大胆地说，并许诺无论她说什么都会宽恕她。

于是，她告诉国王，她的儿子疯狂地爱上了公主。"我苦苦地哀求他忘掉公主，"她说，"但是根本没有用。他威胁我说，如果我拒绝来陛下跟前求亲，他就活不下去了。我请求您宽恕我，宽恕我的儿子阿拉丁。"

国王和蔼地问她，餐巾里包的是什么，于是，她把珠宝呈给国王看。国王十分震惊。他的宝库里最精美的珠宝都无法和这些相比。他转过身，问宰相："你认为如何？我应不应该把公主嫁给这个出如此丰厚聘礼的人？"

宰相一直想让自己的儿子娶公主，于是他请求国王三个月后再作出答复，在这段时间里，他会想尽办法让自己的儿子拿出更贵重的聘礼。国王同意了，他对阿拉丁的母亲说，尽管他同意这桩婚事，但得等三个月,这段时间里她不得再出现在皇宫中。

阿拉丁几乎耐心地等满了三个月,但是有一天,他的母亲进城打油,发现大家都喜气洋洋的,就问发生了什么事情。"你还不知道?今晚,宰相的儿子就要迎娶公主了。"

阿拉丁的母亲气喘吁吁地跑回家,把这个消息告诉了阿拉丁。阿拉丁先是受到了极大的打击,然后他想起了神灯。他擦了擦神灯,灯神出现了,问道:"您有什么愿望?"

阿拉丁回答道:"你知道的,国王违背了对我的许诺,宰相的儿子就要迎娶公主了。我命令你今晚把新娘和新郎给我带过来。"

灯神毕恭毕敬地鞠了一躬,回答道:"遵命,我的主人。"

然后,阿拉丁回到卧室。半夜,灯神把躺着宰相儿子和公主的床搬到了这里。"把这个男人带走,"阿拉丁对灯神说,"让他待在外面挨冻,等天快亮的时候,再带他回宫殿去。"于是,灯神把宰相的儿子带走,留下阿拉丁独自和公主在一起。

"不要害怕。"阿拉丁对公主说,"你是我的妻子,这是你不守信用的父亲许诺的。你不会有任何危险。"公主吓得说不出话,度过了她一生中最悲惨的一夜,而阿拉丁躺在她的身边,酣然入睡。

到了约定的时间,灯神放走了冻得发抖的新郎,把他放回床上,然后又把床运到宫殿。早上国王来看望他的女儿。倒霉的宰相儿子立刻跳下床,躲了起来,而公主伤心欲绝,说不出一句话。国王派王后来看女儿,王后问道:"孩子,怎么回事?你为什么不肯和父亲说话?发生了什么事情?"

公主深深地叹了口气,把前一天夜里发生的事情告诉了母亲:她的床被搬到了一间奇怪的房子里,她遇到了一些奇怪的事情。王后一点都不相信她的话,吩咐她起床,认为她只是做了一个荒唐的梦。

第二天夜里发生的事情和前一天夜里一模一样,第二天早上,公主仍不肯张口说话。直到国王威胁说要砍掉她的脑袋，她才坦白了一切，并让国王去向宰相的儿子证实。国王让宰相去问自己的儿子，他承认这是事实，并且补充说，虽然他深爱公主，但是他宁愿去死，也不想再过如此可怕的夜晚，他希望能和公主分开。他的愿望得到了满足，盛宴和欢乐也结束了。

满三个月的时候，阿拉丁让母亲去提醒国王遵守承诺。她像以前一样站在同样的地方，而早已忘记了阿拉丁的国王，一下子想起来，派人去叫她上来。看到她穿得十分寒酸，国王更不愿意履行自己的诺言了。于是他问宰相有什么好主意，宰相建议国王把公主的聘礼要得高高的，高到全天下的男人都无法办到。于是，国王转过身对阿拉丁的母亲说："善良的妇人，国王必须履行自己的承诺，但是你的儿子必须先送给我四十个金盆，里面装满珠宝，由四十个奴隶顶着，再由四十个穿着华丽服装的奴隶领着进宫。告诉你的儿子，我等着他的答复。"阿拉丁的母亲深深地鞠了一躬，然后往家走，心想，一切都完了。

她把国王的要求转告了阿拉丁，补充说："他会给你很长一段时间来准备这些聘礼。"

阿拉丁微笑着回答道："为了公主，我能做到的远不止这些。"然后，他召唤出了灯神。一会儿的工夫，小屋和花园里就出现了八十个奴隶。阿拉丁让他们两人一排，跟随着母亲，朝皇宫走去。他们穿得华贵无比，衣裙上镶着闪闪发光的珠宝，每个人头上都顶着金盆，引来了众多人围观。他们走进皇宫，跪拜过国王之后，围着御座站成半圆，双臂交叉放在胸前。阿拉丁的母亲把他们介绍给国王。

国王不再犹豫了，说道："善良的妇人，回去告诉你的儿子，我将张开双臂欢迎他。"

母亲一分钟没耽误，马上回去告诉了阿拉丁，叫他快点去。但是，阿拉丁却不慌不忙地先召唤了灯神。"我要沐浴熏香,"他说,"穿上最豪华的刺绣衣服,骑上胜过国王御骑的马,并且让二十个奴隶伺候着我。除此之外,还要六位身穿盛装的奴隶照顾我的母亲,最后,我要一万个金币,装在十个袋子里。"话音刚落,一切就都准备好了。阿拉丁骑上马,穿过大街,奴隶们一路上抛撒着金币。阿拉丁小时候的那些玩伴都认不出他来了,今天,他如此漂亮、潇洒!

国王一看到他,就从御座上走下来,拥抱他,把他带到大殿,大殿里为他和公主当天的婚礼摆下了盛宴。但是,阿拉丁拒绝了。他说:"我要为公主建造一座新的宫殿。"然后,就离开了。

一回到家,他就对灯神说:"给我用最好的大理石建造一座宫殿,用碧玉、玛瑙和其他宝石装饰。在宫殿的中央要建造一个穹顶,用金子和银子做四面墙。还必须要有马厩、马和马夫……去吧,看看怎么做。"

第二天宫殿就建造好了,灯神把阿拉丁带到宫殿,告诉他,他所有的愿望都实现了,甚至在阿拉丁的宫殿和国王的宫殿之间的路上还铺着天鹅绒毯。

当天夜里,公主告别了父亲,走上了天鹅绒毯去阿拉丁的宫殿,阿拉丁的母亲陪在她的身边,后面跟随着一百个奴隶。看到阿拉丁,她容光焕发,阿拉丁跑上前去迎接她。"公主,"他说,"美人,请原谅我的冒昧,但我永远不会辜负您。"公主对阿拉丁说,看到他,她就十分乐意地顺从了父亲的决定。在宫殿里举行盛大的婚礼后,阿拉丁领着公主进了大殿,大殿里已经摆好了盛宴,公主和阿拉丁一起入席。盛宴后他们跳舞,一直到深夜。

阿拉丁的彬彬有礼和翩翩风度赢得了人们的喜爱。后来,他做了国王军队里的上校,为国王打过不少胜仗,而且,他仍旧保持着以前的谦虚和礼貌。就这样,他们祥和平静地生活了好多年。

但是，在遥远的地方，邪恶的魔法师有一天忽然想起阿拉丁来。他通过魔法发现，阿拉丁没有在洞中悲惨地死去，而是逃了出来，并且娶了公主为妻，享受高名厚利幸福地生活着。他知道这个穷裁缝的儿子得到的一切都是因为神灯。魔法师日夜兼程，终于到了国都，他下定决心要让阿拉丁失去一切。经过小镇时，他听到到处都有人在谈论宏伟的宫殿。"请原谅我的无知，"他问道，"你们说的是什么宫殿？"

他听到的回答是："你没有听说过阿拉丁王子的宫殿？那是世界上最雄伟的宫殿！如果你想见识一下，我可以领你去。"魔法师一看到宫殿，马上就知道这是出自灯神之手。他愤怒得几乎要发疯了，下定决心要夺回神灯，让阿拉丁重回贫困的生活。

事有凑巧，阿拉丁正好要外出八天打猎，这给魔法师留下了充足的时间。他买了十二盏铜灯，把灯放在篮子里，走到宫殿前，大声叫卖着："旧灯换新灯！"后面跟着一群人在笑他傻。公主正坐在有二十四扇窗户的大厅里，就打发一个仆人去看看哪来的吵闹声。仆人大笑着跑回来。

"公主，"她说道，"那里有个老疯子，想用崭新的铜灯换旧灯。"

另一个仆人听到这话，说："正好架子上有一盏旧灯，他肯换新灯给我们吗？"啊，这正是阿拉丁留在架子上的神灯。公主也不知道神灯的价值，就笑着吩咐仆人去换新灯。

仆人走出去对魔法师说："用这盏旧灯，换一盏你的新灯。"在人们的嘲笑声中，魔法师夺过神灯，让仆人随便挑选了一盏新灯。他小心翼翼地拿着神灯，马上停止了叫卖，赶快走出了城门，来到没人的地方一直待到天黑。这时，他拿出神灯，擦了擦。灯神出现了，在魔法师的命令下，灯神带着他、宫殿和公主到了一个远离大陆的荒无人烟的地方。

第二天早上，国王从窗户朝阿拉丁宫殿的方向望去。他擦了擦眼睛，简直不敢相信，宫殿不见了。他派人叫来宰相，问他宫殿到哪里去了。宰相望着窗外，也大惊失色。他对国王说，一定是由于某种魔法，宫殿才消失的。国王相信了他的话，派了三十人骑马去抓阿拉丁，正好碰到阿拉丁骑马往家赶，他们捆住阿拉丁，拖着向前走。然而，支持阿拉丁的人都全副武装跟在后面，不让阿拉丁受到伤害。阿拉丁被押到国王面前，国王下令砍掉他的脑袋。

刽子手让阿拉丁跪下，蒙住他的眼睛，刚举起大刀要劈下去。这时，宰相得知，有一群人正涌向皇宫来营救阿拉丁。他只好叫刽子手先停下。最后，国王畏于愤怒的人群，不得不让步，下令放开了阿拉丁。阿拉丁这时才有机会追问国王他做错了什么。

"骗子，"国王说，"过来看看。"他指向窗外，原先阿拉丁宫殿所在的地方空空如也。阿拉丁非常吃惊，说不出一个字来。"宫殿在哪里？我的女儿在哪里？"国王问道，"你的宫殿在不在我不在乎，但是我必须找回我的女儿。你必须找回我女儿，不然你就要人头落地。"

阿拉丁请求给他四十天的时间找回公主，并承诺，如果找不回公主，他一定会回来受死。国王准许了他的请求，阿拉丁伤心地走出宫殿。

前三天，他像一个无家可归的疯子一样在大街上游荡，询问每一个遇到的人，他的宫殿变成了什么，到哪去了。但是没人知道。他来到河边，跪下祈祷，想祈祷之后就跳进河里淹死。他双手合十，碰到了他一直戴着的戒指。于是，他在洞里见过的戒指奴隶又出现了。戒指奴隶问他有什么愿望。"请你救救我吧！"阿拉丁说，"把我的宫殿和公主带回来。"

"这超出了我的能力，"它说，"我只是个戒指奴隶。只有灯神才有这样的法力。"

"也许吧,"阿拉丁说,"不过你可以把我带到宫殿,带到我心爱的妻子的窗前。"话音刚落,他已经到了公主的窗下,并在那里累得睡着了。

一阵婉转的鸟鸣叫醒了阿拉丁,他觉得心情无比轻松愉快。他知道自己所有的不幸都是因为失去了神灯。他一遍遍地问自己,究竟是谁偷走了他的神灯。

公主自从被带到这里来之后,每天忍受着魔法师的折磨。不过她反抗得非常厉害,魔法师并不敢住在这里。那天早上,公主比平日起得早一些,她正在穿衣服时,有个女仆朝窗外一看就看到了阿拉丁。公主跑了出去,叫阿拉丁进来,相爱的人重逢后充满了喜悦和欣慰。

阿拉丁亲吻了公主后,问道:"公主,在我们谈论其他事情之前,我以安拉的名义请求你,为了你,也为了我,请先告诉我,我出门打猎之前,放在有二十四扇窗户的大厅里的灯到哪里去了?"

"唉,"公主说,"是我的无知造成了我们的灾难。"然后,她跟阿拉丁讲了换灯的事情。

"噢,我明白了!"阿拉丁叫道,"看来这都是拜那狡猾的魔法师所赐啊!现在神灯在哪里?"

"他随身带着神灯,"公主说,"他从衣服里拿出来给我看过。他要我背叛你,嫁给他,说你已经被我父亲下令砍头了。他一直说你的坏话,而我只能用眼泪作为回答。如果我继续拒绝他,他可能会使用暴力。"

阿拉丁说了许多话安慰公主,然后暂时离开了。他和在街头遇到的第一个人换了衣服,买了些特别的粉末,回到公主住的地方,公主打开小侧门让他进来。"穿上最漂亮的衣服,"他对公主说,"面带微笑接待魔法师,让他相信你已经忘了我。邀请他和你一起吃晚餐,对他说你希望尝尝他们国家的酒。他会去拿酒，等他一走，我再告诉你做什么……"

公主专心听着。阿拉丁离开后，公主自从离开波斯后第一次愉快地梳洗打扮起来。她系上了腰带，头上戴上了装饰着钻石的头巾。照着镜子，她看起来比以前更漂亮！把魔法师迎进门后，公主说："我想通了，阿拉丁已经死了，我的眼泪也不能让他复活，我决定不再悲伤了。我邀请你和我共进晚餐。但是，我已经喝厌了波斯的酒，非常想尝尝不同的酒。"这番话让魔法师又惊又喜。

魔法师到地窖取酒，公主把阿拉丁给她的粉末放在自己的酒杯里。当魔法师回来的时候，她要他用非洲的酒为她祈福，还要和魔法师交换酒杯，作为和解的标志。在喝酒前，魔法师想致祝酒词来称赞公主的美丽，但是公主打断了他，说："什么都别说，让我们先干一杯。"她举起酒杯放在嘴边，却停下不动，而魔法师一口喝干了杯中的酒，立刻瘫倒在地，死了。

然后，公主给阿拉丁打开门，张开双臂抱住了阿拉丁的脖子。但是，阿拉丁让她先走开一会儿，他还有事情要做。他从死去的魔法师的衣袋里取回神灯，然后吩咐灯神把宫殿和一切都带回波斯。阿拉丁做这一切的时候，公主正在自己的卧室里等着。她只感到有两下震动，几乎在不知不觉中，她已经回到了家。

国王还在为失去女儿悲伤。他坐在卧室里，偶尔抬头看了一眼，他擦了擦眼睛，再次确认。啊，简直不敢相信，宫殿又回到了原先的地方！他马上跑了过去，阿拉丁正在迎候国王，身边站着公主。阿拉丁告诉他这些天所发生的事情，给他看了魔法师的尸体，国王这才相信了一切。随后，皇宫里一连举行了十天盛宴，阿拉丁和公主从此过着和平幸福的生活。国王死后，阿拉丁继承了王位，统治了国家许多年，在他死后，他的子孙又统治了这个国家许多代。

由安德鲁·朗撰文、埃罗尔·勒·凯恩（Errol Le Cain）插图的《阿拉丁》(Aladdin)是这个故事的一个优秀插图版本。另外，有好多书都会摘选阿拉伯故事。我推荐由内奥米·刘易斯（Naomi Lewis）改写的《一千零一夜故事选》(Stories from the Arabian Nights)、杰拉尔丁·麦克瑞安（Geraldine McCaughrean）的《一千零一夜》(One Thousand and One Arabian Nights)和N. J. 达伍德（N. J. Dawood）改写的《阿拉丁及其他一千零一夜故事》(Aladdin and Other Tales from the Arabian Nights)。

如果你读过安徒生的《打火匣》，就一定会发现这个故事是以阿拉丁的故事为原型的——安徒生本人也承认。

市面上能买到《一千零一夜》(Arabian Nights)的录音带，由安东尼·奎伊勒（Anthony Quayle）和朱利·哈里斯（Julie Harris）朗读。还有一本名为《阿拉丁或神灯》(Aladdin, Or the Wonderful Lamp)的改编剧本。

安德鲁·朗改写的世界各地经典故事仍然广受欢迎。市面上有以下平装本:《黄色故事书》(The Yellow Fairy Book)、《蓝色故事书》(The Blue Fairy Book)、《棕色故事书》(The Brown Fairy Book)、《深红色故事书》(The Crimson Fairy Book)、《绿色故事书》(The Green Fairy Book)、《橙色故事书》(The Orange Fairy Book)和《红色故事书》(The Red Fairy Book)。

在英加·摩尔（Inga Moore）的绘本《魔法师的学徒》(The Sorcerer's Apprentice)中，一个少年在魔法师的实验室偷玩魔法，结果导致了无法控制的后果。在罗宾·马勒(Robin Muller)的《神笔》(The

Magic Paintbrush）中，巫师给了一个男孩一支神笔作为报酬。用这支神笔画的所有东西都会变成真的，男孩经历了一次惊心动魄的冒险。在迈克尔·帕林（Michael Palin）、阿伦·李（Alan Lee）和理查德·西摩（Richard Seymour）合著的《镜石》（*The Mirrorstone*）中，一个男孩被吸进浴室的镜子，来到了中世纪，并被派去寻找神秘的镜石。

在本书第118页选了苏·亚历山大的《任性的娜迪亚》，这个关于爱的故事也来自中东，不过它与一千零一夜的故事截然不同。

著作权登记图字：01-2016-2686

HEY! LISTEN TO THIS: Stories to Read Aloud
by Jim Trelease
Copyright © Jim Trelease, 1992
Chinese (Simplified Characters) copyright © 2016
by ThinKingdom Media Group Ltd.
Published by arrangement with ICM/Sagalyn acting in association with ICM Partners
through Bardon-Chinese Media Agency
All RIGHTS RESERVED

图书在版编目（CIP）数据

朗读手册Ⅱ／（美）崔利斯著；梅莉译．－北京：
新星出版社，2016.7
ISBN 978-7-5133-2136-5

Ⅰ．①朗… Ⅱ．①崔…②梅… Ⅲ．①读书方法
Ⅳ．①G792

中国版本图书馆CIP数据核字（2016）第084405号

朗读手册 Ⅱ
［美］吉姆·崔利斯　著
　梅莉　译

责任编辑　汪　欣
特邀编辑　杜益萍　秦　方
装帧设计　朱　琳
内文制作　王春雪
责任印制　史广宜

出　　版　新星出版社　www.newstarpress.com
出 版 人　谢　刚
社　　址　北京市西城区车公庄大街丙3号楼　邮编100044
　　　　　电话(010)88310888　传真(010)65270449
发　　行　新经典发行有限公司
　　　　　电话(010)68423599　邮箱 editor@readinglife.com
印　　刷　三河市三佳印刷装订有限公司
开　　本　640毫米×960毫米　1/16
印　　张　27.5
字　　数　330千字
版　　次　2016年7月第1版
印　　次　2016年7月第1次印刷
书　　号　ISBN 978-7-5133-2136-5
定　　价　45.00元

版权所有，侵权必究
如有印装质量问题，请发邮件至 zhiliang@readinglife.com